林惠生教育文选之二

"语文哲学"的思考与应用
——让"语文"也哲学起来

林惠生◎著

吉林文史出版社

图书在版编目（CIP）数据

"语文哲学"的思考与应用：让"语文"也哲学起来 / 林惠生著 . —长春：吉林文史出版社，2018.9
ISBN 978-7-5472-5428-8

Ⅰ.①语… Ⅱ.①林… Ⅲ.①语文教学-教育哲学-文集 Ⅳ.①H19-02

中国版本图书馆 CIP 数据核字（2018）第 220450 号

"语文哲学"的思考与应用：让"语文"也哲学起来
"YUWEN ZHEXUE" DE SIKAO YU YINGYONG：
RANG "YUWEN" YE ZHEXUE QILAI

著　　者 / 林惠生
策划编辑 / 范继义
责任编辑 / 王明智
封面设计 / 人文在线
出版发行 / 吉林文史出版社
地　　址 / 长春市人民大街 4646 号　　　邮　　编 / 130021
网　　址 / www.jlws.com.cn
电　　话 / 0431—86037501
印　　刷 / 北京市金星印务有限公司
开　　本 / 710mm×1000mm　　　16 开
字　　数 / 392 千字
印　　张 / 23.25
版　　次 / 2019 年 1 月第 1 版　　　2019 年 1 月第 1 次印刷
书　　号 / ISBN 978-7-5472-5428-8
定　　价 / 88.00 元

序

认识林惠生老师是在 1995 年，那时我正在主编《汕尾教育》杂志，而他是被我市"挖"过来的教育科研型的稀缺优秀人才。他带着在湖南教育界取得的多项教研成果、荣誉和声望来到汕尾新市，播洒教育智慧，培育教育科研人才。那时他已发表了一系列教育论文，有教育管理与德育研究的，有语文学科研究的，有学习科学研究的。基于实践，探求解决，敏于发现，勤于思考，奠定了他学术生涯的良好基础。

来到汕尾不久，他便向我建议，共同关注我国语文学习科学研究会的创建，同时向我介绍了他正在研究的"语文学习学"课题。因为研究的领域相近，了解到他已从对教育现象的关注深入到了对问题产生的本质和根源的探索，试图构建一门从学习原理出发指导语文教育和语文学习的科学，引起了我的极大兴趣和关注。此后交流便逐渐深入，常常被他的专注、执着和钻研的精神所感动，深刻地体会到他的研究是以长期认真实践，不断探索，以解决语文教育长期存在的无序、迷茫、低效的老大难问题为目的的，便对林老师的研究有了更多的关注和合作。于是，1995 年 9 月我们共同为创建全国语文学习科学研究会作出了种种努力并同时担任了该学会的副理事长。

如果说湖南的近二十载奋斗，是林老师教育研究生涯的起步和冲刺，那么来到南粤之后的二十多年，则是林老师教育研究从发展创造走向成熟。

面对汕尾教育落后的现实，他走进学校，深入课堂，联系校长，提供策略，开展实验，发表了一大批接地气、解难点、指航道、操作性强的论文，发挥了强大的指导作用，如《教育教研常规"整体优化、系列操作"的研究与实验》《学法型阅读教学新模式的构建》《素质型学习方法指导实验》《语文读写一体化研究性学习的实验研究》《从语文工具走向语文素养的三大教学变点》等上百篇论文和实验报告，几乎全部获得国家级或省级的奖项，极大地提升了本地区、本省乃至全国的语文教育教学的研究水平。

　　林老师把语文教育研究作为毕生追求的志业，不仅研究"语文学习学"，还研究"语文哲学"和"语文教育的'理'性"，形成了他语文系列研究的"三部曲"，全面而深入地探索语文教育规律。

　　他认为，语文学科对学生的人格全面发展影响至大、至为深远，关乎知识的掌握、能力的提升、精神品格的优化、公民人格素质的形成。因而应着力研究语文学科的内容构建和教育教学过程，让体现先进价值观和方法论的哲学思想融入语文学科和语文教育的全过程。他把语文与哲学自觉联姻融合的学科称为"语文哲学"。据查，国内关于"语文哲学"的研究还不多见，这是一项陌生却又不陌生的研究。

　　语文哲学，或称哲学的语文，这是有语文以来即存在的事实，有人自觉地利用于教育，有人未自觉但也不能摆脱哲学对语文的影响制约。林老师的观点是让其自觉起来充分发挥哲学的力量影响语文的人文化和科学性，使语文臻于学科的成熟，乃至在成熟的过程中建构起语文哲学的学理学说。

　　任何一个学科的教育过程中，都存在某种哲学思想的影响或指导，但自觉与不自觉则差异极大。语文教育实践中出现的种种问题，都可以溯源于哲学思考的薄弱或哲学与语文的疏离，工具主义如此，实用主义如此，艺术至上也如此。林老师联系当前诸种"非哲学"的语文现象，旗帜鲜明地提出了"让语文也哲学起来"，呼唤语文的哲学回归与发展。他认为，当下只热衷于那些上课的感觉，苦叹于"做题"的辛劳，而缺少为自己的课和"做题"作些批判、反思或者客观分析，要寻找一些为什么或成功、或失败、或辛劳的理论背景及支撑点，从而在语文教学之"术"中发现语文教育之"道"，尽可能为语文教育找到必然的逻辑起点。那么，就要让语文教学改革必须回到"自然"的原点上。"道法自然"应成为语文教学改革和发展的哲学主线，以替代多年"工具至上"的语文技术主义路线，这才是根本上的语文教学改革和发展。要运用哲学上的一分为三论，构建语文学习上的多元辩证法，将语文的"情""智""术""道"组合成"多元一体"的复合版语文，以寻找更有智性和德性的教学战略，追求变"工具化、事务型"的语文教学为"人性化、战略型"的语文教育。

　　林老师对"语文哲学"的如此研究，最后形成了这部《语文哲学的思考与应用》。这是他几十年基于"语文哲学"潜心研究和解决语文诸多教与学、教材与教法、传承与创新、术与道、主修与选修、治标与治本的种种问题之后居高远览所作的哲学思考，并在其哲学应用和哲学训练上进行具体探索，提出了构建语文哲学的立意，对语文哲学的理论体系的构建作了初步的探索，论述了语文哲学的三态三境界，提出了防止非黑即白偏激观的一分为三或一分为多的多元语文哲学观，对怎样实现语文哲学的步骤过程和操作也提出了预设性的哲学思辨。以哲学视野对语文的内涵、语文教学的正道、语文课程的建设与发展、语文教学行为的择汰、语文教学艺术的创新等作了深刻的哲思剖析和深入探索。

这部书是针对构建语文哲学的一次系统的思考和科学的应用，有如一项巨大的建筑工程已通过材料准备、方案设计和蓝图制作正艰苦施工，直逼大厦的落成，而林老师的创新构思、丰富的教育实践和深刻的哲理辨析，已使我们对语文哲学充满了期待与希望。

黄沧海

2018 年 5 月 18 日

（作者系全国语文学习科学研究会第一、二届副理事长，国家教育行政学院家庭教育研究中心兼职教授）

自　序

（一）

"语文哲学"，是本人多年前提出的一个概念，并一直为之研究了 30 年。其成果的一个重要标志，则是发表于华南师大《语文月刊》2011 年第 10 期"语文名师"专栏论文《"语文哲学"的思考与应用》。现在，将对此所展开的一系列研究成果汇编成书，书名仍沿用《"语文哲学"的思考与应用》，因为它仍能够涵盖全书内容，体现本人的研究思路、研究方法及其成果。

现在，将有关研究情况简单介绍如下：

1. 为什么要研究"语文哲学"

哲学，据说是 2500 年前古希腊思想家赫拉克利特所创造的术语，原义为"追求智慧"，后人称之为"智慧学"。人们常说，哲学虽然不是直接提供一种现成的具体的学科知识，但它是透过或超越知识而让无数先贤的经验与智慧加以思考后的结晶，以形成其特有的智慧性知识，即哲理和规律及科学思维，为人们呈现思想、伦理道德、理念、智及方法论。语文也同样如此而产生其哲学意义和哲理色彩，进而形成一门"语文哲学"。语文哲学，虽不以直面具体的字词句篇等语文学科知识，但为你提供涉及这些语文学科知识的文化元素，与你探索这些语文学科知识的产生背景及规律。因为语文哲学是为我们探讨：语文到底是谁、从哪里来、到哪里去，语文到底是学什么和教什么，语文为什么是这样学和这样教，语文到底要怎么学和怎么教，等等这样出于本原的、内涵发展的、过程型的、多维、多元的语文讨论，由单一、平面线型的语文教学走向复合、立体型的语文教学。这就是语文哲学的价值：让语文由"术"到"智"再到"道"的高质量发展。

我们发现，当下，过分地玩弄"语文技术主义"和"语文实务主义"和"艺术至上"的现象越来越严重，且造成了较大危害，这不免会引起我们焦虑和反思。在反思中，我们认识到，这是一种"非哲学"的语文教学现象，使语文失去哲学，失去思想，也失去未来，失去幸福，更失去语文的本来面目，看来我们要旗帜鲜明地提出："让语文也哲学起来"，呼唤语文的哲学回归与发展。的确不可忽略的是，当下只热衷于那些上课的感觉，苦叹于"做题"的辛劳，让教学只沉湎于"上课""做题"的工具化的过度疲劳之中，但谁也不去为自己的"上课"和"做题"作些批判、反思或者客观分析，寻找一些为什么或成功、或失败、或辛劳的理论背景及支撑点，为什么不让语文教学改革回到"自然"的原点上，从而在语文教学之"术"中发现语文教育之"道"，尽可能为语文教育找到必然的逻辑起点。现在，"道法自然"应成为语文教学改革和发展的哲学主线，以替代多年"工具至上"的语文技术主义路线，这才是根本上的语文教学改革和发展。我们要透过"经验""成绩"而看到"问题"和"教训"，要认真开展对哲学理论、哲学观点和方法的再认识，并在再应用过程中通过在对语文自身发展与建设的科学研讨获得顿悟，对当前语文领域的诸多问题和怪象发起探讨与改革，让其"祛害"与"脱俗"，从而走向哲学高度，走向语文教育的智慧。这样，语文不仅是"语言学"和"文学"的，也是"哲学"的。于是"语文哲学"便应运而生。

"语文哲学"的产生，将本来就具有哲学的语文得以回归自然回归本然。它也将直面当今语文教与学的越来越累、越厌、越无效、越无助的现象，致力于为走出此种"怪圈"而努力发掘深层原因、揭示本质规律、寻求优效对策，进而创立一种"语文+哲学"的新思维，形成一种"哲学的语文"与"语文的哲学"辩证统一的学术理论。

我们进行关于"语文哲学"的研究，旨在为了使语文更是"语文"，使语文教育更"是"语文教育，最终让语文课程的设计更具合理性，更有智慧，更有效率，也更有发展潜力。

"语文哲学"，虽然目前还没有形成一个较为成熟的定义，但是为了研究方便，不妨先暂拟一个初定的基本概念。我们认为：语文哲学，是关于语文有没有哲学，为什么哲学，怎样才能哲学和如何运用哲学的特别学科，它是一门基于教育哲学和思维学、哲学方法论及语文课程论、语文教学论等一并体现于语文课程的应用型学科，是一门以哲学为经、以语文为纬，且二者相融为"有哲学的语文"与"语文有哲学"辩证统一的特别学科，既可以成为"哲学"的一个分支学科，也可以成为语文教育学的一个新的拓展性分支学科。它力求解释和探索语文之术、语文之道，且术道统一的语文大智和语文大道，使目前的语文教学走出愈演愈烈的纯技术主义、实务主义和急功近利主义的误区，还语文教育以本真、优雅、自然的面目，让学习者和使用语文的人自主、自由、自觉地享受语文，发展语文。

据查，迄今为止，被称为"语文哲学家"的人有之，正式推出"语文哲学"概念并加以专门研究的却还很少见，形成以"语文哲学"为主题的成果也就更少了。倒是见到了一批"语文教育哲学"的著作和论文，那些被称为"语文哲学"的成果，大多也是有关"语文教育哲学"的。其实，"语文教育哲学"还不能等同"语文哲学"，二者是不一样的概念（当然彼此有关系），对此我在本书中已有论述。

2. 主要的研究方法

本书主要采用"再认识"的思辨研究法＋"再实践"的行动研究法，从哲学层面上积极开展一种以"一分为三"论为主基调的语文"哲学思维"，并已形成了一系列成果。主要是立足于"语文哲学"而开展学科发展性设计，立足于"哲学语文"而开展"哲学导学法"与"哲学促教法"的教学实验，对改变当前语文的"非哲学"思维及行为，真正提升语文教学的"质"与"效"，提供一些更合规律的思路，推出一些更有战略性思维价值的行动方案及措施。

3. 主要研究成果

《易经》有一个重要观点，就是万物皆"各从其类"，那么我们搞研究，做学问，也要按照其规律，将所研究的问题即本书的主要内容"各从其类"，于是形成了关于"语文哲学"的系列化研究文集。即从语文哲学论出发，先对语文哲学作了理论思考，形成特定的语文哲学意识、语文哲学见识和语文哲学常识，培养一定的语文哲学感觉、语文哲学感悟和语文哲学感情；然后运用语文哲学观和语文哲学方法论，对涉及语文学科的若干现象、问题和活动，进行了具有哲学意义的探究，提出了一些独特观点和主张。

总之，我们要运用哲学上的一分为三论，构建语文学习上的多元辩证法，将语文的"情""智""术""道"组合成"多元一体"的复合版语文，以寻找更有智性和德性的教学战略，追求变"工具化、事务型"的语文教学为"人性化、战略型"的语文教育。要对语文概念、课程建设、教学方法的运用和语文教学艺术创想等进行了哲学思辨与哲学应用，予以哲学训练上的具体探索，力求构建颇具哲学型的语文教育策略、模式和方法，寻找更有智性和德性的教学战略，变"工具化、事务型"的语文教学为"人性化、战略型"的语文教育，实现"由力到法、由勤到智、由术到道"的语文"慧"教。

（二）

本书的组织结构，在于呈现一本"语文哲学"的系列化研究文集。其特色有二：

一是弘扬《易经》的一个重要观点，就是万物皆"各从其类"。我们搞研究，做学问，也要按照"各从其类"之规律，将所研究的问题即本书的主要内容给予"类"处理，形成了"两篇""九章"之架构。

二是受具有宏大哲学智慧的中医理论之一的"君臣佐使"处方法之影响。《素问·至真要大论》说："主药之谓君，佐君之谓臣，应臣之谓使。"君是指方中治疗主症，起主治作用之药；臣是协助主药或加强主药功效之药；佐是协助主药治疗兼症或抑制主药毒性之药；使是引导各药直达病变部位或调和各药作用之药。中药为了疗效最大化，采用"君臣佐使"，各尽其能，分别用药为君、臣、佐、使。即：君是君主，即为做主的、起决定作用的、灵魂者、核心；臣为总管，实际负责人；佐即辅佐，出谋划策者，军师之类者；使即具体操作，当然就是具体做事情的人了。那么，我们的团队又何尝不是这样的呢？

这一中医理论，给我们以莫大启发：世事都需要整体建构、系统实施。每一种事物，每一个团队，每一件工作，都由多种人员或元素的有机搭配合理组成。

基于上述，本书遵循"各从其类"之规律，借我国中药方剂组成的基本原则而形成本书内容的组织形式，采用"君臣佐使，各尽其能"的方法，将全书内容先组成"思考篇"和"应用篇"两大部分，再在"思考篇"中分成三章，在"应用篇"中分成六章。

"思考篇"：第一章至第三章，关于语文哲学的"思考"，属"立论"研究部分，即为"语文哲学"而"建立言论"和"所立的言论"。主要是涉及"语文哲学"的创建背景、过程、概念、功能、特征等所做出的一些通用性理论构想（观点、主张和展望），突出了创建的思辨性研究。

"思考篇"的三章，分别为"君论""臣言""佐语"，与下面的"使述"（即"应用篇"的六章）而共同构成全书的整体结构。

"应用篇"：第四章至第九章，基于语文哲学的"应用篇"，属于"使行"的展述部分，即为"语文哲学"而进行的使然性的展开性研究。主要是为"语文哲学"建立而验证、应用所产生的一系列行为性成果，分别运用语文哲学观点和方法，对语文的一些基本内容项目和主要版块，以及带普遍性的若干语文现象与问题，展开具有哲学功能的探索，构建和总结的一批颇具哲学意义的语文教育理念、策略、模式和方法，以使语文科研及教学更加合乎规律，更有教育价值。如：对语文学科建设、语文内涵发展、语文课程实施和开发、语文教学行为反思、语文教学艺术创想等方面所进行的哲学思辨及应用。

"应用篇"的六章，即为"使行"的各个方面的内容，也与"思考篇"的"君论""臣言""佐语"等相照应而共同构成全书的整体结构。

所以说，本书不仅成为一种"哲思录"和"哲学体用"，更成为一本集"君论""臣言""佐语""使行"于一体的中国式语文哲学之书，以从哲学层面上形成一些语文"再认识"即次理论或亚理论，也称"实践理论"。

（三）

本书是《林惠生教育文选》第二卷，系仍以某一学术研究主题为标志的教育文集。文章虽散落于时空跨度较大的不同年代，但学术思想体系则是一以贯之而成系统性及整体发展的。以区别于"年代顺序""事件顺序"或"多主题汇辑"等不同编写体例，突破了一般的文集汇编方式。

需要强调的是，本卷叫《"语文哲学"的思考与应用》，再加上第一卷《"语文学习学"的研究与实践》、第三卷《语文教育的"理"性》，共构成语文学科研究"三部曲"，以作为我这一辈子从事语文教学及学科研究而不离不弃的见证，再现我这个"语文人"曾为语文学科建设和语文教改及科研所作过努力的真实轨迹。其研究成果曾被同行誉为具有前沿性、前瞻性、理论性和实用性。

现在，《"语文哲学"的思考与应用》一书将出版，本人既欣喜，又忐忑。欣喜的是，几十年来，对语文现象的观察与思辨，对语文哲学的运用与发展，计我收获了语文哲学，深深体会到语文确实能"哲学起来"；忐忑的是，对语文哲学的研究还只是初步，对语文问题的分析与思考有待更深刻挖掘，"哲学味"还可以更突出些。特别指出的是，本书只对"关于语文哲学"的研究和"基于语文哲学"的研究多些，而对"对于语文哲学"的研究还很薄弱，尤其是如果作为一门"对于语文哲学"的语文哲学学科建设来研究，则还有更长的路要走，需要更多的志士仁人来一起努力奋斗。当然，这就更有意义了。

本书由于属于论文集，内容受一定的时空跨度影响，又加之作者水平有限，还难以实现本人所企求的学术高度，尚存许多缺憾，欠妥之处在所难免，诚请读者批评指正。

林惠生　2016 年 11 月

目录 contents

应用篇

思考篇

　　思考，是指"针对某一个或多个对象进行分析、综合、推理、判断等思维的活动"。

　　古今中外许多名人都对"思考"有独到的见解——

　　我国古代圣人孔子说："学而不思则罔。"

　　美国哲学家爱默生说："思考是行为的种子。"

　　德国著名物理学家普朗克说过："思考可以构成一座桥，让我们通向新知识。"

　　美国物理学家兰姆说过："你可以从别人那里汲取某些思想，但必须用你自己的方式加以思考，在你的模子里铸成你思想的砂型。"

　　我国当代著名特级教师江苏于永正老师说："应该崇拜思考。"

　　法国作家雨果说：哲学是思考的显微镜。

　　我也认为：思考是一种哲学活动。人是在思考中成为哲学家的。人在关于哲学的思考过程中，成为有智慧的人，越来越成熟的人；当然，哲学也在思考中可以更为发展、完善与进步。

　　因为，人之思考，是自己心智对意向——信息内容的加工过程。人类将人之思维活动内在"程式"的运作方式，称之为思考方法。有了思考方法，又积极投身于思考过程，那么就会有超越前人、超越自己的新见解、新观点、新主张、新思想乃至新做法。这就是思考的力量。

我国当代著名数学家华罗庚说："独立思考能力是科学研究和创造发明的一项必备才能。"历史上任何一个较重要的科学创造和发明，都是和创造发明者独立深入地看问题的方法分不开的。

由此可见，关注思考，坚持思考，学会思考，太重要了，这是一种必备的研究功夫和创造才能。而本属于"思考"产物的语文哲学，就更需要进行思考。所以，展开对语文哲学的思考，则是本书最先呈现的研究成果。

是的，让我们多点思考，多点科学的思考、独特的思考、有内涵的思考、有情怀的思考。有了思考，就有了与思考相匹配的优质行为表现与精准语言表达。

为什么要思考？为什么要进行关于"语文哲学"的思考？因为语文只有哲学思考，才有思想，才有深度，才有力量。英国哲学家培根说"哲学使人深刻"，我国当代哲学家周国平也说过，"一个不懂哲学的社会不可能优秀"。对此我深有体会，一门缺乏哲学的学科，一种缺乏哲学的教育，要想优秀也实在是很难。当今，越来被人们所诅咒的语文教学的现实，就已经证明了这一点。语文要成为优秀学科，其中一条重要之路，无疑就是让语文也哲学起来。那样才能告别浅薄，跳出庸常，既回归哲学本然，又促进语文的哲学建设。为此，首先就要对语文的哲学思考，践行哲学之道。

为此，就有了本书关于语文哲学的"思考篇"，即为"语文哲学"所进行的"立说"研究。这里的思考篇，便形成"君"论、"臣"言、"佐"语，这是借助于中医处方的说法，因为它具有哲学色彩，具有整体、辩证的特点，故引用之。本篇主要是就"语文哲学"的创建背景、过程、概念、功能、特征等做理论构想，进行有关创建的思辨性研究。

第一章 语文哲学"君论"

【引言】

本书的第一章，共三节，即关于语文哲学的"君论"性研究。属于全书的引领性立论部分，即为"语文哲学"的主论。

为什么要首先突出立论之"君"？因为"君者，主也"，在于突出建立语文哲学理论的主体性、宏观性生成，以至树立一种"统领性"之核心"言论"，把最为主体的、最重要的观点呈现在最前面。

让"语文"也哲学起来

让"语文"也哲学起来。

——这是语文哲学的基本观点、主张，也是本人对此所展开研究的出发点和逻辑起点。在这里先讨论以下几个问题。

一、"语文"：为什么用了引号

1. 从司空见惯的语文中再发现不一样的"语文"

语文，对于我们来说，是一个已经如此熟悉且司空见惯的名字，但是看久了往往就看花了眼，看走了样，让我们又产生了一种"认不得"的感觉，自然地想重新审视一番，于是走出当今的语文，用一种"陌生"的眼光来看熟悉的语文，是否能看出一个不一样的"语文"来，所以对当今的"语文"力图做一种基于"哲学"的理解，以获得一种全新的认识。

为此，首先对"语文"产生一系列的特别叩问：

"语文"到底为何物，"语文"是语言，是文学，是语言+文学，是语言+N，……

"语文"到底是语言，还是言语，还是言语表现，还是言语形式，还是言语发展，……

"语文"到底是语文课，还是语文课程，还是语文学科，还是……

……等等。

最重要的是，我们对"语文"叩问之后要做出一种基于哲学的回答：

"什么是语文"，"为什么是语文"；

"语文教什么"，"语文学什么"；

"语文怎么教"，"语文怎么学"；

"语文最不应该是什么"，"语文还会是怎么样"。

其实，这些问题，人们从来都没少过对它们的困惑与感叹，没放弃过对它们的思考和探究，但是为什么年复一年、事复一事地探"问"，问题还是问题？导致不少人对这门语文课既认识又不认识，甚至纠结与困惑，发出了"语文越来越不会教""语文越来越教不好"的无奈感叹。

怎么办？我们光有"感性"之叹还不够，还更要有"理性"之思。而"理性"之思，就不免要把问题推到一个哲学的高度，对语文进行哲学层次的探索，为语文教学改革与发展而用力寻找一些新的角度、新的领域，提出一些新理念和新做法，以致最后提出"语文哲学"这个新概念，从而产生相关的研究成果。可以说，这是一次艰难的探险，勇敢的摸索。

人们至今在争论、在反思，于是百家争鸣，见仁见智，"理论"纷争，确实使不少人陷入了尴尬、迷茫之境。这就正好给我们留下了许多思考的空间，而给予哲学的思考则不失为一种好做法，因为哲学是讲逻辑思维的，是讲大道理而轻小道理，那么把"语文"交给"哲学"来处理一下，让"语文"露出真面目，为提升语文教学品质而找到一些新路子。

2. "语文"用引号，就更能与"也哲学起来"相映衬

在这里还值得一提的是，把"语文"用引号特定起来，也意味着它与后边"也哲学起来"将产生一种有机联系的可能性，暗示语文将会赋有新的"语文"含义，即一种哲学意义上的语文，那么，就有可能让语文与哲学进行对接，进而形成"语文哲学"，这样就对"语文哲学"有了期待。

我国著名语文教育专家、浙江师范大学教授王尚文先生曾经说过："现在

的'语文'研究者需要读哲学。"此言甚是。

王先生这里的"语文"为何也用了引号，我不得而知，但是我由此理解到：他对当今的"语文"无疑有自己的特别的认识，对语文研究者有"读哲学"的特别期待。于是，我又由此理解到：对"语文"进行研究的人需要读哲学，而对"语文"进行教与学的人又何尝不需要读哲学、用哲学？如果把哲学与语文融成一体则会出现新的"语文"，那又将会出现语文教育的一种新境界，会产生更好的"语文"效果，这无疑成为一种特别期待。此外，当今对"语文"到底为何物的讨论仍然激烈，至今让人们说不清道不明，往往使研究者也陷入尴尬、迷茫之境，如果能使语文趁此"哲学起来"而成为"语文"，那么让教"语文"、学"语文"、研究"语文"的人都能因哲学而将对语文有特别的认识，那也将是一举多得的战略之举和实效之措。

3. 为了语文走向新的境界而开展语文哲学研究

由此看来，语文教育的发展，语文教师的进步，语文研究的提升，语文走向新的境界，就要让语文走进哲学，开展语文哲学研究，在哲学上多下点功夫。让哲学成为语文发展的新能源，将成为语文研究的一个重要课题。

其实，古今中外的事实早已证明：一个有远见有作为的教育工作者，需要懂哲学、用哲学、发展哲学，语文教师也如此，要在语文课上成为"让语文也哲学起来"的模范实践者，把语文课不仅上出语文之术，也上出哲学之道。那么，"语文哲学"的春天将会到来，人们对"语文哲学"的期待与呼唤也就成为大势所趋。

二、语文哲学的研究：呈现一种"哲思"和"哲学体用"的有机统一

1. 关于"哲思"和"哲学本质表现"

我后来还常想一个问题：语文是因学科而建还是因学生而立，这是一个严肃的教育价值取向即语文教育功能问题。如果是前者，那就是见物不见人的学科中心论的"授知式"教育的体现；如果是后者，那就是由人及物的学生主体论的"育人式"教育的表现。而如何区分和处理这二者的关系，将成为语文哲学研究的一大焦点问题，解决这一问题的一个重要呈现点，就是"哲思"和"哲学体用"的有机统一。

哲思即"精深敏捷的思虑"，是哲学之思。为什么说本书是哲思录？主要是指以"语文哲学"为主题和立足点，对语文哲学及语文教学做了较为"精

深敏捷的思虑"，即关于语文哲学的哲学思考，以及基于语文哲学的哲学应用的思虑。

哲学体用，即以"我"为主体，利用先哲留下的思想资源，把已有的哲学理论及思想材料在当下的语境中变为活生生的思想，以形成一种哲学"我见"。哲学体用的一个重点项目是"哲学治疗"。

国内许多专家提出"哲学体用观"，并采取体用模式予以解说，即"中学为体，西学为用""西学为体，中学为用"等。中国人民大学哲学院宋志明教授撰文表明，哲学的创造性转化和创新性发展，当然牵涉到"体"的问题，不过，这个"体"其实是当下我们自己。哲学为我们提供思想资源，那么以"我"为主体，利用先哲留下的思想资源，打造我们自己的思想世界和现实世界，更好地认识世界、改造世界，以形成哲学创见乃至"我见"，于是把前人留下的思想材料在当下的语境中变为活生生的思想。

2. 以"哲学体用"为主，不做无意义的哲学原理"引证""验证"

对此，我是十分赞同的，也是长期这样做的，在哲学应用中，坚持以"哲学体用"为主，不做无意义的所谓哲学原理的"引证""验证"，即所谓的"解读""理解""注解"，而应该是讲求凡事则树立哲学意识，在充分挖掘哲学思想资源，吃透哲学思想材料的基础上进行自我性的独特的"精深敏捷的思虑"，对所要认识和解决的问题，提出一种"我见""独见""新见"，即具有自我体用的思想见解、主张乃至创见。这就是我所理解的"哲学体用观"。由"解"到"见"，再到"体验"，这就是"哲学体用"的重要标志。当然，用原理作"引证""验证"，对知识作"解读""理解""注解"，也是在做学问，但是如果缺乏基于哲学体用的"我见""独见""新见"，更无系统性、深刻性之见，那么就有可能成为"述而不作""行而不远"。

三、"哲学治疗"：将"哲学体用观"贯彻于语文教学之中

1. "哲学治疗"也是一种"哲学体用"

在语文哲学的研究中，除了"哲思"和"哲学体用"的一般探究以外，我还将"哲学体用观"贯彻于语文教学之中，提出了关于语文教育的"哲学治疗"一说。如何让"语文哲学"走进语文课程，走进师生共有的语文课堂，实现语文哲学型的教学新体系，产生更多体现语文哲学价值的新的教学方式方法，对"语文"进行一种哲学治疗很有必要，这将是语文改革和发展的深度表现以及努力的新方向。

"哲学治疗"，古今中外已有许多理论和实践成果，现在到了深入全面推广和发展的时候。医学只治身病，心理学只治心病，而哲学则治万病。各行各业如果都注重哲学体用，学会"哲学治疗"，即都用哲学来观察问题、分析问题、解决问题，那么各行各业不仅有原来本行业、本专业的业与术，还会增加哲学上的道与理。

2. 从中医所获得的"哲学体用"思想来开展语文哲学的研究及应用

中医就是范例，特别讲究临床经验即体用，讲究整体辩证施治，讲究阴阳调和平衡。

《素问·至真要大论》说："主药之谓君，佐君之谓臣，应臣之谓使。"中药为了疗效最大化，采用"君臣佐使"，各尽其能，分别用药为君、臣、佐、使。一个中药处方特别讲究配伍，通常也就由"四药"组成：①君药（主药），针对主病或主证起主要治疗作用的药物，是首要的、不可缺少的药物。君药是解决疾病主要矛盾或矛盾的主要方面，即针对病症的主要病因、主导病机或主证而设，是方剂组成中核心部分。君药通常具有药力强效，药味较少及用量加大的特点。②臣药（辅药），有两种意义，一是辅助君药加强治疗主病或主证的药物。二是针对兼病或兼症起治疗作用的药物。它的药力小于君药。这就是相须为用，也就是一加一大于二。③佐药，一是佐助药，即协助君、臣药以加强治疗作用，或直接治疗次要的兼症；二是佐制药，即用以消除或减缓主、臣药的毒性，或能制约君、臣药峻烈之性的药物；三是反佐药，通指方剂中与君药的部分性能相反在全方中有相成配伍效用的药物。④使药，是引导各药直达病变部位或调和各药作用之药。

由此可见，中医药充满了哲学的辩证法，已远超了其术其法，更是在用哲学治病。或者说，中医的术与法，是基于哲学，用于哲学。有人说得好：一个优秀的中医医师，其实就是一个优秀的哲学家。各行各业也皆如此。

这一中医理论，给我们以莫大启发：君是君主，即为做主的、起决定作用的、灵魂者、核心；臣为总管，实际负责人；佐即辅佐，出谋划策者，军师之类；使即具体操作，当然就是具体做事情的人了。那么，我们的团队又何尝不是这样的呢？世事都需要整体建构、系统实施。每一种事物，每一个团队，每一件工作，都有这多种人员或元素的有机搭配和合理组成，而且各有所任，各司其责。

3. 运用中医药"君臣佐使"法来开展"语文哲学"研究

我在30多年来的语文系列化研究中，十分注重运用中医药"君臣佐使"

的方法来开展"语文哲学"的研究，即将语文教育的诸问题，均置于"语文哲学"的研究与应用这一体系之中，既有关于"语文哲学"的研究，又有基于"语文哲学"的使用，且突出了从"理"及"道"、由"道"及"势"的渐行渐进的学术追求风格，在研究内容上特别注重"君论""臣言""佐语"与"使行"有机结合，组成一种自己的独特学术体系。

这种"哲学体用观"贯彻于语文教学之中的研究，既立于语文哲学的思考性，又发于语文哲学的应用性。思考性，就是不断地对"语文哲学"产生思考，为"哲学"与"语文"的一种结缘而研究，形成"君论""臣言""佐语"的研究成果，为发展新的语文教学理论，加强语文学科体系建设而做了不懈的探索；应用性，即为"语文哲学"实践而开展了有关语文活动课、反思性教学、心智美育型语文教育等近10个项目的具体应用型探索，总结了一批观点与做法，创造了一批特有价值的学术成果，也越发显示了"语文哲学"的生命力。

四、"思辨"和"再认识"：可以让语文哲学起来

1. 能够思辨之人才有可能成为哲学之人

无数从实践中走向成功的人，有一条成长的共律：人不一定一开始就有理论高度，但如果笃定做一名有思想的人，就一定得有愿思维、懂思维、会思维、常思维的态度，久而久之也因此可以产生思维的高度、深度、广度。目前，实际工作者的确对理论存在先天不足、底蕴不厚的问题，又加之与理论的接触机会不多，长期受实践经验的制约或影响而自觉接受度也不太高。人一定要有思想，要思考问题，但不一定需要产生什么高深的理论，能想出相应的解决办法也可以，当然如果有了理论，能自圆其说，而且是一套一套的，形成了体系，那是最好的了。

也就是说，坚持理论与实践相连贯，形成一个集中的研究主题，并取得成果，即关于"语文哲学"的理论思考及其实践运用。前者是思辨，后者是实证。这种具有系统性和可操作性的特色，其实是理论与实践相连贯的体现，即"从实践走向理论，用理论指导实践，在实践中产生理论，又在理论指导下科学地实践"，最终形成了"思辨+实证"的研究特色和风格。

2. 只有"再认识"才有可能获得哲学新见解

在学术发展上，为语文教学的改革寻找一个新的角度：基于"哲学"的语文学科建设及其语文教学发展和改革，在一定程度上形成了许多重建性的

"再认识"或"新认识",即哲理、学理、常理。它既扩大了学术视野和领域,又促进了学术发展与进步,以至使教育教学研究成为我的一项人生事业,走向了自由王国。

对此,我认定,把实践经验作为理性思维的来源和基础,再反过来优化实践经验,形成一种既源于实践经验又高于实践经验的新认识,我们把它称为再认识理论。这种理论叫"再认识",比经验高一点,比理论低一点,我把它称之为亚理论(准理论),有时候也叫"二级理论"。为此,坚持自立于既有经验的支撑,源于实践的体用,又勤于往理性思辨、艺术境界、道术势相融和体系性成果理论概括等方面努力,敢于突破过去所存在的有关混沌、笼统、模糊的语文教学固态,真正从哲学的视角出发,提炼出具有自己独特个性表述,且有原创风格特征的语文理论。这些理论,就是一种再认识,当然也就成了一种"林氏说法"(一家之说)。

3. 反思,作为一种语文哲学观,更希望成为一种哲学训练法

当今,许多哲学工作者倡导哲学训练、哲学治疗和哲学体用,我看是很有意义的,但是如何开展训练与治疗,还得针对一些具体问题或哲学"症状",采用一些相应的带有哲学性的具体方法。为此,本人多年运用的"思辨+实证"和"再认识",作为哲学训练之用,被实践证明效果很好。比如无论是语文教学,还是广泛的社会活动,人们对经验看得很重要。而经过"思辨+实证"和"再认识",我们就发现,经验是具有二重性的,既有正能量的成功的做法或体会,也要失误或失败的负面东西。比如,教训就是经验的第二重性的产物,而当下许多人对教训往往是视而不见,见而不改,从来不去正视它。现在,通过对教训的反思,进行"思辨+实证"和"再认识"的哲学治疗,那么对教训就会重新审视和整改,从而树立一种正确的态度,获得一种新认识,并吸取教训,克服教训所带来的消极影响。这样,就彰显反思越来越重要的哲学价值。

当然,任何新生事物都须走过这个过程,用现在流行的说法,就是语文哲学的研究"永远在路上"。诚如是,我们相信:让"语文"也哲学起来的这一主张,将成为更多对语文哲学有识之士一路同行、不懈追求的新标杆。

关于"语文哲学"的思考及其应用

我国关于语文的定义之争一直延续数十年，仍未达成共识，语文教学也经常被大家批评为高耗低效、问题不少。产生这些问题的原因可以说出许多，但是有一条一直未被人们发现或被忽略的重要原因，即缺乏一种本涵的、文化的、品质型的"正语文"认识，导致目前的语文陷入一种"纯工具性"的技术主义语文，甚至是"考什么，什么就是语文"，"不考的，再是语文也不是语文"，所以当下教的又是一种"考试型语文"。目前，还出现了一种"喊"口号的、"随"人意的、穿靴戴帽式的"伪人文性"的虚无主义语文，看起来"像语文"或者"是语文"，其实已经是脱离了本质的"非正品语文"，是一种"闹"语文，其形变态，其质不纯，其味不正。

以上情况，说到底就是缺乏一种"聪明"的、机智的、科学的，即合乎规律的"哲学"语文认识，语文缺乏哲学或"哲学"不起来。我认为，凡事都有哲学，缺乏哲学的语文及其教学，是很难成为一门科学性的语文的，也很难让语文教学有所作为。现在特为构建"语文哲学"理论及其应用而作以下探讨。

一、"语文哲学"概念的提出

大家知道，目前教育哲学的研究与普及，已经发展与延伸到学科教育，并且逐渐成熟起来。语文学科同样如此，"语文教育哲学"正在被语文教育工作者所接受和运用。但是，我从所掌握或能查阅到的资料来看，发现在当前的学术研究中却只见有"语文教育哲学"，而未发现有"语文学科哲学"即"语文哲学"，更没有构建和形成"语文哲学论"。这是一种学术缺陷还是未被开垦的学术研究处女地？或者是语文没有哲学、语文不需要哲学？其实，这些问题都被"哲学基本原理"给予了明确的肯定的回答。

根据《现代汉语词典》释义和其他哲学研究成果表明：①哲学是"关于世界观的学说"，"关于自然、社会和思维的最一般规律的科学"。②"哲学的基本问题是思维与存在、精神和物质的关系"。③"马克思主义哲学的核心是辩证唯物主义和历史唯物主义"。

"学科教育的哲学","就在于使学科教育具有哲学、充满哲学,用哲学观和哲学方法论统率和指导学科教育。"

综上所述,我们明白:世上万事万物都具有哲学,都需要有哲学的理论和行为。同样,在哲学一般原理指导下的学科哲学是完全存在和可以成立的。学科哲学则是学科教育发展与质量提升的发动机,是学科实施科学发展观的重要理论武器,用学科哲学来认识和处理目前学科教育教学中许多难以解决的矛盾和不可逾越的障碍,应该是最聪明、最客观和最符合科学发展观的理智行为。

语文学科是融自然和社会于一体且与人类息息相关的基础学科,也同样具有哲学和产生着哲学,也完全可以形成一门"语文学科哲学"即"语文哲学",乃至形成"语文哲学论"。为什么可以这样呢?

首先,语文是一门融语言学、文字学、文学、文章学、教育学、心理学、美学、教学论等于一体的综合性学科,所以其哲学基础更为广阔,哲学背景更为深远,哲学方法更为多元,哲学行为和哲学效果更为直接与可视,所以,提出和探讨语文哲学概念也就是顺理成章而并非臆造。此外,"语文哲学",作为语文学科哲学,则以语文学科为本体所形成的哲学现象与哲学理论,充分体现着语文学科自身特征和发展规律,更何况"语文"本身就是蕴含着哲思、哲理的学科,只是未被足够重视而已。它的确充满着语文哲学现象,如哲学事例、哲学行为、哲学状态等;以及语文哲学观点,如哲学主张与看法以及哲学规律、哲学方法、哲学艺术等。它既包括"语文"的哲学,也包括与"语文"发生关系且产生语文功能的具体哲学,即由语文行为和哲学基础相结合后的哲学现象与行为,如语文教育哲学和语文学习哲学等。基于此,用哲学观构建的"语文哲学"科学体系可称为"语文哲学论"。语文哲学论,内容含义宽广,门类可以越来越丰富和精细,在这里主要指"语文学科哲学论"和"语文教育哲学论"。

另外,目前已经有的"语文教育哲学",尽管在语文教育工作者中已开始被广泛接受和运用。但是它毕竟因为缺乏"语文"这个基础和前提,而使"语文教育哲学"成了无本之末、无源之水,其效果并不理想。其中原因之一,就是"语文教育哲学"是从教育背景出发,以"学科教育的哲学,就在于使学科教育具有哲学、充满哲学,用哲学观和哲学方法论统率和指导学科教育"的理论为前提指导,在"教育哲学"的旗帜下构建了"语文教育哲学"。在这里有一个问题被自然暴露出来，就是为什么不用"语文"这个学科主体作为哲学对象，却只用"语文教育"这个教育活动载体作为哲学对象？可以说，如果没有"学科哲学"而要实现"学科教育哲学"，恐怕也难以做到。所以，我认为，要实现"学科教育哲学"，就必须使学科先"哲学"起来。只有有了学科哲学，才会有完整的学科教育哲学。同理，没有"语文哲学"作为基础的"语文教育哲学"，是不完整的哲学，是不科学的哲学。之所以目前语文教学的问题太多，这也许是其中原因之一吧。试想一个学科如果没有哲学，这种学科教育还能哲学起来吗？既失去了"语文学科"这一基础与前提，也失去了"语文学科"这个作为教育的载体与对象，又何谈"语文教育哲学"呢？

二、语文学科本身的确充满"语文哲学"

语文已用自身的含义和功能表明：语文是哲学的。语文本身含义的构成，就是以"语言文字"为载体而产生言语活动，形成言语意义乃至言语生命，并最终产生文学、文化等，并被人类生活所使用与发展。这就是用其功能性、实践性、综合性而呈现发展性、科学性的哲学思想及哲学行为，直至在不断发展、完善和成熟中成为一门语文学科。

第一，多元而深入的学术研究使语文必然走进哲学。

尽管目前学术界对"语文到底是什么"的争论一直不休，有说"语言+文字"，也有说"语言+文学、文化"，等等，但它有一个基本前提是公认的，即"语言"。我想，从哲学角度来说，任何事物都有一个最基本、核心的因素，这就是"内因"。那么，语文的内因就应该是"语言"，这也得到公认了。最近，华南师大陈建伟先生在《语文月刊》"主编手记"专栏发表《语文就是语言》，也充分表达了这一点。所以说，语文哲学首先是语言哲学，或者语文哲学的基础是语言哲学。那么，如果让它具有"哲学"特征，而且在各自争论中多注入哲学的思考，即用历史的、发展的、联系的观点和辩证的方法，来看待语文，包括学习、研究与运用，都体现哲学性或用哲学论去关照，就会发现它的哲学特征。这样，用哲学特征来推出其语文概念定义，才会准确与相对完整，也才会摆脱老在"争论"且"分歧"着的局面。目前，这种争论，也反映了各自的语文观，反映了各自对"语文"的个体见解，为了对语文产生一种更清醒、更准确的认识，就必须用语文哲学来思考。因为语文是发展的，语文是联系的，语文是辩证的，也就是说，语文是有哲学的，语文是哲学的。如果一旦失去哲学思考和哲学行为，那么，语文就只能是各自的语文、各人的语文、各家的语文和"各派"的语文。难以成为大众的语文、社会的语文，也就是人类的语文，说到底，就是哲学的语文。

第二，广阔而生动的语言实践无不体现着"哲学"。

大家知道，人类在语言的产生、发展和使用功能等的实践上，也使语文有了哲学。首先，将语言变成了"言语"，使语文产生了交流、交际、理解、表达的"工具性功能"，使静态的语言形式变成了一种动态的言语行为，而且，随着人们思想的丰富多彩和生活生产日益发展而产生着许多新的研究需求——于是新的语言词汇诞生，过时的缺乏鲜活生命力的语言词汇渐渐淡去乃至消失，新的言语生命逐渐显现；此外，随着人们的生活变化乃至体验、悟性、视野的开阔和认知心理的发展，语言词汇在不断衍生出不同意义和新的含义，这里往往呈现出语言与思维的关系越来越紧密与互动。这些充分表明作为语文的核心要素——"语言"的哲学性越来越彰显，如果连这一点都不及时把握并且应用，将会削弱或者破坏了"语文"。当语言变成了言语的时候，那么语文的学科哲学就形成了"言语性"和"言语型"的特征。而"言语型语文"又由"言语形式→言语生命→言语意义→言语行为"等组成，这种言语活动变化轨迹，实际上就是一种语文哲学的具体体现。

第三，丰富而多彩的语文内容充满了哲学。

首先说汉字，汉字由于属表意文字，在产生与运用过程中往往充满哲学。大家知道，汉字的六种构造方法，特别是象形、会意、指事、形声等，都从不同角度体现着"事物间相互联系"的哲学观点，尤其是汉字"甲骨文→大篆→小篆→楷书→行书"的变化过程，更表明汉字具有"事物都是发展的"的哲学观点。再看汉语词汇和修辞、标点符号等，也都折射了许多哲理的光辉，另外，再看一篇篇文质兼美的选文特别是文学作品，更是无不体现或包含着许多哲学道理和哲学因素。由于语文课本是文选型，我们打开课本一看，便发现——文章或节选的文段，都不同程度地体现着哲学味，特别是那些哲理散文、论文等，其本身就是"哲文"。千百年来，先秦诸子散文、汉赋、唐诗宋词、明清小说中的经典作品，可以说都在诉说着一个个哲理。比如，古人说："读书破万卷，下笔如有神"，"熟读唐诗三百首，不会作诗也会吟"，其间就深含着读和写之间相辅相成、互为一体的辩证关系，这种辩证关系就是哲学或哲学元素。

综上所述，我们得知：语文是哲学的。然而，我们发现许多对语文哲学

"视而不见""见而不清"的问题，在碰到具体语文现象、认知语文学科、运用语文知识技能进行交流和表达的时候，又往往使语文缺乏哲学或"哲学"不起来。为了提高人的语文素养和语文能力，倡导强化"语文哲学"意识，强化使语文"哲学"的行为已经显得十分重要。

三、让语文教学充满哲学和不断哲学起来

随着"语文哲学"理论的构建，语文教学完全充满哲学，从而成为一门哲学的行为学科和不断哲学的事业，是完全可行的。据调查，现在能把语文课教成具有哲学的"真语文"课者少之又少，把语文课教成"像语文"和"非语文"的竟占了50%以上，效果也越来越差。这种课，上之前并非从语文哲学的高度来思考：到底这堂课要教什么，教到什么样的度，怎么样教，这样教学到底有没有用（当然这个"用"，不能由教师或上级部门单方面说了算，也不能只让考试分数说了算），在很大程度上是要用学生是否有所收获与"有用"来作为主要评价指标。由于缺乏置于语文哲学论下的评价标准，才使人们都站在某一角度进行教学评价，纷纷说有效，但是到了最后的学习结果却令人失望，当学生走上社会被评价为"语文素质差，语文能力低"的时候，大家才来骂语文教学"误尽苍生"。如果我们都早一点儿具有"语文哲学"的意识，使语文教学充满哲学，使其不断哲学起来，也就是说，都按照语文学科的规律和特点，按照为学生用语文、学语文而教语文（即将学生对语文的学习需要、认知规律及学习方法、学习手段等因素综合起来，加以科学处理），少说糊涂话，多干明白事，那么，我国的语文教学又何愁走不出高耗低效的误区呢？为此，我们要从以下几个方面做出努力。

1. 语文教学，在教学理念上追求的应是高质量的、有品位的语文教学

上好语文课，毋庸置疑是每位语文教师梦寐以求的。但是，什么样的课才算是好的语文课，可能标准不一，但我认为，好的语文课和有品位的语文教学，本身就有观点，富有哲理，充满哲学味。也就是说，好的课堂教学自己会说话：不作评价，也会被感动、感染，有所收获，有所启迪，这除了语文的好内容和教学艺术以外，在很大程度上就来自语文哲学的魅力。这样的语文教学，所追求的应是"自然自语"的语文教学。因为"自然自语"——就是一种生活的语文和生活化了的语文，或者是一种语文型的自然生活。语文教学，还谋求"人与世界"的和谐。因为语文哲学观告诉我们：人，改变不了世界，但可以改造世界；如果连改造世界也不行，那么还可以制造提高

人对世界适应水平的条件。人，改变不了世界，但可以改变对世界的看法，不断提升对世界的认识水平和感悟能力。基于此，语文教学要变成明智的、清醒的、有意义的即具有"哲学味"的语文课，则要求语文教学首先是辩证的，充满思辨和实证的，充满多因素相辅相成、多条件有机的科学发展型的语文课。

运用语文哲学论，在教学生学语文的过程中，让学生掌握自己所需要的语文。因此，构建从"教语文"教学走向"学语文"教学的新体系，让语文教学成为有"学"的教和有"教"的学。为此，我们开创了一门"语文学习学"，并且让"语文学习学"走进语文教学，走进语文课程，使语文教育真正回归本质：以学为本，为学而教，以学施教，教有所学，学有所教。现在有人过分强调"以学定教"和"先学后教"，有可能会削弱"教"的主动性和主导性。所以，我们在语文哲学论指导下，提出充分发挥教和学的两个积极性，将教师和学生都列为课堂教学的主体，但不叫"双主体"（因为多主体即无主体，多主体自然会"主"出矛盾来），而叫"主体二元"（即一个共同体中融有两类元素成分），为此而提出了"以学施教，为学而教""让语文教学成为有学的教和有教的学"等一系列富有哲理、辩证统一的教学理念。

2. 语文教学，在追求内容与形式（方法）完美统一和科学整合中要有辩证法的哲学行为

现在，国内语文界一时说"教学内容"重要，一时说"教学方法重要"，一时说"教什么比怎么样教更重要"等，其实这都是缺乏辩证思考的偏执的"非哲学语言"。"谁比谁重要"，言下之意，有谁比谁不重要。如果用哲学论来看，这些说法多少显得有些偏颇而不科学。可以说，在任何时候，语文的"教什么"和"怎么样教"都是相辅相成的，没有谁比谁重要和不重要的问题。因为"内容决定形式，形式为内容服务"这一哲学道理表明：只是为了某种需要而各自站的角度不同而已。说内容很重要，但是如果缺乏恰当的承载内容的形式，那么其内容再重要也得不到恰当的"亮相"和发挥，其内容还能产生"重要"的功能吗？说形式和方法重要，也是在用恰当的教学形态、教学过程与方法来实现教学内容的完成。所以说，教学内容和教学形式（包括方式方法），永远是互不言弃的，是互为、互载、互动中的有机整体。因此，在想着教学内容的时候（教什么），就要想着教学方式方法（怎么教）；同样，在研究教学方式方法（即"怎么样教"）的时候，也要充分想着"拿

什么来教"的教学内容（即"教什么"），否则，这样的"教学方式方法"的研究，也会失去了前提，失去了意义。对此，稍有"语文哲学"观的人，就会明白这一道理。这也和建造房子一样，建什么样的房子和怎么样建房子，又何尝不是统一在一个完整的设计和施工的系统工程中去思考和实施呢？哪有理由去说谁比谁重要呢？值得一提的是，教学内容也是动态的难以确指的。我们在确定教学内容时也要坚持辩证处理：一是以语文课标及其教科书的内容安排为基准，并根据所教学生学习实际和教学条件、教师特长等因素进行综合处理；二是以教学流程发生状态与评价标准为参照物，随机调控内容，确保基础内容，灵活发展内容。

语文教学法，应该还要追求一种有"法"的教学，特称为"法教学论"。为此，变教学法为"法"教学，使语文教学在"教学教学，教之以学"的背景下，实现"教法教法，教之以法"的语文教"学"的新格局。所以，本人积极尝试并总结创立了从"识字教学法"到"识字法教学"、从"阅读教学法"到"阅读法教学"，如"学导法教学""题导法教学""三点阅读法教学"等。

3. 语文教学，在教学发展上要坚持"语文认识→语文实践→语文再认识→语文再实践"的哲学行为

语文教学的发展，在于有一个良好的语文教学立意。这种教学立意，必须是一种整体的可操作性的科学策划。这里可以包括：一是教学设计上的整体优化、系列操作。如："教学设想→教材研读（解读）→学情调查→教学准备→教学实施→教学评价"等一条龙的语文教育的科学流程。二是教学思路上的"实证+思辨"，既要务实求证，又要务虚思辨；既要从感性走向理性，即激情投入、理性操作，又要敢于超常规地倒着学、大容量地学、高难度地学，比如目前流行的"先学后教、当堂训练""学案式教学"和"综合性学习"等，便是促进语文教育发展的教学创意（暂且不论其科学与否）。三是教学操作上，要坚持教学过程既要有科学，也要有艺术，且将科学与艺术相整合的教学立意。可以说，将科学与艺术相整合后所产生的是智慧，所以，用智慧教书，把语文教成智慧课，让语文课充满智慧是学生学习的一大幸福。四是教学效果上，要追求一种文化的效果，让学生学的不仅是语文知识，更是一种文化，即文化的积淀、传承与享受。所以，我们不能只追求认识多少字、掌握多少词汇和修辞手法等字、词、句、篇、语、修、逻、文之类的语文知识，也要知道如汉字的构造背景、演绎经历，以及每个汉字所蕴含或构造时的故事和意义、用途（尤其是如何使用）等方面的文化知识，这样的课不仅是会认会

写字的识字教学，还成为给学生传承汉字文化的识字教育，并且最后形成的就真是"语文素养"了。这样的语文课不只在乎效果，而是富于意义了。

语文教学的发展，还在于有一个良好的语文教学生态。这种教学生态，必须是生活的语文，语文的生活。我们认为，语文不仅是工具，更是人与生活、人与人之间的哲学载体。要突出学生以读书写作为核心、以口语交际为手段的语文生活意识。因此，人们常说，生活即语文，语文即生活。这就是用哲学的"联系论"，将语文与生活联系起来看，所产生的一种哲理的发现和哲学认识。可以说，生活中有语文，语文中有生活，语文离不开生活，生活离不开语文。然后，语文源于生活，却高于生活，是一种"语文化"的生活，即优化了的更有意义的趋向于追求真善美生活的语文生活。所以，语文在人的生活中常常被"学"、被"用"，也就是这个道理。让人们既能学语文，也能用语文，且天天、时时、处处离不开语文，为生活而用语文，用好语文，时时感到生活与语文关系紧密，便把"用语文，学语文"作为生活的一部分。当然，用哲学的"一分为二"观点来分析，语文毕竟还有它自己的特征和内核，又并不全等于生活。当然反过来说，生活也并非全等于语文。

4. 语文教学，要注意用"对立统一"辩证法处理语文教育矛盾，科学处理整体与局部的关系

语文学科内涵的充实性、确指性与外延上的自由性、不确指性构成语文学科内外结合的有机矛盾体，因此我们首先要科学处理以下几种关系：①教与学；②课程、课标与教材、教法；③教学目标预设与教学效果生成；④教学过程、方法与教学总结、反思；⑤教学活动与教学评价；⑥考试与教学；⑦教学与教研；⑧知识与知识力；⑨教学继承与发展创新；⑩科学处理"三从三走向"教学关系：①从"语文工具"走向"语文素养"，②从"懂语文"教学走向"用语文"教学，③从"教语文"教学走向"学语文"教学。

又如，语文十分需要教学整合规律。大家知道，语文不像数学，由于文选型教材以及语言的丰富、多元而导致无序性比较突出，那么，将无序教出有序，让学生常学常新，一学就有收获，则要求教师将语文整合出一个"序"来，做到常教常新，常新常教。还有，如何将学生学习的个体经验与体验、局部的成功做法与成果，以及一己之见和一己之得，进行建构而为形成整体的语文能力服务，也是需要科学处理的，千万不要任意扩大化和普适化。

还如，语文十分需要教学扬弃规律。首先要做到有所为而有所不为，有所不为才有所为，特别是对语文内容要学会扬弃，因为扬弃性是语文教学的

又一哲学特点。然后要坚持教学反思与反思性教学。开展教学反思，处理好反思与发展的互动关系。用理智的思路和方法，寻找更趋合理性的教学立意，采取更有意义的行动，努力使语文课堂成为一种真正的"反思性教学"。比如，开展"一课早知道"（即课前三思）、"一课再知道"（即课后三想）。另外，要将教学模式动态化、实效化。我们必须懂得，教学是有模式的，但不可模式化和唯模式主义。教学有模式，就如同任何事物都有其自己的结构特点和模型一样。有了教学模式，才能有的放矢、有轨操作；教之有物，教之有序，避免盲目、随意和泛化。但是，教学模式又需要随机变化而更加适应当时、当地、当堂课实际情况，呈现多样的、多变的且生动有趣的个性化特色与风格的教学模式，切不能"一模"到底，模模相同。所以说，教学建构也成了语文教学扬弃性的又一哲学特点。

5. "语文哲学"的应用在教学教研中成果显著，彰显着大有可为的发展态势

对"语文哲学"的应用，本人已致力于数十年的研究与实践，取得了一系列丰富成果，不仅促进了语文学科教学质量提高，还为教师提升专业素质和哲学品味提供了充分的实证和有益的借鉴，也昭示了语文哲学大有可为。早在20世纪八九十年代本人撰写并发表了《把眼睛盯在教材的缝隙》《鉴赏与写作》《"下水"作文与"四梯式"作文评语》《"借文写文·同题异作"系列作文练习设计》《教学生怎样写"熟悉"的东西》《用陌生的眼光看熟悉的事物》《同类题目的不同审题方法》《从高考作文题型的发展看今后作文教学改革的趋势》《"给材料多题多体式"仍将是今后高考作文命题的方向》。后来又发表了《语文课出现"学习病态"怎么办》《学法指导，"教中之教"》《要给学生以素质型的学习方法指导》《要寻求学法指导的最优化》《据"理"识字，以"类"取法——关于"识字教学方法的科学分类与运用"的课题研究》《只有"放开"才能开放——也谈作文开放式教学》《对当前高中语文选修课的反思》《初论新粤派语文与语文教学》《学习型语文教育的"三点阅读法"教学模式研究》《让"自然而然"成为我们的一种教学追求——"开放性作文教学的新发展研究"》以及《教学教研常规"整体优化、系列操作"的研究与实验》《转变观念必须有创新精神》等一百余篇文章。以上论文，都是从不同领域和角度运用"语文哲学"理论所开展研究、实践所取得的成果，其学术成就在国内学术界得到充分认可和广泛应用。

诚然，语文学科有了"哲学"，也会发展与丰富"语文教育哲学"，或者

会让二者重新产生一种新的组合联系。这是从语文本体出发来看，所呈现一种新的领属关系的发展方式，如果从学科角度出发，给语文以哲学的思考，那么构建的是相应的"语文哲学"，然后又与"教育"及"教育哲学"相结合，再构建出"语文教育哲学"。所以我想，没有"语文哲学"，要想有"语文教育哲学"是很难的，也不可能使"语文教育"具有哲学和充满哲学，更不可能实现用"语文哲学观"或"语文哲学论"及其"语文哲学方法论"来统率与指导语文学科教育。只有让"语文哲学"和"语文教育哲学"走在一起，形成语文"哲学共同体"，才会使"语文教育"哲学起来，使语文教学更加具有哲理性从而更有意义。

总之，以"语文"为主体，从"语文"出发而构建含义更广、功能更宽的新的"语文哲学论"（涵盖"语文教育哲学"），是让语文也哲学起来的首要任务。用"语文哲学"改造语文教学，提升"语文教育"的品质和效益，那么使语文教学会更具有哲理性、合理性、常理性。

（本文发表于华南师大《语文月刊》2011年第3期"语文名师"专栏，曾列为"封面要目"头条。）

对语文哲学体系的理论初探

摘要：没有哲学支撑的语文教育是没有灵魂的教育，而没有灵魂的教育是没有生命力的教育。我国古代有孔孟老庄和程朱理学，当今有无数优秀教师的丰富经验和思想感悟，完全可以也应当有具有中国特色的独立的语文哲学体系。语文教学，不能只有所谓的优秀课例和考试分数，而没有伟大的语文哲学即"语文思想""语文智慧""语文观点""语文主张"，只是没挖掘或者缺乏发现的眼光和总结的习惯。语文教学改革必须回到"自然"的原点上。"道法自然"应成为语文教学改革和发展的哲学主线，以替代多年"工具至上"的语文技术主义路线，这才是根本上的语文教学改革和发展。运用哲学上的一分为三论，构建语文学习上的多元辩证法，将语文的"情""智""术""道"组合成"多元一体"的复合版语文。

关键词：语文；语文哲学；语文哲学体系；一分为三论；理论初探。

有人说：哲学是一个既说得清又说不清的问题。还有人说：语文是一个既说得清又说不清的问题。现在，再来一个"哲学+语文"，产生一种"语文哲学"，那就让人感觉更加说不清了——因为目前语文本身是个说得清又说不清的东西，又加上哲学这个说得清又说不清的东西。但是我认为：两个说得清和说不清的东西一组合，也许会产生化学反应，变成能说得清又说不清的新东西。这正是哲学的定力、哲学的特色，是人们对哲学不离不弃的原因之所在。同时，凡是人都有思想，且以思考作为基本属性，则每天都面对问题，都要思考，都要去说，说得清楚要说，说不清楚也要说，还更要说，多说几次，换一些角度说，换一种方法说，想好了再说……这样，也许渐渐地说清楚了，或者比以前更清楚些。随着人的认知水平提升和哲学领悟加深，许多本已清楚的，又被新的哲学认知所颠覆变成了不清楚，又需要进行新的哲学认知与思考。

为此，便有了关于"语文哲学"的研究。

一、语文哲学的产生背景

（一）现实背景

当今，语文教学最热闹的是什么？最不缺的是什么？

大家肯定会很快想到：最热闹的是题海战术，最不缺的是技巧训练，但是一冷静反思：题海后面失了素质，战术后面少了战略，技巧后面差了思想，训练后面缺了养育。可以说，语文目前已经快要陷入"热标冷本，重术轻道，有知无识，练而不会"的一片汪洋大海，而且有成为不能自拔的恶性循环之势。

不错，教师可以忙于讲课，累于训练，可以得意于分数，得意于一个个优秀课例。但是，真正的为师之道，不能只有分数，只有优秀课例，还应有比分数、优秀课例更高尚、更有价值的东西。那是什么？应该是思想，是智慧，是核心素养，是促进人一辈子生活和发展的语文能力和语文文化。而这些东西的集中体现，当然是来源于其上位的语文哲学。实践表明：有什么样的语文哲学，就会产生什么样的"语文观点""语文思想""语文主张"，然后就有什么样的语文课程、语文教材、语文教学行为、教学方法及教学效果，等等。

当今，无数优秀教师有业绩、有经验，但缺乏相应的思想感悟和教学主张，于是弄得其语文教育没有灵魂，失去高度，欠了深度。结果是业绩永远是个案性的，经验也走不远，无法复制和推广。无数事实表明：没有哲学支撑的语文教育，是难以具有高度和深度的，没有灵魂的教育是没有生命力的教育。那么，如果通过语文哲学体系的构建，走出从"语文之术走向语文之道"的语文哲学之路，应当产生具有中国语文特色的语文哲学体系。

（二）理论背景

国际著名课程专家佐藤学教授，希望教师在养成"匠人气质"的过程中能够遵循以下三种规范：其一，注重对每位儿童的尊重；其二，关注教材的可能性与发展性；其三，注重自身的教育哲学。

一个伟人说过：任何民族一刻也不能停止理论思维。——这里的"理论思维"可以理解为是"哲学"。而语文作为一种民族所广泛使用的语言，本来就是这个民族理论思维的外壳及载体。那么，语文具有哲学性和用哲学来进行语文活动，则成为顺理成章的事情。

语文作为一门学科，是应该具有哲学的。因为任何学科当走向科学时，仅仅依靠其学科专业自身的力量（常说的"知识"），那已经远远不够了，而迫切需要的是来自更高层次的学术引力和哲学张力，即站在学术和哲学的角度审视，并进行一种历史的回顾和未来预知，这才符合事物发展的必然规律，也才能真正称之为科学。

有人说：现在的校本教研、集体备课和听课评课，都常常是"就事论事"，或者纠缠于一些细节不放，缺乏哲学意识，很少从理论上来展开分析讨论，即使亮出一些问题，也只能作一些"隔靴搔痒"的发言，没什么价值。所以，当今语文教研提倡"哲学思考"就显得很有必要性。

我国古代有孔孟老庄和程朱理学，当今有无数优秀教师的丰富经验和思想感悟，完全可以也应当建立具有中国汉语言特色的独立的语文哲学体系。

处于哲学体系上的语文，本身就具有文化内涵，应该很自然地使语文教育加强与哲学、文化学和心理学的融合，完成语文教育的理论体系构建。而现在却有一批"新生代"名师，用几节具有轰动性的课和一些个体经历的教育叙事，来赢得近乎完美的评价，这看起来光鲜无比，但无法复制和推广，缘于缺少语文教育理论的积淀，只热衷于那些上课的感觉，缺少为自己的课作些批判、反思或者客观分析，寻找一些为什么成功的理论支撑点，从而在语文教学之"术"中发现语文教育之"道"，尽可能为语文教育找到必然的逻辑起点。

（三）发展背景

我们发现不少人都在感叹：当今的语文太缺少哲学思想的介入了。实际上这是对语文哲学发展的渴望。

语文教学，为什么没有语文哲学而有优秀课例和考试分数，没有在所谓的优秀课例后面应该藏有的"语文智慧""语文主张"，关键是是受其他若干外部因素的影响，比如"分数教育""文面教学""意气发挥"等，过重功利，过度文本，过分主观，而忽略了学生在语文学习中的主体性、语文思想在语文学习中的主领性、语文智慧在语文学习中的主轴性。于是，长期处于低洼地的忙于事务型教学者，就无法看到和站在高处、深处，那些闪耀其语文哲学的一面被其掩盖或者忽略，既无心去发现，也无力去总结和提炼。

我认为，优秀的语文课必定有伟大的语文哲学作支撑，肯定有许多"语文智慧""语文主张""语文观点""语文思想"，只是需要在理论上给以完美的挖掘及验证，需要人们总结出具有规律性的东西来。这样，才让本是优秀的教师能从具有规律性的理论中再次获益，使以后的上课和别人的课能更加优秀。从长远角度上看，对教师真正有用的东西还是为什么成功的规律及战略思维，即思想与见解，而并非是那些一招一式的手段和方法。有了思想，手段和方法可以创造，也容易学会或者模仿，而思想与见解却很难让缺乏思想与见解的人所理解与运用。

综上可见，我国古代有孔孟老庄和程朱理学，当今有无数优秀教师的丰富经验和思想感悟，这完全可以也应当产生具有中国汉语言特色的独立的语文哲学体系。语文教学，不能只有所谓的优秀课例和考试分数，而没有优秀课例及分数背后藏有的伟大语文哲学即"语文观点""语文思想"这是因为没挖掘或者缺乏发现的眼光和总结的习惯。没有哲学支撑的语文教育是没有灵魂的教育。而没有灵魂的教育是没有生命力的教育。

二、语文哲学的内容

（一）什么是"语文哲学"

目前，还没有看到更多关于"语文哲学"概念的专门阐述，本人虽有探讨，但仍然是初步的，有待进一步完善与提升，也可以权作抛砖引玉。

"语文哲学"，是指基于哲学理论、用哲学的观点和方法对语文的现象、问题和活动及其揭示规律而进行研究的应用型学科，以形成语文哲学观和语文哲学方法论，最终形成语文哲学论。这样，使语文更具合理性、更有智慧、更有效率、更有发展潜力，从而提高语文素养。概言之，就是"语文+哲学"，形成"哲学的语文"与"语文的哲学"相辩证统一的特别学科。

它是一门以哲学为经、以语文为纬，且二者相融为"有哲学的语文"与"语文有哲学"辩证统一的特别学科，也是一门基于教育哲学和思维学、哲学方法论及语文课程论、语文教学论等一并体现于语文课程的应用型学科，既可以成为"哲学"的一个分支学科，也可以成为语文教育学的一个新的拓展性分支学科，力求成为解释和探索语文之术、语文之道，且术道统一的语文大智和语文大道，使目前的语文教学走出因受应试教育干扰而变成纯技术主义、实务主义和急功近利主义的误区，还语文教育以本真、优雅、自然的面目，让学习者和使用语文的人自主、自由、自觉地享受语文，认识世界，提升素养。

（二）语文哲学研究的主要内容

1. 本项研究的两个主体板块

即从语文哲学论出发，先对语文哲学做出理论思考，形成特定的语文哲学意识、语文哲学见识和语文哲学常识，培养一定的语文哲学感觉、语文哲学感悟和语文哲学感情；然后带着语文哲学观和语文哲学方法论，对涉及语文学科的若干现象、问题和活动，进行了具有哲学意义的探究，提出了一些独特观点和主张。本项研究共分两大块。

第一大块，主要是涉及"语文哲学"的创建背景、过程、概念、功能、特征等通用性理论构想，以突出创建与拓展的思辨性研究。

第二大块，主要是基于语文哲学的"应用"研究。分别运用语文哲学观点和方法，对语文的一些基本内容项目以及语文中若干带普遍性的现象与问题展开探索，以从哲学层面上形成一些语文"再认识"即次理论或亚理论，并由此构建和总结一批相应更合规律、更有意义的语文教育理念、策略、模式和方法。如：对语文学科建设、语文理念构建、语文内涵发展、语文课程开发、语文教学构想、语文科艺创想、语文学习策略、读写教学思辨等。

2. 关注哲学语文的五个基本研究问题

（1）教材编写的文选型与知识点散布的随意性；

（2）内容呈现的单元化与教师的非单元化意识；

（3）学科知识的不确定性与教学目标达成的同一性；

（4）教学内容的非系统性与教学实施务求教出有系统性；

（5）学科知识概念与理解、分析及应用之间的冲突性。

3. 探讨语文哲学的十大哲学观

（1）母语性与外来语渗透的多元化的大语文观；

（2）语文的国民性与语文的共适性的公共语文观；

（3）语文教材呈现的非系统性与教学过程的系列化对立统一的散合语文观；

（4）语言知识、语言技能的掌握与语言思维、语言逻辑的发展相并重的整体语文观；

（5）语文的工具性与语文的人文性有机统一的综合语文观；

（6）学科学术专业性与语文生活自然性相融合的生态语文观；

（7）语文的听说读写书与人的观思评赏创相结合的全构语文观；

（8）主课程必修语文与辅助课程选修语文相辅相成的双轨语文观；

（9）语文学科领域特点与学生认知规律相互尊重的发展语文观；

（10）构建教语文与学语文的和谐教学关系的新型语文观。

三、语文哲学的研究成果预测

（一）要形成语文哲学的一些基本观点

1. 语文教学改革必须回到"自然"的原点上。"道法自然"应成为语文教学改革和发展的哲学主线，以替代多年"工具至上"的语文技术主义路线，这才是根本上的语文教学改革和发展。

2. 创建"语文哲学"，不是"为哲学而语文"，而是"因语文有哲学和需要哲学"。

3. 用语文的"再认识"思维，"让语文也哲学起来"的新主张，并由此构建和总结一批相应更合规律、更有意义的语文教育理念、策略、模式和方法。如：对语文学科建设、语文理念构建、语文内涵发展、语文课程开发、语文教学设计、语文科艺创想、读写教学思辨等。

4. 建立"语文哲学"，在于树立"以学为本教语文、因哲之理学语文"的语文哲学新主张，运用"语文哲学"的理念、规律和方法论，重建一种立于"哲学"、基于"哲学"的"哲学型语文教育"新体系，形成一批"哲学语文"教学的策略、模式、方法。

5. 运用哲学上的一分为三论，构建语文学习上的多元辩证法。用集约型和积优性的办法，将语文的"情""智""术""道"组合成"多元一体"的复合版语文，这里是已复合成更为完整、高效、优质的第三种或第三类即"三元"学习的新内涵、新结构、新常态。

（二）着重总结语文哲学的十大特质

1. 思想性

思想，主要是指思维活动的结果。属于理性认识。如：观念、想法、念头，可以拓展为语文主张、语文观念、语文意识、语文创意、语文理念、语文智慧等。一切根据和符合于客观事实的思想是正确的思想，它对客观事物的发展起促进作用。另外也指进行思维活动，如：语文思考、语文思辨、语文反思等。语文的思想性，常指关于语文本身具有思想、体现思想、需要思想和表达思想的性质、性能、作用、能力等。

2. 战略性

战略，原指基于对军事斗争所依赖的主客观条件及其发展变化的规律性认识，全面规划、部署、指导军事力量的建设和运用，以有效的达成既定的政治目的和军事目的。在总体上能够起到重要作用。后来泛指统领性的、全局性的、左右胜败的谋略、方案和对策。有战略性意义，即指对总体有关键的或方向性的指导意义，其特征意义在于系统、全面的思考问题，能够把握事物的全面发展，对事物有全局的意义。语文是一门以综合性+实践性为主的课程，或许有一定的技术性内容，但仍然超越"实务"而谋求战略性思维，如：语文宏观策略、基本原则、总体方案、理性思维等。它的意义在于使"实务"处于"心中有数"的整体策略成功运作之中。战略与战术的区别在于：前者是"总的制胜概念"，后者是"具体的方法"。

3. 辩证性

辩证性是指辩证思维而不是思维的辩证法，辩证性思维方式在于"注重形式和内容的统一在考察事物时是从它们之联系、连结、运动、产生和消失等方面去考察"，即以联系和发展作为自己思维的原则。如：语文的工具性与人文性的统一，语文课程的形与神、实与虚、学与用、术与道、组合论，语文教学的内涵发展与外延拓展的一致性、语文评价的差异性与求同性，语文的听、说、读、写四者之间的互载、互为、互动性，语文教与学的相辅相成等。

4. 发展性

发展是人和事物的进步变化的过程，是事物的不断更新，是连续不断的变化过程。既有量的变化，又有质的变化；有正向的变化，也有负向变化。语文教学要促进学习者的一般发展，而不仅仅局限于认识能力的发展；语文可以使每一个学生都能激发学习兴趣与动机，理解学习过程，用对学习方法，学会语文知识，提高语文素养。同时，还注重语文的传承与创新的有机统一。

5. 建设性

对总体工作起到积极的促进性开创性的作用。就是与众不同的、超前的、科学合理具有指导性的作用叫建设性作用。有创新意识，有改进，有可行性，向前看，强调愿景、理解与追求。

6. 实践性

实践性即实践性原则：是指人们在进行创造性思维的过程中，必须参与实践，必须在实践中促进思维能力的进一步发展，在实践中检验思维成果的正确性。一方面指学科问题生活化、情景化、社会化，另一方面指学生亲自动手操作，积极参与社会实践、生活实践、探究实践。包括三个层面：一是语文知识来源于实践，应用于实践，要从生活走进语文课堂，又要从语文课堂走向生活；二是实践——认识——再实践是人类认识的两次大飞跃，要发展学生思维，实践在其中有着决定性的意义；三是新课程理念之一是将语文学科与学生的学习实践、生活实践、社会实践紧密结合，按照学生的实践整合课程体系。

7. 方法论

就是人们认识世界、改造世界的一般方法，是人们用什么样的方式、方法来观察事物和处理问题。概括地说，世界观主要解决世界"是什么"的问题，方法论主要解决"怎么办"的问题。语文应该在解决"是什么"的同时，更注重解决"怎么办"的问题，树立语文的编、学、教都有其自己的方法、都要找到好方法，而且要用对方法的方法意识，尽力形成一套"语文方法"。

8. 科艺论

语文是科学与艺术的完美结合。语文教育不仅仅是科学，输出知识，承担言语常识、技能、技巧、方法的传授功能；而且是艺术，呈现文学，承载心智、文化、审美、哲学的分享价值。

9. 智慧论

智慧，是指"对事物能迅速、灵活、正确地理解和解决的能力"。它是由智力体系、知识体系、方法与技能体系、非智力体系、观念与思想体系、审美与评价体系等多个子系统构成的复杂系统。语文是人类智慧的载体，充满包括直观与思维、意向与认识、情感与理性、道德与美感、智力与非智力、显意识与潜意识、已具有的智慧与智慧潜能等在内的众多要素。法国作家拉罗什富科说过："最大的智慧存在于对事物价值的彻底了解之中。"语文就是一棵指引你走向"对事物价值的彻底了解"的"智慧树"。

10. 境界论

境界，是指"事物所达到的程度或呈现出的情况"，是指"人的思想觉悟和精神修养"，即修为、人生感悟等。对于境界来说，不同的人、不同的领域有着不同的涵义、看法和见解，所以境界往往给人以一种高雅而微妙的感觉。这种感觉，在语文上就是一种语文哲学上的美妙境界。清代鸿儒王国维在《人间词话》中说："古之成大事业，大学问者，必经过三种之境界。"为此，语文则以语文哲学上的三重境界，让每一个接受语文教育的人有机会感受与获得其美妙境界。

（三）总结并提出关于语文学科素养的"五层次说"

第一层次：语文知识。

即传统意义上的说法——字、词、句、篇、语、修、逻、文。这是语文常识，是必备的语文基础知识。

第二层次：语文技能。

即语文发展意义上的语文工匠精神，主要是指目前大家公认的听、说、读、写等方面的语文技能、语文技巧。现在流行的说法叫能力，则称之为语文的"四大能力"，其实欠妥（能力是一个表心理特征的虚幻的概念，难以直接领会和操作掌握）。

第三层次：语文思维。

即以思维为核心的观察、发现、思考、思辨、分析、鉴赏、评价、概括、抽象、灵感等，如"情景交融、先抑后扬、形散而神不散、只可意会而不可言传"。

第四层次：语文情商。

即语文兴趣、语文意识、语文情感、语文态度和语文习惯及语文敏感性等。

第五层次：语文哲学。

即语文智慧和语文文化。如：汉字的音、形、义的统一，语感、语境、语义的一体化，读写结合，文以载道（文道统一），术道统一，习得、保持、应用的依序推进，自然与自语的和谐，字面意义与深层含义的双理解，弦外之音的辨识，语文素与语文味的关系，人的语文与物的语文的区别等。

（四）语文哲学研究成果的创新之处

1. 倡导"让语文也哲学起来"的新主张

提出了"语文哲学"这一概念，为创建一门"语文哲学"新学科展开了思路，打下了基础，拓宽了语文学科建设的新领域，与"语文教育学"等形成学科群。关于"语文哲学"的概念的正式提出和开展专门的研究及论述，在国内的确还不太多，难度不小，更需要一种创造精神和克服困难的勇气。

2. 创立语文的"再认识"思维（即次理论或亚理论），打破人们向来都把"语文"看成是工具性课程和文学载体的片面认识

从哲学层面上积极开展一种基于"一分为三"论为主基调的语文"哲学思维"，并已形成了一系列成果。例如，关于认为：语文不仅作为一门科学而存在，而且完全可以或者尽量体现其哲学的一面，让人在语文生活和学习也哲学起来，不再只靠单一的"知识"因素，也应该具有非智力因素、哲理因素，不仅掌握和运用其科学规律、策略及方法等智力因素。

3. 构建"哲学型语文教育"新体系，形成一批"哲学导学"教学新模式

进行让"语文哲学"走进现行语文教学之中的尝试，在学术发展上为语文教学改革寻找一个新的角度：基于"哲学"的语文学科建设及其语文教学发展，在一定程度上形成了许多重建性的"再认识"或"新认识"，即哲理、学理、常理，为语文教改的"全方位、高效率"可以开拓一条新途径。

4. 语文哲学的提出，以显示丰富的生命意义和学术价值

语文哲学，通过一篇篇论文、课例及研究报告表明：没有哲学支撑的语文教育是没有灵魂的教育，而没有灵魂的教育是没有生命力的教育。语文的学术价值，不再只有语言、文学和口语交际上的通常功能价值，还应有哲学理解和哲学应用的特殊功能价值。

5. 语文哲学可以构建一种多元学习新常态

实践表明：将语文的"术""智""情""道"相加而形成多元学习新常态，让语文复合成为更完整、高效、优质的更多种或更多态的"多元学习"的新内涵、新结构，呈现一种集约型与和"积优型"的新常态，使学生进入一种术中现智、术中有情、术中求道的多元结合型的学习情境。

6. 语文哲学将让语文发展产生"质"的飞跃

所总结的语文哲学的十大观点、十大特质（"思想性、战略性、辩证性、发展性、建设性、实践性、方法论、科艺论、智慧论、境界论"）、语文学科素养的"五层次说"等，为改变目前语文教学受应试教育干扰而变成纯技术主义、实务主义和急功近利主义的误区提供了新的突破口，还语文教育以本真、优雅、自然的面目，让学习者和使用语文的人自主、自由、自觉地享受语文，认识世界，提升素养。

总之，关于"语文哲学"的体系建设，是语文建设的重要内容之一。我们将立足于"语文哲学"而开展学科发展性设计，立足于"哲学的语文"而开展"哲学导法"教学实验。研究思路主要是：以"顶层设计——大胆尝试——科学反思——有效生成"而形成系列化研究模式，注重采用"再认识"的思辨研究法+"再实践"的行动研究法，从哲学层面上积极开展一种基于"一分为三"论为主基调的语文"哲学思维"，期待形成一系列成果。

（本文初稿于 2003 年 4 月，修订于 2008 年 12 月）

第二章 语文哲学"臣言"

【引言】

本书的第二章，共三篇，即关于语文哲学的"臣言"性研究。属于"思考篇"的引发性立论部分，它为突出立论之"君"而进一步做出理解性、阐释性研究，大大丰富和发展了语文哲学的理论生成，以体现一种语文哲学的独特"哲理"，把自己对语文哲学最为负责的基本观点表达出来，让语文哲学的一些基本观点在引发中得以完善确立。

这些言论，虽不是起决定作用的，不是灵魂者、核心之论，却成为语文哲学不可或缺的建言。

试论语文哲学"三态"

我的好友、哲学家周德义教授，曾在《科教导报》上发表了一篇《哲学"三态"》的文章，本人读了颇有感受。由于哲学是"关于世界观的学说""关于自然、社会和思维的最一般规律的科学"，那么，作为一门学科的哲学即语文哲学，也同样应该具有一定的形态，而且会产生许多不同的形态。于是，我经过研究也借此发现而演绎出语文哲学也的确有多种形态，其中有以下的"语文哲学三态"为最典型。

一、语文哲学的"智慧态"

周德义先生关于"哲学三态"的第一态，是用"原生态哲学"来概括，指的就是"爱智慧",是追求智慧的哲学。他说:"在古希腊时期,哲学最原始的意思叫做'爱智慧'。柏拉图早年曾是个很有才气的诗人,写过不少诗歌散文之类的文学作品。但师从苏格拉底学习哲学之后,他发现诗词歌赋不是根本的东西。要使自己的思想有深度,就必须抓住事物发展的根源,研究事物背后的东西,研究左右、主宰事物的具有普遍的法规意义的东西。"

他还认为,"爱智慧"有两种观点:一是认为哲学本身就是一种智慧;二是认为哲学是趋向于"智慧"的一种行为或者一个过程,智慧是辨析判断、发明创造的能力。当我们把哲学看成是一种智慧的时候,我们其实已经把哲学看成为一门科学,看成为我们的身外之物,那么,这样的智慧是可以获得的,可以是"拿来"的。实际上,哲学是智慧之说,聪明之说,是获取智慧的向导,它可以给你指明一条能够达到理想境界的道路。

我想,语文哲学也是这样,同样具有智慧态。一是上面所提及的柏拉图诗人及其诗歌散文,其本身就是一种语文哲学现象,人们在学习、鉴赏和创作诗歌散文等活动中,本身就是一种语文哲学行为。二是从表面上看,这些都是有关"语文活动"的事,但其实都是那些具有哲学理念的哲人们,在运用一种智慧进行有关的哲学思维,进而发现了哲理,即发现了比诗词歌赋等更重要的带"根本的东西"——哲学。而这些带"根本的东西",一旦进入语文学科之中,就让人渐渐获得比语文知识、语文能力更重要更有价值的东西——"语文智慧"。

"语文智慧"的策略是同化和顺应。同化促进知识结构数量的增加,顺应能引起知识结构质的变化,所以,顺应是"语文智慧"的策略。

"语文智慧"的标志是灵动的语文——以变化为标志。运动、变化、发展,是辩证唯物主义哲学的基本命题,也应是语文教学基本的思维方法。减少课堂教学的静态预设,增加教学的动态生成,是"语文灵动"的课堂教学境界。

让语文在爱智慧、追求智慧的哲学活动过程中,为实现"一切皆有可能"的语文而提供了可能的条件。这虽然是借之于一句广告语,但语文的确如此。

由于语文是母语,其普适性、关联性、交流性与自由性等特征与功能,真能让人在"皆有可能"中学习语文、运用语文、鉴赏语文。因为世上的事物从不同角度来看是有联系的,都是在发展的。那么,发展的方式往往是多元性、有内涵发展、有外延辐射发展等,发展就必然会产生相互联系或变化的可能性。所以,可能性便成为语文发展的重要思想与方法,因此尽可能地寻找可能性，是一种哲学表现。

由于语文是语言，其活跃性、变化性更能促使可能性的产生，语言因素与语言功能统一起来，形成一种有意义的语文"效能"，那么，语文一切皆有可能则更有可能了。这些，均要通过语文"立意"教学来体验。有什么样的"立意"，就有可能在相应的"效能"上发展。所以，提倡语文教学"尽力寻找可能性，尽力实现可能性"，将是语文哲学论的重要内容之一。

基于此，我们要跳出语文原有概念的认识，给"语文"以一种更高、更深层次的即哲学的感觉，并通过对语文现象和语文活动之后有所顿悟并获得哲学感悟，这种源于语文又超于（即高于和深于）语文的哲学感悟，便是一种"智慧态"的语文哲学。事实证明，这种高于和深于语文的哲学，并非只是一种高谈阔论，更能使掌握语文哲学的人，更好地学习和掌握语文知识，更好地培养和运用语文能力。因为高效的更好的语文学习，本身就是在爱智慧、追求智慧的过程中形成的，能够让人获取比语文更加"语文"的语文智慧。

二、语文哲学的"辩证态"

周德义先生关于"哲学三态"的第二态，叫"对立态"哲学，主要包含形而上学哲学。因为形而上学哲学认为：宇宙充满对立，矛盾无处不在，"一阴一阳之谓道"。世界上的万事万物，一切都在对立之间产生、演变和发展。他认为，在哲学的研究中，概念总是相伴相对产生的。当有一个概念提出时，就有另一个概念与之相对应地产生，这确实也是广泛存在的自然和社会现象。哲学本身正是通过两个极端的产生过程及其所表达的矛盾，来展现问题的内涵，展现问题的理论空间和矛盾斗争的力量，来解释我们的现实。……连我们平常的论坛，常常是正方反方、蓝营绿阵，针锋相对、泾渭分明。在这样的讨论中，辩论双方往往通过两极对立深刻地阐述或者揭示事物的本质特征。

我想，语文学科及其语文教学也无不充满着这种辩证的"对立态"。我把它称为"语文辩证态"。因为从某种意义上说，基于"对立态"哲学下的辩证法和辩证思维，是可以使世间事物都处于"辩证态"的。人们所看到的一切语文现象和语文行为，诚然也像事物都是"一分为二"的一样，也充满着一分为二，但也可以变成"对立统一"，这就是辩证法和辩证思维。于是，语文哲学"辩证态"便成了语文哲学的一大主体形态。在实践中树立并运用语文哲学"辩证态"，就能使语文教学更加有效，让语文学科更能发挥其更多更好的功能作用。

比如，在语文教学中，用语文哲学将语文教学的科学、技术、艺术相统一，则可以形成一种"心智美育型语文教学"，使语文更具"辩证态"。大家知道，语文教学，是一门科学，又是一门技术，也是一门艺术。如果缺乏这种完整认识，语文教学就有可能被单一理解和片面运用为：要么只是注重语文学科内容即知识的严谨和完整的呈现，要么只是十分讲究教学的操作技术与模式及其原则，要么只追求教学的生动形象和语言的幽默机智。事实上，在许多教师乃至专家那里的确产生着误区：有理解偏颇的，注重了其中之一、之二而忽略之三，注重了其中之三而忽略之一、之二，等等；也有人将这三者简单相加而硬性结合，导致貌合神离的现象就更为普遍了。

于是，我们带着这样的语文哲学"辩证态"，开展了一种关于"心智美育型语文教学"的研究与实践，做到将"心、智、美"三者有机统一与互动运用，让三者皆有而不可偏废，使其成为一种语文哲学状态。那么，怎样才能使这三者融为一体呢？首先，在理念上用语文哲学来统一语文教学中的科学、技术、艺术，以形成为一个可感可触的"语文教学共同体"，然后让这个共同体发挥系统性作用，而不仅是某些方面在起作用。为此，我们注意了以下四个明确。

1. 明确在社会常理下科学、技术、艺术是三个不同的概念，而在语文教学中的"科学、技术、艺术"也同样如此。

2. 明确用语文哲学来统一语文教学中的科学、技术、艺术，让各自都能发挥作用，切不可相互替代或者抵消。

3. 明确科学、技术、艺术虽然是三个不同的概念，但仍然有相辅相成的联系，尤其是共同作用于一个事物——语文教学更是如此。

4. 明确用语文哲学来统一语文教学中的科学、技术、艺术，还必须依靠恰当的主题，找到有效的操作模式及方法，才能发挥作用产生效果。

在数十年的实践中，我以"科艺整合：语文教学艺术走上心智美育型之路"为主题，开展了从理论到实证的系列探索，写出了以下系列论文：①让语文教学充满艺术；②让语文教学在科学中走向艺术；③让语文教学在实践中成为艺术；④让语文教学因创新而艺术；⑤让语文教学因精彩而艺术；⑥让语文课的结尾也结出"味"来；⑦语文"味教法"短议；⑧语文"形象体会式"教学的探索（研究报告）等。

三、语文哲学的"散合态"

周德义先生所说的"哲学三态"的第三态，叫"和谐态"。它是"关于超越对立的思考，关于整体的系统存在的思考，关于对立统一的辩证思维，其研究内容主要是对立统一、不及、过与中庸和三极并重等。"周先生还着重指出："和谐"是对于一个系统而言的，通常是指系统的整体的和谐，其系统性、整体性和完善性，缺一不可。和谐是中国几千年道德文化的核心观念和目的价值，也是中华民族精神的精髓。

我想，由于语文是负载中国几千年道德文化的主要载体，那么其和谐态也同样体现在语文上。但是，语文因自身"表意+想象"的生态特点而显示着既有松散、多元、杂糅的"形散"，又有表意完整、语序规整、言意合整的"神不散"，那么这种形散而神不散的特点，便成为语文相区别于其他学科的重要标志之一，也就形成了一种特有的语文哲学状态：散合态。为此，将社会视角下的"语文哲学"与学校教育环境中的"语文课程"或"语文学科"加以相关和相区分的科学分析，使目前的"语文"学科定位得以更加科学与准确。

我认为，这种形散而神不散的语文哲学的散合态，其最大特点是将语文学科知识的无序性变成语文课程的有序性。大家都看到，我国自从有语文课程及课本诞生以来，都是用一篇篇选文（段）来形成为"语文"的。看语文课本，从目录到文本，首先看到的是课文，不像数、理、化、生物学科所列出的是原理（即概念、定理、公式等），再通过举例来进行例析、例证，推导、判断与还原或反馈，这样便依照常识即原理的发展逻辑及轨迹形成课本并进行着一种有层次递进的理性型学习活动；而语文则相反，以课文作为例子，以语言现象和言语形式作为载体，以体验与获取积累信息、进行语言交流和表情达意作为主要活动的非层次性的感性型学习活动。这样的语文就无疑是散乱型的，但是人在掌握与运用语文时，又受着人对客观事物的有序性认知规律的制约，必须将其变为尽可能有的"序"即层次性、逻辑性，使语文存在于系统之中。

周先生说，如果说对立性是形而上学哲学的基石，那么系统性则是和谐哲学的基石。因此，所谓和谐哲学主要研究系统的稳定性、协调性和促进系统的变革。他还说：作为一种普遍性，"一"分裂为对立的两个方面"二"，进而分化为"三"。这个"三"或者是"对立面统一为三"，或者是中庸、过、不及构成的"三",或者是"三生万物"即三极并重的"三"等。

我认为,语文哲学的散合态,不在于只揭露语文作为非系统性的"散态"特征,而是积极揭示与寻求语文也可以走出"散态"而整合为一种有系统性的"合态",也就是关于超越分散无序的思考,在整体优化的系统中具有一定的教学组织、教学结构和教学功能。为此,我在实践中不断探索,相应形成了许多有关"语文散合态教学"的成果,特别是在将"一分为三"与"合三为一"、"举一反三"与"举三反一"等运用于语文学科方面下了不少功夫。

综上所述,基于"语文哲学三态"理念下的语文学科,是一种融语文知识、语文能力、语文智慧于一体的辩证立体型语文学科;而基于"语文哲学三态"理念下的语文教学,则是一种从学生出发,以学生学语文为目的,通过教育这个平台且融科学、技术和艺术于一体的学习型语文教学体系。

(本文发表于华南师大《语文月刊》2012年第4期)

试论语文哲学的"三重境界"

一、"境界"与青原惟信参禅的"三看山水"境界

(一)哲学的一种美妙叫境界

境界,是指"在感知力上感知的主观上的广义的名词",人们常在"以质的区分和以度的衡量来对境界做出全义理解",如在某件事物上所处的水平。后来便指"事物所达到的程度或呈现出的情况",再后来指"人的思想觉悟和精神修养",即修为、人生感悟等。对于境界来说,不同的人、不同的领域有着不同的涵义、看法和见解,所以境界往往给人以一种高雅而微妙的感觉。这种感觉,就是一种哲学上的美妙境界。

基于此,我们可以这样认为:境界既是指人的思想觉悟和精神修养,更是指一个人的思想觉悟和精神修养所达到的程度和水平。尽管人们的思想觉悟和精神修养所达到的程度和水平不一样,但是作为社会普遍的价值取向,人们总希望自己是一个有较高思想觉悟和良好精神修养的人,以体现自己的位置。那么,我们在教育中的人,就更应追求哲学上如此的美妙境界。

关于对"境界"的描述和体会以及意义的拓展，在我国有许多著名的关于"境界"的描述，有许多著名的"境界"实例。比如，道教的精神境界把人生分为三境界：天界、人界、地界；佛家中的精神境界：欲界、色界、无色界或指断界、离界、灭界等。清末民初王国维在其《人间词话》里谈到：古之成大事业、大学问者，必经过三种之境界（即文艺三境界："昨夜西风凋碧树，独上高楼，望尽天涯路"；"衣带渐宽终不悔，为伊消得人憔悴"；"众里寻他千百度，蓦然回首，那人却在灯火阑珊处"）。当下，境界更多了，如：读书的境界、写作的境界、艺术的境界……处处可见人们对境界的追求与体现。

之所以我们对生活和事业充满信心、充满执著、充满阳光，都缘于我们都在为着追求一种境界。

（二）我国宋代青原惟信参禅的"三看山水"境界

我国宋代吉州的青原惟信禅师曾说："老僧三十年前未参禅时，见山是山，见水是水。及至后来亲见知识（指禅师），有个入处，见山不是山，见水不是水。而今得个休歇处，依前见山只是山，见水只是水。大众，这三般见解是同是别？有人缁素（黑白，指辨识）得出，许汝亲见老僧。"（《五灯会元》）这就是后来著名的参禅三重境界：参禅之初，看山是山，看水是水；禅有悟时，看山不是山，看水不是水；禅中彻悟，看山仍然是山，看水仍然是水。但是，处于纷繁浮躁的社会现实中的人们，又往往不是那么容易实现这三重境界的，因为各自都有其人生的特定背景与个体体验感悟。

佛家讲究人的入世与出世。最初形容人生的三重境界，是分别指人在二十岁、三十岁、四十岁这三个不同年龄段的人生认识水平和成熟程度。具体地说，人生第一重境界：看山是山，看水是水。因为人涉世之初，怀着对这个世界的好奇与新鲜，对一切事物都用一种童真的眼光来看待，万事万物在我们的眼里都还原成本原，山就是山，水就是水，一切都是原生态的。人生第二重境界：看山不是山，看水不是水。因为人已经"三十而立"，用自己的人生经历和主见看人生看社会看事物，往往因看多了而看不到或感受不到是原生态的，于是给看山看水带来迷惑、迟疑与追问，是不是真实的山，是不是原来的水，于是便多了对人生的一些否定或质疑和追问，也会引起自己进一步的或多角度、多方面的用心观察和体会，这样就增加了许多理性的思考与对现实的拷问：山不再是原意上的山，水也不是那么单纯的水了。人生第三重境界：看山还是山，看水还是水。因为人到了"四十而不惑"的人生阶段，经过"不"的人生历练之后，终于大悟大醒，获得一种洞察世事后的返璞归真，达到再也不糊涂、不迷惑的最佳心境。也就是说，此时看山还是山，看水还是水。但是，对这山这水，已有了更高、更新、更深的内涵理解了，对于此山此水，也就有别样的体验和感悟了。

现在，将上述三个年龄段扩大到人的整个一生，人都有自己许多关于"三看山水"的经历和感悟，演绎着各自人生的三重境界。因为每个人对人生的经历积累到一定程度，经过不断的反省与追问，对世事、对自己的追求都会有了一个清晰的完整的正确认识；因为每个人在不同时间和地方，都在用自己的观点与体会，阐述着"看山是山，看水是水；看山不是山，看水不是水；看山还是山，看水还是水"的三重境界。但是，人们又往往不是那么容易实现这三重境界的，因为各自又都有其人生的特定背景与体验情境。所以，我们在此倡导一种积极的科学发展的"人生三重境界"，促进各自人生的更加健康幸福，更具有意义。

所以，人生及世间万事万物，都各自具有其特定背景与情境，而且这种特定背景与情境，都以其层次的不同上升而形成其界域，这也许就是"境界"。既然都同样如此，那语文和语文哲学也概莫能外：具有"境界"。

一代宗师南怀瑾也在《〈论语〉别裁》析《论语·雍也》中说过："知者乐水，仁者乐山"句，曰："'知者乐，水。'智者的快乐，就像水一样，悠然安详，永远是活泼的。'仁者乐，山。'仁者之乐，像山一样，崇高、伟大、宁静。"其实，语文哲学"如山如水"的"三重境界"也皆如此。

二、语文哲学也有美妙的"三重境界"

(一) 具有哲理境界的语文学科也有美妙的哲学"三重境界"

事实告诉我们：语文也是一种让人获得语文学理及人生顿悟的"三重境界"的学科。曾经，我在语文教学中就有这样的思考和尝试：让学生把"语文课本"当成一座座"山"和一条条"水"，通过听、说、读、写，获得一种既有语文知识、又有语文智慧的即语文哲学的多重境界的体验。这里的多重境界就已化为三重。试验表明，效果大不一样。后来我便总结为：语文是山，语文是水；语文有万重山，语文有千条水，教学生读语文就如同让学生"读山水"。但是如何看这些"语文山水"，则应该追求它的多维、多层、多元的语文山水境界——也同样可以"三重境界"来概括。

这是本人出于对禅宗大师青原惟信参禅的"三看山水"境界的禅悟有深

深的崇拜和体验，进而让我联想并突生对语文学科和语文课程教学有更多的认知、理解、感悟。在充满对语文的思想觉悟和精神修养有不一样的价值取向中，我们发现了超越文本解读而后的——"字词句篇语修逻文"的"语文之识""听说读写"的语文之术、"思悟赏评"的语文之道，这里则都明显地分别呈现着语文"质的区分"和以"度的衡量"的多重性特征（这里主要指三重），更具有无穷的、多元的、多层的学科素养即语文修养、语文智慧、语文思想和语文觉悟——这已经是一种语文哲学，是语文哲学境界的生动体现。让人获得关于语文哲学境界的体验与熏陶、语文学理的领会与感悟。

因此，从语文哲学的角度来看，因此而逐层拓展和越发充满无限美妙的境界——故称语文哲学三重境界。

语文哲学境界的感悟：语文哲学又何尝不是如同"看山看水"，又何尝不是具有"三看山水"的三重境界？所以，我们在语文哲学体验中，尤其期盼一种积极的可持续发展的"三重境界"，即有关真、善、美的洗礼与熏陶，然后形成一种较高的语文觉悟和语文精神修养。

2003 年 10 月在桂林召开的"全国语文学习素质教学模式研讨会"上，作为优质课评委的我，在作大会优质课点评时即兴说的一段话中阐述了"三看山水"：

学之初，看山是山，看水是水；（初步感知与理解）

学之入，看山不是山，看水不是水；（深入质疑与探究）

学之后，看山还是山，看水还是水。（最后终于是大彻大悟）

这是我第一次引用青原惟信禅师的三重境界之说而提出"三看山水"的语文哲学的"三重境界"。我认为，语文哲学也是如此。语文课程的教与学，应该追求且完全可以实现这样一种如同"看山看水"的三重境界。这一说法当时竟引起了与会老师的反响，会后还收到不少电话、信函的咨询与交流，并希望我做出更深入的探讨。

提出了这一说法，便一下子引起了轰动，国内不少专家和老师纷纷加入讨论，分别给予认同和加以推广应用。说到底，即兴说的一段话其实就是一种关于语文哲学的演绎活动，对语文的认知、感悟、探究与应用时用观点来表达的结果。语文课程及教学，说到底就是在干"识字、读书、作文"这三件事。这是语文教学之本，且呈现着一个无穷尽的学习、思考、探究的过程，一个不断接近真理、走进本质规律的认知过程，也就是一个由"是"到"不是"再到"还是"的过程。于是，我便借宋代禅宗大师青原惟信提出参禅的三重境界之说，将课堂教学的开始"是"中间"不是"最终"还是"的三段过程归纳为语文教学具有语文哲学的"三重境界"。

（二）语文哲学的三重境界：三看山水三重悟

现在，让我们再来进一步理解语文哲学境界的"三重性"：即把"语文课本"当成一座座"山"和一条条"水"来听、说、读、写。尝试结果表明，让学生像看山水一样来学语文，的确受到了大不一样的语文学习感悟——这就是我所总结的"三看山水"的语文哲学的"三重境界"之说——语文是山，语文是水；语文有万重山，语文有千条水，教学生读语文就如同让学生"读山水"。这既有诗情画意的美感——让语文具有意境，又使语文呈现多重感悟体验——让读者获得哲理。如何读出和表达出对这些"语文山水"的多维、多层、多元的哲学境界，则应该成为我们每个语文人永远的追求。看来语文哲学则是如此：语文有山，有水，还有比山更"山"的东西，比水更"水"的东西。

第一重境界：学之初，看山是山，看水是水。

当语文课本变成了"山水"，语文课就自然活了起来，让学生把语文读成了山水，岂不乐哉？当然，当学生第一次走进语文课本（"山水"），肯定首先是一种新奇、陌生的心态，而且往往是一种表层的大致的观赏"山水"的状态：啊，这就是山！这就是水啊！的确，让学生看到了"山水"，感知了"山水"，也感受了"山水"。但是可以说，这仅仅是对语文文本获得了初步感知，犹如看到了原本的山水，产生了对"山水"（教材）的第一印象、第一感觉，也就是说看到了或感知了文本的大意，进入了一种"是什么"的语文境界。

可以说，这是一种人之初的"无执着"的境界，但又是必须经历的第一重境界。

作为语文哲学的第一重境界，是对语文本义层即语言的表层意思的初步感知与理解，也是语文教师带领学生了解语文课本所触及到的最基本层面的学习。所以给人的感觉往往是第一感觉：直觉的作用、本能的反应或者是个体已有经验的使然。

关于语文本义层即语言的表层意思的学习，我们知道语言具有内隐性和潜在性的特征，所以在解读文本时，就不能满足于语义层的理解，而应引导学生向文本更深处漫溯，去品味语义背后的深层内涵。在实际的教学中，我们常常看到这样的现象，很多老师在解读文本时，特别是在解读古诗文之类的文本时，往往会停留在语义层，因为古诗文是传统文化的精华，年代的久远以及古今语义的差异，使得现代学生学习起古诗文来就比较吃力，而有些教师就是看到了这一点，在讲解古诗文时仅仅停留在语言的表层意思上。

语文本义层，一般只表达"是什么"的意思。这个词、这句话、这段话乃至这篇文章，表达了什么意思。或者说，告诉了我们一个什么样的主题，传达了一个什么样的观点，抒发了一种什么样的情感等。作为母语和工具性极强的语文学科来说，语文本义层的学习，其实就是一种"感知""积累"，就是对信息的获取与储存，也就是最重要的语文基本功的历练阶段，务必认真、扎实和强化。但是，学生对语文本义层的学习，既是初步的而不是粗糙的，虽然是枯燥单一的但又能实现更多、更快、更好的——这就是语文哲学所呈现的第一境界。

有位老师分享了一个这样的课例。孩子第一次和妈妈坐火车，新奇地望着窗外。突然，他问妈妈：妈妈，大树怎么是动的？妈妈给他解释了"相对运动"原理，但孩子很茫然，并不懂。车停了，妈妈让孩子再看大树，孩子很高兴地发现大树也停了下来。后来，车又启动了，树又动了起来，孩子得出的结论是：车动树就动，车停树就停。妈妈没有办法，只好说，你长大了就知道了。真的长大了就知道了吗？作为过来人的妈妈，当然已经历了"什么是什么"的最初体验与感知的情境，而作为人之初的孩子，这种第一次的体验与感知，是什么就是什么，自然是一种"无执着"的认知及其"天然"境界。

由此可见，如果不动地"看山是山，看水是水"，或者没有"已知"即先知地"看山是山，看水是水"，那是一个何等的"无执着"境界。

我们看到的是文面上的语文和感知性的语文，往往是最基础的和被共知的理解的语文，即处于语文的"感知"阶段。可以说，这是一种人之初的"无执着"的境界，但又是必须经历的第一重境界。

第二重境界：学之入，看山不是山，看水不是水。

当人有了许多"已知"，产生许多"执着"的惯性后，人就成为有"执着"的人，那么也就有了许多"执着"的质疑、探究与反思。应该说，这是人的一种进步直至进化，不必引起惊慌。

可以说，这是一种"无极限"境界。"无极限"有两个意思：一是无极限这种活动是无休止的；二是挑战无极限，追求无极限为挑战的境界。所以，能达到这种"无极限"地"看山不是山，看水不是水"的"无极限"境界，就是不断挑战“先知”而无限制地质疑、探究下去。

在语学科课程中何尝不是如此。让“无知”到“已知”再到“未知”，既是一种认知过程，也是一种从“无执着”走向“有执着”的积累与发展感悟的过程，这个过程，则让学习者把语文当成“山水”：越看越不是山，越看越不是水。为什么？因为用许多自我的主观“已知”即“先知”来看这些曾经的“山水”，便多了一层由自以为然的感悟而引起新“看”点——与其说新“看”点，不如说是一串执着的问号，于是进入了一种“为什么”的探究型语文境界。

面对如“山水”般的语文教材，让学生再走进去，反而产生了和初看“山水”（课本）时大不一样的认识与感觉：怎么非此山？非此水？于是产生了质疑：这还是不是山？还是不是水？到底又是怎样的山？又是怎样的水，等等。也就是说，对文本中的内容与说法，以及写作结构、语言表达、艺术特色等，在“再读”中产生了疑惑和不解，这时就需要通过探读、研讨、深究，或者求证、或者否定、或者补充、或者变换等，以重新获得一种新的“看”法，获得真正意义上的理解和个性化的感悟，以达到一种去疑、得解的“清晰型”学习效果。

这也是形成了“执着”的惯性后，我们将“执着”的人、事、物、法、境，先入为主地执着追求：为什么瞬息万变？为什么变化多端？缘起以动观动，以知推知，如何看清？人就成为有“执着”的人，那么也就有了许多“执着”的质疑、探究与反思。所以，看来“已知”越多越糊涂，“先知”越多越有问题与困惑，难免叹曰：看山不是山，看水不是水。一切事物因为变化又由熟悉变为陌生，让人又陷入疑惑乃至探究之中。“我”在想：一亿年前这“山”是个什么样子？如果“我”在太空中看“山”，“山”是个什么样子？“蚂蚁”和“我”看这溪“水”有何不同？

此时的语文教学境界，就是把教材当成“山水”，让学生走入教材，走入学思状态；让学生对语文课本经过“再看”以后，反而产生了和初看“山水”（课本）不一样的认识与感觉——非山非水，甚至产生了质疑：这还是不是山？还是不是水？到底是怎样的山和怎样的水等等？也就是说，对文本中的内容与说法以及写作结构、语言表达、艺术特色等方面的东西通过品读、研讨、探究，或者求证、或者否定、或者补充、或者变换等，以求得一种真正意义上的理解和个性化的感悟，以达到一种已弄明白和清晰了的“清晰型”境界。

我们走进的这个"清晰型"境界，是一个不同的语文和未知性的语文天地，往往是一千个读者就有一千种语文（即"一千个读者有一千个哈姆雷特"），因为他们都带着个体体验与已知，来发现了与个体体验与已知不同的感触，以为这不是"原来的山、原来的水"，或者"这不是山、这不是水"，于是发出感叹：是山不是山，是水不是水。这是一种个性化意义的独特见解的语文学习收获，是既否定自我的初感，也怀疑他人乃至作者见解，并由此做出再认识后的语文学习判断，这是处于语文的"质疑、探究"的问题发现与分析阶段。这个阶段就已走到了非常纠结但又非要"刨根究底"下去不可的新境界。

可以说，这是一种"无分别"的境界。大家知道，当我们的心已经形成了"分别"的惯性后，我们将时刻"分别"你我、大小、善恶、里外、快慢、长短、对错、是不是……往往一开始进入视野便迅即作出"是山，是水"的感知（初知），而现在就不一样了：左看右瞧，仰上俯下，终于看出了"端倪"，达到了"看山不是山，看水不是水"的"无分别"境界。这也缘于"一沙一世界，一叶一菩提"的特定境界的认知。

让学生走入教材，走入学思状态——让学生对语文课本经过"再看"以后，反而产生了和初看"山水"（课本）不一样的认识与感觉——非山非水，甚至产生了质疑：这还是不是山？还是不是水？到底是怎样的山、怎样的水？也就是说，对文本中的内容与说法以及写作结构、语言表达、艺术特色等方面的东西通过品读、研讨、探究，或者求证、或者否定、或者补充、或者变换等，以求得一种真正意义上的理解和个性化的感悟。

第三重境界：学之出，看山还是山，看水还是水。

这对于语文学习来说，即指对文本经过已有的由浅入深、由粗到精、由单一到多元的阅读理解思考后又走出了语文，形成学习新常态，回归人对事物的认知理性与本质，在研读、概括与提神中实现了人与自然和谐的状态，走上了一个更高的学习高度，让学生自觉、自悟地发出一种出自心灵深处感动后的感叹：到底山还是山，水还是水，从而达到一种已彻底觉悟了的"清醒型"境界——最后是大彻大悟。这里并不是有人常说的"回到原点"的意思，而是一种超越的意境，一种只可意会而不能言传的觉悟——所以就用"还是"来表达这种难以确切述说的特别感悟。

这是让学生走出了教材，看透了教材，走出了语文课本，看透了语文内涵，占有了教材后达到了一种自然地和个体地把握教材的高度超脱，形成一种深刻的认识，享受一种属于学生自己的阅读体验与收获的不可复制的学习愉悦和学习效果；不仅学到了文本的规则（知识概念），还学到了有关知识的规律和规范；不仅知其然，还知其所以然。这样，最终使语文教学实现了真正的声（读出声·亮）、情（读出情·真）、韵（读出韵·美）相统一的最高境界，也就是一种已弄明白和清晰了的"新体验、新感悟"的境界，乃至最终发出"看山还是山，看水还是水"—— 一种"知本真""无妄想"且"已淡然"的境界，也就是一种在"有所为"（质疑探究与反复拓展）的第二重境界以后的"有所不为"（即不需要或没有必要再去质疑与拓展等之类的"为"）。

这是看山还是山，看水还是水——"无妄想"境界：站在更高境域而实际的"此地"，再看着"此地"下的"山"和"此地"下的"水"，看到山里面的"蚂蚁"，水里面的"游鱼"。即在"看山还是山，看水还是水"的"无妄想"境界里：才知道在山里的那爬着的蚂蚁、那清澈的溪水、那溪中流动的鱼。这就是语文哲学上的"无妄想"境界，真懂实悟的超然境界。在"看山还是山，看水还是水"的"无妄想"境界里：我在山脚下和一只蚂蚁同时品尝着清澈的溪水。

这对于语文学习来说，即指对文本经过已有的由浅入深、由粗到精、由单一到多元的阅读理解思考后又回归理性与本质，在研读、概括与提神中实现了人与文和谐的自然状态和学习高度，让学生自觉、自悟地发出一种出自心灵深处感动后的感叹：到底山还是山，水还是水，从而达到一种已彻底觉悟了的"清醒型"境界——最后是大彻大悟，即由迷惑而明白，由模糊而认清，对道理的认识进入到一种清醒的或有知觉的新的状态：看山还是山，看水还是水。

这里并不是常说的那种"回到原点"的意思，而是一种超越的意境，一种只可意会而不能言传的觉悟——所以就只好用"还是"来表达这种难以确切述说的特别感悟。我们看到的是走出初感和透视文面所获得的深度感悟的语文，这种语文往往是超越文本、化解独见而形成大彻大悟的真善美一体化的新语文，即处于语文的"觉悟"阶段。

三、让语文哲学"三重境界"成为语文教学的追求

目前，我国语文教学在课程改革和应试教育的对峙中，已经被夹击得失去了本真，让语文课失去了境界，成为一种只具有或者着力于"文面解读+应

试训练"的不伦不类的"难受课",很少看到以追求语文哲学"三重境界"即以体现"感知→思考→习得"为主线、以"先知→质疑→超越"为主轴的语文"三重境界"教学。基于不同教育理念和哲学思维的语文课,更具有语文哲学的三重境界特征,更可以在处于第一重境界时而心怀第二、三重境界。人们不免要问:为什么中国版的阅读课常常只能停留于第一重境界,而不能让学生想到或走进第二、三重境界呢?其中原因很多,应试教育的干扰是背景主因,而缺乏语文哲学的三重境界意识,缺乏语文阅读教学的立体型多维多元的战略思维,也是重要原因,于是导致一味沉醉于语文阅读教学的平面型、一元化,陷入技术主义的战术思维。

当然,我们并不反对必要的感知型文本(字面)解读,尤其不可忽视以言文合一为主征的中国式的汉语文教学,要注重"言"的结构、意义及使用,这在语文哲学的第一重境界中是必须走好的,也为走进以下两重境界发挥奠基性作用,但是不能过分,不能唯一,否则就不免陷入"工具性"的泥坑而不能自拔,进而削弱了语文更多元的人文教育和思维锻炼及更深度拓展的"术道结合";我们也没有一味诅咒考试之意,但总不能以考试作为语文阅读教学的最大目标,动不动就拿"要考的""要记住"之类的训词作为口头禅,来充斥有血有肉的文质兼美的语文课堂,如果在课堂上老是满口这样的话,也是一种缺乏教学智慧、缺少教学品位的表现,一句话,没有语文哲学的高境界。

怎样才能实现这样的语文哲学境界呢?最基本的办法,就是凭借语境,不,其实是不脱离语境。可以说,语汇积累、语义感知、语境学习是语文课程学与教的最靠得住的成功方法之一。其中有两项重要的语文学习方法:一是语境学习,二是形象体会。

语境学习是指在语境中直观地、具象地、生动地呈现语文本义的内涵,从而领略语文的语义和意境。

形象体会,是指通过形象的体会与传达来感知语文意义,因为语文所说的每一句话、读的每一篇文本、写的每一篇作品,都是有其特定的具体"形象"的,即通过"形象"来表达语文意义的。假如我们在语文的文本解读、文章写作及口语交际时,未能给人以一种鲜明的"形象"展示,那么就说明我们的语文学习和教学,是缺乏语文哲学境界的。本人多年来都在探索语文的"形象体会式"学习法和"形象体会式"的语文教学,其成果还被2000年7月21日的《中国教育报》专文评介(见第3版"特级教师特色"专栏报道文章——《林惠生：学法指导有"法"》）。

综上所述，语文是奥妙无穷的，但也是高深可测的。它充满了哲学元素，给了我们许多"是——不是——还是"这一类的哲学逻辑的体验，以及由体验带来的惊喜与愉悦。这种以"是——不是——还是"为主线的哲学逻辑，生动地呈现了语文哲学的三重境界，即"感知、探究、超越"。这样的语文哲学三重境界，是在一种"形象+抽象"的文化情境中，不断让学生经历"感知·得术去盲→质疑·得解去惑→超越·得道去俗"的"三得三去型"语文全境界的学习过程，以获得高尚的素质教育体验和完整的哲学之悟。这是基于语文哲学论的语文学习，说到底是一种由术到道、术道结合的哲学活动，让语文教学同样相应地创造与追求一种有品味的语文哲学境界。

试述语文哲学与"一分为三"论

一、一种新的哲学观点——"一分为三"论

1. 什么是"一分为三"

它是一个哲学新用语，也称三分法、三点论、三元论，有些人还称之为"一分为多论"。主要是指事物作为矛盾的统一体，不仅要认识到包含着相互矛盾对立的两个方面，更要注意到真正对矛盾双方的统一与转化起关键作用的是第三者乃至更多元、多维的因素。不过，这第三者的表现形式多种多样，有时比较明确，有时却模糊不清，而有时却只能通过矛盾双方之间的关系本身来得以体现。因此，这个"三"具有忽隐忽现、不易为常人所发现的特性。此说在三十年前由我国国学大师庞朴先生提出，后来就有很多人投入研究，现在已发展成为一个新的哲学流派，已被广泛流传和运用及认可。

2. "一分为三"论的性质

周德义在《论〈实践论〉的一分为三认识观》（《衡阳师范学院学报》2002年02期）中说道：事物普遍是一分为三的。一分为三之"一"，为一个事物的整体；"三"为一个事物所包含的三个方面。三个方面之间的矛盾运动，推动着事物的变化和发展。一分为三是事物的客观存在，也是事物发展

变化的最一般规律。

他的这些观点在中国传统文化里也可以找到根源。

在中国古代，一分为三的说法虽然没有被明确提出，但是，一分为三的观念却一直贯穿于中国传统文化的各种典籍之中。《老子·四十二章》就明确指出："道生一，一生二，二生三，三生万物"；《史记·律书》也说："数始于一，终于十，成于三。"在古代，"三"的繁体字"叁"又通于"参"，"参"就是"参与"，即第三者参与到矛盾双方之中来，对矛盾双方进行调和、沟通和转化工作。事实上，《易经》中的"阴阳相交"思想，儒家的"中庸"、道家的"守中"、佛家的"中道"，都是一分为三观念的具体体现。

自古至今，在科学研究的道路上，从来不需要定式思维。因为事物的本身是"三维一体"构成，那么解析它时，应该是"一分为三"论。

一分为三就是易经的"三极之道"，从宏观到微观都是三极的对立统一，是立体关系，这是客观之道。

当今中国人受一分为二论的影响，有一个越来越盛行的思维方式，就是喜欢"对立、对比、对照"，即用最简单的办法将人或事情进行二分式（分成两种）：要么是"两"，要么是"二"。

在中国哲学里，把互相并列的对立关系归类为"两"。"两"就是并存，好比"左右"，左边跟右边完全一样，只是一个在左一个在右，是完全并列的关系。但现实中的"两"分法者，却把这种并列关系一味演绎成了完全是对立、对抗的关系。其表现为两两对照，非此即彼，褒此贬彼，厚此非彼，两者不可同日而语。否则就似乎没有强烈的对比感，就缺少对人眼球的冲击波。

在中国哲学里，"二"虽然也是指两个东西，但是"二"因为是表序数关系所以这两个东西便有了主次、主从的顺序关系。比如，人们常说的"第二天""二把手"，意味着前边还有"第一天""一把手"。因此，"一分为二"就暗含这种主次、主从关系，即由"一"而分出了"二"，按照发展的哲学观，那么由"一"，而分出了"二"之后还可由"二"再分出"三"，所以"一分为三"论是完全可以成立的，当然也是客观存在的。

3."一分为三"论的发展

人们不是很喜欢说"三"吗？其实这也是中国传统文化。在中国传统文化里，有一个说法，即"一是数之始，十是数之终，三是数之成"。"三是数之成"，蕴含了深刻的哲学思想。"三"是一个小小的循环阶段的结束，是一个完成。三里面包括一和二，而一和二是数的两个最基本的元素奇和偶，可以说三是一种数之成；另外，"三"也"成"于正反合，比如，从一开始，然后到二：一是同一，二就是对立，从同一到对立，然后到三，就是对立和同一。这种说法影响至今。我们说"三思而后行"，这个"三"不是表示想三次，而是一个简单多数，是一个完成，又如"冰冻三尺""三人行必有我师""三顾茅庐""退避三舍""入木三分""岁寒三友"等，这里的"三"也不全是序数序上和数量上的三，而是在表述"数之成"之意。

古代词的"叁"，不仅表示"三"，还用"叁"来说明对立同一的一种关系处理。我们来举例子。语文教科书的修订，涉及者有编写者，有使用书的广大师生，这双方无疑有不一致的诉求和想法，怎样协调与统一，使矛盾得以解决呢？于是就组织第三方"参"与其中：成立专家教材审查委员会，开展有关调研活动，举行听证会、咨询会和答辩会等。这样，第三方参加进来，提出更为专业、公允、实用的意见，确保教科书的质量和适用水平。这种"参"是真正的"参"，既有自己的独立意见，又能参加到对立的两方中去，使矛盾得以解决。

在西方的哲学家那里，一分为三观念也处处体现在他们的主要观点和论述之中。亚里士多德就曾经指出"德行就是中道，是对中间的命中。……由此可断言，过度和不及都属于恶，中道才是德行。"与"中庸"所体现的一分为三思想如出一辙；大哲学家黑格尔的"正、反、合"，简直也是"一分为三"观点的一个具体的翻版。

事物的呈现与发展都是一分为三的，其表面看得见的往往是一分为二的，但在事物发展中有一个"中间形态"，客观上在起着不可或缺的作用，这个"中间形态"，则是一分为二之后或之上的"三"。因为世间事物如果只有一分为二，就会让事物发展走向两端，最易产生"非此即彼"的错误观念和极端行为。比如：数学里有正数、负数之分，而居于二者之间的零则是一个"中间数"，既不是正数，也不是负数。所以有理数也是一分为三。

当然，如果把时间这一维加进去，你会看到更为复杂的三分关系。最有名的如"正反合"，就是从时间的维度来说一分为三的关系。郑板桥有句名言叫"难得糊涂"，他说聪明难、糊涂难，由聪明到糊涂更难。这其中就包含着非常深刻的正反合的道理。这个意思大家可以仔细琢磨体会。

可以说，"一分为三"论是一种"发展"思想。即"一生二，二生三，三生万物"的事物发展规律，变成一种发现事物的内涵本质及促进事物发展的重要理论武器，变成一种分析事物的内部结构、寻找事物发展方向及解决矛盾即问题的哲学方法。

从某种意义上说，"一分为三"论也是一种"中间"思想。比如：有前有后必有中，有上有下必有中，有先有后也有中。一架天平，从表面看到平衡的是在两端，但起平衡作用的却是它中间的那个支点。这个支点就是第三者（就是这里所说的"中"）。事实表明：有时候中间力量巨大，中间点的作用不可缺少。著名哲学家亚里士多德在他的伦理学著作中提出：以中道为德性，以过度与不及为恶，试图为情感和行为的种种德性、过度、不及都找出相应的名字。特将事物分为以下三者：过度、不及与中道。

"一分为三"论，实际上还是一种整体科学理论和系统方法。如2000多年前老子所说：一生二、二生三、三生万物。大量的事实和理性分析表明，无论自然界和人类社会，都是以"一"与"多"的共存状态和互存关系，而显得既丰富多彩又整体和谐，只信奉"决定论"（一元论）或只信奉"后现代主义"（多元论）是简单思维的"一根筋"，只会"还原法"或只会"宏观把握"都不是智力的最高境界。自然科学的成果往往是要么"0"，要么"1"，关于人和社会研究的成果只能是"多利相权取其重，多害相权取其轻"，但人类至今没有创造出在各种不完美的方案中选择可能最好方案的竞赛机制，可能最好的方案也就不可能产生，任何好的创意都会由于存在这样那样的不足而被他人否认，大量错误的观念和不良习惯都可以找到足够多的理由而长期存在，以致人类在很多重大选择上，良莠不分。

国际组织学习协会主席【美】彼得·圣吉在《第五项修炼》一书中说："自幼我们就被教导把问题加以分解，把世界拆成片片段段来理解。这显然能够使复杂的问题容易处理，但是无形中，我们却付出了巨大的代价——全然失掉对"整体"的连属感，也不了解自身行动所带来的一连串后果。"

当前，语文课因受"工具论"的影响，在功利驱使和技术主义操作下被所谓的"文本解读""精讲多练"等分割得四分五裂，并未按照老子所说的"一生二，二生三，三生万物"这样一种理念而形成的由"一"（整体）而生发的"二"再生发"三"以及由此而又生发"万物"（局部片片段段）的"整体"的连属状态。其结果是把具有生命的呈现整体性生态原理的语文，弄成了极不健康与正确的"非语文"畸形之物。用支解和分割的方法来进行语文教与学，可能在"短、平、快"的实效上有点好处，但效果未必长久和深远，尤其是涉及语文整体思想、综合能力和核心素养等却每况愈下，……种种迹象显示，我们的语文拆件式的技术型之路已经快到尽头了，应该给以哲学的审视，运用"一生二、二生三、三生万物"的一分为三论，将语文的灵魂扶正，将语文的身、心、灵三者融成而赋予一个有生命的整体，这才真正能够走进有"语文哲学"的语文教学之路。

二、"一分为三"论的应用

1. 一分为三论的"第三种"语言表达方式

在人们的生活中，一说到哲学就难免要说到"一分为二"。看来在我们的社会里，一分为二，作为一种哲学理论，已完全成为一个常识性概念，在人们脑海里几乎是形成了一种伦理。为什么就不能一分为三呢？世上有很多事物就不一定只有唯物和唯心之分，而更多情况下既需要唯物也需要唯心，唯物和唯心相结合。我们发现许多人说话：有时候说真话，有时候说谎话，有时候真话与谎话一起说，真中有谎，谎中有真，看需要而定，看具体情况而定。有时候说谎话比说真话效果更好，这叫"用真情说谎话"，即为"第三种"语言表达方式。

现在有人说到一分为三，我们不但不熟悉，而且产生惊讶：怎么还有这样的说法？我也是上世纪八十年代末与我的好友、哲学家周德义的一次交谈中才第一次听到的。记得当初在谈及对一件事情的看法时，我用了一分为二的理念来进行分析，他突然冒出一句：我们难道不可以用一分为三来探讨吗？于是他为此高谈阔论了一分为三，这的确让我心里豁然开朗许多，对那件事情的看法也更加全面、深刻了。

我认为：一分为三，既是人类所创造全部精神财富中最精彩之处，也是最值得人类探索与应用的一项重要哲学内容。从此，我便有意识在学习、工作和生活中，自觉和不自觉地接触、理解和运用着一分为三这一哲学观点。后来还真让我认真地思考了一分为三的哲理实质与实践价值。

2. 一分为三论的"第三条道路"

英国首相布莱尔的顾问安东尼·吉登斯，发表的全球畅销书《第三条道路》也是应用了一分为三的观点。

在我国当今教育改革中，也有不少有志之士在寻求第三条道路，并引发了广泛讨论，其中上海顾泠沅博士的观点尤为突出。但何谓第三条道路？第三条道路才真正代表了教育改革的发展方向，正在凸现出来的效果是全面的、稳健的、广泛的，重点在于点燃了另一种理想主义的哲学火焰。

把事物对立起来，在自然界不利于科学发展；在社会上容易引发震荡。

以自然科学为例，以前只知道两性生殖的道理，等到克隆出现以后，才知道原来身体上的任何一个细胞在一定的条件转换下都可以成为传统意义上的"生殖细胞"。从此，世界变了，确切地说，是对世界的认识变了。原来，世界还有一个"中性"，这个"中性"就是"一分为三"里的"三"。世界真奇妙，就怕你不知道！一分为三！由我出发，或许这是适合我的人生哲学和想象。

按照"一分为三"的理论，人类在精确科学和不科学之间，完全有可能创造出一门模糊科学，即在不确定中寻找相对确定性的科学。当然这与美国数学家扎德 1965 年发表的论文《模糊集合》（即模糊学）还是有区别的。

三、语文哲学：要从一分为二走向一分为三

1. 一分为二是一种"自相矛盾"

诚然，哲学中的一分为二，有一个众所周知的典故是"自相矛盾"，即指两种对立的意见想要同时存在于一个事物里。这个故事出自《韩非子》。提出"矛盾"说，是为了反对一种说法。矛盾说打破了纯粹的唯心说或者唯物说，萌芽了最初的辩证唯物主义。最早的"矛盾"大概就是这意思。问题是，20世纪以前，中国的文章里尽管也会运用到"矛盾"这个词，但是那个"矛盾"大体是在文学意义上，或者是在韩非原来的不可互相矛盾的那个本来意义上运用的，并没有把矛盾用作哲学范畴。将"矛盾"应用到哲学范畴是20世纪 30 年代以后的事，后来又把它普遍化、简单化、明确化了，或者叫做两点论、二分法。这样就容易使认识产生对立，认识一旦到了对立，混沌世界的"一"的内在本质，便开始逐步向两个极端展开，最终产生冲突。

从日常生活的层面来说：任何一个人都有他的优点，也都有他的缺点；办任何事都有它的困难一面，有它的顺利一面，你不要只看到困难，也要看到顺利。二分法就是说一个东西总是分为两个方面的，比如说一个世界，分为物质和精神。这叫二分法，叫两点论。这实际上都是矛盾。大家都知道，后来伟人毛泽东写了一篇名作就叫《矛盾论》。在那以后，矛盾作为一个哲学范畴，被普遍地运用起来。普通百姓在茶余饭后也会分析一下矛盾的两方面，无论是家庭矛盾还是工作矛盾，人人都会一分为二地看．在我们这个实践哲学家的国度，每个人的哲学水平迅速提高到一分为二地看问题，那怕热恋中的双方在讨论问题时，不自觉地就会进入一分为二的正经伦理。可以说一分为二已经占据了我们现在大多数人的思想。

多年的社会思想发展史告诉我们，由于一分为二论的二分法，滋生了人的非此即彼、非是即非的"一分为二"思维方式，导致人的思想深处有着对于人生观、价值观、以及世界观的二元论，形成了一种近乎绝对真理般的认知和评价理念：事物都是一分为二的，事物都具有双重性的。但是，在现实中又往往碰到因所谓"双重性"而让社会矛盾更为对立，人们的认识和行为也越加冲突。看来这世界上还有很多事物、还有很多空间并不是完全用"双重性"就能够概括或描述的，其实还应该有一些更为合理、科学的思想方法论，能够在理论上实现创新，且可以在认识和解决上述这些问题上求得突破，以形成新的哲学的思维体系，即从非此即彼、非是即非的"一分为二"的思维方式中解放出来，以获得一些全新的认识角度，产生一批独特的见解和解决矛盾（问题）的策略及方法。根据目前对此研究的成果来看，"一分为三"论及其三分法便是最有价值的观点之一。

2. 语文哲学，要接受一种新的哲学观点——"一分为三"论

大家知道，一分为二的功劳，就在于使得一个笼统的、囫囵的、混沌的"一"变为"二"，多了一个"一"就有了一个互相并列的对立关系，这无疑是认识上的一大进步。比如：语文是一个笼统的、囫囵的、混沌的"一"事物，当时就被称为"工具性"学科，同时又被另外称为"人文性"学科，这样两种观点各执一端的争论竟一直进行了多年，可以说，这把语文推向了两端（也叫一分为二吧）。

后来，随着新课程改革的深入，又出现了语文是"既有工具性，又有人文性"的综合性学科，这与其说是语文学科建设的发展与进步，不如说是一次语文在哲学思维上的发展与进步，即对一分为二论的发展与进步，按照"一分为三"论而提出的新观点，足已体现了一种只有"让语文哲学起来"才可能有的发展与进步。因为任何事物不能只"是其一"而不能"是其二"，其实它还可以"是其三""是其更多"。同时客观事实还表明：因一分为二的事物不仅往往分成对立，而且"两两对照"，还呈现了一种不稳定的状态，最终结果是两败俱伤。只有把它变成"三"以后才是最稳定的。这里的"三"是指语文课程性质的第三种表述，当然也是最符合客观实际的，因而也是最科学合理的，也是最能被大家所接受的。

3. "一分为三"论最符合客观实际，最科学合理

一分为二是辩证法，一分为三更是辩证法。为了促进语文哲学的发展，要积极接受"一分为三"论这种新的哲学观点，主张从一分为二走向一分为

三。实践表明，"一分为三"论最符合客观实际，最科学合理。

客观事实表明：因一分为二的事物不仅往往分成对立，而且"两两对照"，还呈现了一种不稳定的状态，最终结果是两败俱伤。只有把它变成"三"以后才是最稳定的。这里的"三"是指语文课程性质的第三种表述，当然也是最符合客观实际的，因而也是最科学合理的，也是最能被大家所接受的。但是，这还远远不够，用"一分为三"论可以发现更为正确合理的关于概念的表述，也就是大胆地跨过或超越这种思维定势，抛弃原有的思路及结论，不受"工具性、人文性"之类的前置说法的束缚，而从语文课程的角度来定位，从语文的真实内涵出发，重新开辟新的思考方向与语文性质的准确概念界定，再不要用一些缺乏"语文性"的公有性的功能性描述，或者缺乏学术理性的比喻性描述。为语文冲出过去"工具性、人文性"以及二者统一论的桎梏，我们要彻底抛弃语文的"比喻性定义"的思维定势，去除非内涵定义法，以弄出一个真正的来自语文学科内涵特质、符合自然规律的"哲学性"定义。

4. 语文哲学引进一分为三：客观适用

经过我们二十年的观察思考和十二年的实践，通过换向思维反复论证，我们发现，用"一分为二"的观点已很难解释诸如宇宙、自然、社会和人类等很多事物。人类要想认识世界、观察事物、分清是非，仅仅局限于"一分为二"的观点，已难解其实，难辨其向，难定其性。

首先，我们发现自然世界和人类社会并非全部都是"一分为二"的，即非天即地、非好即坏、非男即女、非社会主义即资本主义，非计划经济即市场经济，而是"一分为三"的，也就是说自然界和人类社会中的任何事物的发展都存在着许多中间的环节。我们人类也就是生活在天地之间的无限空间。

中国最早的道家文化曾做过预言，其核心为：世间万物之本为道，道分阴阳，阴阳合一而出新，新即为三，即人类社会的发展是一个"一生二，二生三，三生万物"的过程。我认为其中的三表示事物的发展呈几何级数增长，潜藏着熠熠生辉的东方密码。人类文明社会在"一分为一"的观念中生活了几千年，在"一分为二"的观念中生活了几百年，随着人类对自然世界的认识和理解的加深，人们会逐步接受更为符合现实社会的"一分为三"的观点。

其次，我们根据分析论证，还发现事物的发展方向往往不是向着两极的方向发展而是在中间的某一个环节，这个中间环节的发展方向与马克思主义哲学中所说任何一对矛盾斗争最后都有三种结局的第二种结局是相统一的。

既并非一方克服一方，也并非二者同时消失而被新的一对矛盾所代替，而是二者合二为一，共生共荣。

第三，我们接受了"一分为三"的观点，也知道了事物兼有的发展方向大多在中项，那么怎样才能准确、客观、科学地界定一个事物呢？为此，我们在对自然和人类社会进行了深入观察和研究，经过反复论证，终于找到了三位定性法，我们认为它是客观科学的认识事物的基本方法，也是人类认识客观世界的先进的方法。

综上所述，语文哲学，可以接受一种新的哲学观点——"一分为三"论。"一分为三"论不仅可以成为语文哲学一个重要的哲学来源，可以丰富和发展语文哲学，还会使人们更进一步认识与理解"一分为三"论，更能深入地促进语文哲学发挥作用，产生效益。

第三章　语文哲学"佐语"

【引言】

　　本书的第三章，共四篇，即关于语文哲学的"佐语"性研究。属于"思考篇"的拓发性立论部分。

　　所谓"佐语"，即为立论之"君"者而给其辅佐性言论，属于出谋划策之语。它为突出立论之"君"而进一步做出领会性、助推性研究，也是为针对现实问题而展开以体现一种"哲理"性的"再认识"，从而进一步丰富和发展了语文哲学的理论，把自己对语文哲学最为个体的、最真实的观点呈现出来。

　　这些理论，本人习惯称之为"亚理论"。

在语文哲学视角下看语文教学

一、是否可以回避"工具"的说法，改用专业的眼光看语文

　　半个多世纪以来，我国语文界曾一度把"语文"界定为"工具"，即"语文是一门工具课""语文具有工具性"等，并且影响与延伸至今。现在，在语文课程改革中虽然增加了"人文性"，但现实却让语文走上了两个极端：上公开课时"人文性"特强，平时课因受应试教育的干扰使语文又变成了一种"语文技术主义"，可以说，这是一种实际上的"新工具论"在实践中的影响。

究其原因，还是受"语文是工具"的潜意识所致，还是因"工具性+人文性"的简单相加而造成的。当然，大家后来也一直没有停止过对"语文是工具"的不同意见的争论，但是只是一种就事论事的讨论，还是看到工具说工具，再怎么说还是工具。本人也持异议，说过"语文是工具"的说法并不科学，但很难自圆其说。现在，突出一个大胆设想，是否可以回避"工具性"的说法，也绕开"工具性+人文性"的简单相加，从语文作为一门课程所应具有的内涵发展上，来重新做出认知，给予一种专业的学术性解释，再不用一种外延型的比喻义来形容语文是什么，结果"打造"出的是一个并非"语文"自身含义的本概念，成为"似语文"的类概念、泛概念。

在这里，首先要明确什么叫工具？在汉语词义中，原指工作时所需用的器具，后引申为为达到、完成或促进某一事物的手段。具体义项有：（1）人在生产过程中用来加工制造产品的器具。毛泽东《在八届二中全会上的讲话》："生产力有两项，一项是人，一项是工具。工具是人创造的。"（2）喻用以达到目的的事物。谢觉哉在《社会主义民主的优越》："资本主义的民主为资产阶级服务……民主成为垄断资本家的工具，享受民主利益的人很少。"刘半农的《耻辱的门》诗："榴火般红的脂，粉壁般白的粉，从此做了我谋生的工具了。"（3）喻专门秉承他人意志办事有如工具的人，多含贬义。

诚然，从功能上来看，持"语文工具论"者也不无道理。特别是语言文字，它为人类的思维及交际提供了工具性的条件，起到了工具的作用。在我国也早就有"语言是人类交际的最重要的工具"之说法。

但是，作为一门学科课程的"语文"，已经远远超出了语言文字的含义。因为"语文是工具"，不管你赞同还是反对，但它确实不是一种属于"语文"自身真正科学意义上所作出的概念界定，它只是在一种说不清语文确切含义的无奈情况下，用一种比喻义的方法所给的定义，并非真正能揭示其"语文"学科的科学定义。我们只要反思一下就不难发现：当前的语文教育由于受"工具论"的影响，只有"专项"知识技能的语文教育，而无"专业"文化素养的语文教育。

从目前所实施的"语文"来看，它是以"语文知识与能力"为主轴，以语文"过程和方法"及"情感态度价值观"为辐射，形成三维目标整合的"全语文"教育。当然，有"工具性"，不错，但具有工具性的事物也太多、太普遍了，这不能认定只是"语文"学科才有工具性，难道数学就没有"工具性"吗？物理、化学、英语（还有其他外语课程）、信息技术、通用技术等开设的所有课程，又有哪一门没有"工具性"呢？由于工具有被使用的意义而定义为是工具或有工具性，是太片面了，也不科学。有时候，世界上人与人之间的关系也是一种利用和被利用的关系，难道就可以依此推理说"人是工具"，或者"人具有工具性"。如果用工具性的眼光看语文，则只能得出语文是工具的认识，忽略了其自身更多、更宽、更深的语文特质性要素。

现在，不少人走向另一极端，用非此即彼的方法，把语文看成是纯人文性的，即用人文性眼光看语文，结果满眼看到的语文则全是人文性。如果站在二者中间看或把二者拉拢看，于是就产生了语文是"工具性与人文性高度统一"的语文。这似乎合理又合情，二者保留走典型的"中庸之道"。但是到底什么是语文，语文到底是什么？让人们还是模糊着、含糊着，或困惑着。于是又产生出一些新的看法。我认为：应该用人类母语的眼光看语文，用人的生命意义看语文。这样才能把"语文"看得清楚、完整和真切、真实。

二、是否用教育的眼光来看"语文"更合理些

有人说，我们要从语文教学法中坚持语文教育。从语文教育中，用教育的观点来设计语文教学，实施语文教学，即适合用来教育青少年的语文内容及其方式来组成语文课程，从语文教育中寻找"教育语文"，形成"教育语文"的特点和体系，使其从"大语文"中分离出来。大千世界，语文的东西太多了，真正符合教育的具有教育价值的语文应该还是受一定局限的，要从学生获取语文的听、说、读、写能力和提高语文素养出发，提取"学语文"的质。

"言语性"，且以整合"工具性"与"人文性"。"言语性"是教育语文的本质属性，是"教育语文"概念含义的内涵确定；是从普通语文的内在规律中所产生与发展的特性，而"工具性"是普通语文的外在功能属性，是用一种比喻性定义加以比照后所给的非本质喻指。

语文教育突出"言语性"，是尽可能回避"工具性"这一比喻概念的必然性，或者绕开其"工具性"与"人文性"相统一的形式概念，最终达到使语文作为一门课程而赋予的真正含义的表述。

大家知道，中国语文课程，就是让学语文者掌握言语形式，提高言语能力和言语水平，学会与丰富中国文辞，传承我国优秀文化，形成语文素养。

之所以"言语性"可以成为现代语文教育的一个基本特点，主要是它包括了两层含义：一是"言语"的"语"即"语言"，"言语"的"言"即

"言语"的"言"，套用一个公式就是"用语言/言"；二是指人们的语文活动本来就是一种具有言语特性的生活，而这种言语活动，既有口头上的也有书面上的，既有物质上的也有精神上的，既有形式上的也有内容上的，既有技术方法上的也有文化道德上的，等等。那么，现代语文教育理应抓住这个基本特点，追求其语文的内涵发展和本真措辞，这是用"课程透视法"而对语文的内在所做出的抽象概括，再不是那种形象的、形式的、形似的概念描述。

用"言语性"表达现代语文教育的基本特性，这里还有"既科学性，也艺术性"的特色。科学性，指言语的准确性，就像音乐中的"音准"一样而形成一种"言准"；讲究言语的"言准"性，是落实"言语性"这一语文教育特性的基本要求之一。艺术性，指言语的流畅、美妙、优雅，是就如何用"好"语言而言，即用"好"用"美"用"活"语言；"言好"是一种语言艺术，语言技巧，更是一种综合的言语智慧、言语素养。那么二者之间的关系是怎样的：言准是前提，言好是发展；言准是科学性修炼，言好是艺术性修养。言准首先是技能，言好首先是技巧。

后来，把"语文教学法"发展为"语文教育学"，实际上就是发展和丰富了语文教学有关"言语性"的特征。因为"语文教学法"可能太走向科学性的一端，只关注"言准"而忽略或淡化了"言好"。

当然，从语文教学法走向"语文教育学"，还有二者各自本质上不同的学术追求。语文教学并不等同于语文教育，仍然是两个不同的概念，有各自的具体内涵……更何况"语文教学"是一个已经约定俗成的泛概念，人们普遍接受，一般不会产生歧义，并且和其他学科教学共同组成了学校教学的全部，在"学校教学课程"的学科组成中与"外语教学""数学教学""物理教学"等形成一个集合，但一旦较真起来，"语文教学"与"语文教育"还不可混同。

当然，语文不可能没有"教学在"，也不可能没有"教育"。我们倒需要的是从不同的角度去认识，去理解，去实施，千万不能因肯定后者而否定前者，因注重后者而摒弃前者。它们的关系：既有独立性，也有相容性或相关性，甚至隶属性。比如：从"突出教学"角度来说，在"语文教学"里自然包括有"语文教育"的因素，人们常说的"教书育人""文道统一"，如站在"教育"的角度来说，它有两层含义，一是从社会层面说，社会大分工，教育与经济，一切教学活动皆属教育之内，而语文教学又何不属于教育之内呢？语文教学又怎不是"语文教育"呢？语文教学与"语文教育"是两个不同的概念，尽管在实际工作中往往没做严格的区分，但须知有教育的教学才是完整的、最有意义的教学，也只有在教学中让教育得以达成。

三、从语文的"形"与"神"到"形神兼备"

语文的"形"是什么？这里的"形"便是一堆散乱、无意的文字符号，却又是可认、可用的一个个汉字、一个个词语。奇妙的是，一经人们有意的排列组合，便码成了一句句话、一篇篇文章，于是这一句句话、一篇篇文章便有了"神"，在表达着某种意思。这就是语文的"形"与"神"。

有人曾经说，文章阅读要"字不离词，词不离句，句不离段，段不离篇"，这也就道出了语文的"形"与"神"之间的一种特别关系，那就是语文的"形神兼备"，也是汉字作为表意文字的一大基本特点。这种语文"形神兼备"的特点，为丰富多彩的语文内容奠定了基础。

语文的"形"还表现在语文学科"知识"与语文"能力"及语文"素养"上。在这里，语文学科"知识"是语文的"形"，而通过语文学科"知识"这个"形"，即由知识转化为能力，形成素养，后面通过转化和形成而产生的语文"能力"及语文"素养"，便是语文的"神"，且有了"形"与"神"的融合及"形神兼备"的特点。因为，语文学科"知识"虽然表现了语文学科之"形"，但最终是体现了语文课程之"神"；虽然表现的是语文"知识"学习的状态，但最终体现的是语文"能力"及语文"素养"的教学效果，体现了语文的听说读写之功，反映了学生的语文学科的核心素养。

但是，当今的语文教学并非如此"形神兼备"。由于种种现实原因，且被严重地将"形"与"神"割裂，更没有"形神兼备"，于是就大量出现了偏面地、单一地进行语文"知识"教学的情况，还以为这样抓住了"知识"就等于有了"能力"及"素养"。其实，如果不从语文"能力"及语文"素养"的高度来安排语文"知识"教学，或者只从"应试"的角度来关注语文"知识"教学，那么语文"能力"及语文"素养"的教学效果就会打了折扣。同理，语文的"形"与"神"的融合及"形神兼备"的特点，也就无从体现。

由此可见，语文是一门通过"语言建构"和"言语表现"而体系化的综合性课程。现图示如下：

```
                          语 文
                     ┌─────┴─────┐
                   语 言        言 语
                     │            │
                  语言现象      文字作品
                   ┌──┴──┐      ┌──┴──┐
               口头语言 书面语言 文学类作品 实用类作品
                   └──┬──┘      └──┬──┘
                    语 言         课 文
                   ┌──┴──┐      ┌──┴──┐
              语言词汇积累 语言应用 言语形式 言语生命
                   │      │      │      │
               掌握语言 享用语言 学会言语 发展言语
                   └──┬──┘      └──┬──┘
                    语言建构  言语教育  言语表现
                         └──────┬──────┘
                            语文教育
                          （全语文教育）
```

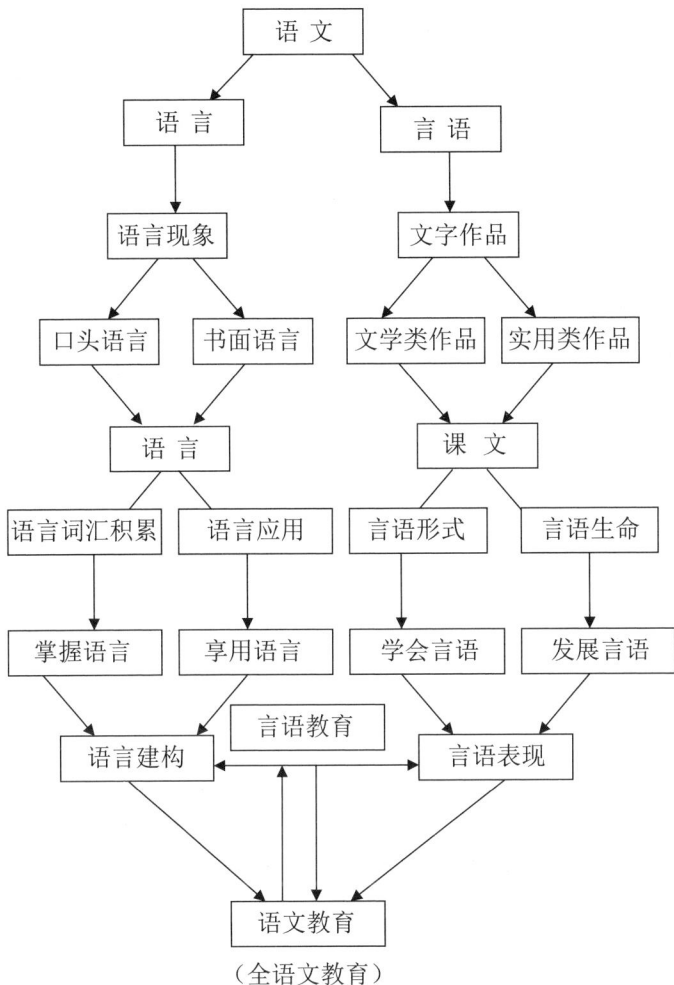

四、要区分"语文质"与"语文量"

语文质，指语文学科的特质、本素，能体现语文学科内核和基本要素的东西，它不是所谓的"语文味"或"语文性"，后两种只是从表面或外延上作出价值判断，相当于带有"语文的味道"或"带有语文性"，往往只是一种感觉到的语文价值的主观意识；而"语文质"是从存在的语文所表现出来的客观价值，从语文自身本有的特质和要素来作出的不需感觉因素（往往还需排除感觉因素）的内在价值判断。"优效"——只提优而不提"最佳"，世上"最佳"并非存在的，只有相比之下更好的，即优秀的，效果能成为同类中之优，就不错了，也才符合客观事物发展的规律。

语文量，指语文学科发展的数量性指标，以数量和限度为主。"量"的解释有：（1）能容纳、禁受的限度；（2）数的多少。

语文量，一是指语文学科知识量的组成。如"识字量、阅读量、作文量"和"词汇积累量"等。包括：读了多少字数的书，记了多少笔记，摘抄了多少句子，写了多少篇文章，参加了多少次语文活动如"汉字听写大会""诗词大会""演讲赛"等。还包括语文学习经历，如：三年语文、六年语文等。

二是指语文的教与学的有效限度或程度。包括：语文学习的速度，如："快速阅读""快速作文""快速思维"；"高效学习""高效课堂""高效作文"等。高速并非快速——"快速"，有作而并不科学之义，高速只是说速度的程度高，能快则快，该快则快。另外，还包括语文学习成绩的分数或等级的评定（表面上是数字，实为程度）。

语文质与语文量的关系，可以说是语文的"知识量"与"知识力"的关系。就"知识"这一范围来说，这有可能与目前流行的"能力"发生混淆，其实"能力"是指一种心里特征，属心理学范畴，而知识获取的多和少，优与劣、有用与低效等均属于教育学的范畴。知识能发展为知识力，知识只能为培养能力打基础或提供条件或为诱发因素。

用语文哲学教出有哲学的语文

一、语文哲学：能够促进语文教学向高度和深度发展

（一）语文哲学观告诉我们：人看事物一定寻求恰当的高度和正确的角度

恰当的高度，不仅会因登高而看得远，也因高度恰当而看得完整、真切；正确的角度，才会因角度恰当而产生许多属于自己的有创意的思想与行为。这种"高度"与"角度"的实现，其中重要条件之一就是靠语文哲学和语文教育科学。目前在语文教育科学方面普遍受到关注，乃至成为当今教育研究的重头戏，但语文哲学的研究与应用，却仍然未被重视，更没有引发广泛而深入的研究。笔者在此呼吁：要用语文哲学教出有哲学的语文。

语文哲学观还揭示着一个这样的道理：有了语文，一切皆有可能。这虽然是源之于一句广告语。但语文的确如此。由于语文的普适性、关联性、交

流性等特征与功能，真能让人在"皆有可能"中学习语文、运用语文、鉴赏语文。因为世间上的事物从不同角度来看是有联系的，都是在发展的。那么，发展的方式往往是多元性、有内涵发展、有外延辐射发展等，发展就必然会产生相互联系或变化的可能性。所以，可能性便成为语文发展的重要思想与方法，因此尽可能地寻找可能性，是一种哲学表现。由于语文是语言，其活跃性、变化性更能促使可能性的产生，语言因素与语言功能统一起来，形成一种有意义的语文"效能"，那么，语文的"一切皆有可能"则更有可能了。这些，均要通过语文"立意"教学来体验。有什么样的"立意"，就有可能在相应的"效能"上发展。所以，提倡语文教学"尽力寻找可能性，尽力实现可能性"，将是语文哲学论的重要内容之一。

可以说，教师不是在改变学生，其实也改变不了学生，只是教化学生，影响学生，让学生在教化和影响中实现自我改变。这就是一种哲学使然。这种哲学才能使教育如此而担当起了教书育人的功能。

（二）语文哲学首先必须用"哲学语文"的眼光，寻求"有度"的语文，开展"合度"的语文学与教的活动

这里主要是指，人看事物一定要有恰当的高度和正确的角度。

语文，作为一门课程，有其自身特定的课程宗旨、功能、内容和形式。这种"自身特定"的含义实际上就是一种"度"，而这种度一般体现在语文课程标准的具体内容上，也分解在语文教科书的每个单元、文篇上，有些较为明确，而有些并不清晰，且受知识的"不确定性"的影响，使语文教学上的"度"难以把握，所以，寻求与把握语文教学的"度"，不仅是一个"术"的问题，更是一种"道"的哲学应用，即"合于度"的语文教学。

有度的语文和合度的语文教学，一般体现在以下三度上：语文知识的程度、语文学习的进度、语文教学的角度。语文知识的程度，即从学习者出发，把握语文知识上的广度、深度及难易程度，要有所选择；语文学习的进度，即以学习者为主体，形成有层次、有尺度、有一定知识边界的学习过程的推进速度；语文教学的角度，即站在学生的立场上，以学为本，为学而教，把学生学多少、凭什么学、如何学等作为教学的切入点和最佳角度，等等。

二、语文哲学：让语文教学更走向自然性的规律

（一）语文哲学，首先体现在语文与自然的紧密联系之中

这是因为自然界的一切包括自然景物、气象、声音、人文景观等，都可成

为我们所需要的语文元素或者语文资源，成为语文教学的资源、平台和途径。因为语文与生活的相辅相成，或者互载互为互动，就显示了语文与自然的紧密联系，让语文教学尽可能是天然的、非人为的，不拘束，不呆板，不勉强。

即使在自然界所听到的汽车喇叭声、乡村里的鸡鸣狗叫声，也同样可以读出属于语文的东西，从而成为语文学习的内容或资源。比如，在语文的研究性学习中，不都可以对"汽车喇叭声"进行调查分析从而写出调查研究报告吗？又如，学生在写作活动中，把对乡村的鸡鸣狗叫声进行观察和体验之后，不也可以进入他们的一篇篇习作之中吗？……为什么可以这样？只缘于你从把握一定的角度（研究性角度、写作的角度等）听出了或看出了自己在感悟自然，并为自己学语文、用语文时提供了丰富的元素或资源。

诚如此，每个人都可从自然而然中获得一种语文上的"自言自语"，那才是真正属于"自己的语文""自由的语文"。因此，追求有每个人的"自言自语"，这才是人们享受的最高境界的生活语文与语文生活。也许这就是"哲学语文"的灵魂。只有每个人都有自己的"自然自语"，才可以使语文成为每个人在生活中流畅地表达自我意愿，进行口语交际、形成自我风格与特色的重要标志。

将基于"语文哲学"与自然界的联系而形成学校教育环境，并进而形成更具自然性的合规律的"语文课程"或"语文科目"，那么则可以完全超越目前的"语文"定位，以获得更加科学与充满活力的语文教学效果。

（二）语文哲学，让语文成为崇尚自然、走向自由的"自然自语"

前不久，我读了中国教育报记者郜云雁于 2011 年 7 月 21 日发表的文章《语文课可以很"哲学"，语文课可以很"自由"》，很有感触，也更加了解到国内不少老师乃至教育记者们都在关注语文哲学，探讨和实践着语文哲学，把语文课上成了具有语文哲学的课，让学生们获得了一种"自然自语"，从而使语文课的确上得很哲学、很自由。现将有关文段抄录如下：

当大多数语文教师还在执著而辛苦地向学生灌输知识的时候，一些先行者已经开始尝试把语文课堂的目标定得更高远一些——培养有独立精神、思想自由和敢于表达的公民。在第七届中国儿童阅读论坛暨亲近母语教育研讨会上，关于语文课的儿童哲学启蒙，以及如何利用图画书尝试儿童哲学阅读的相关实践和探索，成为此次论坛的一大亮点。江苏省特级教师、中央教育科学研究所南山附属学校校长李庆明和新生代语文教师郭初阳执教的两节关于"自由"的儿童哲学启蒙课，令人耳目一新……

自由就是不自由

苏格兰民族英雄华莱士用自己的死来唤醒自由。这种对自由的追求，在现实中恰恰是以不自由的形式表现出来的。

在课堂总结时，李庆明表示，自由是哲学的极点问题，而这堂课的重点是希望学生理解自由中的消极自由，即"免于"的自由。他引用马修斯在《哲学与幼童》一书中的观点，强调儿童是有哲学思想的，同时儿童的哲学世界与成人的哲学世界又是有区别的，"用恰当的方式引导儿童尽早接触一些哲学问题十分有意义"。

发出声音的牧羊人

这个世界应该永远保留一种声音，时刻呼喊和提醒人类保持警觉。人类应该喜欢这样一种自身可能永远也听不见的声音。

密尔曾在《论自由》中指出："迫使一个意见不能发表的特殊罪恶，乃在它是对整个人类的掠夺。"而伏尔泰的"我不同意你的观点，但我誓死捍卫你说话的权利"更是早已深入人心。新生代语文教师郭初阳关于"自由"话题的儿童哲学课，用隐喻的方式集中探讨了"话语权自由"。

郭初阳首先和学生分享了3个版本的寓言故事"狼来了"，分别是《开玩笑的牧人》《说真话的牧人》和《发出声音的牧人》。之后的讨论高潮则主要集中在《发出声音的牧人》。这个故事中的牧羊人常向村里人呼救说"狼来了"，可是很不巧，每当村民拿着棍棒赶来时，狼常常已经离开了。后来，村民们不再相信牧羊人，并认为他不断散布有狼的言论让整个村子紧张不安。于是人们勒令牧羊人戴上一个特制的口罩，不许他再发出声音。……

著名儿童文学作家梅子涵对上述两节儿童哲学课，作了精彩的现场点评。他说，将哲学的话题放到小学生的课堂令人耳目一新，"哲学的课堂应该是思索的课堂，而风格迥异的两节课都是引导学生在思索中进行的，这种大胆的探索值得肯定"。

面对如此的语文课及其报道，尤其是著名儿童文学作家梅子涵的哲学般的点评，我们还有必要用更多的文字来表达语文哲学的教学意义吗？

三、语文哲学：让语文教学更具有旋律地发展

（一）当语文哲学变成了"哲学的语文"，那么语文教学就还可以应像音乐具有音乐旋律那样而具有"语文旋律"，让其更具有旋律地发展

我想，任何事物都可能像音乐具有音乐旋律那样而具有旋律。旋律在音

乐里被解释为"声音经过艺术构思而形成的有组织、有节奏的和谐运动。旋律是乐曲的基础，乐曲的思想感情都是通过它表现出来的"。同理，其他事物如语文等，也同样可以从自然中、从生活中经过某种"艺术构思"或特定建构等而形成有组织、有节奏的和谐运动。由此可见，语文旋律是客观存在的，也是可以追求的。反思目前的语文学科可能是缺乏了一种"语文旋律"，才使语文课失去像音乐那样所具有的表达力、愉悦力和吸引力。我特为此感叹：人，如果都能用旋律来做事，那不仅是获得愉悦，更是在捕捉和享用一种规律——因为旋律是一种和谐。

我们大力倡导用"语文旋律"来构建一种语文和谐教育。它是指运用中华民族古代文化的精髓之一"和合论"，结合中华传统美德的"和谐"因素，在和谐、合作、互动、交流式的课堂学习状态中，向学生进行一种完整的流畅的语文教育乃至有意义的语文教育，它既能让人成长为一个"语文人"，具有丰富的语文知识积累和语文智能素养，又能让学生获得人的生命成长与舒展、身心健康与发展的人生教育。

（二）基于"语文旋律"的语文和谐教育的四大特点

1. 和谐的客观性。从客观上有三种和谐：和谐是一种体验、一种感受（一种享受）、一种效果。①语文自身（内涵）的和谐；②学语文或教语文等外部因素的和谐；③语文与外物因素的和谐。

2. 和谐的发展性。它主要指：①目标（立意）上的一致性；②过程（方法）上的协调性；③结果（收获）上的共进性；④发展上的差异性（非一致性）。

"和谐语文"是一种完美语文教育、完整语文教育，它既能让人成长为一个"语文人"，又是一种让人生命舒展、身心健康、学知发展的人生教育。

3. 和谐的辩证性。它有以下几点：①新与旧的和谐（传统与创新）；②共性与个性的和谐；③量与质的和谐；④语文与生活的和谐。"和谐教育"是一种既适合"儿童的教育"，也是适合"教育"的教育。和谐：①意识（理念、思想）；②策略；③行为（方法）；④情感（品德、意志、情趣）；⑤效果（状态、结果）。

4. 和谐的可能性。即采用以下方法：①相关法——将不相符的相符起来（寻找相关点）；②尽可能法——就一个目标把最佳的尽可能地选出来，以形成和谐机体；③相容性——与异者共存，相对照地竞争性发展。

（三）"和谐语文教学"的实施

在具体的教学实施中，我们可以用和谐语文教育思想，来对语文及语文教学进行整合与整体化，形成一体化语文教学或"全语文"教学理念及其操作机制，并发展为一系列教学技术性的操作模式。比如，"和谐教学法""读写一体法""单元化教学"及"整体优化与系列操作"等。

在这里要特别注重的是：一是整体中的结构与序列，二是整合中的层次与类型。只有这样，才有真正意义上的和谐语文教育：有类型，就有层次、元素之分。真正意义上的和谐语文教育，是要容得下各种人、各种事、各种状况的存在，要让人产生宽容意识，形成既相容互动又能独立个体体验的语文学习新理念。因为人的学习只有有了类型，才会有选择；有选择才会有个性；有个性才会有创造性。只有承认个性和差异的语文才会是和谐的，只有求同存异，优化整合，并且讲究有度、有类、有序的"统一"和特定的有效，才会产生真正意义上的和谐语文教育。

"和谐的语文教育"的提出，而并非指"和谐语文"，须知："语文"无所谓"和谐不和谐"，但"语文教育"则可以被操作、被译作为"和谐"与"不和谐"，当然也并非完全否定目前语文教育的不和谐，而是在此提倡：把语文教育做得更好些，即在语文课程设计的整体建构、语文教学内容的系统考虑和语文教学方式方法等方面求得更加完美、恰当、合理，使其教学的目标与行动一致性，目标与效果一致性，教学理念与教学行为过程一致性，这里的一致性就是一种有机的和谐，一种有意义、有价值的和谐，而不止于形式上和口号上的和谐。也就是在"语文"的一切活动中既有科学性、艺术性，还有哲学性，具备了更高境界的语文教学的和谐。

由此可见，以上三大"哲学的语文"教学的设计与实施，不再只是一种实务性的纯技术性手段，而有"脚踏实地，仰望星空"的哲学感觉，这是在"用语文哲学教出有哲学的语文"方面做出的一种有益尝试，富有启发性和推广意义。

将语文哲学进行到底

——我的"语文哲学观"自述

我不是哲学家，但可以成为有哲学追求的思想者。由于本人平生喜欢且关注哲学，也经常用一些哲学观点来看待社会，来分析和应用于我所从事的语文教学事业，确实感悟良多，渐渐地形成了许多自翊为"我的语文哲学观"的东西。其实，我们这个社会早就是一个哲学社会，人人都在"哲学"中生活，都可以形成"我的哲学观"。

这几十年来，我在语文教学和研究上，如果说还能经常地创造一些成绩，产生一些成果，能不断地发表一些让人们感到既新颖独特又有客观实效的学术观点，那么，其重要原因之一，就是哲学帮了我大忙：哲学为我打造了不悔的教育人生。可以说，语文学科及其教育不能没有哲学，应该让语文教育在具有哲学的内涵中，使之成为哲学的事业。于是，我在几十年的教育教学中一天也没有离开对哲学的思考和应用，特别是对语文哲学有格外的思恋，于是便逐步形成了属于自己的"语文哲学观"。

我的语文哲学观之一：为语文找回常识，又要让语文不仅只有常识

我在几十年的从教生涯中，不断地形成这样一种常识：教育具有思想，教学需要意义。这项常识告诉我们：教育是一项不仅具有感性而更具理性的事业。从此我更有深刻体会：常识就是规矩，常识就是理，人在社会上生活、学习和工作，只有认定这个理，才能无往而不胜。这里的核心意涵是，以"常识""常理""常态"为标准，促进人的进步与发展，促进社会和谐与发达。在追求创新、有意义发展、非凡的事业过程中，不可因种种原因而导致"失常"甚至"反常"。

语文教育也是如此。目前许多自称"创"新而违背常理的语文教学，已经产生了不少负面效应，使语文的面目不伦不类，让语文课因小失大、拘微

丢整、追异忘常，一句话，凭感觉而失理智。常识不可丢，常识不可违，这已经是本应充满意义和育人价值的语文教育，而在现实操作中却并没有往"常识"方面发展，失去了它应有的意义，最终导致失误甚至失败。为此，当前的一大要务就是要为教育找回常识，进行具有"常识""常理""常态"的正常教学。

现在人们都在呼唤好的教育，但好的教育不能没有思想，违背常识，失去意义。反对过分的急功近利，强化理想，注重思想升华，按常识"出牌"，这主要是受某种教育现实问题的制约或干扰，却失去了应有的"常识"思想，或者是受了一些陈旧、落后、偏激、片面、碎片化的思想，或者是一些浅层、粗放、欠稳定、不大气的思想，或者是缺乏哲学逻辑和学理规范的伪思想，或者是缺乏创新意义和个性化特色的思想，等等。于是，人们渐渐地失掉了关于坚守教育"常识"的意识，做了许多对教育意义不大或者毫无意义的事情。

世间凡称得上"教育"的教育，都必须是促进人的成长、成功、成才，这既是一种思想，也是一种常识，更是一种"好教育"的基本出发点。"好教育"的一大特征，在于"教"与"学"的正常关系上的相辅相成。比如"学为主体，教为主导"是最为核心的常识。一项项"教"的内容和形式都因"学"而出，一项项"学"的活动也随"教"而来。这样的教"学"的设计及活动实践，都受一定的思想常识支配与引领，否则就失常，难以引导学生去发现和具有各种做人常识，掌握各类学科常识。这里，教学的一个核心常识点就是：教学，教"学"，教之以学，以学教之。凡是一个具有且坚守常识的明白之师，使尚未具备常识而接受教育的一群人（学生），能在"使人明白"的过程中成为既有常识又有创新素质的人，那么，好教育就有可能让人成为更好的人。

当然，教育者自己要有先进的、科学的、正确的和不断发展的教育常识观。常识，并不等于一成不变的、传统守旧的常识，或者已被证明为落后甚至错误而确需淘汰的东西，需要发展和丰富新的常识，提升已被证明为确有价值的新的常识的地位。

为此，亮出恰当的教育主张，表达和体现"具有常识"的教学行为，坚持"有意义"的评价标准，拿出"有思想"的教学行为方式和方法，才有可能教出有思想的书，也有可能帮助学生拥有思想，形成正确的主张。实践证明：自然科学的课程，如数学、物理、化学及生物等，其学科常识、学科思想和方法，给予全人类的发展和进步，其意义价值则显得更为客观，更加彰显，所以它能面向世界，与世界对接，与人类的真理和自然的规律进行对话。而语文课反而自愧不如。看来要请数理化老师为语文支招，使语文具有更为科学正确的思想，找回语文常识而寻找良方。

现在，回到哲学上来讨论，如果将语文置于哲学之中，让哲学走进语文，进而形成一种"语文哲学"，且从"语文哲学"的角度来构建语文，形成语文课程标准、语文教科书、语文教学活动，语文的学习效果评价及教学价值评估，那么语文就有了不同于"当今语文"的新境界和新常态。那么，语文教育就会呈现一种"真理性"的回归，就会让语文更具有"教育"的意义，而不只是"教学"的本能。这就是超越了语文原有的"常识"，而让语文又形成新的常"识"与学"理"。

目前我们能看到的和被接受的语文"常识"是什么样的呢？尽管各家表述不太一致，但较为传统的有以下三种说法：语文是语言文字，语文是语言和文学，语文是语言和文章，等等。

但是，我们对"常识"要有进一步的审视和叩问：这到底是什么时候产生的语文常识，是什么学段上定位的语文常识，是什么理论背景下的语文常识，是什么教育宗旨目的下的语文常识，等等。如果我们对这些还并未弄清楚，那这样的常识就并不正常而显得有点"异常"了。而如果以此批评别人犯了"常识性错误"，就更不正常。比如说，语文，是一门课程，还是一门学科，还是一种科目；语文，在过去又曾叫"国语""国文"，在中国台湾也叫"国语""国文"，等等，这些说法之间到底有何关系，各自概念如何界定，又如何联系；语文，在中小学叫"语文"，而到了大学，又好像找不到与中小学对应的说法，一般有专业化使然而成的"中文教育""汉语言文学"等，还有"泛专业化"的"大学语文"，更专业化的"语言学""文字学""文艺学""修辞学""文章学""写作学"等。但是，最终归到"文学"，也就是从中小学的"语文"发展到大学都成了"文学"，在大学里不都是"文学院"吗？学语文毕业的都是授予文学学士、文学硕士、文学博士。

以上种种，到底是哪些常识才是正常的，而且怎样才能产生较为规范、更趋学理和常理的常识，这就要需要反思。如果不这样，让常识不回归正确与公正，那产生的损失是无可估量的：一种常识错了，比错了一道题、一个案例、一段论述还要严重得多。

诚如是，思维清晰了，逻辑正确了，那么人们也就有可能弄清语文的来龙去脉，明白许多道理，那么看语文则至少会更清晰得多，教语文的也更优雅、更专业和更自信得多，学语文的也更自主、自然和自觉得多，当然最终也就高效优质得多。

现在，再看语文课的"教什么"。目前有三种类型，所以才让大家统一不了意见，甚至各执一端，于是，关于"教什么"本不应是问题结果变成了当下的大问题，还被许多专家及老师说成："教什么"比"怎么教"更重要。

（1）有专家眼中的教什么（理论型，战略设想、务虚为主），也有教师手下的教什么（实施型，战术呈现，务实为主）。

（2）有课程标准上的教什么（定方向、定大概、定总量）；也有教材中的教什么（分解课标，分项呈现，分步完成）。

（3）有怎么教中的教什么（可视性、可行性，层次分明，微观层面），也有怎么教以外的教什么（方向性、发展性，宏观调控）。

我的语文哲学观之二：让"学习"也科学起来，将"语文学习学"作为重建语文教学新体系的重大创新之举

从 20 世纪八九十年代开始，我就提出了让"学习"也成为一门科学的观点，开展了为期三十余年有关"语文学习学"的研究。该研究又分为两段，一是初创性研究，即 20 世纪八九十年代，主要是针对问题而采用的经验性研究，以学法指导为主；二是 21 世纪的发展性研究，从不同角度，分别对"语文学习学"的背景、概念、意义及内涵，"语文学习学"的有关语文学习心理、学习方法、学导性教学（学导法）等进行了研究。这前后研究的最终成果《"语文学习学"的研究与实践——让"学习"也科学起来》一书，已由光明日报出版社 2016 年 3 月出版。

这是我几十年的教育人生中干得最为专注的一件事，也是把它置于"语文哲学"理念下的专门学科来研究，以成为一种特具语文哲学的个性化研究项目，从而使"让学习也成为一门科学"成为我的一个重要的"语文哲学观"。可以说，其观点的确有点超前，显得有些新颖与独特，其做法也被实践证明切实有效，所以一直在国内产生了较大影响，几十年来都给人要么留下记忆，要么仍有启发和帮助。

为什么当时要提出"语文学习学"这样一个观点呢？有一个背景，就是我们在教育教学中常常发现老师在埋怨："学生学不好""学生不想学""学生不会学"，等等。这一连串的三个"学"的问题，让老师感触良多，无奈甚至绝望了。但我却不一样，理智对待，进行自我反思与发问，陷入反角度的

换位思考，站在学生的角度问老师：既然是我学生的"学"有问题，那么你老师为什么不去研究学生的"学"呢？为什么不能只从学生"学"的角度来研究你"教"的问题呢？教学教学，教之以学，只有从学生"学"的角度来研究教，这才是语文教学的本质，也才充分体现了语文教学的辩证法。

于是，我就产生了为学生学好语文而下决心解决这些教学问题的研究意识和研究冲动。为此，因学生的"学"语文而常常发呆，常常琢磨。从语文学习的角度去对"教"进行思考与研究，竟然发现了研究"学习"还是蛮有学问的和很有意义的，"学语文"比"教语文"更值得研究。这样，一不小心便冒出了一个"语文学习学"的概念，以及一直以来的系列化研究。1990年10月在山西《语文学通讯》上发表了《"语文学习学"的构想与尝试》。

"语文学习学"，不是只在于弄出一个"语文学习学"的学科，而是让语文形成新的哲学观："学习是可以科学的"，学习不仅凭情商，努力勤奋，也要靠智商，讲究巧学，用对方法；"学习的科学"与"科学地学习"是辩证统一的；真正的语文教学是"教"与"学"的辩证统一，是引导与习得的结合；语文教学的最佳状态是：让语文教学成为有"学"的教和有"教"的学。这样，为解决目前"有教无学""重教轻学""学教分裂"等实践中的老大难问题找到了一条有意义的途径。

在人们的传统视眼里，学习从来就是与"认真、勤奋、刻苦、努力"等词语连在一起的。比如，一说到语文的学习，就自然想到的是苦学蛮学、多读多写、多练多考。同时，一大堆古训也就来了，如："书读百遍，其义自现""书山有路勤为径，学海无涯苦作舟"等。这是最典型的苦学、蛮学，甚至叫蛮不讲理的学和超负荷的学，久而久之，既摧残身心，效果也不好。学习应该是一件愉快的事，是有其科学规律可循的事。是可以走"捷径"的，是能够"巧学""轻松地学""幸福地学""高效率地学"的。这就是规律、策略、方法、招数，有人说；"学习好就是因为找对方法"，这不无道理。学习是有快路可循、有窍门可找的，懂点规律和方法，学起来就感觉很顺、很快，也颇有愉悦感和成就感。

诚然，我们不反对也不否认"苦干和蛮干"对于学习的重要性，但是，无数事实和研究成果表明：仅有这些还远远不够，毕竟这只是学习的"情商"问题，是"非智力因素"问题，还有更重要的是关于学习的"智力因素"，关于学习的规律问题，关于学习的科学性问题，即学习的策略和学习方式、学习方法、学习手段、学习技术、学习技巧及学习生理、学习心理等一系列的科学技术问题。又回到上面的语文学习问题，人们提倡多读多写则无可厚非，但是到底要"多"读到多少，"多"写到多少，总得有一个度吗？如果用最少的时间、精力和资源，来获取更有效果、更轻松愉快的语文读写本领，不是更好吗？看来要将语文的"学习情商"与语文的"学习智商"一起研究，才能真正使语文学习高效优质、轻松愉快，才能使学习也与时俱进，实现"学习现代化"。

为了开展好语文"学习情商"和"学习智商"的双研究，以实现"学习现代化"，首先要明确具体的研究内容，比如：学习理想、学习动机、学习情境、学习态度、学习兴趣、学习情感、学习习惯、学习心理、学习品质、学习思维、学习策略、学习原则、学习技巧、学习手段、学习方法等，尤其是学习策略、学习方法等是否科学、恰当和合理，充满着"科学性"和"技术性"，它真的还是"第一生产力"。如果还承袭传统意义上的书读"百遍"才能让"其义自现"的话，那就大大浪费学习成本了，是与"学习现代化"相悖的。所以，学习也同样存在一个科学性的问题，让"学习"也科学起来，建立一门"学习科学"实在很有必要，由此延伸而建立一门"语文学习学"也在情理之中。

这里，与其说是在研究"语文学习学"，不如说是研究"语文哲学"。因为它是用哲学的观点和方法，发现、分析语文教与学的问题，反思语文教学的现状，思考语文教与学问题的解决对策。

我的语文哲学观之三：语文教学不可能没有问题，关键是如何发现问题和解决问题

语文教学，由于语文学科内涵的多元性、多源性与外延上的无序性、无定性而构成语文学科内外无法吻合的有机矛盾体，这些矛盾就是问题，因此语文教学出现问题也就是难免的。但是，如果我们注意用语文哲学来及时发现问题，正确对待和反思问题，科学处理问题，在解决问题中开展研究，那么就会让语文教学在"问题"中不断获得发展，不至于被"问题"所淹没或者俘虏。比如，碰到以下有关语文教学的矛盾即相互关系问题，如果用"对立统一"辩证法来看待和处理，就会跳出原有窘境，走向新的高度。

1. 教与学。这里主要是如何对待教学中的师生关系：到底是"教师讲、学生听"或"教师问、学生答"这种教师主体、学生配合的关系，还是师生都是教学活动的共同体、没有谁配合谁的关系。为此构建的教学关系模式应

为：以学为本、为学而教，教在学中、在学中教。现在有些地方和老师搞的"以学定教、先学后教"等，说到底还是没有处理好教与学的关系，从过去由学生配合老师的教而走向了由教师配合学生、跟着学生走的另一个极端，反而削弱了教师教的主动性和主导性地位，并不能产生好的教学效果。

2. 课程、课标与教材、教法。课程设置和课程标准，这是体现国家意志的法规性文件，一旦颁布就要无条件执行。于是，这与设置课程课标之下的教材、教法之间就构成了一种理解与被理解、执行与被执行的相辅相成的特定关系。比如：教科书的编写与使用，教学设计中的目标预设与教学效果生成，教学过程、方法与教学策略的安排，教学活动总结、反思与教学评价。还有有关考试与教学，教学与教研等一连串的问题，都会因课程设置和课程标准而要调整与之相应的关系，作出它们各自的科学反应，产生各自与之相应的有效行为及其效果

3. 教学继承与教学改革。我们要从发展创新的角度来进行教学继承，因为教学继承是为了更好地进行教学的改革、发展与创新，否则便失去了教学继承的意义。为此，科学处理教学继承与教学改革的关系，将成为"语文哲学"的重要内容之一。而实行教学的转型升级，将成为其中的重要手段之一。比如，以下从"教语文教学"走向"学语文教学"的"三由三变"就是本人研究多年的成果：在教学立意上由"学科型"变为"学习型"；在教学方式上由"师授型"变为"学本型"；在教学活动上由"训练型"变为"发育型"。

总之，我是通过不断的教学思辨，不断领悟了语文哲学以至形成了语文哲学观：用最学术的精神备课，用最专业的行为上课，用最哲学的观点评课。这条教学思辨之路，让我从"思辨"走向了"思辩"，从原认识走向了"再认识"，从"下位意念"走向"上位思考"以及"换位思考"。以至让我此生养成了"思辩"的习惯，学会了"再认识"，增多了不少有关科学的"上位思考"及其成果，也减少了那些粗放、重复、无意义的"下位意识"与"下位行为"。

我的语文哲学观之四：要学会整合语文教学"三智"之态：小智于事，中智于术，大智于道

有言道：小智治事，中智治人，大智治制。

语文教学也完全可以参考而出新：让语文有大智慧。我们期待：语文课视小智而不拒，拥大智而优雅。

严格来说，小智是微智，还算不上智慧，只是一些灵感、技巧、手段和

小主意，是处于"事"智，即"术"的层面（智术、策略、手段、技艺、方法）；中智是常智，是处于"人"智，即"能"的层面（聪明、才干、本事、胜任、善于），对做人、待人、管人有一种特别才智和能力；大智是超智，是大智慧，是处于"道"即"自然"的层面（指的是规律、慧心、智力、大道至简），往往体现为系统思想、创新主张、正确观点和基本立场方法及体制、机制、制度等，也包括宏观上的战略思维、战略决策、战略目标导向和战略推进。

慧的本义：聪明，有才智。慧，儇也。——《说文》注："慧，儇，皆意精明。"又如：慧侠（有才华，有胆略）；慧给（聪敏而有口才）；慧种（优良的天赋秉性）；慧黠（聪敏机智）；慧美（聪明美丽）。明白一切事相叫作智；了解一切事理叫作慧。决断曰智，简择曰慧。俗谛曰智，真谛曰慧。《大乘义章九》曰："照见名智，解了称慧，此二各别。知世谛者，名之为智，照第一义者，说以为慧，通则义齐。"

我们不难发现：在现实中，大凡小智者治事，靠的是手段；中智者治术，靠的是策略；大智者治道，靠的是思想。

但是，我也深深地感受到：虽然我们每天都面临着许多的事要治，而且整天都在忙于治事却仍不能把事治好，往往好累好乱。为什么？因为你缺乏治策、治制、治道的大智慧。可见你无论什么时候，做什么工作，思想比手段更重要，大智比小智更重要，治策、治制、治道远比治事更重要。

如果我们小智和大智兼备，治事、治术与治道三者既兼而有之，又循序渐进，既有思想，又有策略，还有手段，那就无往而不胜。所以，我们既要讲求用小智治事，又要注重用中智治术，更要学会用大智治道。而且需要治策在前，治事紧跟，治道则指日可待。无数实践证明：只有三者相结合，才能让事业更旺，成果更丰，路也才走得更远。

有大智慧的人，都坚信道法自然，坚信大道至简，会做大智若愚之人，会用道德、机制、平台来让学生学习语文，而不会整天陷于"讲解呀、训练呀、考试呀、再讲评呀、再训练呀"等事务性的忙乱之中，虽然可以达到一些"应试型"的急功近利的目的，但失去了大道，失大道者，失大智慧也。如果让学生跟着学习策略、制度、思想走，那么学生就可以成为语文智慧之人，而不只是语文知识的容器和做题的工具，那么中国当前的"工具化教育"就会得到遏制。

现实大凡是这样：小智者成功于治事，多是手段+勤奋使然；大智者成就于治制，多是悟性+文化使然。

让语文多治制，少治事；多治本，少治标；多治理，少治题。

当然，最好不过的是，小智和大智兼备，在大智中治事，当你有了大智慧，还愁没有那些灵感、技巧、手段和小主意之类的治"事"之小智，所以，我们既要讲究用治事之小智，更要拥有治制之大智。

让语文有大智慧。当语文有了大智慧，将整天都在忙于治的事通过治制、治策、治人而获得语文的大智慧，就会把千头万绪的语文杂事给整治得精简、有序、有效。

我的语文哲学观之五：语文有个"三味"教学——"人味、趣味、悟味"

我对上课特别注重"人味""趣味""悟味"，由此总结创立了"三味教学法"等一系列"以人为本，以学生的发展为本，以方法指导为中心线索，以激趣为手段，以启发学生去领悟、感悟、创悟为出发点"的特色教法，并于1992年在《湖南教育报》发表了《味教法短议》的文章。

1. 有"人"味

我在教学上的一个重要理念，就是把每一堂课都上成"以人为本"的"研究性"的课。几十年来一直信守：不教"书"课，而教"人"课；不是教"书"，而是教"人读书"；让课堂具有人性化，具有生命感。因此，在课前，我总要想一想和问一问：这堂课，我的学生要学什么，为什么学，有必要学吗，怎样去学……课后又想一想和问一问：我的学生学到了什么，是怎样学到的，还能学得更多更好吗，我还需要为学生做哪些改进呢，等等。也就是说，一切从学生出发，以学生的成长与发展作为教学的终极目标。

2. 有"趣"味

趣味，是指"情趣、旨趣、兴趣""使人感到愉快，能引起兴趣的特性"。教学的趣味，不是庸俗的哗众取宠，而是高雅的轻松愉悦。我始终认为，教学的过程就是一个寓知识于幽默和风趣的过程，就是理解学习过程、掌握学习方法的过程，就是德育和美育一齐升华的过程，所以学生学得轻松、愉快、主动。学生曾公认"林老师上的课一辈子受用，因为他教给人的不仅是知识，更是一整套能力与学习方法"。

3. 有"悟"味

悟味，指对事物具有理解，明白，觉醒后的特别感觉，有对醒悟、领悟、感悟、大彻大悟之后的特别情趣与体会。我们的语文课，要让学生"开卷有益",学有所悟,一课一得,一得即一大长进与大悟味。实践表明:有悟味的教学,才让学生对你的课富有咀嚼感和嚼劲,方可显示语文课的高度和深度,语文课的哲理和智慧,语文课的美感和质感。

我的语文哲学观之六:要坚持"母语文观",多一点"跨科语文"教育

在目前经济、政治、生活不断走向"全球一体化"的现代社会中,在科学技术日益发达与其作用发挥越来越重要、越直接、越明显的今天,语文教育似乎逐渐淡出人们的视野。现在,我们看到越来越多的人不重视语文,学生也越来越不喜欢学习语文,"因为要考语文才学语文""为了学生考语文而教语文",已经成为目前学校语文教育的一大危险信号,甚至越来越成为现实。另外,由于应试教育的功能驱使,学生对语文的学习似乎只停留在"考试大纲"上所规定的语文内容,于是让师生甚至学生家长及社会,都带着强烈的功利心态来对待语文的学与教。

其实,任何一个国家和民族,都有自己的语言——称之为母语。这种语言(母语)中国有上下五千年的历史,期间积累了那么多文化的精髓,难道反映到语文上面只留下这些无趣的内容吗?作为一个中国人,学习了语文,却连自己的语言尚不能灵活运用,实在让人觉得可悲。

反观美国,他们的英语素能训练是贯穿到每一门学科教学中去的,换言之,并不是只有英语课才学英语。而我们的课堂里,常见许多非语文学科教师连基本的概念尚不能抽丝剥茧般逐层让学生理解,解题时又如何谈得上融会贯通、举一反三呢?从另一个角度也说明,我们的非语文学科教学缺乏了对语文素能的训练,这也间接导致了学生在学习中无法充分、透彻地理解和掌握知识。

有一位生物课教师深刻总结说:生物相对于其他理科学科来说有着十分鲜明的特点,可以说它是"文理合璧""偏重文科"。基于这点,教师如果在生物教学中多做一些语文素能训练,可加强学生对生物知识点的把握。他还具体列举以下几个问题来说明在生物教学中渗透语文素能训练的益处。

一是概念的"辨析"训练。如:生物基本概念容易混淆,用概念并举让学生进行判断和选择。如果不只是片面强调概念的背诵而忽略了理解,还采用语文的字词句分析法,让学生自己剖析概念的内涵的话,那么这类题目就会变得比较简单了。如辨析"应激性、向性运动、反射"三个概念时,我们

可以从这三个特性（或活动）发生的主体、涉及的范围大小等方面加以区别。我们暂且从主体这一角度来比较，"应激性"是生物的六大基本特征之一，所以可以适用于所有"生物体"；"向性运动"针对的是"植物体"，范围有所局限；"反射"的范围则限于"人和动物体"。以上这些都可以从书本上直接找到，所以只要概念清晰，在做概念辨析题时应该难度不大。可以说，生物概念的叙述多为"主语+谓语+宾语"的格式，每一个部分内容弄清楚，重视概念中的关键词，平时多做一些对比训练即可掌握。考查难度一般都停留在识记和理解的程度。

二是简答题的"表述"训练。生物试卷中常常出现一些识图、识表简答题，这类题目考查学生的综合分析能力，要求较高。其实这类题类似于小学时期语文考试中的"看图写作"，即将图中所画之内容用文字表述出来，差别在于生物简答题在解答时不仅要注意语法通顺，有时还要使用生物学的专用术语。

学生在学习生物学科的时候，如果能时时注意积极使用生物学科的专用术语，另一方面又能注重语文文字的表述训练的话，在答题时就占据了"先机"，可以说既锻炼了语文学科的文字表达能力，又提高了生物考核中简答题的得分率。因此，"语文素能训练"应该在生物以及其他学科中逐渐渗透、加强和深化，我们千万不能忽略在教学中"语文素能"的训练。

我的语文哲学观之七：树立"大识字观"，识字教学，不仅是识生字难字，更是认识汉字文化

识字教学，一般做法是识生字难字，满足于"能认"3500个字，停留于识生字难字、不写错别字的"工具性"知识的学习水平，把识字教学都只看作是小学甚至低年级段的语文教学任务及内容。结果是，从小学、初中到高中，越往上就越被忽略与淡化。这是最典型的功利型识字教学观，是"矮化、窄化"了的"小识字观"，大大降低了汉字的功能及人文性价值，严重浪费了汉字教学上的丰富文化资源。因为汉字是汉语言的符号与载体，体现汉语言区别于世界其他语种的重要标志即象形表意文字（方块字）。

我们应该树立"大识字观"，把"能认"字、不写错字作为"基础性识字"的第一阶段，把认识汉字文化，了解汉字背景，把握汉字的音形义的整体认识，欣赏汉字书写的气质与艺术等，作为"发展性识字"的第二阶段，也可以叫"文化性"识字，将其列为从小学、初中到高中乃至社会上都不能

停止的语文学习内容。这是中华文明文化内容的重要组成部分,尤其是汉字书法,堪称中华国学之最。可以说,"大识字观"是语文教学之本。这个本不能丢,不能忘。

我的语文哲学观之八:为读写教学树立"学生主学观",让学生成为真正的文本解读者,让学生回到"真实的"写作之中

目前的阅读教学课,都是教师在滔滔不绝、微言大义地作文本解读者,这看上去很正常的状态其实是不对的。从以学生为本的现代教育理念出发,学生才是真正的文本解读者,教师不能当学生的文本解读者。

在课堂教学上,教师只是教科书的第二次呈现者(教科书的第一次呈现者是教材编写者),是教材与学生之间的中介者之一,是学生在课堂上进行学习意义上的的文本解读的特殊伙伴(引领、帮助、指导等)。作为课程学习上的角色分工,学生才是真正的文本解读者,教师只是文本(教科书)的呈现者,学生文本解读的引导者和帮助者,千万不可以教师自己的文本解读来替代学生的文本解读,或者干扰学生的文本解读。更不能把自己的文本解读的收获一股脑儿全塞给学生,强加给本不是那样子的文本解读者。

从人的认知心理学和学习论来说,文本解读是一种学习行为,而不是教学行为。教师充其量只能把自己的文本解读作为一个示范与引领,让学生有一个参照或者仿版,再去设计自己的文本解读方案,进行各自的文本解读活动。

同样,我也想到作文教学,它也是让学生去做写作的主人,对生活抒写真情实感,回到自己的生活之中,"我手写我思",任何人都不能代替和包装,从而使学生由过度的功能性写作回到"真实的"与自由的自然性写作。也不要把作文教学看成是"作文章"的作文教学,而更是一种具有"写作教育"的作文教学,是一种"写作育人"文化的发扬。

我的语文哲学观之九:先做语文"良师",再当语文"名师"

现在,全国各地无处不在盛行各种"名师培养"工程,我认为这是一件并不科学、合理和有实际意义的事情。

首先,从理论上说是不成立的。什么叫名师?它的通义为"名望高的教师、培训师",是"在教育领域公认的有重大贡献和影响的学者、教师、培训师"等。这里的"公认"一词,表明只有社会的普遍认可度才是关键;"有

重大贡献和影响"是衡量名师其知名度的主要标准,而光靠一项培养工程就"有重大贡献和影响"吗?

其次,从实践上来看也是不可行的。当今国内各级、各种"骨干教师培养""名师培养""教育家培养""学科带头人培养"等项目,培养结束时都只发"结业证书"或"优秀学员证书",谁都不敢承认或评定为"骨干教师""名师""教育家""学科带头人",但是却误导了很多人的视听,不少单位都自诩为已经有多少"骨干教师""名师"等并进行虚假宣传。

其实名师不是培养出来的,培养只能是作为一种手段,而更多的是需要在长期的丰富的教育实践中历练而成,在一贯的系统的自我学习、研究的理论建设中修炼而成。有一个词语叫"成名成家",而其中的"成"字就揭示了这个规律。"成"在这里有以下几层意义:(1)做好,做完,如:~功,完~,~就;(2)事物发展到一定的形态或状况,如:~人,~才;(3)变为:长~,变~。

另外,我还有一个想法,当名师不如说做良师。中国教育的发展与进步,光靠培养几个"名师"远远不够,而更需要的是打造一代良师,建设一支德才兼备、忠于职责有良心的良师队伍。"良师"的释义是"使人得到教益和帮助的好老师"。"良师"即优良之师,每个从教者都可为之,每个单位都尤为需之,而名师的光环让大多数从良之师望而生畏,于是敬之远之,最终成名未成,从良也未必。更何况教师的专业成长与发展,本也应该是走这样的路:先做良师,再当名师。做好了良师也才有条件当名师。

为此,我首先自励:先做良师,再当名师。

我的语文哲学观之十:因为我有我的世界——每个语文人其实都是一个特立独行的孤独者

德国哲学家、散文大师叔本华说:要么孤独,要么庸俗。言下之意,人首先是孤独的,如果你不想孤独,那就选择庸俗,但是人类又有谁笃定要承认自己是庸俗的呢?所以,最终还是选择和相信孤独。当然,每个孤独者都有自己的孤独法,学会俗中有雅,由俗变雅,寻求属于孤独者的庸俗。

我终于得到一种心底坦然:人是孤独地走来,最终孤独地离去。

我也终于理解:人类为什么要"类",人为什么要成群,要结伴,要抱团,要蜗居,要合作,就因为他懂得了自己首先是一个孤独者。人类后来为什么发展到有部落、民族、国家、家庭、单位、流派等,就是因为要逃避孤独,战胜孤独。当然,首先是因为承认孤独,感到孤独,需要改变孤独。

　　我也因此十分相信：在人生路上，每一个人都要独立地行走，都有自己的路要走，都有不同的风景，创造不同的业绩，呈现不同的个性特质，绝对没有相同的感受与体验，所以每一个人都是孤独的行者，都拥有自己的那个世界，那片天地，那些传奇与故事。所以，父母不能包办，单位领导无可替代，社会、国家也未必可以给予统一。

　　说到底，每一个人都是孤独者。因为每一人都有自己的世界，都生活在自己的世界里，都行走在自己的世界是，都用自己的世界观、人生观、价值观说话、做事。

　　现在，那些文化流派、学术流派、其实都是因孤独者的志同道合的产物，是在基于一个地域、一种观点、一项追求之下所形成的流派，是孤独者们走到一起以求更大发展和进步的共同体。目前的浙派语文、苏派语文、京派语文、沪派语文及徽派语文等，都无不说明了这一点。

　　在语文教育中又何尝不是这样？每个人都有自己的语文世界，在语文这个世界里，每个人都拥有自己孤独的那一部分，以至形成自己的语文生活，自己的语文特质。并以那孤独的一部分，作为自己的语文成就、研究亮点和特色，渐渐地成为风格乃至学术风格。

　　我们现在强调个性化教育，尊重个体感悟与独特体验，实际上是尊重人的个体孤独性，为作为人的孤独者创造条件。这就说明：人的孤独感，已经被教育发现和重视起来。

　　每个人的语文世界，就是每一个语文孤独者的语文天地。有的为孔孟老等诸子百家的著作而沉思，有的被唐诗宋词所迷恋，有的为《诗经》《楚辞》汉赋而痴情，有的为中原文化、大唐文化、湖湘文化而作专攻，有的为汉语言的方块形、多义项、韵味浓的特点而折服。在语文教育上，每个教师都有每个人的世界，也可以说，是亮点，更是孤独点。如："诗意语文"者们把语文教成诗意化的世界，"快乐语文"者们把语文教到了乐翻天的世界，"语文味"者们把语文教进了美味十足的世界，等等。其实，真正的孤独者又往往是专注于某一点的专为者、专业者，专家学者可能就是这样产生的。孤独地集中地专干一件事，干得久了，自然会摸出一些门道，干出一些较为突出的独特的事情来。走得久了就自然走得深，自然就比没去走的人有其特别的体会和观点，所以那个世界就属于你了，你就拥有了那个世界的自由话语权。

　　我们每个走在语文"世界"里的人，最需要的是不被孤独所困，要从"孤独寂寞不怕，孤单无聊才烦"和"其实人生并不孤独"中挺起。

当然，孤独者而不孤独，则难以成大器。但我们也要反思，如果走不出孤独的影子，过分地在"孤独而孤单"的状态下苦撑着，或者一味地为某种成就和孤勇而变成"孤芳自赏"，那又将是患了"孤癖症"，实在不可为之。

因此，本人坚信：我有我的世界，你有你的风景。

为此，我常以以下"自制格言"来自勉：专注于教育，寂寞于江湖。不怠，不滞，不闹，不从。求"独见、思辨、实证、圆说、体系"之研究，做"有思想、有骨气、有孤感"之异人。

基于语文教育的"理"性

——语文哲思十则

一、让哲学为语文教育增添"理"性

语文教育的基本平台是语文课。我们认为，用辩证的眼光整体地看待语文，那就会发现：语文课如果缺乏了言语教学，就等于缺乏了语文的根基与本性；语文课如果缺乏了文学熏染，就等于缺乏了语文的诗意与灵性；语文课如果缺乏了哲学思维，就等于缺乏了语文的灵魂与理性。

当今，语文教育好像谁都不满意，谁都可以评头品足，让语文教学常处于尴尬之地。分析其中原因，我们发现，其一就是目前语文教育的感性有余，理性不足。圈内圈外的人都用感性的眼光对待语文，一感性就往往失去理智，就用缺乏理性的情绪化语言来评价语文，评议语文教师。语文教师也常常把语文教育搞得感性多于理性，从某种意义上说，也就是缺少了一种哲学上的"理"性，缺少一种哲学思想、方法，不像数学、物理、化学、生物等学科，都有其学科哲学思想、思维方法，富有理性，于是在教学中也自然会体现一种"合理性"。

所以，当今语文教育单靠一味的感性，的确显得有些片面了，尤其是把语文教成文学、美学的，则显得表面上"语文味"浓了，但实际上却把语文曲解得太偏激了，语文课程的整体性、综合性的教育价值功能便被削弱了，

这也是对语文教育本真规律的违背。现实中那种过分注重凭感受、感觉而教与学，过分强调"最喜欢哪一段"的阅读教学，过分追求唯美的感性享受与赏析型教学，让语文教育失去了应有的"理"性。现在，要站在语文课程的整体性、综合性的教育价值高度，站在"感性+理性"的语文学科本真规律的角度，尽力回避理性不足的现状，从而把语文教育做得更专业，做得更有一定的高度、深度和合理度，也就是让语文教育回归理性，找到灵魂。

国内有关"理性"研究成果表明：理性思维追求知识的结构化、符号化、体系化，注重可理解性与可推理性，而且在其学科内涵发展和内在动力驱使下，理性思维必然走向准确、清晰与一致的标准，与感性思维的自发性、发散性、混沌性不同。语文当然是一门"理科性"不强的文科，很难像数学、物理、化学、生物等学科具有哲学思想和思维方法，但是减少语文本身因感性而带来的发散性、无序性，增强其语文教育的"理"性，也让语文不断哲学起来，这样就可以使语文教育"通过理性的运用，人们可以在人类生活的诸多方面达成共识和一致，而且这种共识和一致乃是收敛于真理的结果"。(谭安奎《公共理性》，浙江大学出版社，2011 年版。)

当然，语文教育的"理"性，其核心是在于理性的判断与合理的选择，求得哲学上的"合理性"。"合理性"是指"找到哲理，少点随感、碎思，多点领悟、思辩，使之符合理智与规律"。现在流行个性化的文本解读、诗意语文、文人语文等，对这些我不反对，但期求必要的合理性，切忌因此而带来的过度解读、小言大释、故弄深奥、诗兴滥放等。

并不是所有的语文都是诗意的，文学的。语文虽有文人的一面，但半民、白丁、素人、理工男们也有属于他们的语文。人有千面千性，语文也就有了千味千态，何止诗意？语文的平实、简单、直白与"理性"，也随处可见，尤其是一些严谨的常识、概念、规则，如果一经诗意化，那就乱了语文，糊了语文，窄了语文。关于语文的教学，可以有诗意化的手段和风格，但不是语文教育的全部或者唯一，人们不需要人云亦云，亦步亦趋。

并不是所有的文本都是深奥的，听说有某专家将文本解读竟解到了七层含义，何其深刻而奥妙，显得多有文化。语文，作为一些文学作品的"文学批评"或"美学鉴赏"也未尝不可，但不能剑指全部的语文文本，都要"微言大义"，可谓到了"无病呻吟"的地步，更何况语文教育的学段性特征、针对性原则和大众性策略，是必须充分考虑的，不要落得个"对牛弹琴"之嫌。

因为中小学生年龄阶段的认知特征和可接受程度，是让语文教育成功的前提条件，否则势必引向 "常识性" 不稳而 "钻牛角尖" 的各执所说百出，让学生无所适从，最终深奥的学不懂，常识性的也没掌握。

在这里，我非常赞同上海特级教师余党绪先生的观点，"一千个读者就有一千个哈姆雷特" 只是道出了文本解读的多种可能性，但这种可能性性能否成为现实，则取决于它是否具有 "合理性"。也就是说，一千个读者可以有一千个哈姆雷特，但不见得每一个哈姆雷特都是 "合理" 的。是否合理，尚需分析与评估；而分析的基础，就是莎士比亚原创的那个文本。

目前，语文教学的确是 "感性" 有余，"理性" 不足。所以，关注和加强语文教育的 "理" 性，很有必要。而且，语文教育的 "理" 性来自哲学，让哲学为语文教育增添 "理" 性，是今后语文教育一个重要发展点。

二、走进语文的 "船头"，不在 "岸上行"

现在，有一个怪现象，无论社会人士还是学生家长，都对语文教师说三道四，对语文学科评头品足，一时间把语文批评得不伦不类，使语文教学一度陷入无所适从之境。为什么会出现此种情况？主要原因有以下几点：

一是目前因 "语文" 自身尚在争议中而未被广泛认可为一种 "专业" 学科，而只是一门课程科目，打个比方说，语文还没完全走进专业学术的 "船头"，只在专业的 "岸上行"；

二是因 "语文" 属于一门国民语言，人人懂，个个用，于是有人自以为是地说语文，说语文老师，甚至轻视语文，批评语文，对语文教学指手画脚，这也像一群盲人还没真正走进具有专业学术性的语文的 "船头"，只在语文的 "岸上行" 而已；

三是我们语文教师自身，也不继续加强专业发展，特别是如何从 "语文学科" 知识掌握而走向 "语文教育" 的专业化行为，还有很多的教学知识、教学专业能力的功课要补上，只有将 "语文知识" "语文教育" "师德修养" 等综合而成一位教师的必备的整体的 "执教" 素养，才有可能真正全身心地走进语文的 "船头"，否则与 "岸上行" 没有太大的区别。

因此，既要更新、发展与优化 "语文学科" 的知识，又要接受、改进、提升有关 "语文教育" 的教学专业知识、专业能力和素养，是语文教师 "双发展" 的专业化必由之路。

　　大家知道，语文接载着太为久远的传统，又演绎太多的属于未来的梦。它不仅展示五千年中华文化的博大精深，支撑着语文如此丰富多彩；又承担着太多的教育使命，让生活处处有语文，让语文天天联系着生活。所以，其本身往往就缺了严谨的知识体系可循，导致语文教学有太多的不确定性和灵活性因素，使每一项教学工作既繁复又极具挑战性。这就需要当今让语文教育加快转型、升级、提质，需要语文教师首先要再次自我定位，再度解放自己，走进语文的"船头"，不在"岸上行"，从而用自己的行动来改变社会对语文的看法，也走进语文的"船头"，不在"岸上行"。

　　在这里，有一个重要观点要表达：为了走进语文的"船头"，不在"岸上行"，首先就要让语文从"外延比喻性"定义走向"内涵发展性"定义。为此，要对"语文"进行基于哲学的逻辑思维和"常识性理解：

　　（1）语文到底是做什么的？你真正懂了语文吗？

　　（2）语文是从哪里来的？你说的那些是语文吗？你凭什么说那就是语文而要进行议论乃至批评呢？如果别人说你所说的不是语文，那你能有理有据地驳斥或说服吗？

　　（3）语文到底要往哪里去？它的导向如何，发展趋势怎样？语文干什么？而又不是干其他的？语文要怎么干？

　　（4）怎样才能说学生学好了语文，教师教好了语文，对语文的评价标准怎样确定，怎样实施？

　　（5）怎样才能让语文成为学校、家庭、社会都认可的"多合一"的语文课？

　　如果能把以上问题先给予解决，那就会让大家都有可能走进语文的"船头"，说出一些语文内行的话，以减少或避免再在语文的"岸上"各自行走，用各自的"语文"评价标准来对"语文"评头品足，做出表面的、片面的甚至偏激的评价结论，从而用自己的行动来改变对语文的不正确看法。

　　我们期待：愿更多的人走进语文的"船头"，不在"岸上行"。

三、用思想教出的语文，特有力量

　　在古希腊哲学中有这样一个观念：如果我们不对我们的人生进行反思，那么我们的人生就是没有意义的。在西方知识界还有这样一个词："心灵的深度"——即用它来表述追求智慧的思想。

有道是：思想比方法重要，方法比技术重要。

难怪有人说：赚小钱的逻辑或许较为相似，但在赚大钱这件事情上，顺应最重要的社会趋势其实更为重要，赚大钱通常是建立在对最重要趋势的正确认知的基础上的。

这，让我悟懂：世间事物，说到底是一种哲学的体现，是思想的力量；凡集大成者，都具有认知的智慧、正确的理念。

人一旦失去了哲学的力量，就会出现许多无奈、"无语"；没有了正确而鲜明的理想和再进步的目标，就说是"知足"；没有了自己独特的个性化观点、主张，还说成是"达成共识"。

我们的教育，首先呈现于"线上"的，当然是一门门课程、一个个知识点、一项项"术"，但是，真正隐藏于"线下"的，却是"道"，其最终的结果是育"人"。在这里，课程只是载体，知识点只是凭借，"术"也只是工具。如果"术"而无"道"，那就可能走向"巫术"，或"精致的利己之术"，甚至"害人的利己之术"。这里的"道"，其中一个重要支撑点就是哲学。

语文教育，作为一门课程，以语言为"物"，以言语为"行"，以听说读写为"术"，以阅读和写作为"凭借"，但其间无不体现着语文的"术道统一""知行合一"的哲学思想。语文教育，最终是让人学会语文，提升语文素养，成为一个更优秀的社会人。其间，"语文哲学"也随之而产生，成为一种让人具有思想、具有"道"的产物。因为"语文哲学"倡导：首先给人呈现的是知识、技能，但最终给人的却是超越这些"知识、技能"的思想、方法、智慧。

所以，世间万事万物，说到底都是哲学的。凡事不看哲学而只就事看事、就事论事，而不就事看思想、方法与智慧，那是不完整的"事物观"。语文教育可不能这样。于是，语文也就迎来了"语文哲学"。其实，其他学科早就如此。比如数学，源自于古希腊语的 μθημα（máthēma），其有学习、学问、科学之意。古希腊学者视其为哲学之起点，"学问的基础"。人们（当然首先是数学家们）则把它定义为数学知识、数学技能、数学思想、数学方法，最后还是数学哲学。所以数学才比任何一门学科都在纵横上走得远，走得深，纵在古今，横走世界。中国的数学教育之所以能影响世界，在国际上有较高地位，其原因主要是它把数学由知识的技能的数学教成了哲学的数学。

当下，语文教学出现许多怪事。语文明明是高雅的，却教的是如此低俗：

做题、考评、训练；语文课程标准本来已经是不断趋向纯正、完善、科学的，却在实施中又变回为应试教育而教得如此枯燥、乏味和辛苦：一篇篇课文被讲解得已化为一堆堆零部件，一个个知识点被训练得已化为一地碎片，一个个考点已被演变成一座座碉堡；一堂堂本是优雅、高尚、妙趣和富有文化味的语文课，却上得越来越显现出肤浅、枯燥、偏好、寡淡，陷入了一种"事务主义"、"技术主义"和"单相思主义"的"非语文"教学状态。

那么，让语文及其教学立于一种哲学层面，则不失为一种"脱俗""尚雅"的追求。让语文教学基于"语文哲学"而构建一种"整体、大气、素雅、实用"的语文教学观。对语文现象的观察与分析，对语文问题的发现与解决，对语文未来的期待与行动，语文教学，如何让通俗型走向优雅型，让"事务"和"技术"相杂乱型走向"战略"和"战术"相结合型，是我在运用与发展语文哲学的无懈追求。

现在，面对这些话题，我深思而悟到：这看起来好像是"语文"发生了错误，而其实是"语文思想"和"语文教学行为"发生了错误。我们多么希望：找回语文的正确思想，找回语文教学的本性、本能、本位。

我深深体会到，语文教育的确如此：用思想教语文，特有想法；用思想教出的语文，特有力量。

四、语文：到底是"形象"还是"抽象"

听人说过：形象大于抽象是文学，抽象大于形象是哲学。而语文当今已成为文学的代名词，以此类推，那么语文就只是形象而无抽象了，也进而没有哲学了，也难怪乎目前的语文教学，始终走不出"工具化"的纯技术主义、实务主义的岐途。

当然，不可忽略的是，语文还是具有很大的文学色彩。但是，我们透过文学看到的，不仅是形象，而且是抽象。语文课呈现的是"术"，即语文知识、能力、文化常识和文学经验，但最终收获的是"道"，即语文智慧、语文感悟、文化哲理和审美水平。为此，我一直有个心愿：将这二者相加，使"语文"成为形象与抽象相结合的"全语文"，在文学中领悟哲学，因哲学更知文学，这也许是语文学科核心素养的真正意涵。

五、让哲学"回"家

华东师范大学课程与教学研究所崔允漷教授写过一篇《让教学"回家"》的文章，给我启发很大。我也借题发挥而提出：让哲学"回家"——回到语文的家。

语文课程改革是否步入深水区？主要是要看学科核心素养的培育是否落地，语文是否真正成为素质教育的平台，而不是应试教育的工具，工具性与人文性的统一是否成为现实，或者根本上就不可能，而敢于超越它，给语文学科性质重新找到一个符合语文自身特点和内涵发展的新表述。而这些都必须依赖于一个前提，就是基于哲学的思考，让哲学"回"到语文这个家，形成全新的"语文哲学"理论，并用来指导语文新课程"深化"时期的改革与发展。

正如崔允漷教授所言：一种完整的教育教学活动至少要回答以下四个核心问题："为什么教""教什么""怎么教""教到什么程度"，只有这四个问题具有逻辑上和行动上的一致性，才能说该教育教学活动是完整的、专业的。而这正是最基本的哲学思考，只有基于哲学的思考，才会完整地回答这四个问题，而且是四者之间具有逻辑上和行动上的一致性的思考。目前非哲学的语文教学思考有以下几种形式：（1）"是什么"就"怎么教"；（2）"考什么"就"教什么"；（3）"怎么考"就"怎么教"。而很少有"为什么教"和"教到什么程度"和"怎样才能真正教好"等深层次的思考，即使有些思考，也未能从四个核心问题之间具有逻辑上和行动上的一致性来做出完整的专业的哲学性思考。

为什么？目前的教学活动不能如此具有逻辑上和行动上的一致性，而又说该教育教学活动是完整的、专业的？主要是哲学行为的缺失。所以本人也在多次呼吁：让哲学回家。

教育的目的不是为了考试，而是培养人。考试只是学习过程中的一种活动现象及其教学环节或评价手段。它不是不重要，但不是目的。而以培养人为目的教育，更多的是让人通过学习和考试等一系列环节及手段，来学会学习，学会做人，学会思辨，获得智能，能够成为一个更优秀的人。而不是"分数""名次"，以及"学历"，经知"学历"还要靠"学力"来支撑。为什么叫"更优秀的人"？因为社会上把分数高、成绩好的人都认作为"优秀的人"，那么，比分数高、成绩好的人还多了"学会学习，学会做人"的人，当然就是"更优秀的人"了。这必然是无奈的说法。这种更优秀的人，实践证明，确实是有哲学智慧、哲学脑袋、哲学行为的人。而具有哲学特质则成了更优秀的人的一大重要标志。我们发现，哲学特质中又以"思辨"尤为突出，"思辨"成了一个关键点。因为思辨能力的培养，能让学生听到任何话都自然去怀疑、审视，然后去寻找证据证明这个话逻辑、事实或数据上是否站得住脚。这种习惯看起来简单，但却是培养自主思考非常重要的开端。同时，还能够把思想表达得很清楚，给人以足够的说服力。这就是一种"哲学习惯"，力量无穷。

让哲学回家，就是让语文课再见有哲学的元素、哲学的意义和哲学的效果，让语文课在培养人的哲学意识、哲学习惯和哲学行为上有更多、更好的追求，并且大有作为。

六、语文老师要有自己的"教师哲学"

周国平在《教师的素质》中说：教师应该具备两种素质。教师自己是一个热爱智力生活、对知识充满兴趣的人，才能够在学生心中点燃同样的求知热情。教师自己是一个人性丰满、心灵丰富的人，才能够用贴近人性、启迪心灵的方式去教学生。

这是从"教师哲学"的高度来说的。教师哲学也是一个值得研究的问题，不同的语文老师实际上是有不同质的语文表现，也有不同质的教师语文观，有其相应的语文教学主张和教学态度及教学行为，所以每个语文教师都应该有自己的语文哲学，只不过是你是否自觉意识到没有。一个语文教师，如果能自觉意识到自己身上的语文哲学，能理智地确立自己的语文教学主张，具有良性的教学态度，实施合理而实用的教学行为，那么这就是一种教学理性的回归，既不是因肤浅、盲从而显得幼稚，也不会因模糊、随意而显得感性。

语文老师自己的"教师哲学"，既是自己的一种教师语文观，形成了颇具个性化风格的语文教学主张及理念，也是一种基于"语文哲学"的语文本性的动态体现和教学理性的生动表现。

七、对"语文"作出哲学理解，才是语文教学的真谛

无数专家学者都说，构成学问的东西都有哲学背景，都有源。如：我国

古代的《易经》、中医学、孙子兵法、四书五经……又如：自然科学中的数学、物理学、化学、生物学等。那么，为了构成学问就要基于其哲学背景，就要多做点本质性的研究，多做"源学问"，回到真正的"源文化"，并由此扩展、推开、创造。

语文也是一门学问，是充满魅力的人文学科，同样有哲学背景，也有其源。如果不去基于其哲学背景，不究其源，那么语文就还没有构成一门学问，而一旦没有构成学问的语文学科，会对社会、对教育产生多大的危害。如果真是这样，无疑会让人失去对语文学科的信任，不能让学生感知语文的哲理和魅力。

当下，对同是一种"语文"的理解也太丰富了：有从学科上理解的"语文"（是一个专业学术门类），有从课程设置上理解的"语文"（是一门课程），有从课程构建的科目上理解的"语文"（是课程语言领域结构中的一个学科科目），也有不去理解而教到哪就算哪的"语文"，还有干脆把它理解为考什么就教什么的应试型"语文"，等等。本人赞同这样的理解：当今的"语文"，应是一种课程语言领域结构中的科目型的"语文"。这也可能是与目前使语文失去了对"构成学问的东西都有哲学背景，都是源"的理解有关。

语言本就是来表达哲学的。语文也就完全可以走向哲学。语文是一门学科课程，当然也可以形成一种课程哲学——语文哲学。

不可忽视的是，目前许多语文人还仍然蹲在语文这个"蛋壳"里，只忙于语文那"一亩三分地"的事务主义的活。结果是越忙，却越盲、越苦、越烦。为什么？因为守着"一亩三分地"，蹲在"蛋壳"里。其实可以突破蛋壳，走出"一亩三分地"，高瞻远瞩地重新审视语文，扩大语文视野，发展语文内涵；厘清语文本质，提升语文功能。让语文不仅有学识，而且有哲理。语文不是一门只生产分数的课程，而应该更是一门直指人心，生产语文素养、文化和智慧的课程。

从语文目前所处的功能来说，我以为：语文，是作为学校教育的语文→中小学基础教育的语文→中国中小学基础教育的语文。它不是专家眼中的"专业化"语文，而是面向社会与时代需要的"大众化"语文或"广谱性"语文；也不是一味的"文学性"语文、"文人"语文，而是面向基础教育的多元、多味、多态的综合性的"基础性"语文，是以"打好语文基础，掌握语文常识，培养语文兴趣和良好学习习惯"为己任的语文。作为语文教学和实施者——教师，可以对"语文"做出不同的理解，可以把语文教成是什么样的语文，把语文学成是什么样的语文，但你不能因教（学）成怎样而使语文变成怎样，不要错觉为这样的语文就是语文，其实语文还是在那里客观存在的，千万不能对语文主观化、近视化和肢解化，不能因此而改变语文，因为它是一门"法定"了的语文课程。我们现在看到许多这样那样的"××语文""××语文"，应该说是教语文教学中把语文"教"成了你那样的"××语文""××语文"等，不是弄一个"××语文"的名字就改变了语文。

为什么一个语文名称，竟有如此之多之杂的理解？这主要是：

第一，一个概念本就有包括内涵和外延两个方面的含义。而当今人对概念的理解，总喜欢后者而忽略了前者。因为前者要做"内涵"理解有深度，难度大，要对"知识的边界"做出深入的研究和准确把握，还需要文化积淀和哲学感悟，掘进去不容易。因为学理规范和标准使然。而后者，可以感性化、经验化，可以拓展延伸和想像发挥，使"外延"漫无边际，于是就有了随意界定、泛滥理解，甚至弄一些比喻义、诗意般的含蓄义等理解，也当作对语文概念的理解，还自以为标新立异，有独创性，其实已经失去严肃的学理考究，失去了哲学论证，现在这似乎也成为普遍现象了。严谨地说，这不是做学问、搞研究的态度和方法。我们只有对"内涵"的深度理解思维和科学定义，才能抓住事物的本质。

第二，对"语文"的哲学理解，既要植根于语文的学科自身特征，又要高于语文学科而放在"教育"这个大背景下加以认知，并从人类共同的智慧之源——哲学的高度来发现语文：语文本应该是什么，语文凭什么是"语文"，还有哪些不是"语文"，而不只看已经是什么，我在做的是什么。要从"源"头上、"本"质上和"走"向上去观察了解和把握语文，特别是在"应试教育""盛"行的当下，要警惕和克服目前把语文普遍地拖进"分数""技术主义""实务主义"的非正常教学之中，使语文不伦不类，难承大任，难成大器。

为此如果能让"语文"也哲学起来，那么让教"语文"、学"语文"、研究"语文"的人也自然能哲学起来。"语文"既是语言的"语文"、文学的"语文"，也是一种人的"语文"、文化的"语文"，和智慧的"语文"。

对"语文"进行研究的人需要读哲学，其实对"语文"进行教与学的人也同样需要读哲学和用哲学，只有读哲学和用哲学才能把"语文"教得更好，学得更好，才能走进真正的"语文"。

八、语文老师：要当好一个战略思维者

爱因斯坦是伟大的科学家，我认为他也是最伟大的战略家。战略家是什么？就是看到别人看不到的东西。你想想看，100年前，你提出一个理论，当时几乎没什么人搞得懂，100年后被验证了，人生最炫酷的事不过如此。值得我们教育者深思的是，爱因斯坦小时候学会说话和走路很晚，即便成年之后也有轻度的阅读障碍，直到他谋得瑞士专利局的小职员位置之前，他的老师都没有想到他们教过的竟是人类历史上最伟大的人物之一。

华东师范大学高等教育研究所阎光才教授发表于《光明日报》的《我们的教育究竟缺什么》，通过对数万毕业生在人才市场及就业之后的跟踪调查，运用大数据分析，提出我们的教育在给学生的三个能力方面有重大缺失，分别是：人格养成，通识性能力以及适应国际劳动力市场的能力。

当今不少中国人，被说成是"缺乏思辨力"。教育本身失去思辨力则是其中重要原因。比如，中国教育在制度上不合理，在观念上落后，教材教法也存在很大弊端。这是中国教育问题的"面"上，而没有"思维张力"才是中国教育问题的"里"，扼杀了思维，阻碍了发展。中国要健康发展，中华民族要复兴，就必须唤醒中国人的"思维潜能"，战胜思维危机，培养"思辨力"，尤其要培养战略思维。如果教育仍然不改思维，缺乏战略，则中国人的创新崛起便是一句空话。

梁漱溟1928年在中山大学哲学系所做的演讲，主题是《思维的层次和境界》。梁漱溟将思维分为8个层次或境界，分别是：（1）形成主见；（2）发现不能解释的事；（3）融会贯通；（4）知不足；（5）以简御繁；（6）运用自如；（7）一览众山小；（8）通透。从目前情况看，尚没有"形成主见"的大有人在，习惯于听，自己不思考，不找问题（"发现不能解释的事"）的更不少，不反思（"知不足"），不概括（"以简御繁"），不实践（"运用自如"），不上升（"一览众山小"）的也不少。这样，又何谈循序渐进的成系统性的八种思维的层次和境界的形成呢？

战略思维，不仅想大的、整体的，还要想未来的。上海市虹口区教育局长常生龙有一篇《未来教育发展的六大趋向》，对中国未来教育的战略思维是：个别化教育，伦理型教师，数字化教育，全民性阅读，社会化融合，体

验式校园。

大家可以看到，目前学校教育所缺乏的也正是未来教育发展的方向。

战略思维就是要向前看，预测未来。

最近有一篇文章比较火，叫《中国正在发生的100个变化》，其中一些观点虽是一家之言，但可以参考：（1）"人的个性被不断释放，兴趣正在成为谋生手段"；（2）"创造力成为人的基本素养，不懂创业是最大的文盲"；（3）"没有文化依然可以做企业的年代一去不返"；（4）"当人人都在讲规则，道德自然就会兴起"；（5）"中国的未来早都写在了中国历史里"。

有人说，这世界上做任何事要做到顶尖，都得掌握三个要素，首先是基础知识，ABC，基本规则得清楚；其次是技巧，每一个领域，做熟了总能生巧，提高效率；但是到最后，还是要洞悉人性。事物千变万化，人性永恒。

无数事实告诉我们：中国教育要有战略思维。做教育的，眼盯着的不只是"三年"，而是孩子未来的"三十年""五十年"。在人类未来的制高点上，就会站着一大批"中国人物"，这就是教育战略思维的意义与目标。

有了这种理念，我们就可以为培养面向未来的人才而关注他们五个方面的素养：工具与技能，兴趣与特长，文化与传承，视野与境界，挑战与勇气。

九、语文教学：最终会产生风格与流派

会教学的人，教出好成绩的人，久而久之就像庖丁解牛一样，有了绝活，有了套路，最终还会形成一种独特的风格，一传播、一扩散，大家都会这样教，于是渐渐地因风格相一、观念相近、话语相投而形成教学流派。教学流派的形成，其实是学科建设与发展的成熟的一种标志，是一种教学文化的体现，也是一群志同趣合的人在对话。

当然，流派也有"双刃剑"作用。凡是形成流派的东西，肯定在教学过程中发挥着引领、辐射、影响的作用，让更多的人享用这种流派所带来且认为确实好的教学特色、教学风格，那么其流派的力量也就自然更大了。但是，试想，如果连最基本的教材教法都不过关的话，要谈教学风格、教学流派是不现实的。因为本就没有产生文化流派的土壤和标志性成果。这也就不需要打造流派和贴流派标签。

另外，一旦进入流派的教学，也未必都是一件好东西。一般说，形成流派的东西是趋向成熟或较为稳定的，已具有特色，形成风格，有了许多标志

性成果，并且产生一批成功经验和运作模式。这无疑是一件好事，显示文化的厚重与大气。但是，如果首先让一件营养不良和时机不成熟而过早地承担历史重荷——"流派"所施加的责任与职份，那是对人们的期待是极不负责的，因为目前的教材大多还未达到此等水平。

还有一点需要指出，流派不是拿来看的，拿来贴标签的，而是表明一种团体精神，一种合作力量，一种意志倾向，一种前行鞭策，更是一个志同道合者为之团结、奋斗、蓄势而上的平台。所以，一旦走入了流派，打下流派的烙印，就带着"流派观"去教"流派语文"，结果培养了"流派人"，这还是一种欠包容、不完整的"流派型"教育教学。应该倡导"百派齐发"，"百家争鸣"，构建"海纳百川"的多元、多维、多层次的语文宽教育体系。当然，"流派"一般由于在学术思想上的稳定与成熟的优质性，显示"流派"的优越性，但不要停留于现成的"流派"成果及观点，乃至产生偏激、偏颇的教学情况，尽量做到将学术思想之"流派"之说与现实中的多元、多维、多层次的语文教育相结合，这样才算作一种理智型的语文教学。"流派，流派，流而不派"，尽可能让流派"流"出新的成果，新的"特色"，使语文教学更趋合理性和规律性，为不老的"流派"再添光彩。

十、语文教学：为我教还是为他教

这里的"为我"教，是指为我自己讲课而教；"为他"教，是指为他人学习而教。"为我"教者时时不忘：我自己要讲什么，讲完了没有，没讲完就继续讲；"为他"教者时时关注：学生有哪些是不需教的，学生该学的学了没有，学生不会的学会了没有，还可以用什么办法让学生学得更好、更轻松、更愉快，等等。以上就是两种截然不同的语文教学观。

其实，不管是"为我"教，还是"为他"教，最终都是为学生的学习发展而教，为良心而教，为教出一种教育情怀而教，为教出一种教育哲学而教。

比如，目前教师中对课程标准"只标不准"的问题越来越严重。什么叫课程标准的"只标不准"？一是现行课程标准的确较为笼统，只"标"了一些杠杠，到底要教到什么样、怎样实施、实施到什么程度等，很难有个定准；二是因此而导致不少教师就很少看、甚至不看课程标准上课，还有一些新教师连课程标准都没有也在教书，这样就"失标"而更教"不准"了。据调查，目前备课只看教材、教师用书的，只抄网上教案的大有人在，备课只参加集体活动而不搞个人再次备课，或者只凭自己经验和热情及感觉备课和上课的，只按考纲和历年考试经典题备课和上课的几乎占了大多数。

如何解决它已不是一个技术问题，而应该需要运用一种哲学反思的方法。要主动应对，坚持以课标为标更要为准的执教态度和原则，坚持将课标基本精神和要求转化为具体的教学行为的执教自觉性，充分钻研课标，挖掘有关施教信息，结合各种资源，努力寻找再发展空间，创造性地用好、用准课标。

又比如，怎样看待与处理教学"重点""难点"。

我们认为，一般来说，教学重点、难点，应是教师和学生共同体的产物。如果是"为我"教者，就往往从教师自己出发，单凭教师意志或教科书、教参书上的"一厢情愿"来确立教学重点、难点。如果是"为他"教者，则往往从学生出发，既有教师的主导性意志并结合教科书、教参书，又充分了解学情，关注学生的个体差异，并与学生协商，在"两厢情愿"的基础上明确教学重点、难点。

尤其是教学难点，更应从学生的学习需要与学习实际出发，应该是指学生学习中所真正面临的或产生的困惑、疑难和问题，以此来确定的教学难点才真正是人本式阅读教学的教学难点，否则，由教师在备课时想当然地设计的难点，可以说是有点强人所"难"——未必是学生的"难点"。所以，它就失去了教师"释疑、解惑"的真正的教学意义。因此，教师千万不要以自己独家设计的"教学"难点，来替代学生学习实际中的真正的学习难点。

假如基于以上新的认识，树立更为科学、合理的教学重点观和教学难点观，这无疑是给语文教学带来一种全新的教学理念，促进教学设计更具有意义，也更具人本性即学本性。

又比如，怎样看待"拖堂课"。

目前，课堂教学还时不时发现一些"拖堂课"现象。"拖堂课"一般有以下几种情况：一是教完了课本内容总不放心马上结束，还要"拓展"或"延伸"一下，要么是进行人文思想教育，于是兴致一来就天马行空，任意发挥，被拖到了堂外；二是热衷于搞一个牵强附会的总结，或者是过度总结，没完没了，一发而不可收，添上很长很长的尾巴（实际上已是画蛇添足），在滔滔不绝中忘记了下课而拖堂；三是为作业布置而大讲一些这要求那要求的的套话、废话，结果也拖了堂。等等，不一而论。

应该说，教师也是不情愿上拖堂课的，所以有时候出现偶尔的实为必要的"拖堂"也无可厚非；但是，最好不拖堂，不要为实现所谓既定的教学任务而老是拖堂。拖堂了毕竟不是好事，影响了学生的课间休息和对下节课的准备，教师也教得累了影响身心健康。要知道，课是永远上不完的，无休止地拖下去，毕竟不是解决教学问题的好办法。从表面上看似乎通过拖堂完成了教学任务，其实教师教的累，学生学的苦，彼此埋怨，能有好的教学效果吗？

（写于 2010 年 6 月~2016 年 3 月）

应用篇

　　应用，常指"适用需要，以供使用"；后指"使用，扩展"等义。例如：美国布鲁姆对教育认知目标所分成的六大类即"识记、领会、应用、分析、综合、评价"，其中就有"应用"，成为一种认知目标及其行为，且与六大类中的其他五类环环相扣、互相制约、互相依存。

　　目前，"应用"已成为一种普遍的学习及工作方式及行为，即指能将学习材料用于新的具体情境，包括原则、方法、技巧、规律的拓展。它已代表着一种较高水平的学习成果及扩展功能。不过，值得注意的是，"应用"必需建立在对知识点的科学掌握、对原理的充分理解与有效运用的基础之上。

　　本书的"应用篇"，是基于对"语文哲学"的理性思考而进行"使用"与"扩展"的主体部分（展述部分），包括第二章至第八章，也叫"拓"述研究。即为"语文哲学"建立而验证、应用所产生的一系列拓展性成果，包括一批论述或事例展示。

　　主要是运用语文哲学观点和方法，对语文的一些基本内容项目和主要板块，以及带普遍性的若干语文现象与问题，展开具有哲学功能的探索，以从哲学层面上形成一些语文"再认识"即次理论或亚理论，也称"实践理论"。包括由此构建和总结的一批颇具哲学意义的语文教育理念、策略、模式和方法，以使语文及教学更加合乎规律，更有教育价值。如：对语文学科建设、语文内涵发展、语文课程实施和开发、语文教学构思、语文教学艺术创想和在阅读及写作等方面的教学方式，所进行的哲学思辨及应用。

第四章　语文的概念内涵"追"问

【引言】

追问，一般释义为"追根究底地查问，多次的问"。

这里强调的是有问之"追"，有"追"之问。既强调有"赶，紧跟着"的常义，又注重有"回溯过去，补做过去的事"和"竭力探求，寻求"及"雕琢"之展义。从哲学角度，对语文寻求涉及学科概念诸方面而展开深究、追索与斟酌。问，这里重在：问题、问因、问道、问计。

我们对语文"追"问什么？要问其"本色，单纯"和"本来的、基本的"。从哲学角度而言，开展对语文的概念发起"追"问，就是探求透过目前被掩盖或被破坏了的语文概念的偏曲现象，从本质上找回其真正的概念内涵。

在这里要特别发问：语文到底是"谁"？还推出一个"语文素"的学科新概念，并由此而展开深究并进行新的构建。

为语文找到正确的定位

——谈谈语文到底是"谁"

一、问题的提出

(一)"语文"的位到底在哪里

1. "语文"至今已成了一个越来越无解的概念

当今，"语文"已成了一个令人费解甚至于很笼统含糊的概念。所以常常导致人们陷入无休止的讨论：语文是什么、语文教什么，于是，关于"语文是什么"的争议，一度成了语文界的热门话题，同时也引发语文"教什么""学什么"等讨论也跟着热烈起来。

其实这都是从人的主观想象的视角来看语文，心里要什么样的语文，便认定语文是什么样的，所以一千个讨论者就有一千个语文。怪不得关于"语文是什么"的争议一直无休无止，公说公有理，婆说理更大。在互相争不清楚的情况下，解决问题的最好办法就是"此路不通，另走一路"，需要我们换一个角度来看语文，即站在客观存在的视角来看——语文到底是"谁"，而不是语文"是什么"。只有认清、认准了"语文是谁"，才有可能进一步弄清"语文是什么"，也才可能去谈语文"教什么"和"学什么"

2. 要问语文究竟是"谁"，而不只问语文是"什么"。

现在，如果对语文究竟是"谁"都没搞清楚，那谈语文"是什么"是没有多大意义的。

谁者，何也。语文是谁，指的是语文自身内涵的概念及语文特质定义，带有客观存在和必然的语文基因和"语文素"。什么，提问语，常指对事物的提问。语文是什么，那就是对语文发问，并将发问所得以形成人对语文的主观上的外在所给予的内容描述，一般难以表现出是"谁"的实质内涵，往往会掺入人的主观色彩，让语文是什么就是什么。当然，有什么样的语文概念才能产生什么样的语文内容。我们千万不能舍本求末，弃主重次。那么，我们避开广为流行的"是什么"说法，来谈谈语文的属性问题，即"语文是谁"和"谁是语文"，这样，则从客观实际出发，发现语文的确是什么就说成是什么。要做出由"语文是什么"而走向"语文是谁"的辩证思考。

让语文回到语文学科自身的本质、本位、本体上来，回到语文课程自身的特征、功能与应用上来。这也就是"语文"的本来面目和内涵存在。"语文"的本来面目和内涵存在，也就是人们常说的"真语文"、本性化的语文。

（二）关于"语文是谁"的深度讨论则更有意义

要将语文定义为什么样的语文，才有可能谈教什么样的语文，否则就犯了"无源之水""无本之末"的本质性错误。这里，关键在于要首先明确"语文是谁"的哲学逻辑是什么。

如果对"语文"及其"常识"进行基于哲学的逻辑思维，那么首先可以形成以下几个基本问题：（1）语文我到底是谁?（而不仅语文是什么?）（2）语文我从哪里来?（语文凭什么是语文? 而其他的又不是语文?）（3）语文我要往哪里去？（语文干什么？而又不是干其他的？语文要怎么干？）（4）语文，它是语文学科，还是语文课程，还是学校课程中的语文科目，或者还是说不明白的"多合一"的语文课？

因此，我们要为语文回归到一个这样的哲学逻辑思考：语文"我是谁"、语文"我从哪里来"、语文"我在何方（要去哪里）"、语文"我要干什么"和"怎么干"等，作出一种"三生万物、三思而行"的哲学新思辨（"一分为三"论的哲学思考）。只有缘于此，语文课才会成为真正的语文、真实的语文、人类的语文。也就是说，如果不明白语文是什么、语文干什么（为什么）等根本的前提性问题，哪能弄清楚语文教什么的问题呢？首先就要让语文从"外延比喻性"定义走向"内涵发展性"定义。

由过去对语文的人的主观认知（是什么），转为对语文的自身条件的客观求真（是谁）。据"现代汉语词典"的释义，尽管"什么"和"谁"的含义大致相同，但从不同的地方还是读出了一些端倪。现在大家对语文到底是"谁"都没搞清楚，还谈语文是什么有何用呢？语文是谁，指的是语文的概念定义，语文是什么，指的是语文的具体内容。有什么样的语文概念才能产生什么样的语文内容。我们千万不能舍本求末，弃主重次。那么，我们避开广为流行的"是什么"说法，来谈谈语文的属性问题，即"语文是谁"和"谁是语文"。

（三）语文要回归到这样的哲学逻辑思考

1. 语文是什么，并非"什么是语文"

语文是什么，即以语文为主体，指语文里有什么，包括什么和怎么样等。即指是应站在人类共有的语言文字的特征及功能（认知理解、交流应用、鉴赏评价、表达抒发等）等角度，来对语文所应具备且已经产生作用及效益的内容作出概括、描述和认知。

语文是什么，并非"什么是语文"，后者是用一种非确指的虚幻或空泛的眼光去看待语文，这往往受主观意识的影响、支配、干扰，导致不同人的因素而产生不同的语文，因而常常失去了语文的固有特征、本质内涵和公共功能。

语文是什么，并非是单一的"是什么"，也就是是什么样的概念与结论，还要包括它的产生背景与过程及方法，也可以称为"为什么"和"怎么样"等。有学生说：老师，你就直接告诉我们那些知识"是什么"就行了，不要讲它们的"为什么"，对考试没用的就不讲。这是也最典型的受"应试教育"

论严重影响的表现。

语文是什么，从目前的实际情况看，它有多种意义。最主要的是有以下几种：从社会科学的角度来说，语文被称为"语言和文化的综合科"，即为一种"综合性"的学科；从基础教育的课程体系来说，语文是一门"语言领域"中的教学科目，即为一种"实践性"的课程科目。那么，我们现在主要面对和讨论的就是这样的语文：基础教育课程的语文。只有明确这个前提，才有共同讨论的共同话语。但是，现实中的普遍情况，是将以上二者混在一起，既有学科性又有课程性，所以就导致人们对"语文"的认识便"仁者见仁、智者见智"。我们既要承认这种"混合义"，又要具体弄明白：它们到底混合了什么，又是怎样混合的？等等。

语文：到底是"课程"还是"学科"，或者是"二合一"？这是我们常常纠结的问题。

目前，我们所看到的语文，严格地说，是源于 1903 年独立设置"国语"课程和 1950 年正式确立为"语文"课程。如果大家都认可的话，语文应该是一门课程，是中小学基础教育的课程。"语文"是什么？按照"语文"做什么？概念本身就规定了，但是，"语文"没有。

1952 年，在编写教材时，叶圣陶重新取名，他说，叫"语文"，"语"也在里头，"文"也在里头。叶圣陶的意思是用"语文"来概括口头语和书面语。他的方法是把"语"和"文"直接并列起来。这是完全不合逻辑、不合认识论的概括方法。

2. 基于基础教育的语文课程是什么？

首先，明确课程的一般意义，是指学校学生所应学习的学科总和及其进程与安排。广义的课程是指学校为实现培养目标而选择的教育内容及其进程的总和，它包括学校老师所教授的各门学科和有目的、有计划的教育活动。狭义的课程是指某一门学科，释义为：学校学生所应学习的学科总和。

当课程被认识为知识并付诸实践时，一般特点在于：

（1）课程体系是以科学逻辑组织的；

（2）课程是社会选择和社会意志的体现；

（3）课程是既定的、先验的、静态的；

（4）课程是外在于学习者的，并且是凌驾于学习者之上的。

然后，要明确"语文"作为课程科目的意义。可以说，这样的语文科目，既指语文的"知识与经验"，包括其陈述性知识和程序性知识；也指语文的

"能力与智慧"，既包括其通过静态概念和结论的语文认知和积累，来产生对其动态生成的语文感悟、智力、修养，也包括因其在语文核心素养指向下所最终形成每个人的个性化"语文场"或"语文域"，以形成各自特色、管用且规范的"全语文"（或叫"混合性语文"）。

二、目前关于"语文是什么"的几种常见说法

（一）从语文学科性质来说

当今，我国一直普遍流行且一直引发争议的有关语文学科性质的三种说法：语文是"工具性"，语文是"人文性"，语文是"工具性与人文性相统一"。其实这三种说法都不是科学的下定义之说。一是用的是比喻义概念解释，缺乏从事物本质的内涵出发，科学性不足；二是用的是泛概念解释，因为工具性与人文性是各课程都具有的共同属性，其他学科课程也同样具有工具性与人文性。三是改成"工具性与人文性相统一"之后，似乎说法上合理了一些，但其意义反而更模糊了，缺乏确指性。我们应该超越或者抛弃那些流行且一直引发争议的这三种说法。

1. 工具论。说语文学科的"工具性"，是指语文用于人际交流具有维持社会联系的实用功能和中介作用。语文是个人和社会都离不开的重要工具。《语文课程标准》明确提出：语文是一种最重要的交际工具，是人类文化的重要组成部分。工具性与人文性统一，是语文课程的基本特点。但从哲学层面上讲，语言工具论忽视了语言表达与思维的关系。

2. 人文论。关于语文学科的人文性问题，在一场大讨论中，有些人提出"人文性才是语文学科的本质属性"，但后来发展到走向极端，把人文性与工具性对立起来，进而全盘否定语文学科的工具性，认为语文学科的本质属性是人文性。这种人文性极端化，曾一时形成了"人文至上""文学至上"思潮，似乎"人文""文学"是语文教育的一切，淡化甚至排斥对祖国语言的学习和培养语文的读、写、听、说能力，致使有些语文课不伦不类，上成了文学欣赏课、思想品德课，给语文教学造成了极坏的影响。

3. 工具论与人文论的统一论。《语文课程标准》明确提出：语文是一种最重要的交际工具，是人类文化的重要组成部分。工具性与人文性统一，是语文课程的基本特点。这样既肯定了以前的工具性，又吸纳了人文性的新观点，把二者统一起来，从理论上把二者统一，是语文课程改革的一大成果，也是语文教育发展史上的一大进步，以免产生工具性人文性各执一端的局面。

但是它仍是基于同一种"语文"观的产物，仍然是一个意义含糊的非确指概念。工具性与人文性统一以后的语文到底是一个什么样子，还是不得而知，让实际操作者难以把握。我赞成有人提出要超越这一说法的主张。

（二）从语文学科内涵来说

有人总喜欢把它与文字、文学等联系起来，其实不然，它与文学之间有没有关系，关键是要从哪个角度来看。说没有关系的，显然是欠深度思考和完整分析的；说有关系的，也不能夸大其词和末本倒置，否则也难以自圆其说。

现在，把语文说成以下六种说法：（1）语言+文字；（2）语言+文学；（3）语言+文章；（4）语言+文化；（5）语言+文章、文学；（6）口头语言+书面语言。这都是因受"语文"这个含糊概念影响而做出望文生义的含义解释，这些定义本身就缺乏科学的逻辑推理，而是从自我理解出发，从对语文课程的局部的个体偏爱出发，从对语文非本份的超语文价值的追求。

如果把语文定为汉语言，那么，叶圣陶先生把它解释为"口头语言和书面语言"，就显得有了一定的科学性和具体指向性。口头语言即听说方面的口语交际内容，书面语言即读写方面的阅读写作内容。这是一种逐渐接近客观规律的一种表达。但还是未能体现人类学习和运用语言的认知规律与现实语言的复杂现象以及问题特征。

作为汉语言的语文课程，其内涵也就相应定义为包括口头语言、书面语言在内的语言型课程。由此而产生的汉语言的课程内容，应该还有另外一种类分法：口占性语言（人的初始化语言、本能性语言、遗传性语言，可以不列入语言课程的学习内容，但要了解与区分）；规范性语言（字法、词法、句法、章法、逻辑、标点符号，准确性和科学性语言）；审美性语言（艺术性语言、文学语言、修饰性语言等）。

（三）从与语文相并列的兄弟学科概念来说

1. 例举有关兄弟学科"课程标准"

国家颁发的各学科《课程标准》，都对本学科概念内含做了权威的解释，现摘述如下：

数学（mathematics 或 maths），是研究数量、结构、变化、空间以及信息等概念的一门学科，从某种角度看属于形式科学的一种。而在人类历史发展和社会生活中，数学发挥着不可替代的作用，也是学习和研究现代科学技术必不可少的基本工具。物理学，是专注于发现且理解所有物质、能量、空间及时间之基本定律的一门科学。物理学研究这个宇宙间的基本组成元素和其之间的作用，以及分析由这些基本原则推断出的系统。

物理学是研究物质结构、物质相互作用和运动规律的自然科学。物理学由实验和理论两部分组成。物理学实验是人类认识世界的一种重要活动，是进行科学研究的基础；物理学理论则是人类对自然界最基本、最普遍规律的认识和概括。义务教育阶段的物理课程要让学生学习初步的物理知识与技能，经历基本的科学探究过程，受到科学态度和科学精神的熏陶；它是以提高全体学生的科学素质、促进学生的全面发展为主要目标的自然科学基础课程。

化学如同物理一样皆为自然科学的基础科学。"化学"一词，若单是从字面解释就是"变化的科学"。化学是一门以实验为基础的自然科学。化学是在原子、分子水平上研究物质的组成、结构、性质及其应用的一门基础自然科学，其特征是研究分子和创造分子。

生物学（Biology），简称生物，是自然科学六大基础学科之一。生物学中有很多分支学科是按照生命运动所具有的属性、特征或者生命过程来划分的。生物科学是自然科学中的基础学科之一，是研究生物现象和生命活动规律的一门科学。它是农、林、牧、副、渔、医药卫生、环境保护及其他有关应用科学的基础。生物科学经历了从现象到本质、从定性到定量的发展过程，并与工程技术相结合，对社会、经济和人类生活产生越来越大的影响。

2. 语文的"课程标准"的标准说法

语文课程是一门学习语言文字运用的综合性、实践性课程。义务教育阶段的语文课程，应使学生初步学会运用祖国语言文字进行交流沟通，吸收古今中外优秀文化，提高思想文化修养，促进自身精神成长。工具性与人文性的统一，是语文课程的基本特点。

（四）几点讨论意见

由此可见，语文的设立，表达了以下几层意思：

第一，与其他科目一样，语文是作为一门课程形态（科目）而存在的，从"是……课程"的角度来作概念界定及其表述，表明了是在承担着"课程科目"的功能，而并不是"学科"，没有像数学学科那样，基本上体现了数学作为一门学科的性质及其结构。而语文的"课程性"明显大于"学科性"，如果硬要把语文说成是"学科"，那也是基于"课程"的一种"科目"意义下的学科，可以用其说法，但要区分其含义。要在教学或研究中明确：此时的语文，不属于"社会科学"角度而言的学术型的学科，而只是一种"课程设置"中的科目型的学科，此学科而非彼学科，与那些"语言学""文字学""文章学""阅读学""写作学"及"文学批评学"等学科是并不一样的。

第二，关于语文的性质，归纳起来，目前主要有三种说法：工具说、人文说、工具性与人文性统一说，这些都绕开了语文的本义和内涵，而只在其功能和效果上来下定义，做出的只是一种外延的、外在的、甚至比喻性的贴标签式的概念界定。我们认为，这种说法，很难找到学理论据，也不符合事物内涵意义的分类科学义。

第三，如果是这样，那么多年来关于语文的学科性质的讨论，就失去了意义，失去了前提，只有对关于语文课程性质的讨论及其所做出的结论，才是具有意义的，合乎事物发展规律的，也才是哲学的事情。

在这里，我想表达的是，语文正因为是一门课程以及课程的科目，那就要基于"课程"的说法，既要保持"语文"概念提出者叶圣陶先生等所作的解释，又要将语文定义进行发展而成为"语文课"，从外表上用比喻义的解释、公共意义上的非语文自身内核的角度而下一种非本义的定义。作为为基础教育而开设的中小学课程，自有它具有的特定课程含义。而这种以"混合义"为主要特征的"语文"，可以理解为：基于汉语言的言语和文章、文学等而进行听、说、读、写等语文学习的课程科目。

三、语文：当前到底教了什么，学了什么

（一）不同的语文定位，带来不同的语文之教和语文之学

这里，有一个重要前提，就是要看你在教的时候，学的时候，将"语文"是怎样定位？即语文的含义究竟是什么。为此，我们不免要发问：语文到底是谁？由于目前对语文有了不同说法，所以也就教成了各自不同的语文，或者学成了各自不同的语文，这才是当会语文的真实情况（也就是"教情"和"学情"）。具体概述如下：

1. 语文是一门汉语课程

人们应该明白，当今的"语文"实际上是一种"汉语言"，即以"汉语言"为主体的语言呈现形式，以运用"汉语言"所形成的言语交流载体，也为目前人类语言共同体中的一个语言品种，就像与世界上的其他诸如英语、俄语、日语等语种一样，语文便是一门语言，即一个语种。

现在，我们学语文，实际上就是在学一门汉语言。语文是一门关于汉语言的课程，是建立在汉语言这一人类的重要语种的基础上用来进行学校教育

的学科课程。语文如果定义为汉语言，那么，语文就需从汉语言的产生、发展、应用等自身规律及特点等方面来设计课程，就要从受教育者对汉语言学习的需求及实际情况而确定课程内容，就要以解决人类在运用汉语言的表达交流中的问题和解释有关语言现象为价值取向而发展课程。

2. 语文是一门母语课

1951 年，联合国教科文组织在巴黎召开了一个有关母语的会议，并对母语作出了如下定义："母语是指一个人自幼习得的语言，通常是其思维与交流的自然工具。"母语的另一个解释，是一个人的民族语，并不一定是一个人最早接触、学习、并掌握的"语言"，仅仅表示"根源"的意思，母语不仅仅表示为母亲对某个人说的语言，而是他认定的本民族语。汉语是作为我们国家推行的一门通用型的国民语言，无疑它是沿袭与传承中华民族伟大文化传统语言的母语。

3. 语文是我国公民用语课

《中华人民共和国国家通用语言文字法》规定："国家机关以普通话和规范汉字为公务用语用字"。"学校及其他教育机构以普通话和规范汉字为基本的教育教学用语用字"。"学校及其他教育机构通过汉语文课程教授普通话和规范汉字。使用的汉语文教材，应当符合国家通用语言文字的规范和标准"。同时还规定，广播电台、电视台及公共服务行业均以规范汉字为基本的服务用字。

由此可见，我国公民用语的主体语言是汉语，国家颁行的《语文课程标准》及语文教科书等也是汉语，那么学校作为教育而开设的语文课程理所当然是汉语，所以教师教的语文实际上是汉语，让学生学的语文也是汉语，即使是一些国外或少数民族的语文内容也是翻译成汉语而呈现出来，让师生们接触到的是汉语版的国外或少数民族的语文内容。

4. 语文是覆盖中华民族，海内外华人的语言，文化的"华语"课

大家知道，汉语已经是连系我国各民族及海内外华人的交流的必备语言工具，是中华大家庭的通用语言，应该叫"中华语言"才更为准确。当然，"中华语言"可简称为"华语"。它虽然是代表以北方方言为代表的普通话的语言，但也包含了汉语的各地方言，还吸纳了各民族语言和他国外来语言以及网络语言，最终形成了一种以汉语言为主体、以融合其他有关语言的合理部分为辅助的"大汉语"体系即"当代汉语"的"新语文"课程。

这种体现着更大意义范畴和内容的"当代汉语"的新语文课程，才是当

今乃至未来大发展的"语文"。我们现在"教"的和"学"的语文，应该是这种语文，基于汉语言，又有外来语和少数民族语。如果适应汉语言这一本新的质属性的表达，更加明白、准确地反映课程性质和特征，那么就要抛开过去那种固有说法，让过去的"语文"变成"具有'当代'汉语"或者"华语"涵义的语文。

5. 语文：书面语为语文学科，而口语却是"语文课"

目前，我们所看到的语文，基本上是学校"课程设置"的"语言领域"中的一个科目，并非那种如"语言学""文字学""文章学""阅读学""写作学"及"文学批评学"之类的"社会科学"角度而言的学术型的学科，也就是并未构建成一门"语文学"的学科。说语文是语文科，这是并不太严谨的说法，或者说已成一种习惯说法了的话。必须明白：此科非彼科，二者是并不一样的。从一门作为社会科学的学科来说，语文只算作一个专业学科群。

今天用"语文"为学生开课，自然就成了"语文课"，其实，把它说成"语文课"，反而更加准确，实在，即含糊中的准确，准确中的含糊。

（二）语文的教什么与怎么教：永远是难以切割的统一体

1. "教什么"与"怎么教"是相辅相成的关系

教什么，不等于是对语文课的文本内容的确定，而是对整体的语文课程内容的确立，如：语文知识、语文能力、语文素养等；不是语文教育者主观臆断和凭感觉确定，而是立足于学生语文学习的需要和认知规律以及时代所赋予语文课程的使命。

要将语文课置于语文"课程标准"、学生"学情"和教师"教情"三位一体来作出上位思考及顶层设计，并内化为恰切的语文教学主张及教学立意，才会知道语文要"教什么"，只有基于此，语文课才会有关于"教什么"也往往来源于或受制于"怎么教"，因为"教"的方式、方法和过程也影响了有没有可能性的"教什么"如果不可能教，那么"教什么"的可能性也就不存在了。所以，"教"的正确定位与起点发生，也需要"怎么教"的正确判断和指向，才会避免众说纷纭、随意盲目、肤浅重复、因小失大、据微轻重、大起大落等非常态教学现象。

要将语文课的"教什么"与"怎么教"一并考虑，只有这样，语文课才会辩证发展、可持续发展，才会产生语文课合理、科学、适用的常态。

由此可见，寻求并坚持语文课的"新概念"，则是实现以上三大思考之后所形成的科学决策和重要策略或原则之一。只有成于此，语文课才会让学生常学常新、教师常教常新。

2. 教材、教学、教师三者也体现了"教什么"与"怎么教"的科学关系

语文教材、语文教学、语文教师三者之间的关系，看去各自独立，但实际上是一个整体，更是一种明显的相互依存和彼此发展促进的关系。怎样理解和把握好这三者的关系，看看各自处于什么样的关系以及怎样相互影响对方或第三方的关系。

语文教学，之所以目前实际效果不行，主要是犯了三者之间的无效对接和教师对语文的自我"感觉"太多的错误。不少人都在主观感觉中认为要"这样教"，还教出了"特色"，而此时的"特色"往往只是一些局部经验，或是个人意气的发挥，并不能体现或者按照语文的本质规律有效处理以上三者关系，更未能站在哲学高度作系统思考及科学操作，或者只守住教育学和学科教学论中的某一点，不发展、不协调、不融通，永远走不出那一条窄小的胡同。实践证明：只有重构在语文哲学和学习科学下的语文教学新思路，才能让语文再发新枝，才能让语文走出技术主义、事务（实务）主义、为考主义和唯美主义的怪圈。

（三）对一门语文课生成的几点再认识

1. 一门语文课是否具有"语文"的本来面目和内涵存在

首先，要看用以表达其语文学科思想的标志物即观点、理念、主张及战略思维。比如，语文应该坚持和倡导：语文学科上的母语意识、言语规范、文道统一，汉语言上的音形义结合、读写说互动、心智美兼修，语文教材的选文呈现、主题组元、类化习得，还有语文课上如何实现综合性实践性、发展性与创造性等的有机统一。例如：语境、语感、语义的"三语共进"教，言、文、意的"三元素并重"等。

然后，要看用以呈现其语文学科思想的优质教科书、优质作业、优质试卷和恰当、合理、科学的教学策略、教学手段、教学方式方法等。

特别在编写呈现的形式上再次处理后尽力构成"语文教学体系"。不要过分地受"文编型"影响，使语文课本从非系统性中走出来，以形成新的语文学科课程特点：散合性。即形成一种"非系统性语文知识"与"系统性语文教学"有机结合的特殊课程体系，使课程目标求整体系统，让教学知识内容散布在一篇篇的文章（选）之中。

2. 一门语文课的生成要有多元思维点

在这里，我们要着重讨论三点：

第一，语文还没设为"语文"课程的时候，这几千年的中国人是怎么学得语文的？"语文"是怎么走过来的？这里肯定有奥秘，有经验，有值得传承和发扬的东西。

第二，真实的语文学习到底是怎么样的？真正优秀的语文能力和水平到底是怎么样来的？是因为"语文"课程给的，还是自学或者其它原因？我们谁都记得和体会到，那一句句有意思的话，一篇篇、一本本具有意义和情感的文章和书，为我们创立了语境和语感，再从中获得某种体验与感觉，看人家说了什么（感知），自己想怎么说（感受），人家为什么这样说（感悟），是怎样说的（感化）；然后达到内化，进一步丰富生活认知和文化内涵，提升审美素质和思想水平，再形成读书、鉴赏文学作品、动笔写作的兴趣和习惯，于是产生以满足交流自己情感和思想的表达欲望的一系列语言组织、应用和发展的言语活动（如谈话、演讲、作文等）。

第三，语文的学习是一个包括识字写字、读书、作文等"全语文"的完整的习得过程，所以说，识字写字、读书、作文，既是语文教学之本，也是形成语文教学的全构性操作机制的基本要素。这里的关键是将"识字写字、读书、作文"作为一个整体，不可只强调其中之一而产生断层和缺陷。

真正的语文课（阅读教学课）一般显示三个特点：一是抓住语文课"学习语言"这个"根"，加强汉语的字音读准、词义解释、形似字辨析、多义字理解等语言的全纳学习，让学生真正学了"语"文；二是抓住阅读课以"教会读书"这个"本"，通过预读、研读、美读、闲读、精读、泛读，且有感情地读和准确地读，激发读书兴趣，掌握读书方法，形成读书习惯，开展读书活动，让学生在读中学会阅读，喜欢阅读；三是抓住学的问题及方法这个"轴"，让每一位学生关注读书内容和问题，注重阅读体会和感悟，并能做到恰当地组织语言，即运用各不一样却十分精准、简约、到位的语言，把这些有关读书的内容和问题、阅读体会和感悟进行概括或表达，以及进入一种或发展、或联想、或独立的写作之中。这便是"全语文"教学完整的习得过程。

3. 要用语文学科思想来进行战略思维

关于语文的战略思维，也可以说是一种上位思考，理性思考，是让语文走出"实用主义""纯技术主义"的前瞻性之举，也是一种"诗意"的语文理想的表述。我们不妨常对语文做一些这样的战略思维，才会让语文课越来越有品质，有品位，上档次，上水平。

语文，当然是一本本书，一本本教科书，但远不是一本本书，一本本教科书，还有更多没有标上语文和语文教科书的书，也就是说，社会也是语文教科书，生活也是语文教科书。"课" 外有更多的语文内容，比如，课外的乃至社会的、家庭的，无不充满语文资源和学习语文的活动，参观、考察、旅游、体验、运动、影视观赏及琴棋书画，都可以灵活的学语文、教语文。

语文，不是书，是人，一个有知识的人，在和别一群正在学习的人在交流，在对话。其实，一本好的语文书，更是一个智慧之人、哲学之士，在引领着一批自然人走向进而成为一个不再幼稚的社会人，成为一个特有思想的人，一个富有文采、颇有激情、拥有想法的语文人，一个时刻在读千卷书走万里路的人，一个充满表达交流欲望的心智之人，又拉着另一群人向着诗与远方——前行。

这时候的语文，既是一门课，而又不只是一门课。因为它已变成为一个平台，让师生在此民主对话，思想碰撞，智慧升华。

总之，当语文不再只用语文课本来呈现，而赋予了更多的内容，平台，形式和途经，那么此时的语文课无疑就无比丰富、活跃、深广，既充满灵性与诗意，也布满理性与哲思，因为它已成为一个特有思想智慧和语文素养的地方，时刻焕发语文真善美的光辉与魅力，让一个个富有诗意、颇有激情、拥有理智、学会读书、善于表达交流的语文之人在成长、在发展。

素质语文：在于让语文走进素质教育

随着 "素质教育" 的不断推进，学科教学如何承担或渗透素质教育，已经成为一个不可回避的课题。为此，本文提出 "素质语文：其意义在于让语文走进素质教育" 的观点，以推进素质教育学科化，学科教学素质化。

一、"素质语文" 概念产生的背景及其意义

（一）"素质语文" 是因 "素质教育学科化和学科教学素质化" 而生

1997 年 1 月，本人在华南师大举行的 "两岸三地暨新加坡语文教育（国际）研讨会" 上，宣读了论文《要给学生以素质型学习方法指导——试论基础教育语文教材的素质化、学习化、方法化》，提出了 "素质语文" "变教材

为学材""素质型学习方法指导"以及"从工具语文"的误区走向"素质语文"等一系列全新的学术观点，曾经引起一阵轰动，《广东教学研究》《语文教学通讯》等刊物也不断连载有关本课题研究的成果（论文）。《教育创新》《广东教育》等杂志曾先后以《素质语文：语文素质教育追寻的目标——两岸三地暨新加坡语文教育（国际）研讨会综述》为题予以报道与评介。其中的标题关键词就采用了"素质语文"的说法，还在《综述》中对我的"语文教材的素质化、学习化、方法化"和"素质语文"等观点作了专段评介，一时在国内及境外产生了较大反响。

同时，不少学校和教师也开展了对这一教育新观点的具体实验和尝试，也引发不少教师的深入研讨。后来普遍反映效果很好。为什么会取得如此成功？主要是抓住了如何使素质教育学科化和学科教学素质化这一教育的本质问题。

素质教育学科化和学科教学素质化，使我们想起了世界著名科学家爱因斯坦说的话："什么是素质，就是把学校学到的通通忘掉，剩下来的东西就是素质。"这句话告诉我们，学生最终从学校所学得的都已经不是原来意义上的知识和技能了，而是将知识转化为使人成长、成熟乃至走向成功的素质了，如能力、智慧，并且由能力和智慧而产生出来的一系列思想、观点和品质以及各种成果等。这里有两点值得讨论：①这句话指明了学科知识与素质形成的关系，知识是可以忘记的，但也是形成素质或转化为人的素质的基础或者"营养"。②我们的学校和教师树立了"素质教育"意识，学会能从"知识"中提取"素质"或学会如何悟"知识"转化为"素质"的本领，即学生难以"怎样"的那些带规律、规则、方法和思维上的深刻、敏捷、流畅的东西，以及由此所形成的"气质""态度""理想"以及"智力因素与非智力因素"，那么，我们的学科教学就没有白教，即使被忘掉了一些文章、词句、语法等等，也是值得的。

所以，能否直接恰当地教给学生一些能"剩下来"的东西，而不让学生"通通忘掉"，则是衡量我们的教育是有素质性和素质型的高低，如果教学生不忘掉的东西越多，就越成为美好而富有意义且让人幸福的教育！学生忘掉少，我们的学校教的尽是一些让学生能够"通通忘掉"的知识，"剩下来"的不多，那么学生到头来一无所有，不但把学得的知识忘掉，还把我们的学校忘掉，把煞费苦心的老师忘掉，那才是学校教育的荒谬和悲哀啊！因此，学校给学生的应该是一些终生"难以忘掉"的教育，那么这些就是关于素质的教育。

（二）"素质语文"是为"难以忘掉"的东西而印证与行动

爱因斯坦式的"素质之说"及"难以忘掉"的东西，为"素质语文"的产生而提供了重要启发。"难以忘掉"的东西到底是指什么？我们的理解主要在以下两个层面：

一是指那些留给学生一直留下久久不能抹去的深刻的印象，或者是一直在感动、启发、影响着学生的有关知识、概念、观点、事例，还有教师上课时的模范言行如神态、言语、动作、细节或课堂情境、气氛等，这些之所以难以忘掉，往往因为是独特的、新颖的、个性的、有形象的，也就是能够"素质化"的。这些东西一多，其素质就越高，也就是表明学科中"素质"教育成分多。

二是指那些学习者通过知识积累与消化而内化为一种学科能力，并通过学科能力提升为一种学科素养，一种高尚气质、一种良好习惯和态度，最后形成一种理念，掌握许多方法，或者发展为一种智慧、专业品质与思路。这样，它是借助于过去所学东西作为平台，从具象走向抽象，从现象走向本质，从概念走向规律，从知其"然"走向知其"所以然"；这就是指所谓的"不忘掉"的东西。另外，教学生学会从积累走向理解，从感知走向感悟，从体验走向体会，从经验走向理论，从零散走向综合，从分析走向概括……等等。更是爱因斯坦所言"难以忘掉"的"方法性"本领。为什么用"难以忘掉"来说明这些东西呢？因为这些东西确实也难以表述，这里就正好用得上一句古话："只可意会，不可言传。"这些"不可言传"但又"只可意会"的东西，往往引起人们有兴趣地掌握和探究，引起人们去积极"意会"，结果越"意会"越是忘不掉的，因为"意会"是入心、入神的，是属于精神层面的。这些入心入神的精神产物，无疑是让学习者曾经感动过、感悟过，或者伴随着学习者一路生活与成长，起着重大影响与启迪。

基于上述，我们教学时要努力追求与提倡：多教一些让学生"难以忘掉"的东西，多让学生去"意会"一些"不可言传"的东西，让学生学的"意会"多一些，"忘掉"的东西少一些，那么"剩下来"的东西就多了，这个"多"在这里则表现为更加全面、更加丰富、更加深刻。可以说，这样的语文学科教学应该具有素质性特色，属于学科教学素质化和素质教育学科化的最佳统一。

二、素质语文的含义并不是用"素质"二字贴上标签，而应该赋予其深刻内涵和自然特质

（一）素质语文，首先是从"工具语文"中剥离出来

以前，我们的语文教学之所以"少、慢、差、费"，成效欠佳，与社会进步和时代发展远不适应，主要是把语文教进了三个误区：一是"万能语文"，什么都可以装进去；变成了"百科全书"或混同于其他学科。二是"专家语文"，即"科学主义语文"。当然语文是科学，但作为学校教育层面上的语文，是学校教育的一门学科课程，应该着眼于学生学习的实际和发展需要，使语文尽可能大众化、生活化，同时还要将科学性和艺术性相结合。三是"工具语文"，即过分强调"语文是工具"，正因为把语文教成工具，致使语文成为无血无肉的机械，许多教师经常把一篇篇美好的课文支离破碎地拆解成一个个"工具性"的部件，结果把一门活生生的语文课教成苍白无神、形同嚼蜡的"催眠曲"，这样教者苦恼，学生讨厌。

据调查，学生中有80%的人不想学语文、怕学语文，主要是他们所面临的语文课都变成一副狰狞的面孔。大家知道，工具是没有生命的，只是一种被利用的器械或条件。而现实中的"语文"其根本属性还应该充满知识性、教育性、情感性、审美性，即使有表达交流的工具性，也是受用语文的人（活生生的人）所支配。事实表明，语文是一门综合功能很强的社会行为学科，肯定不能用"工具"来概括，太偏面、肤浅和过于功利化；用"人文"就对吗，但也不全面。作为语言确有"工具性"的一面，于是，后来就有了"工具性"＋"人文性"的折衷处理方法，即产生了"语文是一门工具性和人文性相统一的学科"的说法。

（二）素质语文：产生的理论基础或背景是"人性的语文"

在这里必须重申：语言是工具，但绝不等于语文是工具。因为作为教育意义上的语文学科，它是使语言变成言语，用言语形式（规则、概念）进行言语表现，表述言语意义，展示言语生命活动，实现言语生命的价值和效果。特别是语文所产生的背景，乃几千年以来的中国优秀传统文化，它在用自己特有语文素培养着一代代有文化、有教养、善表达、会交际、懂思维的人——也就是具有完整而高尚的语文素质的人。所以，本身就含有素质教育功能的语文教学，不仅让人进行了各自的表达交流，更是推动了中国优秀文化的发展，孕育了孔子、孟子、李白、曹雪芹、鲁迅、毛泽东等一代代文化

"圣人",诞生了《四书》《五经》《二十四史》《水浒传》《红楼梦》等伟大作品,这无不浸透着语文教育的功劳,是语文教育发挥了"语文素"的作用。这并非单靠作为工具含义的"语言训练"而能奏效的。它必须是一种人的潜能的全方位的最大挖掘,是语文中的语言和文字所表现出来的思想交流、情感熏陶、思维历练和行为发生等促进人的素质的全面开发,使人的灵魂不断净化,人的认识不断深刻,情操不断高尚,人格不断完善,思维不断严谨,情感不断丰富,行为不断完美。这样一种综合型素质语文所发挥的作用,能说用"语文是工具"所涵盖得了的吗?

我们认为,素质语文产生的理论基础或背景,是"人性的语文"。"人性的语文",即指具有促进人的生命成长、展示人的生活意义的语文内容及语文活动(习得及应用等)。只有把我们的语文教成是"人性的语文",让学生学到的也是"人性的语文",那么语文教育才有"育人"的价值,才符合语文课程开设的宗旨及意义。

有人问:"人性的语文"是否等于"人生语文"?其实二者并不等同,因为语文本身是一门课程,是因"人"而设立的,为"人"的生存、生活而生的语文,严谨地说,是一种培育人、成就人、发展人的"语文",它具有人生的特性、功能,但不能用"人生"直接修饰或限制"语文",只是说作为"人性"的"语文",有一种客观达成的"语文"教育功能即人生价值,而不能因此而使语文成为一种主观愿望:要将它作为"人生语文"。

"人性的语文"概念的提出,为开展"素质语文"或语文素养等一系列教学的理念提供了依据,我们平时喊素质教育,其实是指关于人的素质的教育,即以"人性"为立足点和出发点。同理,"素质语文",也就是指关于人的素质方面的语文教育。"人性的语文",含义更为宽广准确:既有工具的一面,让人们进行人际间的思想、表达和交流;又有人文的一面,即能给予人以生存、生活,提升文化修养和生活品味及质量。人们学习语文,在于更加"人性化",让语文成为一种优质生活的内容。在生活中一旦增加了语文成分,就好象人在吸取了更多更好的生活营养一样,尤其在读文学、用修辞和逻辑,用汉字中的表意、表形来认识世界,了解和丰富生活(特别是那些书法艺术等),不都是在享受与发展一种"人性的语文"而展示高尚的人性吗?所以,语文课程及教学,更有理由,也更有可能成为一种"人性的语文"。

(三)素质语文的概念定义

素质语文,顾名思义,即具有素质特性与含义的语文。它由"语文素"

和"语文质"组成。也就是说，语文是靠"语文素"即基本特质组成，也靠"语文质"即高雅品质组成。至于用其他任何外物形式或比喻意义来描述语文或定义语文，都是不科学的，要从充分体现语文学科特点和语文课程内涵的特质出发，让语文具有"是语文"而并非"似语文"的语文。

如果我们可以换一个说法，就好理解。我们还可以说，素质语文，准确地说，应该包含了"质素型语文"和"人性的语文"。"质素型语文"则表达了其自然特质，"人性的语文"则表达了其深刻内涵。可以说，"素质语文"既抽取了语文学科的核心素养而成，又照应了人的语文生活的客观存在和社会所赋予的诉求或期待。

"语文素"之"素"，我们取其"质素"之义，这一表述使它赋予了新的概念表达。"质素"，是指"事物本来的性质，素养"。也指"因子，成分"或"材质"等。

"语文质"之"质"，我们取其"品质"和"质量"等义项。"质"的现在意义，常指"一事物区别于它事物的内在规定性，与量相对"。现代系统理论认为：事物的质是多方面的，可分为自然的质、功能的质和系统的质等三种不同的质。辩证法认为，任何事物都是质与量的统一，没有无量之质，也没有无质之量，二者是相互规定的。在中国哲学中，"质"这一范畴还有其他两种含义，一是与"形"相对，指事物内部的质；二是与"文"相对，指人们内在的道德修养或作品的内容，有时亦指质朴的艺术风格。这个中国哲学应该是指中国的易道学说。事物质的二分：阴与阳。无形体，息化存在的质为阴，有形体，实在存在的质为阳。道（事物的质）是阴阳和合的存在。换句话说，道就是事物之质。宇宙存在一大道，宇宙中万事万物一个个是具体存在的小道。大道无始终，小道有生灭。易，千变万化之道，或说千变万化之质。冯·霍姆赫尔兹提出的"质"，说其质差在不同的感觉中。例如，人的味觉感有甜、酸、苦、咸等；颜色上则更显复杂，俗称赤橙黄绿青蓝紫。等等。

现在，《语文课程标准》指出：将工具性与人文性相统一。这是对近几十年"语文是工具课""语文是人文课"之间相争的妥协，甚至是杂烩。因为，它们一是并没有构成相统一的因素和条件，即二者并未是一对概念范畴之内的东西；二是被实践证明找不到也难以找到将二者有机统一的途径、方法、手段等。基于此，我们为了摆脱这种无谓二者之间的牵强附会的概念之争，就必须用一个既能涵盖它们，又能走出和摆脱二者之争的新概念，那么我们就要从语文最为本真的、自然性的、基因性的角度来重新审视，于是，"语文素""质素型语文"及"素质语文"等一系列与之不同的概念便应运而生（这种不同的概念就不一定要叫"新"概念）。

三、让"素质语文"走出"工具性"与"人文性"牵强附会的概念之争

（一）"语文"不适宜用"工具性"与"人文性"来决定其学科性质

"语文"本身是一门课程，它是植根于我国的汉语言和由此衍生的相关文字作品及口头话语等，无所谓用"工具性"与"人文性"而决定其学科性质。更何况现开的哪一门课不具有"工具性"与"人文性"呢？但是，"语文"又由于自身的内容不确定性严重而让人感觉是有些虚无飘渺的，不好把握，许多人自以为识几个字，读几本书。就觉得很懂语文。其实不然，语文是一门综合性很强的学科，几个字，几本书，只是承载语文知识，语文能力，语文智慧的一些载体，至于你如何认知，如何理解，如何体验，如何感悟，如何赏析，评价和运用，那才是"功夫"见高低的关键之所在。我们只有在生活中科学地认识它、学习它、掌握它、运用它和发展它时，才感觉到语文是"有知识"的，语文是有用的，语文也是难学的。而且当语文成为一门课程学科时，那就更加显示其知识体系，形成了语文学科自有的"知识边界"，这就需要我们认真把握，从各自对语文知识的不同体验出发，来对语文作出一种更为科学合理的认知判断。

当然，我们并不否认语文的工具性。语文，由于其语言要素，作为我们认识社会、掌握推动社会与科技进步的各种知识及人际交流的工具，是功不可灭的，但它只是语文的一方面而并非全部的功能及其特征。而且"工具性"也并非是语文所独有。从某种意义上讲，世间的一切人和物都彼此为工具，具有其工具性。因为只要被"人"利用就成为工具。语文是工具，难道数学、物理、化学等就不是工具么？那些学科如果没有其工具性，也就没有"学好数理化，走遍天下都不怕"的流行语了。更何况，"语文是工具"这是一种比喻性概念，用比喻性概念作为对一门学科下定义，也确是荒唐。所以，我们不必要把"工具性"与"人文性"成为一对范畴来加以界定：工具性何尝不是一种人文，人文更何尝不可以有工具。任何学科任何事物，都具有工具的价值与功能。如果因此就把它看成是工具，那么就越来越将工具化而忽略其他特性，将它进行纯工具的理解，就只会把活生生的事物拆解成了没有生命

的东西。

这几年，我们对高考语文成绩好的学生跟踪调查。他们走上社会后，对语文的使用与依赖性是呈一种整体性状态和综合性效果的，并非能区分其工具性和人文性，其实这些就是语文素质和语文因素所起的作用，也就是说，既有那些语言要素中的字、词、句、篇、语、修、逻、文，也有因语文而被熏陶出的气质、人格，他们对语文学习的印象和受益最深的往往是一个个美好的回忆，即故事、美文及其那些有激情、善教、有特色的教师。现在读书写文章，表面上所面临的或所运用的虽然是在一个个字词句，其实，是在凭一种语感和语文气质在进行语文活动（读、写、说）。实践证明，这再不是一种"工具式"或人文性相统一语文教学的结果，而是呈现了一种整体的语文自身的丰富、美妙和素质的综合功能，可以说，是一种语文意识、语文情感、语文素养的综合表现。如果我们的语文教学思想、教学内容、教学过程、教学方法，使广大师生要么陷入一大堆没有血肉、没有情感的"字词句部件"的工具化中，要么陷入高谈阔论、无病呻吟的泛语文的人文教育之中。结果使教师教得累，使学生学得苦，教师与学生被工具化或人文化，实用主义语文或理想主义语文便泛滥成灾，给学生的语文素质造成了严重缺陷或者错位。

（二）语文：应该形成一种全新的"素质语文"特色

诚然，我们所倡导的"素质语文"，应该在语文知识的要素与语文运用的功能相统一的基础上，追求的是语文精神、语文素养和实践价值。它既不仅具有语言知识部件的工具性即工具性功能，也还具有关于提升人文性价值的人文性功能。其实，语感是自然包括所谓"工具性"和"人文性"内容在内的所有语文知识，即强调"工具性"和"人文性"等内容在内的全部语文的教学。

它将传统语文的优势与现代语文的精神相整合而形成全新的"素质语文"特色：重语感、有文气、显心智。

1. 重语感——"素质语文"重在语感，一般是指"对语言敏锐和整体的感觉，能直接、迅速地感悟语言文字的能力"。重语感的关键是言语形式和言语活动以及所产生的言语意义。它主要是对语言文字的分析、理解、体会、吸收的全过程的高度浓缩，体现一种言语体验及经验色彩很浓的能力。

当然，重语感上升到或应对"语文之感"的时候，语感就不再只是语言感觉，也不只有"比较直接、迅速地感悟语言文字的能力"，还有非直接的隐性的感悟的东西，这种"语感"绝大多数是"只可意会而无法言传"的。这种"语感"以前被人忽略的多，于是让语文成了工具性，让语文教育成了一种纯技术主义的活动。这里的重语感，不只是那些工具性最明显的外在物化形式即字、词、句之类的语文知识，而且包括所谓"工具性"和"人文性"相统一、"直接速感能力"和"非直接隐性之感悟"在内的所有语文能力。那么，重语感，即强调上述内容在内的全部语文教学。

2. 有文气——文气本是我国古代文论术语，指文章所体现的作者精神气质。在我国自古至今都十分讲究文气，尽管其具体内容表述有所不同，但很在乎意念内聚力，文章精神与气魄，文辞优美，文句结构整齐和谐，灵活多变、气韵生动，富有表现力。现在，大家都说语文是文选型教材，那么这一篇篇文质兼美的课文，本身就为语文奠定了文气，能给人以文化的陶冶、精神的享受和气质的提升，所以，语文能成为"素质语文"也就在情理之中和自然属有。

3. 显心智——心智，有"心思智慧，才智，智慧"等义。一个人的"心智"，指的是他各项思维能力的总和，用以感受、观察、理解、判断、选择、记忆、想像、假设、推理，而后根据指导其行为。乔治·博瑞博士也对心智下了一个定义，心智主要包括以下三个方面的能力：（1）获得知识；（2）应用知识；（3）抽象推理。我国著名教授周海中先生说：解决语言演化问题的难度不亚于破解物种演化之谜的难度；语言演化既是一种社会现象，又是一种自然现象，还是人类心智发展和历史文化演变的结果。纵观我国语文都是言意统一，意在言中，意由言表，具有中华民族特色的语言逻辑、语言组织与修辞方式，呈现出一种语言精神和人文价值。这些其实就把语文的深层意义挖了出来，以显示了一种综合的心智内涵。"素质语文"正是为此而来，充分理解和看重这一点：因为"语言演化"少不了"人类心智发展"，必须彰显心智。

（三）语文教学的"工具性"：让"工具语文观"愈演愈烈

现在，最为担心的是，因"语文是工具"而促进了语文教学的"工具性"，并由"工具性"的语文教学又促进形成了"工具语文观"，然后又在"工具语文观"指导下，使"工具性"的语文教学愈演愈烈，再依此恶性循环下去。

我们经常听到，大家在对高考语文题分析中，总发现现代文阅读和古诗文鉴赏题得分率不高，成了高考难点。也有不少专家、行家不断备考、支招，但仍然无济于事，为什么？这里还得追溯到语文教学的"工具性"和"人文性"。由于近十几年来，用"工具性"统率语文教学，肯定忽略了或无法照顾到语文教学的人文性，对语文缺乏一种文化理解与评议，也缺乏一种陶冶式的审美。结果把语文由工具性变成了应试性（因为应试要用工具嘛）。据调查，学生作练习或考试时，在对一个字、一个词、一个语法的答即一个个单项知识题时往往错误少，但一旦将其综合起来运用或移至另一种语境、情境（即文段、语段）中，再来对这些字、词、句等语文知识的理解与运用的考试，或者把那些字、词、句等语文知识放在另一篇较生疏的新文章中去理解时，就往往一筹莫展，着错率很高。当然，如果从认识语文所产生的人文性价值来说，从培养体现学生语文素质的阅读、理解、写作和鉴赏能力来说，学生就一筹莫展，无能为力了，也是会产生的一种必然结果。这主要是他们没有得到系统的语文学习与完整的语文素质的培育，而等到出现问题时才来加强所谓技巧指导或内容上的强化灌输，结果仍是囫囵吞枣，煮"夹生"饭。这可以说，其用心良苦而确无良效。可以说，工具论在语文教学中的全面推行，导致了语文教学的实用主义和标准化行为，也才从某种意义上说，自觉不自觉地方便了"应试教育"的盛行与恶性膨胀。这样缺乏素质性的学生，就是把题目给他也是考不好的。今年高考前6天的7月1日，我们还将广州送来的关于漫画作文的信息迅速传达给学校，但结果怎样，据教师反映，不会写作文的还是那些素质低的人。今年我市对初一学生语文进行了抽考。这份题目着意从考素质出发，注重能力，知识覆盖面较宽，在考能力上也体现能力、考识记、理解、应用等多层次的要求，体现"先死后活，死去活来"的能力特点，结果今年普遍反映分数不高。

所以说，不论语文教学的人文性也罢，还是语文教学的工具性也罢，我们都并无排斥、否定之意，只求真正的素质教育如何在语文教学中体现，只求语文教学是不是就只有用"人文性、工具性"这一说法来概括，还有没有更为贴切、准确、走心的含义界定，并由此建立一种"素质语文"的概念和由此相配套的语文素质教育的教材方式、方法等。

综上所述，素质语文就是从人的生活和发展出发，抓住语文学科的本质和功能特点，并全方位地给予学生以整体的语文素养（语文知识要素+语文功能要素），以充分发挥语文的专业性、教育性和生活性的整体功能作用，让学生的一生充满语文，享受语文，创造发展语文。

（本文写于1999年8月，曾在广东省中语研讨会交流，修改于2009年1月）

我们需要什么样的"素质语文"教育

为了建立一种"素质语文"的概念，并配套相应的语文教学内容、方式、方法，那么，我们紧接着要讨论的是："素质语文"教育所给予学生的语文素质到底是什么？也就是说，要进行什么样的"素质语文"教育。现在，根据语文学科的特色和学生学习语文、运用语文的需要与认知特点，我们认为，主要在以下几个方面。

一、引发学生树立高远的语文思想

高远的语文思想，是学生的思想性语文素质。让学生具有较为高尚而正确的语文意识、语文理想和语文情怀等，这是"素质语文"教育的首要内容，不可忽略的语文教育之责。语文思想的培养，是素质语文教育的基本前提。

（一）语文意识

就是关于对语文的认识与思维以及意念等品质性的东西。它可以包括语文认识、语文思维、语文意念等。

1. 语文认识。具有对语言、文字积累掌握的一定程度和较高水平（如知识面、知识结构——宽度、深度、高度和密度等）；对语文知识、语文技能的运用的有效度和喜爱度等，以及对语义的感觉、感悟等。

2. 语文思维。既指语文具有常规的思维过程、思维形式、思维方法，也指语文自身独特的学科思维和语言交流表达上的思维灵敏度、流畅度和深刻度等。还可包括思维的形式和思维过程是否符合语文特性的问题。这可以作为语文思维素质的核心。

3. 语文观念。既指对语文的观点、看法，也指因"想法"而成信念的精神状态。因为它在语文思想中形成了一种关于语文的意会，形成了一种较为稳定的语文感觉和语文精神及语文品质。

以上三种特定的语文意识，将表现出学生的特定的语文观、语文情感和审美价值判断。它可以促进"素质语文"教育的具体达成：

一是语文修养，即通常说的语文知识和语文技能，以及由此产生的语文思维能力和语文感觉能力，以及娴熟的语言基本功，包括识字、阅读、写作

等方面的技法;

二是语文态度与习惯,就是指是否关注语文,热心于语文实践,积极参加语文活动,即对语文的热恋和参与程度如何以及养成良好的语文习惯等。

凡此种种,均已构成最基本的语文意识内涵。如果这些可作为一个完整意义上的语文意识概念以及由此所产生的功能与意义,那么比起"无意识语文"或"泛意识语文"来要宽广、深远与进步得多。我们认为,如里有了这样的语文意识,就有可能培养好语文能力、语文素养,同时又反过来促进语文意识的进一步树立与发展。

(二)语文理想

理想是对未来事物的美好想象和希望,也比喻对某事物臻于最完善境界的观念。更是对未来事物的合理的设想或希望。是人们在实践过程中形成的、有实现可能性的、对未来社会和自身发展的向往与追求,是人们的世界观、人生观和 在奋斗目标上的集中体现。语文理想,则是对学习语文所充满的超越现状的满足眼前的精神需求,对未来的语文学习有明确而远大的目标,对现状不满足、对未来有追求的理想,也是为语文学习形成动力和源泉。

(三)语文情怀

情怀,指拥有一种高尚的心境。它以人的情感为基础与所生发的情绪相对应。包括"心情,情趣,兴致;胸怀"等义。语文情怀,指对语文形成或具有特别热爱、敬重的感情而心向往之的心境。语文情怀所表现出来的是具有语文学习情感素质。语文多由文章为载体,而文章又是客观世界的有情感之物。那么,这里的语文情怀,既包含对语文学习充满情感,也包含走进因语文课本中的"七情六欲"而产生相应的语文情感学习活动。语文感情,即对语文的印象如何,对语文的态度如何,是新近语文还是疏远语文,对语文的感觉是清晰还是朦胧抑或淡薄等,还包括对语文的看法和对语文的认识以及对语文情绪如何等。

二、指导学生掌握完整的语文知识

(一)完整的语文知识才可能产生语文素养

20世纪40年代,以哲学家赖尔为代表的认知心理学家认为,教师应该关注所要传授给学生的知识表征的类型。也就是指人在自己的工作记忆和长时记忆中对信息的表示方式。我们认为:只有完整的语文知识,才能为学生的语文素养培育打下基础,提供土壤及养分。目前学生语文学习的一个重要问题,就是语文知识欠完整、欠系统。这就无法让学生形成语文的素质及能力。

有句话叫"知识转化为能力"，但如果在语文知识方面都是残缺的，只有"要考才学"的片面的语文知识，或者受某种人为因素而偏好所学的某一些语文知识，都难以通过全面的语文知识而形成语文素质。学习语文知识后所积累而形成的一些"沉淀物"，可以称为语文文化，也称为"素质语文"。以语文知识为特征的称之为知识性语文素质，这是学生最为主体的语文素质。

那么，"素质语文"教育就十分看重完整的语文知识。完整的语文知识，并不是指多而杂的语文知识，也不是什么"海量""书山"，而是指合理的质优的有助于语文素质建构的完备的语文知识，即该有的语文素养结构的知识结构、能力结构，更不能只用什么所谓的知识点、考点来替代。这种完整的语文知识，还指多维度知识和结构性知识。只有结构化了的知识（系统性、完整型、体系化）才有份量、才有力量（能量）、才有质量。这种完整的语文知识，还指语文知识的发展性和创造性，否则还只是一种低层次的完整。大家知道，知识有两种：呈现类与建构类。就语文知识而言，前者以文面意义为主，后者以深层含义为主；前者是解构性的文本"解"读，后者是建构性的文本"研"读。

现代认知心理学把人类知识分为陈述性知识、程序性知识和策略性知识等三大类。那么，作为人类自身创造并使用的语文，也理所当然地可以将语文知识分为三类，并形成相应的语文知识类素质。

（二）基于"知识的普适性"的语文素养型的三种知识

语文知识，虽然是一门学科的知识，但它也具有"知识"的普遍性内涵所划分出来的三类知识的特点和规律，所以，作为完整意义上的语文知识，理应包括以下三种知识，而不只是某些人自认的某些知识或感受而得出的一些认知判断，这就是语文哲学观所决定的。

1. 语文的陈述性知识

陈述性知识，是有关人所知道的事物状况的知识。指反映事物的状态、内容及事物变化发展等，也称"信息性知识"。其标志可以概括为回答"是什么"和"为什么、怎么样"。陈述性知识，正如它的修饰词所表明，能被人陈述和描述。陈述性知识（语言信息）包括命题、表象、线性排序（编码），图式是陈述性知识的综合表征形式。例如，我们可以陈述某些事实或现象，描述某些事件及客体。语文学科的陈述性知识，则表现为"字、词、句、篇、语、修、逻、文"等。这些知识因为是以"信息"的面孔出现，使知识间的横向联系疏松，散发在人们的口语交际及一切可视、可读的文本之中，形成一个个诸如读音、字义、词句、文段、意象、主题、结构、比喻、象征等之类的语文知识点，且以"信息"的形式在语文中出现，所以，学习语文往往需要"对信息进行认知、信息揣摩、理解、读懂读出弦外之音"的"筛选"工作。而关于对这些"筛选"的准确度、灵敏度、深广度和速度把握水平的高低，便成为一种语文素质的表现以及所给予的支撑力度，这就是人的一种知识性语文素质。

2. 语文的程序性知识

程序性知识，是关于人怎样做事的知识，并不停留在人们仅能说说而已的状态。它既可涉及技能，也可涉及在什么样的条件下使用某一原理之类的认知技能，当然还可以涉及使用自己的认知资源之类的认知策略。程序性知识（认知策略、智慧技能、运动技能）包括一般领域的程序性知识（弱方法）和特殊领域的程序性知识（强方法），在特殊领域的程序性知识中又分为自动化技能和特殊策略知识。

程序性知识，指对客观事物发展活动中所呈现的具体过程和操作步骤等。是回答"怎么办"问题的知识，是理解和掌握知识分类智育原理的关键点，同时又是难点。以往许多人在长期学习应用知识分类智育原理过程中不能取得理想效果，主要是由于没能透彻理解和掌握程序性知识的确切含义。

语文程序性知识，这里包含操作环节安排和环节推进，以及语文所必备的技能知识和方法知识，即一个个诸如读音、字义、词句、文段、意象、主题、结构、比喻、象征等之类的语文知识点产生的背景、过程与方法，尤其是关于结论或概念所产生的合理过程与科学程序，更成为一种体现语文水平的标志。这种标志可以说就是一种知识性语文素质，可是这种知识性语文素质，很多人却忽视了它，把它排弃于"语文知识"之外。而恰恰是，人最需要由能够预设和从容推动语文知识是怎样产生的全过程的这一类程序性知识所形成的语文知识，可以说，这是语文素质的又一重要内容。

3. 语文的策略性知识

现在，为了加强学习能力和学习方法，特将另一类程序性知识单列出来即策略性知识。策略性知识是专门用来调控、指导、解决个体大脑内部的记忆、思维等学习活动怎么办的知识。思路、做法，都是在解决个体以外的事情。所以，也是广义的程序性知识，也是解决"怎么办"问题的知识。

这种策略性知识，可以指在学习语文概念，获取语文信息，弄清语文概念及信息的产生过程中有关原则、方法、途径、技巧的选择与调控等，俗称语文学习策略及方法。它往往融于陈述性知识与程序性知识之中，即有什么样的知识就会有相应的学习策略及方法；也包含有学习者在认知上的主观能动性的智慧、技巧等诸多因素，主要体现在关于"做什么"和"怎么样做"等方面。这种"策略性知识"由于一般处在事物活动内层，其内在联系紧密，迁移性强，更能够为学生学习语文和掌握语文带来超出学科知识的本领，形成另一种语文的知识素质，也更需要学生去掌握，更需要教师去教（这里的"教"，就是学习方法指导）。

比如：识字，我们通过对汉字的拼音识字，对汉字的构造特征识字，对汉字意义理解识字等方法，不仅认识了汉字，还在识字过程中形成并掌握一套识字的方法知识。这样，久而久之便形成识字能力和识字素质（素养）。这一类语文知识，更不被人所重视或认可，总以这是"语文知识"之外的东西。可是这种策略性的语文知识，对于人在语文的掌握、运用、发展等方面具有独特的"杠杆性"作用，素质，很多人却忽视了它，把它排弃于"语文知识"之外。

现在，我们所倡导的"学法指导"，就在于帮助学生掌握语文知识和方法，学会语文，会学语文，既构建起自己的语文知识结构，又不断总结优化学习过程与方法，最终提升学习能力，这可是在培养最高的语文素质。

三、帮助学生具有"能说会道、舞文弄墨"的语文行为

（一）语文行为素质的表现

行为，是受思想支配而表现在外面的活动，也指为实现某种意图而具体地进行活动。人在行为上的语文素质，是最重要的语文素质内涵体现，即在行为上表现出具有语文的素质，称之为行为性语文素质，就是指对运用语文知识进行言语交流和文字表达等，活动所表现的技能、水平和操作的熟练程度等。主要包括语文活动、语文现象、语文状态等三个方面。看一个人有没有语文素质，人们往往看你的言谈举止，看你是不是"温文尔雅"，"腹有诗书气自华"，看你是不是"能说会道、舞文弄墨"，也就是人们通常说的"听、说、读、写"能力（还要加上"思、观、评、赏、书"）。在进行语文活动中，这些便成为语文素质所依托的具体行为内容和行为形式，所以人在"听、说、读、写"的具体的语文活动中所表现出来的水平高低及效果优劣等，就往往成为判断这个人是否具备了语文素质或素质高低的重要指标之一。

（二）语文行为素质的修炼

这种行为性语文素质，在某种意义上则表现为一种能力性的"语文素质"，要在以下几个方面加以修炼。

1. 对语文能作"基础性+意义性"的整体知识把握和领会

素质与知识的区别在于：人的生活常识、经验等是知识，人的精神、品质等是素质。学知识是有用的，修炼素质不只是有用，更是具有人文意义。所以二者是"有用"与"有意义"之分。课文中"字词句篇语修逻文"等只有形式知识的结构，或者说在某种特定意义的语言情境中通过整合成"知识的板块"，才具有素质的内涵。语文素质的养成，应从整体入手，部分的分解和训练，而最紧要处却在于把这些"知识的条条""板结""块块"……

2. 对语文能作"心智型"的整体功能发挥和运用

学语文的目的不仅仅是运用，还更重要的一种人文教育与审美情绪的深化，对某个人来说，一听，能心领神会；一读，能把握要旨；一说，能出口成章；一写，能下笔成文。这可以说他的语文素质很高了。然而，听说读写也是综合的，互相渗透的。语文的学习，就是把知识、能力、思想统摄于形象之中。如小学一年级语文"电的用处大，电灯、电话、电风扇都用它"，寥寥数语，尽管是知识性，但都有个形象（"电"）统系着全文。有了对整体形象的把握和基础，也就能透过语言的"外壳"把握其内蕴了。总之，整体形象的把握，是提高语文素质的关键。要引导学生通过形象把握课文中的"情"和"理"，再引导学生进入这个形象联系的特定环境（情境）之中。

3. 对语文现象能作"意会+言传"的敏锐的语感体验

有经验的老师会体会到，看一个句子是否"有病"，看一篇文章是否写得优美，往往凭着自己的总体感觉，就可说出比较恰当的看法，然后再加以分析，就更准确了。这种敏锐的感觉就是语感。它往往是语文素质表现高下的一把标尺。语感培养，当然需要扎实的基础知识和相当的语文能力。但更主要的是对文章、对语言以及具体的语言环境的整体把握。语言的音、形、义，只有跟"像"扭结在一起，熔认识和情感于一炉，才会形成敏锐的语感。语文科最显著的特点之一就是它的模糊性。同样是一个文学形象，或文学观点。不同人读了有不同的体会与感受；用不精确，不一致性，这种"模糊"为人们的思维拓开了纵横驰骋的空间，所以也就出现了"只可意会，不可言传"的只能凭反复咏吟，揣摩中的认识、情感的变化而来"感知"，"这种感知能力高的人，却往往不受"框框"所用，而创造力勃发。

四、促进学生传承"真、善、美"的语文文化

（一）语文文化不是一个抽象的概念

文化，是一个大概念，作为语文课程所能承载和体现的那部分的文化，

我们暂称之为"语文文化"。提出"语文文化",一是彰显语文自身学科特征,二是与学校其他课程及其课程文化诸如"数学文化""体育文化""社团活动文化"等相区别。"语文文化",既指语文课程文化,也指语文教育文化。如果从语文文化的视角出发,那么,我们的语文教育,就必然会给学生带来文化性的语文素质的培养。在这里主要是指学生对语文能作"有文化"的文化熏陶、浸染及综合感悟。现代语文教育大师叶圣陶先生曾认为,读文学名著"不在实用,而在文化",这也充分表明了对语文要进行"有文化"的语文教育。为此,本人特提出语文教育"文化化"的重要观点。

为什么要提出这样一个概念?因为语文文化不可能是一个抽象的概念,而应形成其学科特征与学语文的人的认知规律相结合的具像及载体。而这里的"语文教育的文化化",便是一个具像化的载体项目。它既包括知识的积累、语言的素养、语文学习的习惯、文明的程度,也包含人们的理想情操、思想品质、思维方式、价值取向、审美情趣等。那么,作为"素质语文"教育,就要整合以上内容,抽取其核心素养部分,给以"质素型"的语文文化教育。经过研究,我们认为,"真、善、美"既体现了中华优秀文化的精华,也自然体现着语文文化的主要元素,大力倡导以"真、善、美"为核心内容的文化性语文素质培养,让学生在学语文时求真、求善、求美,完全可以成为"语文文化"教育的主务之一。

(二)"真、善、美"的语文文化,是语文教育文化化的"全频"具像

什么是"真、善、美"?目前哲学上有多种解释。我个人赞同以下说法:"真是指认识符合客观实际;善是指善行,指人的行为对群体的价值;美是客体作用于主体,使主体产生一种精神上愉悦的体验"。这种观点把真、善、美的内涵分属于(真理)事实、(行为)价值、精神体验等三个完全不同的主观和客观的哲学范畴,但在语文课程设计上尚需将三者联成一体方可发挥其语文教育功能的价值作用。我还赞同:从哲学上讲,"真"象征知识与理性,"善"代表道德,"美"是一种纯粹主观的概念,应该是更高的层次。可以说,语文教育上的真善美,是让人同时具有真善美的整体文化修养,当一个人只有真而无善就有可能成为"无德之才",如果既有真又有善,那么他就有可能成为最美之人。素质语文教育之所以倡导以真善美为主体的文化教育,就因为人类都在追求真善美,以真善美作为人的一种高尚文化的理想来追求。追求真善美,就是追求品味,追求觉悟。

我们发现,在语文课上,学生每每在读书、写作、听课、交流讨论和实践活动时,常常发出不同的感受、不同的表情、不同的状态、不同的言语,但往往先是直觉性的，朦胧的，也常常是从整体出发的，比如："好呀，真美呀，感受很深呀……"这其实是对所获得"真善美"的整体表达与初步感悟，只有再做关于"真、善、美"的语文文化再赏析时，才会让学生得到进一步的深度的"素质语文"教育，因为在进行具体分析时才会走上文化的理解，而不仅仅是一种笼统的大概的直觉的感受。

同时，处于"素质语文"教育层面的"真、善、美"，往往又在"美化、深化、正化"中，让学生得"真、善、美"的陶冶和发展，而且在一种"美"的情境或载体中求"真"得"善"，让"真、善、美"整体地和谐地达于学生的语文学习之中。所以在语文教学中，我们应尽力做到"美化、深化、正化"。比如：美化，即美化内容、美化形式、美化环境、美化手段、美化心情等等。深化，即深入、深刻、深层次。正化，即正确、正规、正能量。

我们在教学中都关注重点、难点，但如何让重点、难点在以上"三化"中突破，则是一种教学智慧，而最终让学生获得的不只是"真"的知识、"善"的德性，而是"美"的享受。这种"三化"效果及美的享受，实际就是一种语文文化。只要我们努力引导学生进入美的课文情境，把握美的形象的真实内涵，其心灵就一定会得到净化，取得"随风潜入夜，润物细无声"的教育效果。应该说，文与道的辩证统一有赖于"美的形象"体验和彼此的"文化感染"。那么，我们语文教学深化改革所追求的也正是这种综合的、整体的"文""道""美"浑然一体的文化性语文素质的提高。

总之，为了有针对性地进行"素质语文"教育，要先从内涵发展上明白语文学科与素质教育的结合点，以及学生学习语文的认知规律及特点等，从而确定语文素质教育的内涵和方向，以力避当前受应试教育影响而出现的非素质型语文教育的弊病或误区。

论基于学科核心素养的"语文素"教学

在 1997 年提出"素质语文"以后，我们不断经历了国家课程改革关于"语文能力→语文素养→语文学科核心素养"这一发展轨迹，充分表明"素质语文"概念是一个既与时俱进且走在前沿，又颇具前瞻性和生命力的新概念，的确可以让学生通过这样的"素质语文"学习而成长为具有较高语文素养的人。为了深入发展"素质语文"教学，更加明确关于"素质语文"的内涵，本人进一步提出了"语文素"教学的新观点。现探讨如下。

一、"语文素养"的基核应该是"语文素"

1. 核心素养需要具有稳定的基础性特点

学生的核心素养是整个学校课程的灵魂。语文素养，其实是指学生在语文方面的素养，并非是"语文"的素养，而是"人"所具有的语文的素养而不是别的素养。因此，要从人的角度来研究语文素养才妥当。学生的核心素养，虽然与学科内容具有关联性，但其实是指学生在语文学科方面的核心素养，而不是作为事物的语文的核心素养，千万不要漠视学生这"人"而偏移于语文这"物"的因素。因从学生的成长与学习的发展出发。统整学校课程规划和建设的各个要素，开展一场势在必行学科核心素养的培育。

所以，学科核心素养强调的不是知识和技能，而是获取知识的能力，学科核心素养教育模式取代知识传授体系，有助于实现从学科中心转向对人的全面发展的关注，为育人模式、评价方式的转型奠定了基础，指明了方向。

那么，语文素养可以包括以下几个方面：一是学生的语文意识，二是学生的语文知识与技能（含能力），三是学生的语文习惯与方法，四是学生由语文而习得的其他人文素养和情感态度、价值观等。以上四个方面又必须用一个具有基核的东西统摄着或集中体现着，而"语文素"正好应运而生，完全可以担当此任，成为一个内涵综合性很强的概念。

2. 语文课程致力于学生语文素养的形成与发展

《义务教育语文课程标准（实验稿）》指出：语文课程应致力于学生语文素养的形成与发展。语文素养是学生学好其他课程的基础，也是学生全面发展和终身发展的基础。我感觉，这段话有三层意思：

其一，作为一门课程，必有其课程定位、内涵及宗旨。语文课程的定位是基于学生发展，终极目标是使学生学好语文，用好语文和发展语文，以至形成学生在语文方面的核心素养，内涵是汉语言的常识、术能、文化。

其二，语文素养的功能有三点：一是体现为语文知识、技能和文化的顶端标志物及内涵发展体，二是能为学好其他课程打下必要的基础，三是为服务于学生的母语运用和终身发展提供保障。概言之，就是一种"综合+实践"功能。

其三，语文素养的提出，其意义是对过去"工具论"语文和"人文性"语文的一种扬弃、整合与发展，进一步明确了语文课程的基本内涵和发展方向。

但是，"语文素养"概念的自身涵义和基本内容到底是什么？作为第一次提出，并在权威文件中的《语文课程标准》中并未有明确表述，而只是仅仅从功能方面，用一种近乎比喻义的"是"的形式，做出即关于"两个基础"的判断，而并没有揭示其语文素养自身该有的内涵本质和完整的功能、特征意义上的概念判断。为什么？我想，其原因之一就是尚未找到能体验语文素养的内核的东西。

我们认为，其内核应该就是"语文素"。因为只有"语文素"的发现与形成，才会首先使从语文学科本身和语文教育相整合后的最本质的最内在的起质变作用的东西得以产生，才会找到与语文最直接的元概念，这才会获得一种科学的概念判断。如果用比喻义来判断只能是一种强化其形象性的通俗理解，其实对其概念内涵性的语文素养仍然未知，仅仅靠上述"两种基础"的功能意义的概括是很不完整的，也是没有意义的。

二、坚持"语文素"教学，是语文教育回归本原的体现

（一）"语文素"教学，是指用语文的生成因素即生长素进行教学

1. "语文素"教学的基本含义。

要倡导"语文素"教学，首先就要弄明白"语文素"的含义。什么叫"语文素"？简言之，对学生按照语文的内核要素和语文构成成分的教学，即称为"语文素"教学。

"语文素"教学，以寻求语文课程的功能内涵价值，让语文"质素"的构成成为语文教学的重要目标，追求语文的学科内涵发展，是语文教学的立足之本。"语文素"教学，让人学得的不仅是语文知识，还有关于使语文具有听说读写的"特定本能"即语文本领，所以，坚持"语文素"教学，既是语文学科建设的新发展，也是如何在学科教学中推进素质教育和深入发展素质教育的重要突破。因此，尤其在素质教育与学科结合的当今，只有在学科中渗透并体现素质教育才会发展学生素质教育，才有真正可能实现学科性和学科化的素质教育，学科教学真正素质化，而这一切的实现，必须借力于坚持用"语文素"教学。

2. 语文的生成因素即生长素，是最基本的"语文素"。

它再也不只是涉及到事物的表面，或者只初步认识到过去语文学科定性的问题而未能有全新的视角和意识。有些观点，也很不错，但很不够，应该透过现象，从最根本上提出遵循事物发展规律的"合规律教学"的观点，即

按语文学科特点进行教学，全面体现语文功能的教学，如果只是让语文带有一点"工具性"或"人文性"的教学，那还只是"脚痛医脚""头痛医头"的粗放型办法。即使将工具性和人文性相统一，也还是从这一个表面走向另一个表面的杂烩办法，同样无法使语文教学走出少慢差费的尴尬局面。

3. 真正的语文教学是"语文性"的

"语文性"的"语文"教学，不仅只追求语文材料是具有语文特质的，是语文本来的，其结果也是属于"语文"的，这样其过程也才可能是"语文性"的。所以，追求其语文全过程都是"语文性"的，那就更要注重语文的内核要素教学，即"语文素"教学。

4. 语文教学的"语文性"在于呈现稳定的"语文素"

为了"语文"教学的"语文性"，就要找到关于语文的内核要素和语文构成成分，我们称之为"语文素"。这里的"语文素"实指具有语文学科特点的"语文元素"，就像胡萝卜具有"胡萝卜素"一样。要把语文课教成有语文素，首先要用具有"语文素"的内容、过程和方法来教语文课。这也是一种哲学的"本质与现象"辩证观，语文应该充分体现它。

语文，本来就有"语文素"的，否则就不是语文，不成其为语文了。如果从"语文课"上只获取"政治素、数学素"，那么这样的语文课就缺乏语文素了，也就成为被大家经常指责的不伦不类的"非语文""泛语文"了。我们要求与倡导语文课要有"语文素"，是天经地义的，也是最基本的语文教学原则或语文教学任务，也是最起码的语文教学常理。目前，确实把语文课上成没有"语文素"的比比皆是。要恢复语文教学的本来面貌，使之具有"语文素"，那么首要的任务，就是查清它有哪些是"非语文"的，即违背语文学科特点、语文教学规律和语文教学目标要求的。

（二）"语文素"教学，就是坚持教学要有"语文素"

1. 首先在于认识和把握好"语文素"

区别哪些是"非语文"和"非语文素"的东西，并按语文学科特点和学生实际而找到"语文素"，然后才会知道并确定所要进行的"语文素"教学。否则便又一次陷入另一个极端：为"语文素"而追求"语文素"。须知，只有"素"了的语文才有可能成为"素语文"的教学：单纯、简约、实用，再不会是那种浮夸、臃肿、大而空的"豪华型语文"教学——最终是一无所得的粗放型语文教学。如果没有突出和把握好"语文素"的教学（即指教的过程缺乏"语文素"），那么想把语文课教成有"语文素"，是不可能的，也难为了教师。不要把语文因"无穷大"而变成"似语文"或"泛语文"甚至

"假语文"，要给语文一个具有内涵要素的概念界定，不能再下那些 "语文是工具" 之类的比喻性定义。

2. 重点是形成 "语文素" 教学的具体操作机制

一是要给 "语文素" 教学在操作过程中探寻有理念、有规律、有可操作性的具体模式与方法，还要有包括对 "语文素" 的评价标准、方法等保障措施。

二是对 "语文素" 的教学操作过程与方法、模式可以搞出十条八条，但具有 "语文素" 的评价标准也同样要找出十条八条。为什么？只有将关注结果和关注过程相统一，才能让 "语文素教学" 落到实处。可以说，新课标关于语文三维目标整合的观点，其中的 "过程与方法" 也就是为了应对 "如何教语文" 的过程与方法而提出的。

3. 关键是清除有碍 "语文素" 正常发挥的干扰剂、添加剂

还有一些过分强调与追求属于 "语文审美" 的语文教学，这也是不符合以 "语文素" 为核心的语文教学本质规律的。因为这样不又失去了原本所追求的反对 "非语文" 教学了吗？要知道，"语文审美" 教学不可能是语文的全部，而 "是语文" 教学，应该是语文的工具性与人文性的高度统一的教学，应该是首先突出语文的知识与能力，并在关于语文 "知识与能力" 教学的 "过程与方法" 中，渗透或体现着 "情感、态度与价值观" 的教学，前者彰显的是以工具性为主，后者彰显的则以人文性为主。人文性自然也含有审美因素，所以，过分强调与追求属于 "语文审美" 的语文教学，并非是完整的 "语文素" 教学。完整的 "语文素" 教学，可以是语文教育的双轨正态示意图："语文素" → "语文味" → "语文质"；"语文术" → "语文能" → "语文道"。

三、怎样落实基于素质教育的 "语文素" 教学

（一）明确素质教育中的语文教学要求

随着新课程改革的深入发展，语文学科教学中实施素质教育，不仅体现了许多重要性，同时也慢慢地形成了许多特点，现初步归纳总结如下。

1. 素质教育中的语文教学，不是说不要考试，也不是只要学会考试，而是要让学生学会科学评价，自我评价，主动发展。

2. 素质教育中的语文教学，不是说不要课本、课堂与结果，而是更注重于课本、课堂的内外结合，注重于学习结果和学习过程的统一，注重于语文学习的知识接受和实践活动结合。

3. 素质教育中的语文教学，不是说不要知识积累与能力训练，而是要注

重工具性与人文性的统一，着力提高学生的语文素养。

4. 素质教育中的语文教学，不是说不要刻苦认真与劳累，而是倡导在轻松与愉快的情境、氛围中更好、更活、更新地学习语文。

为此，素质教育中的语文教学要坚持"五统一"原则：①知识性与人文性统一；②基础性与创造性相统一；③规范性与特色性相统一；④功用性与审美性统一；⑤语言性与文化性的统一。

（二）战略思考：教最能发展学生、最适合学生核心素养培育的"语文素"内容

要坚持以学生核心素养和学科核心素养为基本内容的教学观。在这里，务必解放师生的手脚，抬起头来看路，既能整体把握学生素养发展方向，又科学把握好学科核心素养和附着内容的关系，理清其"一线穿珍珠"中的"一条线"知识和"多珍珠"知识之间的知识体系（也叫"知识场"），然后学会扬弃和取舍，做到有所为而有所不为，坚持"五教五不教"：

（1）教最能起建设性与建构性作用的核心知识，不教无法产生发展能力的小气知识——抓大放小。

（2）教最有意义的"内涵式发展"的关键知识，不教无法形成知识结构的浅陋知识——去粗求精。

（3）教最有发展深度和促进素质提升的创新知识，不教学生已会或自己能学会的重复知识——登高望远。

（4）教最简约的"牵一发而动全身"的重点知识，不教一叶障目的鸡毛蒜皮的枝叶知识——去伪求真。

（5）教最灵活应变、最能提升智慧的"活"知识，不教无志趣、无启发、无思考价值的平庸知识——激趣启智。

（三）行动方向：用与加强素质教育中的语文素教学相配套的行为

1. 让学生从被动地学习的局面中解放出来，打造有效教育课堂，使教师的教和学生的学都轻松、愉快，且和谐、默契。当教师的教学内容（新知识）与学生头脑中原有的知识或经验产生有机结合，在原有基础上形成联系，再由学生用内心的体验去进行创造性学习，逐步形成一个积极、主动和富有成效地学习的课堂生态。

2. 要从我国由古至今被推崇学习成功是靠"死记硬背"的传统经验中走出来，不断激发学生的学习兴趣，讲求学习策略，讲求学习方法。学会求知于生活实践，展开创造性的学习，自我培养一种"拓力"，做到活学巧学，学有所获。要注意知识的有意义掌握与积累；要注意语文听、说、读、写的互动性功能的综合娴熟运用；要注意文化涵养与语文思维创新的相应和谐发展。

3. 教师用最有情感的最有用的教学，在创造学生的精神世界，让学生的生命焕发起来常常是给思想而不给方法，给方法而不给模式，给模式而不给结论的"三给三不给"教育；教师不能只"演示"所要教的知识，而要通过学生动手、动脑的实践来想方设法克服困难，以培养学生学习品质来获得知识。语文具有很多"只可意会而不可言传"的东西，这就决定了学生必须靠自己去体验、去实践、去探究，不能言传的东西教师不必硬要去"言"传，而应让学生自己在语文学习实践中去感悟即主动"意"会。

4. 教师在"教学提问"上要十分讲究技巧和追求效果：

（1）从事先设计的结构性提问即"问题链"中走出来。这种提问，当然完整、有层次，且全面，但是，一过分就难免挫伤学生自主学习、主动发展的积极性。

（2）从单一的"教师问、学生答"的"庭审式"教育中走出来。现在盛行的是教师边讲边问的"满堂问"，问大家，大家答。据调查，在一堂课中，学生齐声回答的占41%，答后教师马上评好的如"真聪明""太对了"的占74%，而一旦与自己事先设计的答案不一样时，便马上打断学生回答甚至又生出一个新提问的竟占了50%，特别是那些只顾自己的提问兴趣和喜欢讲究"问题链"结构的教师，以及教学时不停顿地无效提问约占86%，有一位教师一连问了10个问题，待录相播放后连他自己课后听起来也不敢相信。

（3）在内容上，从结论的管理性提问、记忆性提问不断走向推理性提问、创造性和批判性提问。据调查：目前在教学中管理性提问多，记忆性提问多，已达74%；而推理性提问，近几年有些上升，达21%；而创造性提问和探究性提问仍然很少。而那种动不动就"是不是""对不对"之类的口头禅式的无效性提问，也仍然不少，应该予以纠正。要不断减少和避免无效提问，优化管理性提问和记忆性提问，强化推理性提问、探究性提问和创造性提问。

总之，素质教育中的"语文素"教育，是核心素养在语文特定学科（或学习领域）的具体化，是学生学习语文这一门学科（或特定学习领域）之后所形成的，具有学科特点的关键成就，是学科育人价值的集中体现。可以说，这将是素质教育发展历程中的一个重要节点，其意义深远。

因 "语文素" 而教出语文之味

　　我们已经讨论了素质教育中的 "语文素" 教育，现在再来进一步探讨语文教学实践活动中如何让 "语文素" 发挥作用，产生效果的问题。本人也为此探讨一个新话题：让 "语文素" 教出语文之味。

一、"语文素" 教学：生的是 "语文之味"

1. "语文素"：决定了语文之味

　　不知从什么时候起，人们评课时叹之：这才像语文课，有点语文味。有人还研究起来：语文课的语文味教学。……等等，感叹也罢，研究也罢，这是不是在反映一种状况：当今语文教学已越来越没有语文味了。

　　对这些感叹与研究，本人不予评价，只是借此而发现并受启发：第一，什么样的事物就有什么样的味，而且是色香味俱全，语文也应如此；第二，语文味其实是指语文之味，而语文之味只能来自它的 "语文素"，否则就会变味、失味。

2. "语文素" 教学：让语文之味更浓

　　"语文素" 教学，是指用语文的生成因素即生长素进行教学。它再也不只是涉及到事物的表面，或者只初步认识到过去语文学科定性的问题而未能有全新的视角和意识。有些观点，也很不错，但很不够，应该透过现象，从最根本上提出遵循事物发展规律的 "合规律教学" 的观点，即按语文学科特点进行教学，全面体现语文功能的教学，如果只是让语文带有一点 "工具性" 或 "人文性" 的教学，那还只是 "脚痛医脚" "头痛医头" 的粗放型办法。即使将工具性和人文性相统一，也还是从这一个表面走向另一个表面的杂烩办法，同样无法使语文教学走出少慢差费的尴尬局面。

　　"语文素" 教学，不仅关注其结果上的 "语文之味"，更重要的是追求其过程上的 "语文性"，这里的 "语文之味" 就是一种 "语文滋味"，即追求一种 "有滋有味" 地学语文和教语文，教出有味道的语文。概言之，就是说 "语文有味"。其公式是：要把语文课教出 "语文之味"，更要用有 "语文之味" 的内容、过程和方法来教语文课。如果不是有 "语文之味" 地教（即教的过程缺乏"语文之味"），那么想把语文课教成"语文之味"，既不可能，也难为了教师。

二、"语文之味"的概念及其理解

1. "语文之味"何解

还是要给予一个特指的概念界定，不要"无穷大"而变成"蒙语文"和"泛语文"甚至"假语文"。首先要区别哪些是"非语文"和"非语文味"的东西，然后才知道并确定所要进行的"语文之味"教学，并按语文学科特点和学生实际而进行"语文之味"教学。否则便又一次陷入另一个极端：为"语文之味"而追求"语文之味"，须知，"味"过了头的语文便成了怪味语文。

"语文之味"，顾名思义，让人首先读出来的是"使之具有语文的味道"，言下之意，使语文不要教成"非语文"的味道，也就是具有"语文的味"和"语文教学味"。后来在一些褒贬不一、众说纷纭的争议中，始作者又作出了发展性解释，引申为"语文味就是语文教学的追求"等，诚然，这的确有了发展的一大步。但是，这样一变，那么与先前早就有的"语文审美"等之类的观点，不是如出一辙了么？这样，不又失去了它"新"和"独"的价值了吗？如果硬要支撑这一项目，还不如将"语文教学味"变为"语文美"更恰当合理些。"语文美"，给人概念清晰，含义确指，不含糊，能够作出相应的概念界定，不必还要搞那些牵强附会的"二次解释"和内涵越来越宽广的无限延长，最终使这条并不直行的延长线与其他概念的交叉或重合。还有，如果又过分强调与追求属于"语文审美"的"语文味"教学，那么不又失去了原本所追求的反对"非语文"教学了吗？因为"语文审美"教学不可能是语文的全部，与"非语文""真语文"教学，应该是语文的工具性与人文性的高度统一的教学，"真语文"教学，应该是在突出语文的知识与能力，在关于语文"知识与能力"教学的"过程与方法"中，渗透或体现着"情感、态度与价值观"的教学，前者彰显的是以工具性为主，后者彰显的则以人文性为主，人文性自然也含有审美因素。

2. "语文之味"的教学是什么

语文，本来就是有"语文之味"的，否则就不是语文，不成其为语文了。如果从"语文课"上闻到了政治味、数学味，那么其语文课本身就不是语文课，至少是不伦不类的"非语文""泛语文"了。我们要求与倡导语文课要有"语文之味"，是天经地义的对，其实这也是最基本的语文教学原则或语文教学任务，也是最起码的语文教学常理。目前，确实把语文课上成没有"语文之味"的比比皆是。要恢复语文教学的本来面貌，使之具有"语文之味"，那么首要的任务，就是查清它有哪些是"非语文"的，即违背语文学科特点、语文教学规律和语文教学目标要求的。

既然要有"语文之味"地教，那么就不可能说"语文之味"是一种含糊的教学方法，而应该给予和探寻有理念、有规律、有一定的可操作性的具体的操作模式与方法（包括"语文之味"的评价标准、方法和有"语文之味"地教的教学方法与过程）。"语文之味"的评价标准可以订出十条八条，但有"语文之味"地教的方法、模式都很难找出十条八条。为什么？这是中国人十分关注结果却忽视过程的文化传统而产生的结果。新课标针对这个问题而提出了语文三维目标的观点，其中的"过程与方法"就是为了改变人们这一弊端而提出的导向性目标。对"如何有味道地教语文"的过程与方法进行总结和评价以及研究，这才是"语文之味"教学的关键和归宿。

三、"语文素"教学的几个标志性行为

1. 充分体现母语的内涵特点和功能特色

不管目前国内对"语文"还没有一个公认的概念，但它处于"母语"的特点与地位，这是不可否认和动摇的。那么，我们就要好好地研究：到底"母"在哪里，怎样才能成为"母"语，怎样才能把当今语文教成"母"语，等等。

作为以汉语为主征的"语文素"教学，首先必须明白汉语的母语地位，也应该坚持体现汉语言的基本常识教学，包括字词、语法、文法等。字词，即汉字的认、写、释、用，词语结构，词汇积累等；语法，即广义的语言之法，涉及语言背景、形成过程、方法与运用规律及法则；包括句子结构、言语形式和标点符号及语言逻辑等；文法，也指广义的文章之法，文法，即由语言而形成的文章（含文学）的章法，涉及言语形式（结构）、言语意义（内容）与写作规律及特色方法等，包括文体特征、行文规律、文学作品赏析及文化知识。

如果我们从这三者出发，那么由此而产生的"语文素"教学，肯定是不会把语文课上成了"非语文"，语文之味绝对浓厚，还可能是色香味俱全的语文课，因为它既体现了语文的学科特点，也充分体现着作为我国公民母语的汉语的内涵特点和功能特点。

为此，重新认识符合汉语规律和功能的汉语语法特点和内涵，以构建体

现汉语特点和汉语功能的创新的汉语"语文法"。

比如：汉语是表意字，其表意特点是：一个字就表达着一个意思、一种意义。也就如一位印度总理说的：一个字就是一幅画、一首诗……所以我们一般通过汉字就可知其语义，那么，由一个个字而组成的词语、句子乃至文段，也都是有其意义的。因此，按照汉字表意的特点来看词句的构成法，这是汉语语法的又一基本特点。所以，汉语词法、句法便成为汉语语法的第2、3层要素。

由此可见，字法是讲究汉语文字的产生即构造与运用的规律和规范以及方法；词法，是讲究汉语词汇的形成、产生和运用的规律与规范以及方法；句法，是讲究汉语句子的构造、形成或产生以及运用的规律与规范以及方法。以上字法、词法和句法，便构成了汉语语法。它与过去传统汉语知识所说的"字、词、句、篇、语、修、逻、文"在概念上是不同的。汉语知识中的"字、词、句"，是指一种静态的汉语现象，或叫汉语言的一些要素，而在"字、词、句"每个字后边加上一个"法"字，便成了一种动态的"以讲究字、词、句的产生与运用规律与规则"，则叫汉语言语法。

又比如：对于词的构造与掌握及运用，已经与对于句的构造与掌握、运用等并产生着语言法的作用与功能，为语法分担了许多其他语种的语法所不能承担的任务。不必像以前那样把语言词汇与语法并列起来，或者在分析语言现象时可以这样，但在分析语法时重新列出字法、词法与句法相并列的"大语法"概念，这也许是解决目前"语文"这一老大难问题的突破口或者关键之一。现在分析汉语新"语法"的产生指导及其含义。汉语是方块字，其构形结构特点是：有笔划、有笔顺、还有方位（上下、左右、内外等），而且不受任何方言土语（语音变化和意义变化）而改变着方块形的结构，所以汉语语法，首先应是一种字法，即以汉字的行为核心且将音、形、义三维一体的汉字构字法，这是相区别于西方语言（拼音线条文字）而形成自身的语言特点。我们应该依据汉语构字法（即以方块字构字且音形义相统一）来形成汉语语法的最基础部分。这一部分是西方语言的语法所缺少的。因此字法应是汉语语法的第一层要素，即字法是语法范畴而不属于汉语基础知识范围。如果抓住了这一点，就是既抓住了汉语的基本特点，也为其他语种人解决学汉语难找到了一条途径。

2. 突出中国语文的言语逻辑和文辞特征

中国的语文，是体现中华民族文化为主体的且使用人数最多、地域最广的汉语为载体的语文，既承载了我国中华优秀文化，更体现了中国语文的特定性的言语逻辑，并且以它特有的文辞特征闻名于世，与其他语种相区别。尤其是通过方块型表意文字在字、词、句的排列组合下形成了话语或产生了文章，而且特别丰富多彩，趣味多元，意义多层。这些特有意思的文字，要么诗意和韵律，如诗歌、散文、戏剧、小说等文学作品等；要么平实、干练和简约，如新闻、公文、学术论文及日常应用文等。特别是中国诗词、韵文、对联、成语、谜语及书法等，更是因为汉语才有的一种文辞特质及言语逻辑，其中的科学有序的规律与规范以及方法，应该是"语文素"教学的主要内涵。本人特别在乎包括文章（意思）、章法（篇章）、修辞、逻辑等在内的中国语文的"语文素"教学。

3. 确保语文的本真、规范和流畅，让语文"素"起来

事实表明：语文是最让人感到：内容上的多元宽泛实则无规律可找，形式上的丰富多彩实则无"法"可依，这就让语文的真面目掩失其中，才让人再来探寻"真语文""大语文""本色语文"则难以让人正确而快捷地掌握与运用，或者说学不好，用不好。

"语文之味"，就是因"语文素"而生，而在"语文"前面再加多少个"××语文"教育没用，或在"语文"后面加多少个"语文××"教育也解决不了根本问题。何不从"语文素"入手，给以规范，让语文就是"语文"。这样还要劳请各位再为"语文"去寻找定义，制订各自的游戏规则的必要吗？

让语文有了"素"的认识和教学，那么，大家才有可能面对同一样的语文，而只是采用不一样的策略、手段、技巧去教去学，就会让人更完整更准确地认识语文，获得语文，用好语文，然后再通过语文领略文化、开阔视野、感悟人生、提升素养。如果连一些最基本的语文"素"都没有找到，或者不遵循与运用，闹再多的"××语文"教育也无济于事，既救不了语文，还会越来越让语文模糊起来——因为被包装过的语文已失去"语文"真面目。

多点"语文素"教学，就多点"语文之味"，就会少一份语文被"转基因"的担心。

第五章 语文的学科教学"原"道

【引言】

"原",作形容词，表"原来，原起，本来，原来，原本，最初的"之意；作动词，表"推究，探讨"之意；如：原其理，原情（推究本情），原察（推究考察）等。

道，自然也。自然即是道。"道"是中国（含东方与西方）哲学的最高范畴。"道"的概念是老子第一个提出来的："道生一，一生二，二生三，三生万物。"（《道德经》第二十五章）由此可见：天地万物都是由"道"生出来的。"道"字的本义是运动的源头，即太阳，上帝。这就是天地万物的本源，即终极真理。

在我国历史上著名文学家、思想家韩愈有一篇《原道》，是批驳、斥责佛、老，推崇、宣扬儒家的论说文中的代表作。在这里作动词用，有探讨、推究的意思。韩愈就是要通过他的"原"，通过他的探讨和推究来阐扬、光大儒家的"圣人之道"。

鲁迅说：中国文化的根底，大抵在道家。这话是一语中的，非常正确的。

人类道德追求的最高境界是"明道"。

语文的学科教学"原"道，就在于探究语文的学科本源，明确语文作为一门学科课程应该如何，而不应该如何。本章主要就以下几个问题探个究竟：语文学科建设、语文知识、语文教材、语文教学内容及"语文流派"等。

谈语文学科建设及其教学规范

一、定位于基础教育的语文学科建设，构建新的"语文"建设观

作为基础教育的语文课程学科，是打基础的学科，但是，到底是为了升上高一级学校打基础，还是为青少年成长以至走向未来而打基础，这是涉及当今语文课程学科建设的立足点和出发点，也是基础教育的语文课程学科建设是否成功的关键。如果这个定位失准，就难以确保语文学科建设的真正质量。为此，我们认为：着眼于青少年终生成长与发展，升高一级学校只是青少年成长与发展的一个阶段，要为孩子准备未来而教，不是为当前某个阶段的分数而教。

（一）要树立科学而发展的语文建设观

1. 语文是需要建设的，因为语文是在发展的，是随着时代发展而使语文内容更丰富，语文形式更多样；语文是需要建设的，因为语文是在不断科学的，是随着人们认知水平不断提高而使语文课程呈现更合理，语文教学方法更得体。否则，语文就会遭到削弱、曲解和破坏，越教越不像语文。

2. 语文更是需要改革、创新地建设的，因为这样才会让语文经受考验，产生独特的成果，也才更有价值、更有意义地发挥语文的功能作用。

3. 语文尤其需要发展性和反思性建设的，因为发展是建设的基本特征和手段，反思性建设才会有深度，有质量。

4. 语文建设，最终还要追求其要素的完整性，过程表现的整体综合性、结构体系性、操作有序性，也就是"整体建构、系列操作"。

5. 语文建设到了有条件的时候，可否建立一门新的"语文学"。

（二）要明确语文建设的层次性特点

1. 语文建设的层次性：一是语文的专业学术层次的建设，二是基于语文的实践层次建设。

2. 语文建设的层次性：既有语文的基础性建设，也有语文的发展性建设，更有语文的创造性建设。

3. 语文学科建设的学段的层次性（小学、初中 、高中、大学）。

（三）要弄清楚语文建设的类型规律

1. 语文的学科理论建设。既是语文课程建设，也是语文学科类建设；既有语文的基础理论建设，也有语文实践的应用开发型理论建设；既有语文的教学论建设，也有语文的学习学建设；既有语文的知识建设，也有语文的能力建设和语文素养建设等。

2. 语文的内涵发展建设和语文的专业规范建设。

3. 语文的科学体系建设。如：知识体系建设、教学体系建设、实践应用体系建设、评价体系建设。

二、基本要求

1. 树立母语教学意识。即在语文课程教学中，坚持把汉语言普通话教学，作为最基本、最规范，全民必须接受与掌握的国民语言来教学，以促进祖国语言文字的健康发展和中华优秀文化的传承，促进学生不断提高语言交际能力和语文素养。

2. 树立人本式语文教学理念。即根据青少年学生身心特征和认知心理规律，从学生"学语文"教学的角度出发，做到以学为本，为学而教，既强化"双基"（基础知识、基本技能）训练，强化语文能力培养，又注重学生良好的语文学习态度、学习兴趣及其学习习惯培养。

3. 在科学发展观指导下，追求语文教学的有效性。即开展教学改革，讲求教学策略，优化教学过程和教学模式及其方法，注重教学反思与研究，提升教学能力和水平，加强语文科组建设，提升语文教学的整体实力。

4. 优化教学评价，提高教学评价水平。即在教学中注重学习过程评价，让学生看到自己的发展；要讲究评价形式多样化，不能独用纸笔测验、闭卷考试，慎用标准化试题，对于朗读、口语交际等内容的考查宜采用口试面试的方式。每学期结束要结合平时表现和测验情况，对每一位学生的语文学习评定等级，并进行具体分析，提出下一阶段学习的指导意见。让学生参与评价，充分发挥学生在同伴评价和教师评价中的作用。

三、具体规范

（一）识字写字教学

1. 要树立识字写字教学的中小学"一贯制"的整体教学思想，即不仅在小学有识字写字教学的主要任务，在中学（包括初中和高中）也同样有巩固、补充、拓展和强化及深化识字写字教学的任务。

2. 要处理识字写字教学的数量与质量的关系。既要保证认识 3500 个常用字，也要提高识字写字的质量，即写正确、写工整美观，做到坚决使用正确规范的汉字，减少乃至消灭错别字。

3. 要通过识字写字教学加强汉字文化教育和汉字书写艺术的审美熏陶，要求每个学生学会一种汉字书写艺术（即书法），练好"三笔"字（铅笔、钢笔、毛笔）。

4. 要讲求识字写字方法的教学。既注重识字的层次性，即由易到难，由简到繁；又注意汉字的音、形义的整体教学，注重"四会字"（会认、会读、会写、会用）的教学，注重由基本字到常用字、次常用字再到繁难字，生僻字的分类型、有步骤的有效教学；还要注重用"语理"（字理）识字、智（知）理识字、学理识字的"三理识字法"教学。

（二）阅读教学

1. 教师要精心研读课文，认真备好课，对课文有自己独特的理解和体验，不能唯教参是从，要以读者身份与学生进行平等的对话。要加强对必修课与选修课，精读课文、略读课文和自读课文等不同类型的教学指导。

2. 要让学生自主阅读，讲求预习效果，让学生发表不同见解，获得个性化的阅读收获与体验。以整体感知为主，切忌机械串讲。

3. 加强朗读诵读，无论课堂内外，要给学生充分时间诵读乃至背诵课文，（也可开设专门的诵读课）。对短小的古诗文和现代优秀诗文，要求学生熟读，诵读乃至当堂背诵。

4. 积极开展"天天读书"活动，并通过各种竞赛活动和检查考核方式来促进读书活动的落实。做到每位学生每学期至少阅读 3 本文学名著或其他经典著作，并记读书笔记 1 万字以上。

5. 每周开设一节（或 2 节）自由阅读课，引导学生阅读课本推荐的文学名著，或进行单元同步阅读。

6. 在阅读教学时要注重语文知识的教学，注重汉语词汇的积累，即每篇课文至少要让学生把握（记忆、理解和运用）10 个书面词语；每学期重点学习理解和运用 2 种修辞手法。

7. 加强阅读的学习方法指导，让学生每学期至少熟练把握 1 种基本阅读方法（如有感情地朗读、做读书卡片、写提要、写点评、写读书札记、略读、浏览等），并指导学生注意总结自己成功的学习方法，以不断提升自能读书的学习能力。

8. 注意加强阅读与写作、口语交际以及综合性学习等有机结合乃至统一的教学，树立"读写一体化"乃至"一体化语文""大语文教学"的现代语文教学体系。

（三）写作教学

1. 注重激发学生的写作欲望，培养学生热爱写作，将写作作为学生生活的重要组成部分的写作兴趣，提高写作育人的水平。

2. 让学生积极体验生活，多方积累写作素材，既要提倡开放性作文教学，让学生进行有创意的个性化表达，又要让学生表达真情实感。

3. 以学段为单位，形成单元作文教学体系，每学期单元作文不少于6次，每学期片段作文不少于6次，并要求写适量的日记、周记和日常应用文。结合课文让学生多作缩写、扩写、续写、改写、仿写等"写作训练"。

4. 注意中小学学生的身心发展的特征，进行有层次、有梯度的作文指导，切忌小学作文过早"成人化"，中学生作文过于"模式化"。，要求学生根据生活实际和个性特长，自选专题与文体进行自由写作实践，每学期练笔不少于5000字。

5. 重视培养学生审题立意、选材组材、布局谋篇、打腹稿、写提纲和修改作文的习惯和全程式操作方法体系。要注重加强对各类文体的写作指导。

6. 教师批改作文要讲求及时、实用、有针对性和指导性。批改方式灵活多元，如互改法、面改法、评改法、自改法、详批法、略批法等。无论选用哪种方法，均应做到认真负责，有效有用，学生欢迎。

7. 每学期让学生选出一批（6篇以上）自己满意的习作，编辑成《习作自选集》，并以此作为学生自我评价和教师对评价学生学期作文成绩的主要依据。

8. 提倡教师以写"下水作文"作为写作教学的一种重要手段，要注意引进"基础+发展"的作文评价方法及评价方法及教学指导。既体验与学生同题写作的过程，也了解与把握教师命题及作文指导的科学性和实效性。要求每学期教师有3次以上的"下水文"写作。

（四）口语交际

1. 树立口语交际教学是现代语文教学的重要内容与任务的思想。

2. 口语交际教学要有主题，要有项目，要注重活动性和可操作性。

3. 善于从学生关注的问题中选择口语交际教学的主题，创设真实的口语交际情境。要在情境中进行口语交际的模拟训练、案例训练。

4. 每单元至少有1节口语交际课。可以与其他语文学习活动或其他班团活动结合起来。

5. 留意将口语交际的教学融化到平时教学的全过程，与其他识字写字、阅读和写作等有机统一，让学生在实践中提高口语交际能力。

（五）综合性学习

1. 要加强对语文课程新创点"综合性学习"的研究和教学实施。要处理语文学科的"综合性学习"与学校的"综合实践课"的关系，尽可能使"综合实践课"与语文的"综合性学习"有机地融合起来，从而使综合实践课能得以常态化、实效化。

2. 每学期至少进行2次大型和2次小型的综合性学习活动。

3. 让学生学会选题，确定方案，开展活动；教师要进行必要的组织、管理和指导。

4. 善于把综合性学习与当地实际相结合，与学生生活相结合，创造性地开展综合性学习活动。

5. 善于把综合性学习与学校广播、板报、文学社等校园文化活动结合起来。

为语文知识"正"名

——对语文知识的再认识

一、知识是人类智慧与本领的集大成者

（一）"知识"永远是第一位的

1. 知识改变了人，促进了社会发展

人类之所以为人，人类之所以能够发展与进步，主要是因为有了"知识"。人类最大的财富，不是房子、车子、飞机，也不是金钱、黄金、宝物，而是"知识"。因为有了知识才让人脱离于动物而进化成为有思想、有语言、有智力生活的"人"；也因为有了知识，才让人又在不断地发展自己，改造社会，改造自然，让人更好地生活、生存。所以，知识对于人类，永远都是第一位的，永远都是必需品。但是，在语文教学中，却有一些不正确的言论：有的说"语文知识"不重要；有的说教语文不是教知识，而是教能力；还有

的说教语文不在于教知识，更在于教人文、教思想、教文化等。一时让"语文"陷入认知的迷乱之中。

其实，语文知识不仅重要，而且重要到使人类一天都离不开它。人们每天一开口，一动笔，哪能离开语文知识，哪能不接触和用到字、词、句、篇、语、修、逻、文等知识呢？有人说是能力重要，但不能忘记：能力是由知识转化而来的，是通过知识这个载体而让人产生了能力。

还有一点必经明白，任何一门学科的组成，首先是知识，而且是较为完整的体系化了的学科知识，否则不能成其为一门学科。而作为教育过程中的任何一门学科的设置，也是因为受教育者的"知识"储备和需要而确定，以实现受教育者通过知识的学习而成为"有学问""有本领"的人。所以，没有"无知识"的学科，也没有"不学知识"的学生。有人竟说：语文教学不是教知识，而是教人文、教思想，实际上是对"语文教学"本质的最大的曲解，是将"知识"与"人文"的刻意对立，是将知识的功能故意矮化、窄化。因此，语文教学务必回归常识性行动：为语文知识正名。

2. "知识经济"让人类走进"知识"的时代

当我们进入"知识经济"初见端倪的21世纪，其实更处于"知识"的时代，更是知识发挥作用的时代。用"知识产生经济"，是这个时代的基本特征，而用知识产生知识，用知识产生能力，用知识产生智慧，更是使这一个时代发展更好更快的基本动力。怎样体现出创新与能力呢？"知识经济"本身就是一种创新与能力的经济。"知识"在人为的运用和能力培养口号越来越响的今天被扭曲了，被贬低了，由于人们对知识的偏见，以及接受和机械掌握"知识"的人为现象，使"知识"得到许多不应有的评价，知识与能力对立起来而偏爱能力，这既不公平，也不符合客观规律。

我们发现一个问题，不少人并不了解什么是知识，至少了解得不全面，欠深刻。知识，《现代汉语词典》释义为：人们在改造世界的实践中所获得的认识和经验的总结。可以说，是人类智慧与本领的集大成者，是人类智慧与本领得以科学发展的母体。这些知识都是人类的"真知"和"经验"，是直接由人类总结与创造，且又直接为人类自身服务而被广泛利用，更是人类自身赖以生存与发展的最可宝贵的财富。人们掌握它，学习它，运用它，就能促进人类文明与进步，尤其是人类自身赖以发展、进步的必备条件和决定性因素之一。

3. 谁拥有知识谁就最有力量

世界名人培根说过："知识就是力量。"而力量是什么？"力量"《现代汉语词典》的释义为：①力气；②能力；③作用、致力。由此可见，知识不仅仅是"力量"中的"力气"，更是"能力"和"效力"，那么现在为什么有越来越将"知识"边缘化，而将所谓"能力"替代"知识"呢？为什么一提能力就非要排弃或贬低"知识"不可呢？我认为，"知识"与"能力"是完全可以统一或融为一体的，何况"知识"的普适性远比"能力"强，无数事实也证明了。比如，爱迪生对"电"的发明的知识，牛顿"万有引力"的知识，爱因斯坦"相对论"的知识，马克思"剩余价值"的知识，毛泽东"实践论""矛盾论"的知识等，都无不说明培根关于"知识就是力量"的正确性。

所以，现在社会上流行的"知识就是力量"、"知识就是财富"和做"四有"新人的"有知识"等都说明了知识的社会意义和人生意义。大家都把有知识的人称为有文化，有素养，有素质，讲文明。人们往往在不进行精细的学术讨论的时候，知识是涵盖能力的。比如，我们说一个人有知识、有能力，可以说成是"知识分子"，但没有说成"能力分子"。

4. 要具有知识结构、把书读活之后才会产生知识的力量

有些读书人，常被批评说："空读了一肚子书，就是不会做事。"为什么？原因有三：

一是书读多了，但没有形成知识结构，没有结构化的知识，犹如一盘散沙，再多也无法形成力量，俗话说：十根筷子捆成捆，比一根一根难折断。这就是为什么要将碎片化知识转变为结构性知识的道理。怎样形成结构化的知识，要有主线、主题、主旨，要杂中有精、趣中求理，要点、线、面一体化，要类、项、目统筹化，等等。

二是即使读有 肚子书，但是没读活，获得的是"死知识"。也就是说，读的是"死"书，是"死"读书，没有把书读活。进一步地说，没有把知识转化为能力，只成为一个接受知识的"容器"或者"书柜"，只掌握了知识的 ABC，不能化为能力的一二三，也就是并没有把知识变活、用活，未能用知识来认识世界，改造世界，提升自我。

二是虽然有知识，但不知道更新知识，创造知识，更没有形成自己的独特的知识观。人的知识观很重要，对知识含义的认识与掌握，对知识价值的发现与使用，对知识的学习与发展等，都应形成自己正确的看法和做法。

实践证明，如果改掉以上弊端，围绕"人"而构建知识的学习体系和形成相应的"知识"结构，从而将知识定义为人生知识、创造性知识、技能性知识、能力型知识、智力型知识等，又何不可以使"知识"产生更大作用，成为人类生活之本和教育之本呢？知识，从发展角度来说，不仅是通过总结

归纳而得的现成经验和概念，也可以通过解释和设想而创造出更加符合规律和适应人生需要的新的概念与判断。

（二）知识是有其特定的内涵与功能

1. 对知识不能知而不"识"

我们不能苛求于"知识"这个名字本身，而应该充分考量它的具体内涵与功能。这里需要特别强调，作为"知识"，有"为人的知识"和"人为的知识"。"为人的知识"，即由客观产生的知识，符合客观规律和人类发展进步的知识，能为人的生存发展与创造服务的知识，且为人类服务，被人类所接受与运用的知识。

如果换一个角度，围绕"人"而构建知识的学习体系和形成相应的"知识"结构，从而将知识定义为人生知识、创造性知识、技能性知识、能力型知识、智力型知识等，又何不可以使"知识"产生更大作用，成为人类生活之本和教育之本呢？知识，从发展角度来说，不仅是通过总结归纳而得的现成经验和概念，也可以通过解释和设想而创造出更加符合规律和适应人生需要的新的概念与判断。

2. 真正的知识具有"整合"和"呈现"的双重功能

知识具有整合和呈现这两重性功能。均是由知识的内涵特征而形成的，是"为什么是知识"和"怎样形成知识"而决定的。其整合性主要体现为：指某种概念、定理自身的知识与或某学科、某专业、某职业项目、某生活生产内容等的整合；其"呈现性"为：人们掌握知识的程度、结构及其对知识的转化方式和运用方法等（所谓的"有知识"就是这样）。通过"整合"和"呈现"的这种知识，已融入人们的能力之中，成为能力结构中的有机部分，成为了"活知识"（动态性的、发展性的，有直接运用价值的），成为了静态的带学科性的"新知识"，并转化为"使用价值"，成为既有"收藏价值"又有"开发价值"的最优化知识。

3. 知识，不能无"真知"，不等于现成答案

我认为，这种知识，其实不是真正的知识，只是一些僵死的书本定义、概念、原理、结论，充其量只能算作别人的经验和思考，只"知"不"识"，或者知表层而未深知，更无"真知"，尤其缺乏自我感悟，缺乏自我内化识。须知，当今是一个"答案"时代，凡事必求答案。但需要对提出的问题所做的解决问题的方案，这不可能有现成的答案，或者只问老师"要"答案而不"求"答案。

答案不等于"死"知识，也不等于唯一答案，不等于一成不变的答案。

而且求解答案的过程才最重要，获得答案可以看作为一种追求。特别是语文，更有很多"只可意会而不可言传"的东西，"答案"也就只能在"意会"之中。有言道：一千个读者拥有一千个哈姆雷特。于是"答案"便成为一种仁者见仁、智者见智的讨论。有人说：语文就是"没有唯一的答案，只有缺席的遗憾"。尤其是以育人为己任的教育，需要最终由所培养出什么样的人来作答案，这才是真正有意义的答案。

二、对"知识与能力"的思辨

（一）知识与能力，仍然是两个不同的概念。

它们有联系，有时也包容。当它们之间还没有发生联系时，尤其当知识还未转化为能力时，知识是知识，能力是能力，区别还是明显的。不是有人经常说："空读了一肚子书，就是不会做事。"这一肚子书，可谓是有知识，要他讲这些书，会滔滔不绝，但一旦要用这些书的观点或方法去解释社会现象、处理社会问题、参加社会活动就一筹莫展了。这些人是没有"活读书"（即把书读活），为读书而读书，不是为需要而读书，这种书永远不能转化为能力的。也就是说，只接受了"新"知识，而没有把知识变活，从而用知识认识世界，改造世界。这种知识，只是别人的经验，自己只"知"而不"识"或者知而未"真知"。

知识，是能够转化为能力的。这就要学会读书，为某种需要而读书，就会产生一种"怎样去读书"和"读了后有什么、怎样去用"的思想，就会摸索读书（知识获取）的技能，技能是介于知识与能力之间的中介物。

知识，一旦转化为能力以后，便成为能力中的一部分，也是最基础的一部分，但它还未化为能力的时候，知识与能力仍然是两码事，更不能把知识一概而论认定为能力中的结构因素。同理，运用能力与知识时，能力又成为知识中的一个动态因素，但不能就认可知识结构中就有能力要素。

不能一提将知识转化为能力，就以为知识被转化后知识没有了。知识仍然存在，知识仍然有它的作用与功能，而且它还可以继续为其他能力做"转化"工作。因为"知识"只是为转化某种"能力"时起了"介质"作用或载体作用以及诱发素作用。比如识字。对"上、下"的两个字的认识，首先是一种知识，即掌握了它们的音形义。要那样读，要那样写，就能那样读，那样写。这就是知识一个基本特征，即用一个个"概念""规则""定理"来体现。这些与其说是知识，不如说是规则与人类认识。

（二）重视知识与追求能力培养和智力开发是相辅相成的

现在，有一个怪现象：如果有谁重视知识，或多讲到一些关于知识的事，就以为不讲能力培养和智力开发，就不讲创新教育与实践能力的培养，这其实是大错特错的，是一种误解。事实证明：重视知识，与追求能力培养和智力开发是相辅相成的。

（三）知识转化为能力以后，知识还在吗

多年以来，流行一句话：将知识转化为能力。但是却由这句话又牵出了另一层误解：以为一提将知识转化为能力，那知识被转化后就没有了。其实，知识仍然存在，知识仍然有它的作用与功能，而且它还可以继续为其他能力做"转化"工作。因为知识是种子，是"发酵物"。"知识"为转化某种"能力"时起了"介质"作用，或者是载体作用、诱发素作用。可以说，知识是转化能力之母。

语文知识可以转化为语文能力，但不仅是"转化"，还是形成语文能力的基础和必备条件；同时，语文知识不因"转化"为能力之后而自然失去，相反地，语文知识不仅仍然自由存在，反而在"转化"能力的过程中得到锻炼与升华而变得更有用。

三、对"语文知识"及其语文知识教学的理解

（一）给语文知识以完整的内涵与意义

1. 语文知识不等于语言知识，而是包括"字词句篇语修逻文"等诸方面综合的"全语文"知识；

2. 语文知识既包括语文基础知识，也包括每个人各自不同建构特殊的"自语文"知识；

3. 语文知识不仅包括语文学科的有关理念、常识、经验的陈述性知识，也应包括概念、尝试与经验产生的背景、过程与方法的程序性知识，还包括如何掌握与学会这些语文概念、常识、经验等的认知、理解、分析、应用、鉴赏、评价等方面学习的"方法、技能、技巧"的智慧性知识，以构成三维一体的语文"大知识"体系。

之所以目前许多人学不好语文，关键在于他们只注重了第一种，忽略了第二、第三种知识的学习，因而知识结构不全造成语文知识营养不全、不良，那么最终难以形成语文素养和语文能力。可以说，语文知识的残缺不齐是目前语文教学效益低下的症结。比如，指规定读多少书（阅读量），而未说用什么方法读，对读的过程与方法的教学一般被忽略了，而只是被一些有悟性和

对学生负责的良知者而重视或者关注乃至产生好的效果。

(二) 语文知识产生的特点

1. 语文知识的生产性。知识由于是一种经验，那么随着人的经验的不断增加，而知识也就在不断增加，这种增加就是生产。

2. 语文知识的转能性。语文能力的听、说、读、写四大类（学科能力，显形能力），其实都是语文知识所转化给的，其他如识记、思维、评价、理解、运用等公共能力或隐型能力更需要由语文知识所转化才有可能。

3. 反复性。由于课文是文选型，前面出现过的知识，后面又会出现，有时出现过几次。

4. 语境性。通过一段段、一篇篇、一本本的有意义的文本、著作、话语，形成了知识的载体（即语境）。

5. 不确定性。不受时空限制，生活即语文，语文即生活，随时随处都会出现知识点，无处不知识，无处得以学知识，处处要发挥知识的作用，处处可以发现与提炼"语文"的知识。"语文"本身是无所谓有"知识"的，只有人去认识它、学习它、掌握它、运用它和发展它时，才感觉到语文是"有知识"，而且当语文成为一门学科或课程时，那就更加发展成为知识和知识体系，这种发展就是不确定性的表现与功能特征。

6. 语文知识可以转化为语文能力，但不仅是"转化"，还是形成语文能力的基础和必备条件；同时，语文知识不因"转化"为能力之后而自然失去，相反地，语文知识不仅仍然自由存在，反而在"转化"能力的过程中得到锻炼与升华而变得更有用。

(三) 习惯在学习知识时的作用

习惯在学习知识时也有十分重要的作用，能不能就说习惯也是知识的一种结构因素，同理，习惯也为形成能力起重要作用，那么，习惯也是否成为能力中的结构要素呢?

当能力具有整体性时，才称其为有"能力"；当能力具有可操作性时，才能运用，才能被认作为能力；当能力具有发展性时，才能培养，才能被人们所接受，认作为有能力；当能力具有具体形态或专业性或学科型时，才能产生能力的实际意义与价值。

语文教材"辩"论

什么叫"辩"论，概言之，是指辩证地思考、分析和讨论。语文教材"辩"论，就是对语文教材从理论和实践上开展辩证地思考、分析和讨论，以求得语文教材建设迈向新的水平，使语文教材更加富有理性的发展，让语文教材更具有创造性和可操作性。现在初步做出以下几点"辩"论。

一、关于语文教材"辩"论的提出

1. 先"辩"语文才能"辩"语文教材

顾名思义，语文教材是关于"语文"的教材，如果不先弄清楚"语文"，那么，要对语文教材进行"辩"论就意味着在做无本之木、无源之水的事。

目前，关于"语文学科"的性质和概念含义，也一直争论不休。其实，这种争论是缺乏前提的，因此也是没有必要的。因为语文它不是一个学科，又何谈其"学科性质"？语文只是一门课程，或者进一步说只是一个课程科目，课程科目可不等于学科。所以，不少人在望文生义，站在"学科"角度而给"语文"硬生生地下定义，于是"语言+文字""语言+文学"和"语言+文化"等就出来了。而提出"语文"这一概念的叶圣陶先生，他深知是不能作那种解释的，于是他解释为：语文，口头为语，书面为文，即口头语言和书面语言。还有，关于语文是"工具性"、语文是"人文性"、语文是"工具性与人文性的统一"等百家之说，也是让语文一直处于"到底是什么"而说不清楚的尴尬地位，也自然难以形成其自身的课程体系以及教学体系。

2. 要"辩"语文教材还要弄清"教材"才行

什么是教材？目前通用的含义是指供教学用的资料，如课本、讲义等。关于教材的定义，常有广义和狭义之分。我们现在越来越倾向于广义的教材概念。

从内容上说，广义的教材是指课堂上和课堂外教师和学生使用的所有教学材料。比如：课本、练习册、活动册、故事书等；教师自己编写或设计的材料也可称之为教学材料；计算机网络上使用的学习材料以及影视作品，甚至包括自然界和社会人文资料等，也都可以成为教学材料。凡是有利于学习者增长知识或发展技能的材料都可称之为教材。

从呈现形式上说，广义的教材不一定是装订成册或正式出版的书本。狭义的教材即教科书。教科书无疑是一个课程的核心教学材料，但随着素质教育的不断推进，学生学科核心素养培育的全面启动，教材呈现形式也丰富多彩，就是教科书，除了教师与学生的正式课本以外，几乎无一例外地配有教师用书，有的还配有练习册、活动册以及配套读物、音像带等。

所以说，要树立新的教材观：教材是动态的、发展的，是多元、多维的，如果还停留于一本"教科书"时代的教材概念，那就会走进了一个输不起的误区，无法对接现代基础教育及素质教育。

3. 语文教材"辩"论的焦点

语文教材，很多人也称之为语文课本，这也许是"上课之本"或"课程之本"的缘故。这就一语道明了它的重要性，它在教学中的地位。但是，引发我们思辨的焦点之一就在于此：这里的本，不太像语文课程教学的根本、本体，而更像是语文课程教学的蓝本、脚本。

现又回到语文教材的说法。教材，教材，"教之材料"，即教学之用的材料。但我认为：语文教材并不全同于语文课本，语文课本只是语文教材的主体部分，是按照课程标准（过去称"教学大纲"）的要求，通过"文编"型而形成具有语文"教学"意义和功能的教科书。

由于这种"文编"型的语文课本，决定了语文"教学"难以形成内在体系，所以引发我们思辩的焦点之二就是：如何克服现行语文课本在学术或知识体系上的非系统性现象，怎样才能使我们在教语文和学语文上尽可能消除所带来非系统性的麻烦，从而获得更好的语文教学质量。这就是我们进行语文教材"辩"论的目的之一。

二、语文教材：最终因"语文课程"而产生

1. 语文教材：到底是怎样来的

语文，正式作为一门学科课程，在我国是1903年才开始设立的，当时的课程名称叫"语文"，教材也叫"语文"，可以说，这是课程与教材实现了历史性的第一次重合。而在之前的上千年里，没有"语文"这一名称，但学校仍然有开展关于"语文"的教与学。据研究表明，当时是全靠散落在其他的诸如政治、经济、历史、地理、文学作品之中而进行有关语言和文学知识的学习。我想：这也是一种"语文"教材，因为它已起到了"语文"教育的作用，实现了"语文"教育的价值。在古代，后来又发展到多以一些经典名著

作为"语文"教材。如：汉代以"五经"为语文课本，后来增加了《论语》；明代又将"五经"增至"七经""九经"；明清时期也十分注重《论语》等。这样，使"语文"教育似乎渐渐地显得更为专业化，更为集中，指向性也更为清晰了一些。这也为后来产生"语文"这一课程打下了基础，也反现了一条关于教材由近及远的成型轨迹："文选型"→"选文型"→"借文型"。由此可见，"语文"教材到底是不是就只归为"文选型"，这还值得进一步讨论。

2. 语文教材：更应该是"单元化"的"文编型"

即使于1903年后产生了的"语文"，它除了从一篇篇文章或一本本书（节选）所"选"后形成的"语文"教科书，但作为语文教材概念的含义来理解，也不能偏面地称为"文选型"，准确地说，应该叫"文编型"教材。不是吗？那一篇篇作为社会上存在的《背影》《落花生》《海燕》和《红楼梦》（节选）、《三国演义》（节选）……等等，是经过选择而被"编"进了课本，而形成了语文教材。因为这些《背影》《落花生》《海燕》《红楼梦》（节选）、《三国演义》（节选）就再也不只是原来的作品的意义，而增加了一层新的身份——"课文"。

诚然，这些课文之间既没有必然联系，也无法形成某种内在体系。所以，人们常说："语文"是最没有系统性的。这里主要是就一门学科知识体系而言，因为语文本来就不是一门学科，既不像数学、物理学、生物学那样而形成一门关于"语文学"的学科，又何谈语文学科知识体系，其自身的确难以形成一门有体系的学科。其实，我国的"语文"从它诞生那天起，就只是作为一门课程出现，是指在语言领域内开设的一个课程科目。

3. 语文教材：是学科的专业性呈现还是课程的综合性呈现

我国目前所有的语文课本，应该都是一种课程文本即语文教科书，而不是诸如"语言学""文章学""写作学""文学"等之类自成学术体系或专业领域的学科著作的直接拿来。这是另一层意义上的"编选型"教材的含义。

诚然，语文不可能没有专业知识和学术元素，分别从诸如"语言学""文章学""写作学""文学"等之类自成学术体系或专业领域的学科著作中挑选了有关"字、词、句、篇、语、修、逻"的知识，挑选了有关"听、说、读、写、书（法）"的知识，还引进了有关"观、思、析、赏、评"的知识，但是，这些关于知识进入语文课本，在被选的文本中都是无意识地散状式存在的，并非具有系统性，也很难形成一种内在的科学体系，因为每篇文章或每本书都是一个个语文的独立体，其中或多或少、似有非有地伴生着或呈现着上述各种知识，彼此难以构成纵向的或横向的学术知识联系。比如《背影》

《落花生》《海燕》《红楼梦》《三国演义》……谁和谁能构成一种怎样的联系呢？但是，从课程立意出发，从教的角度出发，从学生的语文发展出发，还是需要寻求某种可能的系统性，将彼此并无关系的而建构成具有一定体系的语文教材，以形成一种"散合型"的特定语文系统性。

语文首先是综合性的产物，是置于课程标准而形成的一级实施载体。它的价值应从课标出发，从多元、多角度来看。

选到语文中作教材的文章或节选文段，应称为"范文"，已经改变了其身份，因随语文教育的需要而被重新集结到一个新的群体中，语文教材不全等于"选文"，也就是不等于文本、课文，不专指所选到教科书中的文章或著作中的节选文段。

一是有些语文教材的文本，是编教材者因课标及教材需要而临时写的，国外的这种情况更多，我国古代"语文"以及现代"小学"语文教材中听说也有临时写的。

二是作为教材的含义，其全部内容包括不能只有选文，还有作为当代语文教材的一大特点即单元性因素的考虑，那么每一个单元的"单元提示"、每一课的"预习引导""课后思考与练习""单元练习"和注释及附录、目录、说明等，都是教材的有机组成部分，如果没有这些，那选文不又成了一篇篇"社会性"文章或文段了？所以，教材的一个真正价值的表述，应是它的教育性。这是所有教材的价值属性，语文当然不可能违背。

三是语文教材的改革与发展，目前有从"文选型"走向"编选型"的呼声，即文选不是唯一的，为语文教育而临时编写一些范文也成了一种选择。其实语文教材提"文选型"不是太叉当，提"编选型"才是全部含义的准确把握与恰当表达。即使把文章"选"来了，还要按照课程标准的要求和教材思路重新"组编"成另一种书："教科书"。所以，这个成书过程而形成的"编选型"才是语文教材的本质特点。

4. 语文教材：就只是那一本"教科书"吗

现在，有　种说法：光靠几本教科书"教"出来的硕士、博士是走不远的。前不久，有人说：看五倍于课本的"闲书"，孩子才能形成语文能力。现在确有专家研究成果表明：一个学生的课外阅读量只有达到课本的 4~5 倍的时候，才会形成语文能力。我国著名语言学家吕叔湘说过，他学习语文，三分得益于课内，七分得益于课外。我想：学生课外所要达到课本 4~5 倍的阅读量的那些书，是不是也应算作语文教材，因为它们已起到了语文教育的作用。所以，我一直强调：课本不等于教材，教材应该有更宽广的含义和范围，尤其语文更是如此。要树立"大"语文教材观：教科书是基础，是一个凭借，课外书是拓展，是一种飞跃。进而建构"双板块"教材体系：第一板块是教科书，第二板块是课外书。因此，要给学生指导读更多的课外书，将课外书阅读也一并纳入语文教材的范围，给予规划与适当指导，这当属语文教学之任，语文教师之责。

三、语文教材：非系统性给教学带来的非系统性困惑

（一）具体现象

1. 近利性与零散型

课文既是例子，也是教学活动的蓝本，一般是有其文则教其文，由于这些文章相互缺乏系列性，这样也就缺乏系统性。这样教学也就不可能有系统性。由此所采取的教法当然也只能是以功利为主，而且是急功近利性的快餐式和加工型的教学，这些近利性的快餐式和加工型的教学，其方法往往是以一些较低层次的解题方法和解题技巧为主，显得十分单一、零散和碎片化。

2. 局部性与经验型

语文的非系统性，也导致教师自己的个性发展及个体特长得不到正常发挥，其教学的创造性与积极性大大减弱，一味凭经验凭感觉地教语文，重复地教语文，甚至把许多真正的语文知识与能力给忽略或遗弃。

3. 随意性与盲目型

语文的非系统性，使教师对学生的语文学习也无法指导到位或指导有效，因为教师心中对语文无法有一个完整的认识和系统教学计划与措施，只能盲目照搬教学参考书或其他相关资料，即使有些钻研也是浅尝辄止，很难有自己完整的教学设想和周密系统的教学方法。所以这种随意与盲目的教学无疑也变成非系统性的。当然，为了克服语文的这种非系统性，国家教育部门和有识之士也曾做出过一些关于"有系统性"方面的努力，如制订语文教学大纲（现在为"语文课程标准"），编写"文体或主题型的单元式组元、螺旋型发展"的语文教材，开展具有能体现系统性特点的教学活动，如"单元教学""模块教学""目标教学"等，这些都力求使语文从非系统性变为有系统性。但是，这些努力其效果并不太理想，也就是说，非系统问题仍然严重地存在着，并已经困扰与影响着我国语文教学的质量。

（二）非系统性：给语文课程和教材带来了什么问题

我们打开所有的现行语文教科书，都不难发现一个共同特点：不仅是"文选型"的，还因几个版本编者的意图不一样而"选文"不同或者安排不

一，这也就更加暴露了语文难以系统性这一弊端，也给语文课程和教材带来了不少问题。

1. 选文难

大家知道，这种文选本用的一篇篇课文，并非作者专为语文教材而写。这需要教材编写者从语文课程标准的某种要求出发，把持某个角度，迎合某种主题，带着放大镜、望远镜，在社会大千文章中进行 "海选"，可见难度何等之大：要么主题不合，要么文体不合，要么语言不合，要么内容难度不合，等等。更何况这些散落于世的文章之间，从客观上很难形成一种语文学科知识的层次性和完整的语文教学系统性，同时从主观上说，由于受编选者各自的当时的认知水平及编写理念的约束，选文工作也带来了一定的难度。无疑，它不像数理化等自然学科教材那样均以知识的层次性与逻辑的严密性推进而成。故有人说：数理化一天两天不学就跟不上，而语文十天八天甚至一期两期不学也照样能跟上班（更何况社会上还有未进学校接受语文教育而自学成才者也比比皆是）。

2. 语文体系构建难

这种语文受 "文选性" 影响而形成的非系统性，已沿袭多年，目前看来还没有什么好的办法改变它。这与中小学语文课程目标与教学要求也有关系。中小学语文不同于大学语文，也不同于专家语文，大学语文一般都由一些本已形成知识体系的分类学科组成，如 "语言学" "文字学" "语法学" "训诂学" "修辞学" "逻辑学" 以及 "阅读学" "写作学" "文章学" 等。而中小学学生正在长身体学知识的初期阶段，有其感性、直观、分解型学习的特点，因而不能照搬大学已成体系的各类语文课木，却只能从中摘取符合中小学生身心特点、适合中小学生学习规律的语文基础知识和经典文章等，也就是人们常说的 "大众化语文" "基础性语文"，其主要表现为字、词、句、篇、语、修、逻、文和听、说、读、写等，所以，这些语文学习内容自然就显得零散而无法形成体系。这也就说明中小学语文的非系统性，是一个不争的基本事实。

3. 语文体系性教学操作更难

由此可见，语文学科的教材是 "文选型"，靠一篇篇文章（含名著片段）来实现字、词、句、篇、语、修、逻、文等语文的教与学，并以课文为载体进行听说读写的能力培养和语文素养教育。所以，语文学科课程在语文知识和语文技能方面则存在一个非系统性的问题，不如数理化学科那样有其学科知识体系（尤其是学科知识的层次性），这样，给教与学往往造成许多困惑和问题，于是也形成了许多值得研究的新情况、新问题，比如：有的人以为教语文就是教课文，教课文分析（现在美其名曰"文本解读"）；至于其他的都只是附属品，例如识字写字、写作、口语交际等之类的语文知识、语文技能等，则变成可有可无、可多可少、可强可弱的附加产品，特别是那些"只可意会而不可言传"的语文现象和语文素养，则更加难以通过教材予以凸现和明示，达到"也可教"的目的。

四、语文教材：将不可回避几种关系问题

1. 教材与"人"的关系

我国有一个"水到渠成"的成语，它是一种道家哲学，意指"水流到之处便有渠道"。比喻有条件之后事情自然会成功，即功到自然成。

我们说，教材与"人"的关系，犹如"水与渠"的关系，即"水到渠成"的关系，也是"水到渠成"的效果。人是水，教材是渠，如果有了恰当的人走进合适的教材，实现人与教材的和谐，那么才会有"水到渠成"的教育，否则"水"到而"渠"不成。这里的"人"是谁？是学生，是教师，更是编教材的人。

当然，我们在思考问题时，就不免碰到是水流来了才有渠，还是先有了渠才流来水。这是一个说不清楚、道不明白的永恒的话题。但借鲁迅所言，也就可以理解：地上本没有路，走的人多了也就成了路。水与渠也是这样：因为水在流着，流得多了且流在一起了，也就有了渠（当然人工凿的水渠另当别论）。

教材要实现与"人"的和谐统一，大家知道，语文教材中的"文言文"所占比重是较大的。而我国千百年流传的优秀文言文作品，几乎都是"中原文化"或在"中原文化"所衍生与发展的。有一位山西导游对我们激动的说：表达中华文明发展的标志者：三十年看深圳、百年看上海、一千年看北京、三千年看西安、五千年看山西……这话究竟准不准，另当别论，但说明一点，中原文化对语文教材的重要性是可想而知的。更何况先秦诸子百家、汉赋、唐诗、宋词、元曲、明清小说……只能让谁进入或只打造哪一流派的语文教材，这样能行吗？

2. 教材与"教"的关系

这犹如"鸡与蛋"的关系。到底是先有教材还是先有"教学"，的确很难说得清楚、明白。但二者都是相辅相成，互动互靠的。因为要教才编材，编了就用来教。如果说先编有教材，才考虑用什么教法去教教材，或者有什

么样的教材才有什么样的教，这似乎有道理。但是，如果一旦教材失去了教师和学生的实际，一时找不到合适的教法和学法，又将怎么办？教师教不好，学生学不好，再好的教材也变成了不好的教材。这样，要人们认定这是好教材又何从说起？

所以，在编写教材的时候，在课程标准（大纲）指导下，不仅是教学内容的展示，也同时要考虑好教好学，有办法能让教师教学生学好——这就必须运用科学发展观，统筹兼顾教学的内容和教学的方法，乃至教学的流程和教学的方式、技巧等。只有将这些一并考虑进去，才是一部好教材。所以有人曾说"教材比教法重要"，这是错误甚至荒谬的说法，错就错在将二者对立起来，错就错在看重教材而鄙视教法。其实，这是并不懂得教法的表现，因而也就不是真正懂得教材，尽管也编写过教材。可以说，持这种说法的人也"编写不出好教材"。其实也并非不懂得教法的重要，可能一时的偏见和妄言而已。

由此看来，真正的好教材，是将教学内容、教学形式与方法一并融入科学合理、精要、好用的教科书之中，它不仅是呈现教学内容，还要讲究其内容的科学呈现及合理选编，这里就有一个程序、体系和方法技巧的问题；同时也要考虑如何为"教"与"学"好用，即方便于教与学的问题，那么，教学方法的安排与应用自然也就进入"教材"的范畴，而这样的教材才会有生命力和可操作性。为什么目前出现了那么多"学案"或"学导型"读本，也可能是对当今教材存在失"学"问题的一种矫正或补充。

现在，更有一种体现二者辩证关系的新提法：不是"教"教材，而是"用教材"教。

3. 教材与"学"的关系

这犹如"日"与"月"的关系。这种关系有三种可能：①日出月归，月出日归，不可同一，互相排弃；②月借日的反光，在晚上发光；③日月同辉，这是特定时期的最佳效果。我们说，教材教材，是"教"之材，更是学生"学"之材，是用来"教学生学习"的学材，所以也叫学本。

那么，首先要考虑能让学生学"什么"，也就是有什么好"学"的？能学出什么来？——这要用课程标准或教学大纲来对照与评判其教"学"意义，然后要考虑好不好学，能用什么方法把它学懂、学好。如果学生学不懂，学不好，就要考虑教材编写的难度、深度和普适度，新课标理念倡导的以人为本，以学生的发展为本，那么为学而教的教材编写，就成了又一基本原则，就要充分而全面地考虑学的策略、学的设计和学的行为实施。如果不考虑这些，则很难成为"学"之材。要编写成为"学"之材，就要来一次教编洗脑，进行教材编写改革，要在"教学，教学，教之以学，以学教之"的教学理念指导下，构建基于"学"的语文教材教学新体系，围绕"学"来进行有关教的选材、组材、用材等等。

五、克服语文非系统性问题的一些想法

语文教材呈现的非系统性，既然给语文教与学带来如此许多问题和难以解决的困惑，那么，应该如何解决呢？我们认为，可以在以下两方面寻找一些对策：

1. 重新审视语文知识

前苏联教育家加里宁说过："教育是对于受教育者心理上所施行的一种确定的、有目的的和有系统的感化作用，以使在受教育者的身心上，养成教育者所希望的品质"（见《论共产主义教育和教学》，人民教育出版社 1979 年版，第 56 页）。这段话里也表明了教学的有系统性既是教育的一种含义，也是一种教学的方法和要求。

现代教育心理学关于知识的研究成果告诉我们：知识是可以且本来就是系统性的。所以教学也应具有系统性。

人们常把人类知识分为两大类：一类是陈述性知识；一类是程序性知识。而程序性知识是指用程序表达的知识，其中包括关于策略和方法的知识。如果说知识是可以教的，那么这一类关于程序（包括策略、方法等）的知识也当然是可以教的。"程序"所表现的有系统性，那么教与学也不可回避地要具有系统性。而且程序性知识本身就有系统性能力与方法。

2. 构建语文教学有系统性的理念及其操作体系，必须运用系统科学理论来指导

这主要因为：系统性是一种推动事物走向进步与成功而体现科学发展观的有意义的重要方法，而且又是人类追求且获得一种高效优质的和谐状态的结果。实践证明，凡事都有一定的结构和发展秩序，并形成有意义的系统性。有了系统性，体系完整，操作简便，效益良好，这种系统性也才有意义。系统科学四个基本理论观点为：整体论、结构论、有序论、最优化论。

这些理论是对一切客观事物发展的科学概括。语文教学完全可以运用这些理论。做到既有整体上的目标与内容，也有形式上的结构和操作上的有序，即使知识散乱与交叉，也还可以通过排列组合来体现系统性。

3. 进一步优化教材教法的改革与创新

一是继续进一步改变教材的设计及编写方法。比如，提高编写水平，尽

力使教材变得多一点系统性，即尽力淡化"文选型"在语文课本中的决定性地位，以及通过学生主体对语文的认知规律再结合学情特点、语文知识特点、听说读写能力形成的特点等，重新设计一种"经纬网络型"的语文教材体系，以有利于师生的教与学。建议重构"三级学习"型语文教材：

（1）"基础型学习"：即以"典范文学习"为主：每学年1本，重在精读（文本）、详解（内容）、细析（章法），为学生学好语文打基础，做示范，起抛砖引玉，举一反三，触类旁通的作用。

（2）"项目型学习"：以目前大家公认的"阅读""写作"两大板块分成学习项目，以分别体现"阅读主务""写作主务"的教学特色，重在延伸、拓展、专业化，每学年各1本。

（3）"综合型学习"，以活动主题的方式，以读写听说一体化教学为手段，形成以具有一定"深度、广度、密度、梯度"的"四度型"综合型学习的语文活动机制。

二是改变教学方式与方法。比如：重新调整教与学的关系，实现从"教语文教学"走向"学语文教学"的教学转型；实施读写说一体化教学，科学把握阅读中的写作、写作中的阅读、读写中的说、说中的读与写等各种关系及其操作方法，以形成一种"阅读+""写作+""活动+""语言+"的教学新特色。

也就是说，从学生学语文的角度来找到学语文的系统性，如将散布在各文本中的字、词、句、篇、语、修、逻、文等整合成一定的学习系统，并通过有系统性的学习来使非系统的语文能变得有系统性。那么，创造一些以体现系统性特点的学习方法和教学方式，使之具有系统性，这是完全必要的，也是完全可行的。目前国内许多语文教改经验也证明了这一点。所以，我们要学会运用辩证的观点与方法，分析和把握语文学科的非系统性现象与现在语文教学的系统性追求之间的关系，让学生进一步明确怎样对待语文和学习语文，让教师进一步认识语文和教好语文。

在这里，我想表达的是，开展语文教材"辩"论，正是语文教材值得"辩"论。语文是一门课程以及课程的科目，那就要按照课程的特点和要求以及学生认知规律，以准确定位语文教材，编好语文教材，用好语文教材。

试论对教学内容的"再认识"和"二次处理"

一、关于"内容"及其"教学内容"的含义

1. 什么叫内容

在工具书中，内容一般解释为：（1）物件里面所包容的东西；（2）事物内部所含的实质或意义；（3）哲学名词。指事物内在因素的总和。

内容，作为哲学名词，指事物内在因素总和。那么它与"形式"相对。世界上任何事物没有无形式的内容，也没有无内容的形式。内容决定形式，形式依赖内容，并随着内容的发展而改变。但形式又反作用于内容，影响内容，在一定条件下还可以对内容的发展起有力的促进作用。内容和形式是辩证的统一。它与形式是里和表的关系，是肉和皮的关系。

从上面的一些解释当中不难理解，广义地说，内容既包括形式上的内容，如某一学科课程的内容，也包括实体上的内容，如房子、衣服、米饭等。内容一词，就是人在生活当中为了更方便表达这类事物现象而出现的一种语义表达符号。因此，用在不同的领域或者不同的行业方面，其基本意义是相同的。它的呈现可以由形式揭示出内容，人们也可以由内容大致推测出形式类型。比如，人们提到精神面貌，就有很多内容去填充，相反，人们也可以由干事有干劲十足，归纳到它归属于精神之内容表现。

2. 什么是教学内容

在工具书中，教学内容的一般解释为：学校给学生所传授的知识和技能、发展的智力和能力、思想和观点以及所培养的行为、习惯等的总和，也叫课程。它主要解决教师教什么和学生学什么的问题。学科教学是学校实施教学的主阵地，那么，学科教学内容便成了学校教学内容的基本组成部分。据研究成果表明，一般意义上的教学内容，是指在学与教相互作用过程中有意传递的主要信息，一般包括课程设置方案、课程标准（教学大纲）、教材（教科书及教参教辅资料）等。由于在基于新课程改革下生成性教学思维理念的全面贯彻，人们对教学内容又有了新的认识。即"教学内容，系指教学过程中同师生发生交互作用、服务于教学目的达成的动态生成的素材及信息"。

3. 作为课程改革层面上的教学内容又将是什么样的

在原始社会，学校还没产生，当时的成人给儿童传授生产经验和群居生活共同遵守的风俗习惯，这可以说是最早的教学内容。随着社会的发展，文字的创造，学校的产生，教学内容不断丰富概括，并形成了体系。在中国，奴隶社会的教学内容主要有礼、乐、射、御、书、数六艺。封建社会的教学内容主要有五经和四书。而生产经验和生活实用知识、技能的传授在广大劳动人民当中，主要依靠父子相传或师徒授受。

中华人民共和国成立以后，由于课程改革而促进各级学校的教学内容不断改革，旨在力求使它在实现社会主义教育目的的前提下，既适合儿童、少年和青年身心发展的阶段，又符合当代科学技术发展的水平。为此，教学内容在教育科学研究的基础上已经多次得到改进和更新，以满足为社会主义现代化建设培养人才的需要。在我国，现在把规定教学内容的文件称做课程改革方案、学科课程标准和教科书，它们都是教学内容的不断具体化和可视化与可操作化。那么，语文"教学内容"则集中表现在"语文课程标准"和"语文教科书"上。由此可见，对语文"教学内容"的研究，是实现语文课程教学的关键，而对"语文课程标准"和"语文教科书"的研究和科学把握及其运用，则成为我们每一位语文教育工作者的关键任务和基本课题。

二、对教学内容进行"再认识"和"二次处理"的意义

1. 课标制订和教科书编者对"教学内容"只做了宏观的导向性即第一层认识和第一层处理，远未能让它直接可以走进课堂，有待教师作出"再认识"和"二次处理"

从某种意义上说，国家组织的有关课标制订专家和教科书编写者们，是对我国学校课程"教学内容"的第一层认识者和第一层处理者，他们用各自的"认识观"和认识能力，进行着教学内容的处理工作——形成了"课标"和"教科书"。从现行的语文"课标"和语文"教科书"来看，可以说，只做了一种宏观的内容规范与总体导向性处理。事实表明：这种"教学内容"，远未能让它直接可以走进课堂，还有待广大教师及研究者为此认真地作出"再认识"，实事求是地进行有针对性和可操作性的"二次处理"。

大家知道，凡"课标"和"教科书"发出后，还必须再由广大教师（含教研员及教材培训解读专家等）对"课标"和"教科书"进行学习和研究，并提出具体的实施计划（含教学计划和备课教案等）。就"课标"和"教科书"自身而言，这已经是对我国学校课程"教学内容"的第二层认识和第二

层处理。但对于每个教学实施者教师来说，这种对"课标"和"教科书"进行学习和研究，还只是处于对"教学内容"所进行了第一次认识和第一次处理。而且从目前在对教学内容的认识与处理的现实情况来看，这种第一次认识和第一次处理，往往是仁者见仁，智者见智，其认识和处理的结果有些简直是天壤之别。这就难怪让人们最后发出感叹：教什么比怎么教更重要。这足以表明对"教学内容"进行"再认识"和"二次处理"的重要意义，也证明如何发挥"教学内容"在课程教学中的作用，则成为课程改革及教学研究的重要课题之一。

2. 现实表明：对"教学内容"进行"再认识"和"二次处理"，既是教师专业发展的重要基本功之一，也是语文学科建设和内涵发展的必备主题

人们常问：为什么对在同一课标指引下所出现的教科书及其课堂教学情况，却出现"百花齐放"的热闹现象，存在着这样那样的看法和做法，效果也大不一样？经过反思与检验，我们认为，对"教学内容"只有第一次认识和第一次处理还往往不够，尤其是对"教学内容"这一概念内涵、特征、意义的正确理解和科学把握，还存在许多不到位或不成熟甚至片面、偏执的问题，因而导致在教学操作上出现"内容缺失、内容错位"的严重误区，给语文教学带来一定的麻烦乃至损失。看来有必要对语文教学内容进行"再认识"和"再处理"的研究。

我国新课程改革经过一轮以上实验，取得了较为显著的成绩。尤其是学科课程标准的颁行、三级课程开发、校本教材建设的加强和教材上的"一标多本"的实施，给广大学校和师生在教学内容上呈现了更加丰富性、自主性、多元化的格局，从而促进了师生在教学内容选择与安排上最大自由空间的形成，让不同地区、不同学校、不同学生能真正成为教学内容选择的主人，根据不同需要而处理教学内容。这是本次课程改革的最大亮点之一。但不可否认，由于长期以来，人们"课程"意识的普遍缺乏，学科课程内容的建设步伐还相对滞后，导致师生目前在选择和处理教学内容上的操作原则、策略机制尚未形成，出现了许多教学内容上的认识问题和操作误区。

比如：一是在概念理解上将"课程内容""教材内容"和"教学内容"三者混淆或相互替代，或者就干脆将三者统视为教学内容；二是忽视"课程内容"，而将"教材内容"直接替代为"教学内容"，导致不少老师教了几年书也不看一眼《语文课程标准》，全凭一本课本、一本教参书、一本考纲而教遍天下；三是只将课文作为"教学内容"，将"文本解读"作为唯一的语文教学任务，结果是窄化了"教学内容"。四是因自己喜好与感性即打着个性

化、语文流派的旗号而把语文故意教成"诗的语文""吟的语文"等，而不知语文远不只有"诗""吟"之类的教学内容……这些都是由于对"教学内容"缺乏进行"再认识"和"二次处理"所造成的问题。

三、重构与生成：对教学内容"再认识"和"二次处理"的核心

如何进一步探讨语文教学内容的重构与生成，学科知识与学科活动，二者共同构成了教学的内容要素，缺一不可、密不可分。看来这是对教学内容进行"再认识"和"二次处理"的核心。

1. 把握好"知"和"用"两个标尺，重构语文学科知识体系

"知"，既指语文学科的本知、应知，又指学生对语文的已知、需知和欲知，还要充分考虑二者如何对接，形成一个已再处理之后的适度、可控、可操作的教学内容体系。

"用"，主要是指创新学科课程实践活动，融合教师理解与学生经验，将课程和教材中的内容最终转化和生成为教学层面的内容，以及学生所掌握的内容，最终形成每个学生自我的语文知识体系。

2. 注意从整体观出发加强对教学内容的选择

（1）选择的教学内容，要符合学生的身心特点和发展需要。即教学内容要与学生的身心发展水平相适应，超越或不及都不好。超越了，学生完不成，甚至还可能对学生的身心造成伤害。但选择的教学内容低于学生的身心发展水平，也不好，不能激发学生的学习兴趣，收不到应有的教学效果。

（2）选择的教学内容，要符合学生的发展需要。主要是指选择的教学内容，是学生学科学习发展所必须掌握的一些基本知识，能为学生未来的学习与发展打下一个良好的基础能力。

（3）准确把握教材的性质、特点和价值，正确地处理好教材。要正确地处理好教材，就必须准确地把握学科教材的性质、特点和价值。注意把一些可以用来达成多种教学目标的练习内容，作出多元化处理，进而开发"教材"为教学内容。

（4）主要教材具有适宜的技术难度和较强的教与学因素。学科教材的知识难度（或科学含量）是教材的魅力所在，是教与学的基点。有一定的难度，才能激发学生的学习兴趣，才需要教学。学生也只有在攻克难度、形成能力的学习过程中，才能获得真正的成功与快乐的情感体验，心理品质与社会适应能力才能得到有效的培养。如果选择的主教材没有一定的难度，知识含量很低，没有什么可学的，学生一看就会，那就无须开设专门的课，也无须教

师去教，当然，难度要适宜，要符合学生的年龄特征。

3. 基于学生的学：是对教学内容"再认识"和"二次处理"的主轴

（1）语文课堂教学的基点：是学生而不是学科

传统教学的基点是学科，用书教书，为课程而备，为课本而教。而现代意义上的教学的基点是学生，是学情，是学生的学习经验，是学生的发展及学习的成效。语文教学尤其要关注学生的学情，根据学生学情选择教学内容，针对他们的具体困难，有创造性地对教学内容进行"再加工"，直至适合学生的学习。主要是两个：教学内容的合宜，教学设计的适切。

（2）语文课堂教学的关注点：学生的学习状态和思维活动

过去，我们在课堂教学上常常只关注知识讲对了没有，内容讲懂了没有，其实对教学内容的正确处理，远不只指所讲知识的正确性与否，还更要关注学生现场学习时的状态是否良好，关注学生的思维活动是否真实正常，是真正学会了所学内容，还是"假性听懂"，呈现"假装思考"的状态（即被动思维、走神思维等）。教学是否有利于学生的学习与思维活动，符合学生的认知规律，而且有效地展开教学环节和使用教学方法，有效地改变学生"假性听懂""假装思考"的状态，达到积极思维、有效思维的教学新境界。

（3）语文课堂教学的着力点：把"教学"变为"教学生学"

主要是对"教与学"要有正确的理解，需要改变我们的课堂教学关系，形成师生的合力。首先在思想上把"教学"变为"教学生学"。接着，教学时不仅是教师想教什么、要怎么教，还要想为什么教、凭什么教。也就是要有自己的教学依据、教育哲学、教学情怀，要让师生都进入良性学习状态。从"学"的角度考量教学的有效性，包括是否适合学生的学习需要，能否给学生学习提供较大的帮助。

（4）语文课堂教学的高潮点：让"学的活动"成为状态

要给教学环节以新的认识。根据我们的理解，教学环节要成为组织学生"学的活动"展开的环节，同时又要成为一步步推向"学的活动"高潮的流程。教学流程，即教学环节的具体化和流畅性。但是，教学流程又在"学的活动"中充分展开曲折性，所以，期待营造以"学的活动"为波浪线的课堂教学状态。

总之，新课程其实是呼唤这样的课堂的：使学生的"学"更加丰富性、多样性，使学生的"学"更有结构性、完整性。换句话说，就是要把"教的活动"转变为"学的活动"，那么课程改革的新理念，便在实践中有了一个抓手，有了一个坚实的落脚处。

初论新粤派语文与语文教学

新粤派语文到底是个什么模样？它与语文及语文教学有何关系？它能给语文教学特别是广东语文教学带来什么？等等。这些都是在推动新粤派语文建设中不可回避的重大问题。

一、对语文流派含义的理解：既要独创异样，也要科学与完整

探讨"语文流派"，首先必须明确什么是"语文"，什么是"流派"。

什么是"语文"？自20世纪初有了分科的"语文"和20世纪中叶由人民教育出版社编出《语文》课本以来，一直没有停止过对语文学科性质定位的争论：这种先有课本后才对"语文"的概念进行界定以及所引起的讨论，确是已经十分为难后来人。不管是"语言+文字"，还是"语言+文学"，或是"语言+文化"等，都只是一种表面性描述的界定，多多少少受了当时将"国语"和"国文"相加而组合的先人为主的概念的影响。哪怕是后来能被大家基本公认的"语文是工具"这一比喻性概念，也无法从"语文"的内涵上界定出一个真正属于"语文"的科学性定义。但是，有一点大家都承认，"语文"属于学校教育的"语文"，是教学生学习的"语文"，是为造就一代具有语文能力的高素质公民的"语文"，包括语文课程、语文教材和语文教学等诸种因素。这种"教育"语文的能力标志起码是：①能正确掌握与运用祖国的语言文字；②能传承和发扬中华民族的优秀文化；③能用较好的言语形式和言语智能（含技能、智慧等）畅达地进行思想交流与情感表达。这三点如果能够成为学校教育层面上"语文"的科学含义，那么就应该打造一种相对完整的属于"全语文"的流派。一是从纵向上包含语文教学的阶段性，即小学、初中、高中一条龙的系列型语文；二是从横向上包含语文教材、语文教学策略、语文教学模式和语文教学评价等多维的全程型语文。只有这样，才有可能使"语文"进入流派。

什么是流派？国内外已经有许多研究成果回答了这个问题。《现代汉语词典》的"流派"释义为："指学术思想或文艺创作方面的派别。"英汉词典上Genre的定义是：体裁，式样，以鲜明的风格、形式或内容为标志的艺术作品

的一个流派，如在音乐或文学中，也可以称呼 "乐种"，即音乐的种类。"流派中还有门派、宗派" 等。20 世纪 30 年代，我国在文学艺术、戏剧界出现 "京派" "海派" "沪派"，后来还有 "山药蛋派" "荷花淀派"，等等。表明文学艺术百花各放、万紫千红的繁荣局面。流派的形成一般要求具有以下几个条件：①文化传统和文化背景的相似性；②学术思想和主张形成了共同的认可和相一致性；③有相近的学术风格和学术操作模式及其艺术特色；④产生一批流派代表人物和有影响的且被广泛认可的学术成果；⑤有其异样存在的独特地位、独特价值且有持续发展的活动方式和群体性行为。我认为，流派就是流动的派，在 "流" 动中形成的派，在流动中 "流" 出相近的且不断更新的思想观点、教学经验和教学模式方法等。

在我国语文界，随着教学改革与发展的深入，许多优秀教师和优秀成果不断出现和成熟，以至形成风格与特色，产生了许多语文流派。从 20 世纪 60 年代开始的 "京（北京）派语文" "海（上海）派语文" 到后来的 "越派语文" 等。还有突破地域性发展起来的新流派，如 "情感派" "民主科学派"；近几年更产生 "朴实语文" "诗意语文" "情境语文" 等专项性语文流派。这些流派的一大特点是打破 "地域性"，以某一教学理念和教学模式与方法甚至教学风格、教学志趣的一致性或求同性而形成特定的语文流派。这种语文流派将随着信息时代和科技手段的发达越来越多，其作用也越来越大。同时，这些流派将同企业一样，有些兴起来，有些倒下去，还有些被合并或融入大流派之中，形成流派中又有子流派。

我国语文流派的发展表明，一个语文流派的最终形成和具有长盛不衰的生命力，单靠有表面标志的领军人物、有几句口号（理念）、有几项成果和几个被评价的结论还不行。真正作为一个有生命力的语文流派，还必须有丰富的成功的实践经验作铺垫，有独立的哲学视野和独创的理论体系，有不断地善于总结、反思、发展与创新的流派代表人，而不仅仅只是当时的领军人物（领军人物往往只领跑而不压阵，有些还是因当时的某种需要而被拉来做大旗者，其实并未能为流派集大成者）。

另外，构造语文流派干什么？语文流派对语文教学有什么作用？这也必须引起思考。当然，语文流派说到底是对某区域或某种领域以及学术专业倾向的名片，在某种意义上给这些人和所从事的活动以一种认可的标签。但是，形成语文流派的目的是为了更好地将志同道合者团结起来，生成一种合力和团队精神，更好地发挥集体智慧和群体力量的作用，在一种"学术共同体"中学习、研究、工作，获得更多更好更突出的成果，促进各自的专业发展和学术成熟乃至完善。否则，因语文流派而产生"流派语文"，就违背了"流派"的构建意义。

"流派语文"不等于"语文流派"。前者是静态的僵死的，只是语文的一种"偏方"而显得不完整；后者才是动态的、发展的，为追求语文教学的一种风格和特色而努力地生产并运用着教学理论、教学策略、教学经验与教学成果等，所以，推动语文流派建设的过程，是使语文教学改革和发展不断深入、不断成熟、不断创新的过程，这才是语文流派建设的真正意义。一旦把用在追求过程中所形成的"语文流派"搬进语文教学之中，势必就使"语文流派"变成"流派语文"；如果用"流派语文"进行语文教学，那么语文教学就会陷入一种僵化、被动、片面的"模式化"教学或"规定型"教学之中，这就是使许多教学流派最终走向衰败和灭亡的主要原因。

由于以"流动性"为显著标志之一的现代化社会的产生，过去那种以地域、文化背景、工作范围和政策支持以及用某一主题模式和恒性概念为主而构建的流派，已经不合时宜了，必须赋予新的内涵和方式。语文流派也是如此。无论"新粤派语文"，还是"浙派语文""沪派语文""湘派语文"等都必须与时俱进，探讨新的语文流派建立标准，机制和方法，等等。

所以，语文流派建设最忌讳的是，固守在自己的"派"中而不求发展，缺乏包容，终于已成的一个模式、一句口号（理念）和几本教材以及几个范例等，更不能拿着这些永远不变的像咀嚼已经咀过多次的馍一样，在反复地乏味地嚼咽着。也就是说，要在语文流派活动中防止"流派语文"的负面影响。因为，它并不符合语文流派建设的独创性和持续性两个重要特征。语文流派建设更加独创性，无独特性就"无流派"而言，这里的独创性指"异样的存在"和"鲜明的风格"，即有独特的教学主张、独特的成果价值和独特的教学特色。语文流派建设的持续性，是指稳定性和发展性，既要追求不断趋向成熟的教学风格，也要用已形成的教学风格去发现和发展更新、更好的教学风格，这叫做"用风格打造风格""用流派发展流派"，让流派永远置于一种对"流派"追求的教学状态之中。

二、对新粤派语文的认识：新粤派语文首先是语文，但同时也姓"粤"，更姓"新"

新粤派语文离形成还有一段相当长的距离，还有许多值得努力的空间。首先要解决"新粤派语文""粤"在何处，"新"在哪里？要在从"教材"起步走向全粤型、多元化的更大范围内通过对"新粤派语文"全方位的研究与实践来推动新粤派语文建设。

有关研究文章认为，新粤派语文好像就是粤教版高中《语文》教科书及由这套教材而演绎出一批领军人物和重要事件，并从中挖掘出一些理念及模式。一套教材能不能成为一个"语文"流派，还值得展开讨论。即使给予一个限制性定语叫"新粤派高中语文"，也不完全准确，因为广东还有不少地方没用粤教版语文教材，更何况广东省初中、小学没有"粤"版语文教材，都在用"人教版""语文版""苏教版"等，依此推理，那么广东就永远不能形成新粤派初中语文和新粤派小学语文了。我认为，我们要的应是"全粤"派语文，既有高中的，也有初中和小学的；既有教材的，也有教学的，等等。语文是综合性、整体性强的系统工程，不能一边打着新粤派语文似乎是"全粤"语文的旗号，一边又是只有高中内涵的"偏粤"语文的实质。所以，构建一个流派的语文，应纵向地思考与把握中小学全过程以及横向地思考语文的各个要素。当然，这是就"新粤派语文"的"语文"而言，如果冠之以"新粤派高中语文"则另当别论了。

此外，新粤派语文"粤"的特点怎样体现，这也是研究的重点之一。"粤"应该是"广东特色"，即广东特色的语文，应该从广东省广大学校的语文教育中去寻找能充分体现"粤"语文现象和"粤"语文成分，不能只局限于文化，因为"语文"毕竟不等于"文化"，"文化"只能成为"语文"的背景或者土壤。更何况初中、小学语文教材是省外教材，置于中华文化的大背景之下。从某种意义上说，学校教育的"语文"主体指语文教学，过去在"一纲一本"的特定环境下更是如此，教材由上面发下来，教师只能追求教学上的风格，如教学理念、教学策略与教学模式、方法等，最终形成教学流派。

另外，新粤派语文的"新"也不可忽视，应成为研究的又一重心。如果没有这个"新"，不知道"新"在何处和以后如何更"新"，也就失去打造这一语文流派的意义。"新粤派语文"首先要反映改革开放以后崛起的广东经济特征、文化特征和以此影响着的语文教育，要特别反映因改革开放后所形成的多元文化、多元思维和多元文化人群的生活观念、生活方式等赋予语文教学的内容以及相关影响；要积极地从这些地方寻找符合新粤派语文要求的教学资源：如《雅马哈鱼档》《情满珠江》《英雄无悔》《春天的故事》等就应该成为“新粤派语文”的教材内容或者教学元素。

三、对新粤派语文的期盼：让新粤派语文为广东语文教学制造名片，在语文教学中积极建设新粤派语文

新粤派语文的推出，无疑给广东语文界带来一丝新喜和欣慰，给每位语文工作者以一种希望与鼓励。我深信，新粤派语文应该为广东语文教学制造一张具有“广东特色”的名片，让广东语文教学立足广东，走向全国，影响港澳及东南亚。这张名片上应该写上什么呢？通过什么方式来写呢？作为在广东这片改革开放热土上从事语文工作的人，不免对新粤派语文充满思考和期盼：

1. 要在中华文化的更大背景下推动新粤派语文建设

目前，新粤派语文以粤教版高中《语文》教科书作为“派”标，这应该引以自慰和充分肯定。但是，如果仅仅满足于这一点，绝对不可能形成真正的“新粤派语文”，也不能使“新粤派语文”流出广东，在国内“流”出影响。至少还要将这套教材打造的更加完美，在国内成为品牌教材，还要有相应的使用这套语文教材的新鲜经验和教学模式与方法等。在近几年的高中语文教学中，有一套属于粤派语文的“3322”模式，给“新粤派语文”这张名片浓墨重彩地写了一笔，但是，如果让它代表或者替代全部含义上的“新粤派语文”即“广东新语文教育体系的创新”，或者把“新粤派语文”就仅仅解释为这些，或者以这一点就作为新粤派语文的代表性或标志性成果，未免让“新粤派语文”显得分量不够，底蕴不足。新粤派语文应该是全广东的语文，涵盖高中、初中、小学各个阶段的语文，涉及语文教材、语文理念和语文教学策略、语文教学模式、语文教学方法、语文教学手段以及语文教学艺术与技巧等全方位、多元化的综合型的语文系统工程：“京派语文”“海派语文”“浙派语文”并不是以教材作为流派的亮点和特色而形成流派，而是在中华文化的大背景下，以其各自“异样存在”的独特的教学理念、教学策略、教学模式与方法等为亮点而写入各自教学流派的名片。所以，新粤派语文的建设，要有基于中华民族文化的更大背景下融地方文化和外来文化于一体的基本构架。

2. 要在整合各类学术力量、学术观点和教学成果以形成更宽松和谐的学术氛围中努力推动新粤派语文建设

要认真总结、挖掘具有传统的"粤色"教学经验、教学模式与方法等。比如，在小学有丁有宽的小学语文"读写结合法"和"丁氏教材"。丁老师及其成果在全国小学语文界影响非常大，完全可以成为新粤派语文在小学阶段的代表人物。又比如，钟德赣老师的"反刍式单元教学法"，也在全国初中语文界产生了较大的影响。这两项成果都具有流派的标志性特点：一是有其教学主张、教学经验和一批参与实验的教师形成其群体团队性，效果也很好。但是他们并非一开始就有教材，有些就一直没有教材（只有一些用于试验的资料）。尤其是随改革开放以来大批优秀外省教师的涌入，给广东语文界带来了新鲜血液，更能为新粤派语文的"新"作出贡献。在广东工作的外省籍语文教师中，有不少就已经在国内产生重要影响，甚至还是有关流派的代表人物或教学特色和风格十分鲜明的语文名师，国内许多刊物发表了他们的学术成果，许多报刊、书籍也对他们做过高度评介和深度报道。但是，到广东后都遭到不同程度的"异化"或"淡化"，成了散兵游勇或在孤军作战，自生自长。如果这支力量能被重视、信用与整合，新粤派语文一定会走出一条"新"（星）光大道。现在关键的是如何提炼他们的共性和寻找相似点，最终让他们一个个都走到"新粤派语文"的旗帜之下。

3. 充分发挥教育行政、教研部门和高校学术机构、学会团体等联动和激励、督促、评价等多维互动的科学机制，积极组织与开发新粤派语文的新因素和新成果，有效地推动新粤派语文建设

首先要妥善处理"粤"与"新"的关系，在既新又粤的"新粤型"语文流派建设上树立科学发展观，不搞权宜之计，要有完整的可持续发展的新粤派语文建设计划和行动纲领。此外，立足于语文教学，通过语文教学这个形式与载体来促进新粤派语文建设不断深入。另外，还要通过理论培训、会议研讨、优质课评选、学术沙龙、经验总结与介绍、成果推广等方式来丰富和发展"新粤派语文"，让新粤派语文深入民心，深得民心，为广东语文教育事业的繁荣与发展，为广东语文教学质量的提高而作出贡献。

（本文写于2009年华南师大举行的广东省语文特级教师"新粤派"语文学术研讨会期间，发表在华南师大《语文月刊》2009年第5期。）

第六章 语文的课程建设"反"思

【引言】

反思，近代西方哲学中广泛使用的概念之一。又译为反省、反映。原意指光的反射，作为哲学概念是借用光反射的间接性意义，指不同于直接认识的间接认识。反思，虽然它最先属于唯心主义哲学概念，但后来被广泛运用，其含义多起来了，也不只是"唯心主义"所能包含了。

目前常见的是，反思已成为一种积极的哲学认识方法，即指对某些事物或具体工作过程及结果进行重新回顾、总结和再认识等，以形成更好的、更合理的新观点、新策略、新思路和新方法。现在普遍是指"回头、反过来思考的意思"，即"对思想本身进行反复思索"。它的关键，不在于"回头、反过来思考"，而是着眼于和着力于"对某些事物或具体工作"的发展与进步。从教育哲学层面来看，"教学反思"是为了"教学发展"，而且是使教学更加"科学地发展"。

我们还可以这样认为：人之反思，已经成为人类的"人品"质量建设之一，也是一种人类文明程度与个体成熟与理智的标志。

本章所反思的是，对目前近十多年来我国"新课程改革"有关开设情况，着眼于课程如何"开足、开齐、开好"，着力于课程先进理念如何与实际操作相对接的行动反思，课程不仅勇于改革，更要善于建设；不求"开了"，更求"开好"。尤其是"国家课程"开设，更值得进行一番有深度的反思。

语文新课程改革：还在"新"吗

——语文新课程特点及其教学实施的再探讨

本世纪之初进行的基础教育课程改革实验，俗称"新课程改革"。但是，我每每反思：到底是就过去已有过的几次"课程改革"而言，还是就此次新设计的"新课程"而言，或者是就"新改革"而言。这是一个不可回避而必须引起深度反思的问题。

"新课程改革"，已有多轮实施经历。目前课程标准也做了修订重新发布，从语文两个课程标准和相关教科书来看，"改革"是不断的，但这种"改革"只是以"改变"为标志，其实"改革"的深入发展不应该只有课程"改变"，更应该有课程"建设"，也正因为课程"建设"而明确其课程发展的阶段性目标及长远性目标的相统一，以呈现着一定的课程发展合理性和实效性。

基于此，本人认为："新课程改革"，不在于"改"，而在于新课程之"新"的发展。用课程是否有"新"的发展来思考课程"建设"，以体现实施新课程的整体连续行为，体现青少年身心发展特征，彰显新课程语文"新"的特点，充分挖掘和张扬其教学中"新"的元素，便成了重要任务。概言之，新课程应在"适学""适学""适学"等"三适"方面，争取"新"出水平。

一、新课程语文呈现了一种更加完整而"适学"的新特点

我们从《全日制义务教育语文课程标准》中看到，新课程语文呈现以下"以学为本，为学而教"的新特点。

1. 母语性。即适合我国国民学习和使用的标准语言，它具有基础性与语源性、共同性与通用性、规范性与发展性的特点。

2. 汉语性。即具有汉语言的方块字、表意字、音形义的整体性等特点，适合千百年来以汉语为主流语言学习和交流的实际情况的特点。

3. 文化性。即人文性、思想性；适合构建既传承祖国优秀文化、又积极吸纳人类各种文明的语文"文化共同体"的特点。

4. 实践性。即语文具有积累、感悟、审美，交流、表达、运用等特点。

5. 综合性。即多元性、模糊性、非系统性、灵活性等特点。

我们还可以从《语文课程标准》中认识到，新课程改革要求语文学科坚持以下"四个一"的改革理念和学科特色。

1. 始终坚持一个前提：转变教学观念，树立新的教学理念和现代教学思想，即以人为本，以学生的发展与进步为本，也就是以学为本。

2. 始终坚持一个核心：人性化语文，学习型语文，教师教学不是"教"语文，而是教学生"学"语文。

3. 始终坚持一个主题：教师的教学方式和学生的学习方式都发生了变化，即让语文课成为有学的教、有教的学。

4. 一个关键：改革语文教学评价，开展教学反思和反思性教学。既要有全新的科学评价理念和评价体系，又要有切实可行的具体做法。

二、新课程语文呈现着一种更加彰显"适用"的新特点

《全日制义务教育语文课程标准（实验稿）》和由它而产生的各版实验教材（教科书），与过去的传统教材相对比，均无不体现着一些全新的课程特色。

（一）课本编写内容的特点

1. 编排体系——以主题为单元，打破文体单元编写体系。特别是义务教育阶段新课标语文教材，形成五个板块的内容体系：识字写字教学、阅读教学、写作教学、口语交际和综合性学习，第一次将活动课提升为"综合性学习"。

2. 课文选文——政治内容淡化，文化内容强化。突出了"名家·名篇"与"平民·时文"相结合的选文特点；突出"好懂、好学"与"适用、实用"的青少年学习语文的认知规律特征；突出"课文无非是个例子"的既学语文又育人的三维目标整合的语文教育特点。

3. 课后练习题——更富有人本性的亲和力，指导学习的启发性和自主学习发展的实践性。

（二）课本呈现形式的特点

1. 语文课本的呈现形式，由过去的"教本"（教科书）将逐步变为"学本"（学科书）。现在，打开课本一看，能看到编者们站在学生的立场上，用向学生对话交流的形式，来展示学习内容，设计学习过程、学习方式与方法

以及练习作业题等，即用学习进程来展示课本，让学生感受到：这是我要学的语文课本，不只是老师教书的范本。

2. 突出了语文的"新单元"教学体系。以前，是按照文体特点，即按记叙、说明、议论等文体选文型而组成"单元"。现在，从过去"文体分类型"旧单元教学而走向了"内容主题型"新单元教学的变化，即以学生生活与认知规律、认知水平层次相结合为主轴，以语文内容上的"文选型"与语文学习过程的单元形式相结合为载体，来形成一种"主题+文体"型的语文新单元教学体系。

3. 将"语文课程标准"中关于"阶段目标从'识字与写字'、'阅读'、'写作'（1—2年级为'写话'，3—6年级为'习作'）、'口语交际'四个方面提出要求。课程标准还提出了'综合性学习'的要求"这些课程标准的阶段目标设计的思路与要求，具体化为"五个板块"或"五大领域"的内容来体现，并结合"知识与能力、过程与方法、情感态度价值观"等三维目标相整合的理念，以形成多元性的整体教学模式。

4. 正确处理好书面作业和口头作业，思维作业和活动作业的关系，故把它称为"课业"，构建语文新作业观——即语文"课业"（课程作业）。特别把语文的"阅读"作业落实到位："读书"是作业，而且是语文学科的主体作业和常规作业。让学生"天天读书、好好读书"，这是语文的基本学习任务，那么"读书"也就应该成为重要的作业内容之一。

（三）教材编写方法的特点

1. 即均按编写的背景、选文的标准与思路、内容以及所设计的各种习题等方面而形成教材。特别是对选文，一直是语文教材的重头戏，是课本的标志性产物。此次课改非常注重既为反映客观生活，表达作者思想感情的文章或作品；又适合学生学习且为学生的学习发展有利的文章或作品而编选进教材，于是形成课本。

2. 所编选进去的那些文章和作品，就已经不再是原来意义上的文章与作品，而是成为学生学习用的"课文"，已经增加了它原来所没有的让学生学习的功能，结果那些文章、作品便"无非是个例子"，成为学生学习和教师教学的共同的文本，再加上其他适当的如"提示、注释、课后练习、单元训练"等，最终构成为整体的"教材"（即课本或教科书）。

3. 教材中关于"写作"的教学安排，似看零散，但其实与有关单元已基本体现了螺旋型发展的体系。尤其突出了以下三方面：

（1）三化：生活化、主题化、个性化；

（2）三自：自己的体验、自己的思维、自己的话；

（3）记叙文、描叙文、夹叙夹议文。

……等等，这些都充分体现着新课程语文教材编写有着与改革相匹配，与新课程理念相适应的重要特点。这些特点，尤其在七—九年级的初中语文教材中更为明显。

（四）新课程的新创点——"综合性学习"

1. 综合性学习，是《义务教育语文课程标准》中所提出的"五大板块"之一，成为语文新课程改革的创新点。使语文课程及其教学发生着重要变革。它发展了语文课程类型，也丰富了语文学习方式。它强调语文学科内的听说读写内容上的综合，也强调语文整体能力和综合素养上的建构。

2. 语文的"综合性学习"，是以活动项目或专项课题为载体，形成若干个单元而开展的课程实施活动，突出其"综合性"和"学习"两大内含：综合性即形式与功能，学习则表明了学生这个主体及其职能。这也就表明教学创新就在于：教是为了学生的学。

三、新课程语文：在教学上寻求更能"适新"的新特点

（一）要对"新课程"语文新特点有新认识

新课程语文，是冠之以"新课程"的语文，充分体现了"新"的特点，那么，为实施新课程语文的语文教学，也同样需要"新"。否则，就会导致一头新，一头旧，"穿新鞋走老路"。

1. 充分认识与把握新课程带来的变化

（1）教师角色的转变：不仅是知识传播者、教材实施者，更是学生学习的促进者、教育教学的研究者、课程的建设者和开发者。

（2）课程结构的转变：首次将"学习领域""模块"引入课程结构。在高中课程结构中引入"学分管理"。在课程方案中特别突出加强了各学科的"选修课"和"选修系列课"的比重。

（3）课堂状态的转变：课堂教学是生成的，课堂教学需要预设，预设使生成更精彩，课堂教学的实质是交往互动。

2. 要重新认识课程与教学的关系

（1）课程是教材、教师、学生、环境的总和。

教学是关于课程实施的具体活动，教学从本质上讲是一种"认知活动"；

教学是教师的教和学生的学所组成的一种人类特有的人才培养活动。

（2）课程与教学属目的与手段的关系：

西方一些研究在意识到课程与教学两者需加以分离的前提下，提出课程是指学校的意图，教学则是指达到教育目的的手段，它们分别侧重于教育的不同方面。两者在一定程度上，也可以说是内容与形式的关系。许多关于课程与教学的隐喻也是从这样一个角度来谈的，如：

课程是一幢建筑的设计图纸，教学则是具体的施工过程；

课程是一场球赛的方案，教学则是球赛进行的过程；

课程是一首乐谱，教学则是对这首乐谱的演奏。

尽管"新课程"的"新"是相对于"旧"，相对于"过去"或"传统"而言，但我相信，新课程背景下的语文教学应该永远是"新"的，不要因为时段上的"新"课程而随着时过而变"旧"，应该让它永远赋予新意、新法、新效果。

（二）要用"创新"的目光观照新课程语文

1. 充分理解语文新课程和新教材的设计理念与设计体系，积极开展教学前的准备和教学后的反思；在充分读懂课标、分析教材、设计教法、研究学法、科学地展开教学过程中体现理念、展示能力；由再现式简单型学习向发现式创造型培养（学习）的过程转化，为实现教师专业化发展与进步在语文教学中找到最佳形式与途径。

2. 改变对课文形式的看法，改变对教案的看法。在这里，要着重处理好教材教学与教师创新教学的关系：

（1）创新教师要与课程、教材一起成长。既要领会、掌握教材，又要驾驭教材，用活教材，当教材使用的主人。

（2）创新的教师要与学生一起成长：师生互动，教学相长。

（3）创新的教师要与创造、反思、发展一起成长。不要评说人家，也不要怕人家评说，要为自己生活，为自己的教学而思考和学习。

3. 学校校本课程的开发要因地制宜，充分挖掘并有效利用校内现有课程资源。努力为当地经济建设和社会发展服务，注重与学校办学理念相统一，即精品高中就应有精品课程；还要与学生成未来之才教育相融合，与学校现有条件优势和教师能力及特长相匹配；

（三）用"创新"的策略与方法开展新课程语文教学

要把语文课教成素质语文、生活语文、情感语文、阳光语文、绿色语文和学习型语文——要把握好新课程语文的学科特点和语文课程的教学特点。主要是坚持以下"四新"教学：

1. 新理念教学

（1）以人为本——"人本式语文"和"学本式语文"，即以学生学语文和学好语文为本；

（2）要教"有意义的语文"和适合学生的语文，要有意义地教语文和把语文教得有意义；

（3）要教有"学"的语文和有"教"的学语文；

（4）要教"言语形式"与"言语意义""言语生命"相统一的语文。

2. 新目标教学

即教学目标的三维整合教学和目标预设与生成相统一，师生共同设置与达成的学本型目标教学。三维目标并不等于三个目标，也不等于三类目标，只是在设计目标时要充分考虑教学目标的三个维度，即将知识与能力、过程与方法、情感态度与价值观等整合之后形成本文、本节课所应需有的若干项教学目标；教学目标的呈现，如果用"三维"的角度来依次用"三项""三点"等来表述，是对新课标的错误理解或机械套用。

应该说，语文教学目标首先还是语文知识与能力的语文学科为主体或载体而教学的目标呈现，然后将其他三维目标即"过程与方法、情感态度与价值观"等相应地渗透于其中而形成完整的、有序的教学目标体系。

3. 新形式教学

（1）新单元教学：即从文体组元型向生活主题组元型过渡；

（2）新课堂教学：由师授式向师生互动式和学生合作探究式过渡；

（3）新方法教学：变教学法为法教学，用方法教学和有方法地教学。

4. 新策略教学

我认为，新课程语文策略教学：

（1）在学科内涵上，要将"字、词、句、篇、语、修、逻、文"八方面知识与"听、说、读、写"四大能力有机的整合与统一，形成从教语文教学走向学语文教学的教学模式；

（2）在外延上，要将语文意识、语文知识、语文方法、语文情感、语文行为等语文素养与语文态度、语文习惯、语文兴趣、语文感悟、语文智慧等语文非智力因素的有机整合与统一，产生从教语文教学走向学语文教学的效益。

（四）用"创新"的行为开展新课程初中语文教学，实现新课程语文教学的教学转型

1. 从教师讲学生听转向师生互动合作与"学生自主探究"；从单一训练型转为多元培育型。

2. 从"教"语文教学转向"学"语文教学；从"教懂"转为"教会"，从"学会"转为"会学"。

3. 从教教材转向用教材教，再转向既教教材又用教材教；从教学法转向"法教学"。

4. 从分析课文教学转向阅读指导教学（"读懂"→"懂读"）；从"作文教学"转向"写作教育"与"写作指导"。

5. 从"知识立意"转向"能力立意"，再转向"知识+能力+素养"的"综合立意"。

6. 从以"教过、教完了"为出发点的任务型教学，转向以"教好了、教出效果、教出特点、教出个性化"为目标的有意义教学。也就是说，教过并不等于教好，更谈不上教出风格与特色。

综上所述，新课程语文，是充分体现着"新"的特色和"学"的特点。为此，我们要用全新的视角和全新的方法来推进新课程语文教学，使这种语文教学也教出有"新"的特点，教出有"学"的特色。

新课程"两课一为"教学转型与创新的研究

一、"两课一为"教学转型模式的概念及其意义

课程改革，其本身就充满创新意义。如何实现从传统基础教育走向现代基础教育，即教学转型与创新，这是取得课程改革成功的一大关键。为此，我们根据新课标的新理念，针对当前教学实际中与新课标精神和新理念相违背或不相适应的问题，特提出了一些改革与探索。如"两课一为"教学转型与创新的研究。"两课一为"，即"将教科书改为课本，将教案改为课案，让新课程紧密地为学生的学习与发展服务"。这种全新的"新课程育人"模式及

教学策略，旨在真正改变过去"书牵人、课牵人、题牵人"的学生被动性"三牵教学"现象和"教师讲、学生听，考什么、教什么"的"教本型""考本型"教学模式，以重新构建"人为本、学为本、发展与创新为本"的"学本型"教学模式。这种"以课本为载体，以课案为途径"的新课程育人模式，在我国尚属首次提出。经过近几年来的研究与实践，均取得了显著的成效。

二、"两课一为"模式的具体内涵及其运用

1. 将教科书改为"课本"，从教学内容上实现教学转型与创新

教科书，这一名词本由日本引进，无法按照汉语词汇的特点来对它做出释义。也许正有人从字面上难以获取对"教科书"一词的释义，就索性称之为"教本"。那么，教本，则是教学之本。由此得知，原来教科书是教师用来教学的书本。将它改过来已成为一种客观必要。首先，"教学大纲"已改为"课程标准"，原来按教学大纲编写的有关教材叫"教科书"，而现在按"课程标准"编写的书本则称之为"课本"也乃相应之举了；另外，从使用功能来看，这种书历来都为师生所共用，均为师生共同上课的主要载体；还有，从《现代汉语词典》释义和书本的实际内容及编排体系来看，其定义为"专门编写的为学生上课和复习之用的书"。那么这样的书又怎么硬要说成是"教科书"而不改名为"课本"呢？这种借用数十年的外来词而并非意义确切的误用现象该早改过来了，以顺应教学转型的需要。其实，近几年来的新课本也已经不断体现了以学生的学习发展为本的理念，也完全体现和发挥了"课本，课本，课程之本"的作用。如：人民教育出版社 2001 年 12 月出版的《语文》课本（二年级上册），就基本上按照以学生的生活和学习为主线构成一种"学程"（学习流程）。例如：第一单元，首先是一段带领学生走进秋天生活的富有情趣的导语：

过了炎（yán）热的夏天，我们走进了凉爽（shuǎng）的秋天。秋天的景象真美呀，就像一幅（fú）幅多彩的图画。

接着，是 识字一 ，在这一板块里又有几个环节：第一是词语短句，第二是生字，第三是"我会认"……第四是"我会写"……第五是"我会读"……以形成一个"识字学习的流程"。

然后，是 阅读课文 （若干篇）教学，每篇课文里又按"原文"和"我会认、我会写、读读背背、读读抄抄"等形成一个"阅读学习的流程"。

最后，以"语文园地一"为载体形成综合性学习版块，并形成"综合性学习流程"。本板块共包括：

我的发现

我会认

我会写

日积月累

我会读

读读背背

口语交际

展示台

我们的作品

由此可见，这样完全以课本为学习载体，以学生的学习流程为主线的书本，又何不谓之"课本"，而仍要说成为"教科书"呢？这种课本的出台，就已经为将教科书改为课本这一新理念作出了最好的诠释和演绎，已经为对"课本"概念的运用所产生的效果作出了最好的证明！因为这种课本是根据新课标编写的直接运用于学生的学习以及教师教学的书本。它再不是教之书，而是学之本。是直接成为实施新课程、落实新课标的演绎和载体，是实施新课程育人的重要途径与方式。由教科书改为课本，这不仅是一个名词的改变，更重要的是一种教学理念的改变，是一种教学方式和学生学习方式的改变，是体现课程改革的意志和进一步规范课程概念、充分认识课本和使用课本的需要。

2. 将教案改为"课案"，从教学形式与途径上实现教学转型与创新

教案，从传统意义上说，是教师单方面上课的准备，以为陈述教师教学内容和教学活动而设计的教学方案。这种教案，一般分为"教学目的要求或目标、教材分析、教学重点难点、教具选择和教学过程"等若干环节。教师拿着教案上课，按照教案的步骤，滔滔不绝地传授知识，讲解课文，结果讲累了，学生也听苦了、学烦了，其课堂效果可想而知。因为这种教案是教师一厢情愿的产物，是体现教师主观教学意志的行为载体，虽然其中也时有一些关于学生活动的内容，但这只是一种点缀或者叫"让学生配合"，其根本的立足点和出发点还是为教师的"教"而设计。新课程改革则以学生为本，以学生的学习为课程流程，那么对如何贯彻实施课标、学习课本的方案就自然

而然地相应诞生了。因此，将教案改为"课案"，也势在必然，并非只是一个名词的变换，它充分体现着一种创新：它首先适应课程改革，落实以人为本，以学生学习发展为本的新理念，因为"课案"才有可能把以学生为本的精神渗透其中。由于课案是师生实施课程、展开教与学的课程方案，便成为了课堂上师生互动、民主对话、合作探究的方案。所以课案的设计，要坚持从学生的学习与发展出发，充分激发学生的学习主动性和创造性。课案，它与有人提出的"学案"有相同点，也有不同之处：课案是师生教与学的共同的方案，"学案"则只是学习者自我设计的学习方案。经过我们的研究，课案现已形成了"一总多元"模式体系。"一总"，即指总模式，包括"课程目标、课程内容、课程形式与方法、课程准备、课程活动过程、课程学习效果评价与反思"六个部分。"多元"，即指将其中"课程活动过程"又设计为多元化的若干课案操作模式与方法，使其因课制宜。如：识字课、阅读课、写作课、口语交际课和综合性学习课等，均有不同的"课案"模式与方法。

如阅读课，则有"全异通课堂"的对话阅读法课案：

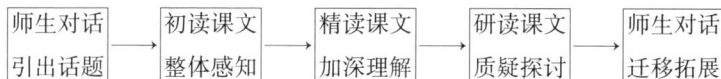

| 师生对话 引出话题 | → | 初读课文 整体感知 | → | 精读课文 加深理解 | → | 研读课文 质疑探讨 | → | 师生对话 迁移拓展 |

又如写作课，则有"感悟三练法"课案：

（1）感受之笔：练胆——有什么写什么，想到什么写什么，无忧无虑地写，无拘无束地写。（发散思维，教师以点拨为主）；

（2）感知之笔：练型——写什么像什么（文体），文章的结构、模型要有体、得体。（求同思维，教师以规范为主）

（3）感叹之笔：练韵——写出神韵、文采，写出真情实感，写出深刻哲理，写出独特感受，写得生动形象。（灵感思维，教师以激励为主）

三、"两课一为"的创新实践

（一）"两课一为"的创新意义

1. "两课一为"的实施，是尊重学生的自主学习的主体地位，使学生从过去的被动者改变为学习的主人，而教师只是一个引路人，起一个帮助者、引导者、合作者的作用，为建立新型的师生关系和课程育人体系而做出了开创性尝试，被誉为课改的成功范例，获得市、县的好评与肯定。

2. "两课一为"，改变了教学中多年存在的概念错误，给了"课本""课案"以全新的含义，并让其充分发挥功能作用，从而使人们在一种科学、先进的教学理念指导下从事课程改革，推进课程改革，以取得新的突破。

（二）"两课一为"的实践效果

1. "两课一为"的实施，使学生成为学习的主人，学习积极性比以前高涨，学习态度比以前端正。现在学生更加喜欢上语文课。如海丰县新城小学调查表（表1）、汕尾中学实验班调查表（表2）。

表1：调查对象——新城小学四年级（一）班学生，实验教师王小洁，

实验前测是 2002 年 6 月，后测是 2003 年 6 月。

项目	你喜欢上语文课吗？（人）			你满意老师布置的作业吗？（人）		
	喜欢	一般	不喜欢	满意	一般	不满意
前测	50	30	19	45	40	14
后测	89	9	1	85	10	4
比差	39	−21	−18	40	−17	−10

上述数据表明，课题实施后，学生对语文课的兴趣大大增强。这样的语文课，由于教科书已变成教师"教"与学生"学"共同使用的课本，教师的教案也变为师生共同遵守和实施的课案，学生就由过去的被动者变为学习活动的主动体，可以有着自己独特的感受、体验和理解，这样学生的自主行为强化了，思维激活了，创造意识萌发了，成绩也随着提高了。这是一种自主合作探究的学习方式和教学方式，充分体现新课标理念和教学创新的精神。

表2：汕尾中学实验班的学生语文学习情况调查表

班级 \ 项目 \ 人数	总人数	对语文学习有兴趣		喜欢课前预习		喜欢课外阅读		喜欢课堂发言	
		实验前	实验后	实验前	实验后	实验前	实验后	实验前	实验后
高一（5）班	72	20	51	8	60	15	63	11	32
高一（6）班	70	19	49	6	59	13	60	8	30

由上表可以看出，通过实验，学生对语文学习的兴趣有了明显增强，事实也证明大部分学生把上课当成了自己的事，课前课后都做好了充分的准备，主动搜集资料，参与课案的制订，积极参加课堂活动，改变了以往教师唱独角戏的局面，充分显示了课案的重要作用。

2. 本课题促进学生学习成绩的提高。如：新城小学学生考试成绩对照表（表3）、汕尾中学实验班与对照班成绩统计表（表4）。

表3：新城小学实验班四（1）班与对照班四（2）班成绩表

（测1为实验前2001—2002学年第二学期期末考试；测2与测3分别为实验期间即

2002—2003年第一学期和第二学期期末考试）

项目	平均成绩（分）			优秀率（%）		
	测1	测2	测3	测1	测2	测3
实验班	63.3	68.7	74.5	5	10	18
对照班	61.5	64.2	67.4	3	5.5	7
比差	1.8	4.5	7.2	2	4.5	11

由上表可知，学生在"两课一为式"的新教学机制下不仅学习积极性提高了，学习成绩也有了较为明显的提高。

表4：汕尾中学实验班与对照班的成绩统计表

成绩 项目 班级	总人数	平均成绩	及格率
实验班（1）	72人	65.2分	75%
实验班（2）	70人	66.1分	76%
对照班	74人	60.3分	62%

从上表可见，实验班比对照班成绩高出很多，施行"课案"的教学效果是非常明显的，充分体现了新课程的新理念和教学创新的精神。

3. 本课题促进了教师教学观念的改变，促进了教学能力的提高，也促进了实验教师的科研能力的提高。

（1）改变了教师的教学观念

自本课题实施以来，实验教师阅读了大量有关教学方面的理论书刊，特别是新课程标准及解读，改变和更新了教育教学观念，在对待教学和学生方面有很大的思想改变。实验教师们都懂得新课堂是互动、对话、探究的课堂，是学生自主学习的课堂，是注重学生的个性发展和独特体验的课堂。

（2）提高了教师的教学水平

实验组教师全身心地投入实验中，他们认真备课，反复推敲教学中的每个环节，细心记载实验中的每个现象。特别是王小洁教师2003年参加海城镇小学语文优质课比赛，荣获了一等奖，该课的课堂剪影还在广东省小语会刊《小学语文教学研究》刊载，她的课受到了各级领导和教师的赞扬。市、县教研室几位专家都说，王小洁老师的课富有创意，在年轻教师中能起带头、点化作用，充分体现了新课标理念。县教研室陈源德老师说："在她的课堂上，老师教得轻松，学生学得愉快，非常具有代表性。"

（3）提高了教师的教学效果

课外轻松。这里是指教师的教学备课的心态轻松，并非不要备课。传统的教案只是教师为上课做好准备，而学生被动的等着上课。教师带着这样的教案讲深讲透，面面俱到，如果哪方面没弄懂，还要回头去翻阅资料。可见这样的教案累了教师，懒了学生。而"课案"的实施，教师精心备课并不可少，但是可以把一部分内容分担给学生去准备，使教师腾出时间与学生接触，进行沟通，也使学生增强了学习的责任意识，为课案的实施而主动学习。教师们已充分认识到现在的课堂是属于学生自己的天地。因此学生都能主动地去搜集大量的资料，为课堂充分地做准备，以便在课堂上与老师、与同学进行互动对话、合作探究。如学习孔子的《论语》这个专题，教师先讲孔子的教育思想，再让学生课后去搜集有关资料，又回到课堂上相互交流、探讨。

课内放松。这里是指教师在课堂上的教学状态放松，因为有学生参与，气氛热烈，教与学的过程流畅。传统的教案操作往往是由教师唱主角，经常讲得唾沫四溅，口干舌燥，表现出一副师道尊严、凛然不可侵犯的架子，而学生却是一副傻呆、心不在焉的模样。而"课案"的实施给了学生一个广阔的空间和自主发展、创造的机会。在这种课案指导下的课堂，教师只是一个引导者，完全可以放松，让学生成为学习的主人，自己可以做一个忠实的听众，倾听同学们的见解，恰到好处地给予点拨，激励学生更好地探索。于是课堂提供了给教师向学生学习的好机会，"名徒出高师"，这也许就是课案带来的重要效果吧！课堂上那种学生机灵的反应、创新的见解、大胆的质疑的生机勃勃的学习状态，也促使教师处在兴奋之中，与学生共同分享成功的喜悦。

（4）提高了学生的学习效果

这种"课案"的实施，让学生在课堂上享受到了真正的主人翁地位。以前老师讲学生听的课堂变得活跃，充满生气。教师不是围着自己写的教案在课堂上念经，而是一种老师、学生、作者之间的平等对话、讨论与合作。学生可以大胆地发表自己的见解，向老师提出自己的疑问，向课本提出异议。课堂以学生的认知、理解、思考为中心，从而获得极大的成就感。课堂成了他们时刻冒出创新思想火花的阵地，享受成功的场所。如学习《米洛斯的维纳斯》这篇课文，老师组织了一场"残缺美与整体美"的讨论。苏小畅同学举例说："羊脂球身份地位的卑微，这种残缺更加衬托了她不计前嫌，在饥饿面前把食物让给别人的崇高灵魂、善良的人性和宽容的胸怀，所以因为残缺而更完美。"而另一位男生说："不觉得残缺美是一种真正的完美，那是人们人为的吹捧出来的，是虚伪的，因而觉得断臂的维纳斯不是一种至高无上的完美，而是一种缺陷，一种人云亦云的悲哀。"这种见解不管是对是错，却可以看出学生是在真正的独立思考，他们成了课堂的主人。

（5）提高了教师的科研能力

汕尾中学庾成芳和新城小学王小洁等老师，几年来参加实验研究，不仅科研意识大大提高，也能熟练地操作科研的全过程，尤其是对科研的精神和态度已大大不同于其他非实验课教师，比同龄、同类教师有了根本性的变化。庾成芳老师被学校推荐参加区优质课比赛，一举夺魁，又代表区在市里比赛获得一等奖，后来还获省三等奖。王小洁老师在实验期间所写的论文《读写一体化初探》，获得市论文比赛一等奖。其他实验老师科研能力也得到提高，科研成果也很突出，如黄桂英老师 2002 年参加县优质课比赛获得了二等奖，庄惠卿老师的教研论文多次在校教研大会上交流。

对"语文课程诸学习领域"的再认识

——由《2009 年语文教育研究综述——语文课程诸学习领域研究》所引起的反思

一、对"语文课程诸学习领域"的说法：应遵循公认的"游戏规则"

大家知道，世上凡是做任何事情都讲究"游戏规则"。语文教育也不例外。当然，每个人都可以有自己认定的游戏规则来论理做事，但如果用来评价别人或他事，那就要用彼此公认的通用规则和统一标准及其相对科学的理论（原理等），否则，就会使当前语文课程概念产生许多常识性的理解运用的困惑甚至错误，必须引起我们为之再反思、再认识。

北京《中学语文教学》2010年第2期发表了《2009年语文教育研究综述——语文课程诸学习领域研究》（上海师范大学学科教育研究所撰文，下面简称《综述》）。可以说，文章也作了一些研究综述，形成了一些看法，但是也的确出现不少欠妥的说法，甚至产生误导。比如，《综述》文中所提出"语文课程诸学习领域"的说法，就是一个明显的例证。

一是与国家课程方案和语文"课标"的规定不相符合。

也就是说，在国家两个课程方案和语文的两个"课标"中找不到相应的表述。

目前，作为最能体现彼此公认度的语文课程及其教学的"游戏规则"，应该是体现国家意志的课程方案、学科课程标准等。现在正式颁发的最具权威的法规性文件，有中华人民共和国教育部制订并颁发的两个课程方案（各学科公用）以及在语文学科中的两个课程标准。两个课程标准，一是《全日制义务教育语文课程标准（实验稿）》（以下简称《义标》），二是《普通高中语文课程标准（实验）》（以下简称《高标》）。据查证，《综述》）文所提出"语文课程诸学习领域"的说法，在两个课程方案和语文的两个"课标"中均未出现，也就是说，不符合国家有关课改的"游戏规则"即操作原则。

我们在《义标》原件中只发现有这样一段话："阶段目标从'识字与写字'、'阅读'、'写作'（1—2年级为'写话'，3—6年级为'习作'）、'口语交际'四个方面提出要求。课程标准还提出了'综合性学习'的要求，……"这段话，只在表明关于课程标准的阶段目标设计的思路与要求，再怎么样解读也读不出有关"语文课程诸学习领域"的含义或说法，只是到后来一些专家进行"课标解读"或新课改培训时便冒出来这些说法，渐渐地又在教参书、教师培训考试题、教师论文写作中出现"五大领域"的说法。可以说，开始只能算作某些专家自定的一家之言，后来就一传十、十传百，就自然地被认可了，也再没有人去怀疑过、反思过。这也是目前严重存在着的一种不读原著、不读细节、不作反思的不良读书之风的表现，要不，你为什么会人云亦云，而没有看出"皇帝的新装"呢？而更让人费解的是，在《综述》中还增加了"文学教育"，以形成所谓语文课程诸学习领域的"六大领域"的说法，这就更加缺乏普适性和彼此公认度。

二是混淆了高中和义务教育两个不同阶段的语文课程标准的各自相关内涵。

我们还发现，在《综述》中用只管初中、小学语文的"义标"来分析高中语文课程内容，这样则更加显得有些牵强附会，毫不靠边。

在上面，我们着重分析了《全日制义务教育语文课程标准（实验稿）》，在《高标》则更不靠边。它采用了"必修课"和"选修课"的提法，并分别采用了"按模块组织学习内容"的说法，如："必修课程包含'阅读与鉴赏''表达与交流'两个方面的目标，组成'语文1'至'语文5'五个模块。"选修课则设计五个系列。如："系列1. 诗歌与散文；系列2. 小说与戏剧；系列3. 新闻与传记；系列4. 语言文字应用；系列5. 文化论著选读。每个系列可设计若干模块。"由此可见，在《语文课程标准》中找不到关于"语文课程诸学习领域"的表述，那么用"语文课程诸学习领域"的表述来展开对语文教育研究或对语文教育研究的综述，则显得十分荒唐。即使是一种研究性的"综述"，也只能引用别人的成果来加以论证与拓展，而不能拿人家的研究成果强行套入自己制订却并非彼此公认的标准而随意地加以评头品足甚至错误评判。

更糟糕的是，用一个与《高中语文课程标准》及其高中语文教学（含研究）毫不相干的所谓六个"语文课程诸学习领域"来对高中语文教学研究成果进行"综述"，则简直是风马牛不相及，张冠李戴。须知高中语文课程标准中连"拼音与字词教学""阅读教学""文学教育""写作教学""口语交际""综合性学习"等挨边的说法都没有，又怎能套用这样的"语文课程诸学习领域"来对高中语文教学研究成果横加评判呢？

二、《综述》中所呈现的"领域"概念及其划分不伦不类，有的角度不一、内容相互交叉，有的难以自圆其说

《综述》中所列出的"语文课程诸学习领域"，包含"拼音与字词教学""阅读教学""文学教育""写作教学""口语交际""综合性学习"六个方面。我认为，作为一个课程的学习领域系统，按照常理，在概念界定时应该讲求分类角度的一致性和内容表述的逻辑性以及概念的种属关系。而《综述》中的这六个领域，对照以上常理来分析，其概念的确出现了以下失误。

一是分类角度不相一致。

这六个领域中既有从"教学"角度来分类，比如"拼音与字词教学""阅读教学""写作教学"三个，而"口语交际""综合性学习"和"文学教育"又分别从"学习"的角度和"教育"的角度来进行概念命名，结果在六个领

域的概念命名却出现了三种角度，无法形成一个分类系统，这样对从各种杂志中挑选论文也就自然失去了同一分类角度的标准："拼音与字词教学""阅读教学""写作教学"是从"教学"的角度来评述，而"口语交际""综合性学习"又不加上"教学"二字，但是所选的论文却又不是"学习"方面而完全属于"口语交际教学""综合性学习教学"范围的；"文学教育"中的"教育"与"拼音与字词教学""阅读教学""写作教学"中的"教学"其实并无区别。

二是有的"领域"之间内容相互交叉，给论文挑选与评述带来困难。

比如，将"文学教育"与"阅读教学"二者并列起来而成为两个"领域"，就有可能在研究成果选项上因二者区分困难而难以定夺。例如《综述》"文学教育"中"汪政、何平在《语文教学通讯》连续开设'新课程文本解读方法系列讲座'""在《外国现代小说的解读与教学——北京大学中文系教授、博士生导师吴晓东访谈》（李节，语文建设1）""任正霞《小学语文古诗吟诵教学研究》"和"赵素敏《快乐阅读童诗，提高语文素养》"等论文，与"阅读教学"领域中的论文又有多大区别呢？这些论文不也都是在研究"阅读"和"阅读教学"吗？如果把这些"文学作品类教学"与"实用类文章教学"一并置于"阅读教学"之下而形成种属关系，不显得更加科学合理吗？因此，所选研究成果并非能够自圆其说，使"综述"缺乏科学性和说服力。

在这里，我还有一个看法，随着现代语文教育改革与发展的深入，语文教学及其研究越来越走向整体化和融合性，产生了许多影响较大、认可度高、并被广泛推广应用的"多元型教学"的项目或者模式。如："大语文教育""单元化教学""全语言教学""一体化语文教学""读写结合"以及"综合性学习"，等等。这些"多元型教学"的项目或者模式，虽然有可能以某种方式为主，但确实已经包含听、说、读、写和拼音及字词教学在内了，那么因此而产生的研究成果也就难以用所谓的"六大领域"来对号入座地进行评判了。比如"单元化教学"，据目前的教科书和教学实践来看，有以文体组元、以主题组元、以活动项目组元等，这里面就难以分清属于上述"六大领域"中的哪一类了，更何况一个单元内不仅有"阅读教学"、也同样有"写作教学""口语交际"（例如单元练习中的作文和听说活动等）。又如"文学教育"，实践证明也是多载体、多因素、多途径的，虽然可以以置于"阅读教学"之下的"文学作品类教学"为主，但是作为"文学教育"，则不仅表现为文学作品鉴赏，还可以通过"口语交际""综合性学习""写作教学"等来向学生进行文学的教育，如作品人物赏析会、文学作品研讨会、文学创作笔会、名作家访谈、文学考察活动等，而这些"教育"又何尝不是通过上述所谓的"六大领域"且综合实现的呢？

另外，我们现在不都在研究语文"教学内容"吗？那么关于语文教学内容的研究成果该放哪个领域呢？就仅仅在"阅读教学"中才有"教学内容"及其研究吗？如果是以"教学内容"为主题而对包含"拼音与字词教学""阅读教学""文学教育""写作教学""口语交际""综合性学习"在内的综合研究的成果，又怎样能在"六大领域"之中得到恰当体现呢？

三、"语文教育研究综述——语文课程诸学习领域研究"的说法，也的确晦涩难懂，让人雾里看花——越看越模糊

在这里要讨论三个问题。

第一，到底什么叫"综述"？怎样才能算作是"综述"？该《综述》文是不是体现了或者干好了"综述"的事情？这是一个概念认识问题，在这里不作展开，供综述者们去思考和回答。

第二，对"语文课程诸学习领域"到底作何解释？在作者们的文章中既找不到概念界定，也在国家的权威文件即课改方案和"两个课标"中找不到相应的依据。照此说法，既然有"学习领域"，那么就还有相对应的"教学领域"？其实，从字眼上看，他们定义的"语文课程诸学习领域"，却又多用"教学"的角度而变成教学领域，如："拼音与字词教学""阅读教学""文学教育""写作教学"等，而并非从学习的角度出发，体现着学习的领域。在这里，只能说明：要么偷换了教与学的概念，要么是一种疏忽，或者真是弄混淆了"两个领域"的含义。更何况还有"口语交际""综合性学习"到底算作哪一领域——是学习的领域，却又成为教学的领域？所以说，用"领域之说"来对应语文课程乃至语文教育及其语文教育研究，实在是难以自圆其说，建议再不要这样去说了。

第三，用某些一家之言或所谓研究成果来自订标准和领域，对在统一执行国家课程标准下的语文教育及其研究进行"综述"，这是不是客观的，是不是公道的，对"语文教育研究"的理解是否科学和到位，或者是不是显得有些粗放和苍白无力，等等。这都会引发我们的思考：到底什么是语文教育？什么是"语文教育研究"？想必作者们也应该清楚，只用"拼音与字词教学"

"阅读教学""文学教育""写作教学""口语交际""综合性学习"所谓的六个领域就形成为"语文课程诸学习领域"并继而成为"语文教育研究领域"。这就未免让人有些纳闷：它能成为语文教育研究的领域吗？——国内诸多语文教育研究者是不是都从以上这六个领域出发而开展研究的呢？

其实，语文教育研究的现实及其成果表明，如果只从"六大领域"和一些报刊论文而进行语文教育研究的综述，这也未免显得太片面了。更何况有很大一部分研究成果是见诸于专著、教材、研究报告等，而且多是综合性的，是跨领域的，也的确分不清到底是阅读教学领域的还是文学教育领域，或者是其他领域，甚至还有很多关于从整体地研究语文教学理念、语文教学目标、语文教学内容、语文教学模式和方法、语文教学评价等多维、多元的成果，这些又怎能用上述六个领域来包含呢？所以，2009 年国内还有许多优秀论文、著作、课例等成果（有些还是作者们自己的）也因为不属于六个领域而在《综述》中得不到展示与评价。这不得不说是一种缺陷或遗憾。

语文"综合性学习"是课程板块吗

北京《中学语文教学》2010 年第 2 期发表了《2009 年语文教育研究综述——语文课程诸学习领域研究》（上海师范大学学科教育研究所撰文，下面简称《综述》）。《综述》将"综合性学习"与"综合实践活动课""研究性学习"混为一谈，甚至把"综合性学习"当成一个课程版块来看待，以至将谬误延伸到对别人的研究成果加以错误评述。由此看来，有必要对"综合性学习"与"综合实践活动课"及其"研究性学习"等再加以探讨。

一、对《综述》中的"综合性学习"说法的评议

《综述》第六部分"综合性学习"的第 3 点是这样写的：

"称谓的混乱：语文综合性学习的概念尚需厘清"。"语文综合性学习研究领域存在的另一个问题是概念的混乱。典型的表现是把语文综合性学习和综合实践活动、研究性学习混为一谈。如：语文综合性被称为语文综合实践活动课（叶翠青《'只有一个地球'语文综合实践活动课例设计》，广东教育·

教研 1；叶宏秀《精神舒展：语文综合实践活动的本义追求》，江苏教育研究
2）；被称为开放性语文活动课（于超英《谈开放性语文活动课的设计》，江
苏教育研究 1）；被称为'语文学科的研究性学习'（林惠生《初探语文学科
的研究性学习》，语文月刊·学术综合版 9）。这些表述体现了人们对课程改
革的整体课程结构尚存在模糊的认识。综合实践活动课是和语文、数学、英
语等分科课程并列的课程类型；语文综合性学习则是语文学科之内的一种学
习方式；而研究性学习则是综合实践活动课程的主要部分。三者各有其质的
规定性和自身发展脉络，不可混为一谈"。

　　从上述文字可见，作者是想厘清在语文综合性学习研究中有关概念称谓
的混乱问题，但作者自己在不知不觉地将"综合性学习"与"综合实践活动
课""研究性学习"混为一谈，还批评别人的研究成果是"概念的混乱"。结
果变成了错上加错。作者的错误在于以下三个方面：

　　第一，上述例文均无一篇是从语文"综合性学习"这个范围角度或所谓
的"领域"来写的，根本就没有涉及"综合性学习"这个研究主题。经查阅
核实，上述的叶翠青文是就一篇课文采用综合实践活动的方式而进行的"阅
读教学"设计，叶宏秀文是就语文学科与综合实践活动课程相整合而作出的
思考，于超英文是就语文活动课的开放性而作出的教学设计，林惠生文是就
高中课程方案中的综合实践活动课的"研究性学习"如何学科化所作出的实
验研究。其实这几篇文章，和《综述》中所提到的王尚文、王诗客《语文课
是语文实践活动课》一样，也是对语文课程及其教学如何走向生活化、活动
化的一种创新性探索，理应同样得到尊重与认可。

　　第二，《综述》的作者缺乏整体课程结构意识，用一种机械呆板的眼光看
待对各门课程尤其是综合实践活动课可以与语文课程整合、可以与包括综合
性学习在内的任何学习方式整合的新鲜经验和创造精神；用一种粗暴单调的
方法对与语文新课程"综合性学习"并不相干的其他"综合"或"研究性"
的教学名称或项目也视为"称谓的混乱"。其实"综合实践活动"和"研究
性学习"作为课程形态或学习方式早在 20 世纪 90 年代（1992 年）就已经被
国家教育行政部门和中小学所普遍采用了。将过去的优秀经验和当今课程改
革相结合，本应是值得充分肯定的——这也许为深化课改、解决正如作者所
言"综合性学习"难以开展或实效欠佳的问题而提供了新的启发。对此，我
们只可热情呵护而不能横加指责。

　　第三，《综述》的作者将"综合性学习"与"综合实践活动课""研究性

学习" 三者混为一谈, 而且将高中 "综合实践活动课" 及其 "研究性学习" 的研究成果硬要往初中、小学的 "综合性学习" 中套。比如, 本人所写的《在语文学科中开展 "研究性学习" 的研究》, 完全是站在高中阶段, 开展将综合实践活动课如何产生实效性和常态化而与语文学科相整合的创造性实验研究, 连想都没想到义务教育阶段的 "综合性学习"。该成果 2007 年 11 月参加教育部综合实践活动课项目研讨会交流并获一等奖 (当时题为 "对 '研究性学习' 的一点研究"), 后来寄给《语文月刊》发表时被编辑改为《初探语文学科的 "研究性学习"》。此次被《综述》的作者又改为《初探语文学科的研究性学习》, 连对我用引号将 "研究性学习" 这一 "综合实践活动课" 的具体项目给予特定称谓也给强行抹去了。要知道, 有无这个引号则意思大不一样。这就可以看出综述者们有意混淆二者的概念, 并将综合实践活动课的 "研究性学习" 硬要拉到 "综合性学习" 中来。我想, 综述者们有可能只看了标题而未细读文章内容而轻意作出评判结论——文章开头一段和结尾以及文中的几个小标题, 就十分清晰地表明本文是在研究高中阶段的 "研究性学习" 这一 "综合实践活动课" 如何在语文学科中开展的研究成果。为了证实这一点, 现将发表的原文附录如后, 并将其中的开头部分和结尾部分直接照录如下:

开头部分: 教育部在《全日制普通高中课程计划〈试验〉》中, 提出并设置了 "综合实践活动" 课, 其中包括社会实践、社区服务、劳动技术教育、研究性学习等。后来又有《综合实践活动指导纲要》和《中小学研究性学习指南》等重要文件相继出台。这表明: 综合实践活动课特别是 "研究性学习", 为学校课程实施带来了许多革命性的变化。但是, 近几年研究性学习课开设并不理想, 效果不尽人意。通过反思, 我们认为, 像 "研究性学习" 这样的综合性实践活动课要实现常态化、实效化, 就必须坚持 "两条腿" 走路, 一条是单设综合课程, 另一条是与学科课程教学相整合, 实现 "研究性学习" 学科化。因此, 开展 "学科类研究性学习" 则显得十分必要。本人特就在语文学科教学中开展 "研究性学习" 做出一些研究。

结尾部分: 由此可见, 在具体的学科里与学科教学结合起来开展 "研究性学习", 使综合实践活动课走向常态化以形成长效机制。语文学科开展 "研究性学习", 既是语文教学改革和发展的重要形式, 也是落实综合实践活动课中 "研究性学习" 的重要途径。综合实践活动课要实现常态化, 除了它的综合形式之外, 更要与学科课程相结合, 即将综合实践活动课 (在这里着重指

"研究性学习"）引入各学科教学之中，将每门学科课程成为综合实践活动课的载体之一，不至于使综合实践活动课被"驾空"或者流于形式，形同虚设。在这里，关键是如何找到综合实践活动课的着力点、研究的重点和发展方向。

关于"综合实践活动课"学科化开展的观点与做法，现在已经被国内外学术界和中小学普遍认可或推广应用。日本专家八尾坂修教授应邀于2007年11月在教育部综合实践活动课题项目研讨会作学术报告时，介绍日本开设综合实践活动课也逐步走向在语文或其他学科中开展而不要彼此截然分开的经验。

其实，国内关于语文综合性学习和语文研究性学习的相区分研究，早就有成果，且在实践中发挥了重要作用。概括起来其区别于下：

语文综合性学习，则以学生整体发展为中心，紧密联系生活实际，突出在语文学习中渗透多种学科知识与能力的实践活动，突出学习的综合性，即综合听、读、说、写的课程目标、综合多种多样的学习方式、综合开展语文学习的实践活动。总之，语文综合性学习是一种具有综合性、主体性、参与性、生成性特点的学习方式，它并非是一种课程，也未构成真正意义上的语文课程的"五大版块"之一，因为它与"识字写字、阅读、写作、口语交际"这四个本来属于语文学科内涵的东西相匹配或者相提并论。

语文研究性学习，是指在教师指导下，以学生基于自身兴趣和探究为出发点，让学生从自然中的语文、社会中的语文、生活中的语文等语文现象中寻找问题，确定研究专题，开展以调查发现问题，分析和解决问题为主线的探究性课程活动。突出学习过程的探究性、项目性、专题性和发散求异性，突出以问题为载体、以探究为中心、以思考为线索的特点。它既是一种创新型的学习方式，更是新课程改革实验中新设的"综合性实践活动课"的一种具体课程样式，即"研究性学习"课程。而且这种课程开设，随着不断完善和实效的需要，已越来越向学科化方向发展，于是，语文学科的"研究性学习"或者直呼其名"语文研究性学习"等便应运而生，使一些还来不及跟上学术发展与改革步伐的人，竟然还当成错误的东西来"综述"，岂不怪哉？

鉴于国内目前对语文课程的"综合性学习"的认识及运用还存在明显的差异，甚至还有不少存在质的不同差别，有必要再做出探究。对语文综合性学习与语文研究性学习的过程与设计、组织与指导进行最优化建构，是全面推进新课程改革的迫切任务。

二、对语文课程的"综合性学习"概念的再认识

综合性学习，是《义务教育语文课程标准》中所提出的一个新课程改革的创新点。它给教学内容与教学方式无疑带来许多挑战与探索，让语文课程发生着许多变化，但也因其当初出台的仓促与含糊，也让我们对语文课程中的"综合性学习"越来越认识模糊，甚至产生不少操作误区。为此，我们除了对它进行反思以外，还要做出更具科学发展意义上的再认识。在这里很有必要对语文课程中的"综合性学习"概念的再认识展开讨论。

1. 综合性学习，有人把它说成是《义务教育语文课程标准》中所提出的所谓学习领域中的"五大版块"之一。其实，它本指一种语文学习方式，现在却成为语文新课程改革的新的教学内容与教学方式相统一之后所呈现出来的一种微型课程形态。语文的"综合性学习"，是以"活动"项目或专项课题为载体，以某项内容为主题或主旨，将听说读写等形式多元、多质运用，将三维目标整合，将人文积淀与创造相结合，让学生的多种技能、思维、设想都充分发挥，以形成一种综合型的学习方式和多元化发展的语文课程的新项目。

2. 综合性学习，其实应该有其实施的基本内容和恰当途径。那么，它的内容是什么？途径是什么？在"课程标准"上写得并不太明确，虽然教科书和教参书、教辅资料等有了一些具体的演绎，但毕竟缺乏统一思考与安排，仍显得有些空泛而模糊，导致目前许多地方的"综合性学习"陷进了误区：要么就不开，要么就滥开，要么就开成了其他课，成为一种"大杂烩"，甚至还把它上成了纯人文教育的思想品德课或社会常识、自然常识课。显然综合性学习并未实现课改的初衷，并且脱离了语文学科的本性和语文课程的特点，使语文课"穿了新鞋却走了老路"。所以，这样的综合性学习，目前还仍然一直困惑着许多师生：又说不同于"综合实践活动课"，但又无法跳出以区别于"综合实践活动课"的开设内容与形式；又说它与识字写字、阅读、写作、口语交际等相列而成为所谓"五个学习版块"，但又无法与以上其他"四个板块"构建成一个科学体系，更无法把握各自的"度"与"量"，因为识字写字、阅读、写作、口语交际本身也同样有自己的活动方式，有它们的综合性行为。

本来，语文的"综合性学习"，当初是作为语文课程改革的创新点即亮点而设立的。如果这一点未能突破而收到效果的话，那就很难想象让课程改革有什么深入发展的可能，或者期待它对中国教育改革与发展作出多大的贡献。

3. 语文的综合性学习，其特征在于：主要是强调语文学科内的综合为主，跨学科的综合为辅。而且这种综合性学习，既是内容上的，更是方式方法上的。如：听说读写的综合，"读写一体化"便是综合性学习的一种形式和范例。它除了是教育理念上的一种教学主张以外，还有其课程层面上的三项含义：一是它被确立为语文内容上的一种"版块"；二是强调用综合的学习方式；三是培养学生的综合能力。综合能力，又包括两方面，一是综合语文的能力，二是超出含语文的更大范围和更大程度上的以思维为特征的综合能力。综合性学习方式，即指在操作技术上和方法上的综合性，既包括学习与掌握如何综合的全过程的常用的综合方式、方法、技巧与综合载体、平台等，也包括在进行综合性学习的动态性操作过程与步骤，还包括培养学生的综合意识和综合习惯与兴趣、智力等。

三、对语文课程的"综合性学习"功能的再认识

综合性学习的功能，不只是想改变和丰富学生的学习方式，而且要培养学生的综合意识和综合能力，让学生获得许多综合方法，形成良好的综合性学习的习惯和品质。

1. 语文的"综合性学习"，关键是寻找语文的各种"综合点"，即是知识点的综合，还是能力点的综合；是学习目标的综合，还是学习内容的综合；是学习结果的综合，还是学生学习过程与形式、方法的综合；是学习评价的综合还是反思与总结的综合，等等。找到了综合点，才有进行综合性学习的可能。让学生自己发现和寻找学习的综合点，再是综合性学习的具体方式，这才有学生的学习积极性和主体性，一般不要由教师事先设定"综合性学习"项目，否则这又将成为一种违反新课标"学生主体性"新理念的表现。不要让课改精神此长彼消，要坚持"整体课改观"，以免"穿新鞋走老路"。

在这里还要特别指出的是，义务教育阶段的语文"综合性学习"，不能等同于高中语文的"研究性学习"，更不等同于高中新课程的"综合实践活动课"。综合性学习的质量，还跟教学环境条件、教师的教学水平与教学特长有关，也与学生的学习态度、学习习惯、学习能力、学习基础和知识储备积累及参与度等有很大关系。

2. 语文的"综合性学习"，由于作为一种课程学习形态或方式而存在，那么在教学方式方法上也就应该需要采取相应的对策。我认为，首先树立这样一种意识：综合性学习的实施，可以在课堂举行，但应该没有课堂内外之分，

随处可施，也不在于有多少次，不在于范围、形式上有"多大多小"的问题，而是要根据教学实际相机而动，适时、有效地进行。然后，要寻找其具体途径与载体及其活动方式来实施。如，可以与"综合实践活动"课相整合而形成一些有主题、有形式、有效果的小项目，也可以结合课本内容在学科学习过程中同步同题、同题异质等来体现。如果不能综合的时候，千万不要生搬硬套。有时候"非综合"的学习方式（分散式、散合式）与综合式相统一，不一定效果就不好——因为综合性不等于综合式（综合式是指形式与手段、综合性是指特质与效果）。为此，要实现以下较为完整的语文"综合性学习"活动的五段全程式：

　　·活动设计：对活动项目开展的方案设计，包括选题、实施设想等；

　　·活动过程：活动的组织和展开等；

　　·活动总结：即对活动的过程与成果的总结等；

　　·活动展示：对活动成果组织适当的交流与展示；

　　·活动评价：对整个活动作出全面的客观的评价与反思。

　　3. 语文的"综合性学习"，还要与其他的学习方式相结合。比如，在综合性中与探究式结合而产生"综合研究式"，在综合性中与分散式结合而产生"散合式"，还有在综合性中与积累式结合，在综合性中与活动式结合，在综合性中与小组合作式结合，等等。此外，还可以在教学过程中与某几个环节的综合，还可以在教学内容上用某几个细节来呈现一种整体性的综合，还可以在比较中综合，在变序中进行多元化、多维度的综合等。为此，要做到以下"四个体现"：

　　①要选择好活动内容以体现综合性；

　　②要把握好活动过程以表现流畅性；

　　③要展示好活动项目以体现可操作性；

　　④要评价好活动开展的情况和效果以体现语文教育性。

　　总之，语文综合性学习，可以是一种课程活动形式，但作为一种"课程版块"或"课程模块"，至少在目前尚不成熟，更不成型，当然也就不纯与"综合实践活动课"等同。因此，在操作中，要根据语文课程标准中的现有规定和要求，需要注意活动的全过程各个环节的完整性与科学性，注重每个参与者体验的独特性，要强化其真实的虚拟性和过程的流畅性。从某种意义上说，用非综合的手段产生综合性的效果，这也许是我们开展语文"综合性学习"教学的最佳境界和最高水平。

对当前高中语文选修课的反思

摘要：选修课的问题出在受高考指挥棒的影响而"变味"成统选课，还有"选修"与"必修"的比例不协调，"选修"课的开设条件不成熟，包括教材编写质量不理想、教学方式方法失当、教学管理水平不高等。因此要对选修课全面开展反思：为什么要开选修课和怎样开设选修课？要尽力找到相应的良策。如：积极创造开设选修课的教学条件，不要盲从与滥开；保证必修课的时量与质量；对选修课开设的功能定位和方法、选修课教材编写与使用力求体现科学性与可操作性；积极总结与积累选修课开设的经验与教训；多开展对选修课的科研活动和成果交流；妥善处理选修课与高考的关系、与必修课的关系、与综合实践课的关系。

关键词：高中语文；选修课；必修课

一、选修课开设理念与现实的差距相甚，导致当前选修课"失意"（失去意义）

《普通高中语文课程标准（实验）》对高中语文选修课的概念、功能定位等均作出了阐述。高中语文选修课是在必修课程基础上的拓展与提高，有的侧重于实际应用，有的着眼于鉴赏陶冶，有的旨在引导探索研究。选修课的设计，必须以课程目标为依据，充分考虑学生的需求和实际水平。不能把选修课上成必修课的补习课和应考的辅导课，也不能简单照搬大学里的选修课。选课的指导，首先是要让学生充分了解所开选修课的主要内容和特点，并且要让学生明白，选课既是为了满足自己当前的学习需求，也是为了锻炼自己，学习自我规划。教师应该认真做好选修课的介绍。要帮助学生了解在若干选修课中哪一门或哪几门最适合自己，使学生学会正确行使选课的自主权。学生可能并不完全了解自己在学习兴趣、需求和发展趋向等方面的特点，教师要帮助学生认识自己，根据自己的兴趣和未来发展的需要，决定取舍。[1]这些前瞻性的教学理念在实施过程中却与当前的教学现实不相吻合。

这里的不相吻合主要体现在以下两个"不相统一"。

一是选修课与高中教学背景及其所产生的教学行为不相统一。目前,在学校教学行为中出现的凡考则教、不考不教、为考而教的局面决定了选修课不"选修",选修课开设全由高考说了算,而不是由课标、由课程计划来决定。基于此,不少地方和学校便根据高考方案出台相应的所谓"统一选修"和"指定选修"等对策。甚至由地市乃至省的教育行政部门或教研部门发文,统一"指导"选修课开设有关选修模块,有些连教科书也统一指定。这种"大一统"的指定选修不就是必修吗?这与当初"先学后考,考基于教与学"的课改评价与考试愿望是完全相违背的。这样的选修课,其意义何在?

二是选修课与目前教学环境也就是与当前教学资源不够、师资水平难以配套、教学管理跟不上等客观原因所导致的教学效果不相统一。不少学校为了应付开设选修课,没有条件也硬着头皮上,结果打乱了学校原有的教学计划和教学秩序,也影响了课程管理。许多学校领导和师生对语文课程标准关于"选修课"开设的目的、意义、要求、做法等,都一直没有较为清醒、完整的认识,同时也由于并未通过试点尝试而取得经验,不少学校的选修课在盲从中走了过场,流于形式。比如:有的只从高考等相关制约性因素来考虑选修课,有的只根据学校条件和教师的个人喜好而一厢情愿地"安排"选修课,并没有充分考虑学生而让学生自行"选"修。不少学校尤其是一些农村高中学校和规模较小的高中学校,因场地设施(课室)、教学人员、图书资料、课程管理等各种条件的制约而使选修课无法落实,或者使选修课效果欠佳甚至产生负面作用。

面对上述问题怎样整改?笔者认为,首先要反思语文课程标准对"选修课"开设全面系统的设计是否科学合理,其功能定位是否与现实相统一,是否与学校师生相适用等。为此,要跳出思维定势和既定框架,结合现有教学情况来重新审视与思考:高中语文选修课到底是什么?要开什么样的选修课?它在整个语文课程中的地位和角色是什么?还必须进一步讨论选修课与必修课的关系,考虑如何具体划分和确定二者的功能以及如何操作等。从课程内容上来说,选修课是对作为处于主体地位的"必修"课的拓展与提升。从学生语文学习的过程来说,选修课还应是学生学习十几年语文以后对语文课程的一种系统总结和创新发展。系统总结,即对那些以后有可能不会专门学语文的学生而言,能就语文开展一次较为系统的梳理和查漏补缺,以起到巩固提高与辐射的作用(其实不管对哪种情况的学生都有这种必要);创新发展,即指为有语文特长、语文爱好或特定需要的学生深造而提供进一步修炼的机会与平台。这样，选修课的开设目的和意义就十分明确，而随之相应的开设要求、做法和教材编写及教学方式方法等就会有相应妥当的处理。

二、选修课的开设内容及其教材编写定位不明确，导致选修课与必修课难以形成相辅相成的实施机制而失妥

1. "必修课""选修课"的课程模块设计和课程内容安排的主次地位欠妥，"基础"与"拓展"的功能不明，二者难以统一协调，也未能发挥各自的作用，导致选修课"选"而不"选"，必修课"必"而难"必"。课程模块的设置不合理，主要是指语文课程的必修、选修都设了"五个模块"。同时，必修课和选修课各自的五个系列之间在内容上显得有些交叉、混乱，难以形成科学有序的"系列"，导致"选修"与"必修"的课时量以及内容量，在比例上严重不合理，出现必、选倒挂的现象。必修课5个模块，5本教材，课时量为一年零半个学期，占整个高中三年的三分之一多一点，学分为10学分；选修课5个系列，20多种教材，从高二年级上学期的下半段就开始，占了整个高中三年的三分之二少一点，还多于必修课的课时量和内容量，学分最低为8分，最多时可达14分，竟超过必修课4分。这样，一来造成了必修课内容单薄、课时量少，学生无法打下较好的语文基础，基础性能力受到削弱；二来现行的选修课也由于其他客观条件制约和主观能动因素跟不上，没有得到较好的开设，整个语文课程的质量于是无法得到保证甚至下降。

2. 不仅课程设计不合理，选修课教材编写也存在不少问题。一是教材功能定位不一，价值取向不明，各地使用的教材相差太大；二是许多版本质量不高，编写粗糙，错漏不少；三是相应的配套资料不多。以上问题导致师生在使用教材时也走进了误区：有的把教材变为对高中毕业学生语文复习或补修的文本，有的对准高考语文的目标把它当成高考备考指导书来用，也有的像大学一样对某个课题进行专题"研修"。

当然，目前选修课教材也有编写得较为理想且受到师生欢迎的。比如，人教版语文选修课教材在处理以上问题时已经形成特色，在使用中受到师生好评。人教版教材有三大特点：一是在内容与形式的结合上体现了拓展与系统梳理，有利于学生学。作为高中学生，学了12年语文，由感性到理性，由分散到系统，应该对语文有一个较为完整、清晰的认识与把握（因为毕业后还有机会系统学习语文的就只有大学中文专业的）；二是在编写体系上点面结

合、古今结合、中外结合；三是在课程功能上既有对"必修课"的拓展与辐射，又有自己的课程特色，即从"欣赏→研读→应用"三个不同角度或能力层级上形成语文能力体系。它们之间既有横向的互为，又有纵向的互动。

要解决好以上问题，既要对高中语文课程的开设作出全盘的科学规划，科学处理好选修课与必修课的关系，还要下大功夫提高"二课"的教材编写质量。笔者认为，最重要的是坚持一点，即高中语文必修课与选修课都应具有基础性、时代性、工具性和人文性统一的特点。同时还要对必修课与选修课作出相应的区别，把握二者继承与发展、主流与辐射的科学关系。所以，千万不要因为开选修课而削弱了必修课的基础地位和主体地位，要在内容上、学习时间上以及效果上正确处理好必修课与选修课相辅相成的功能作用。笔者建议重新规范"两课"的模块总量与学分分数。增加必修课的开设时间，可拟开 4 个学期（高一、二年级），选修课拟开 2 个学期或 1 个学期。学分上也要向必修课倾斜，比如，必修可为 4 个大模块，每个模块 3 分，学分为 12 分；"选修课"可设计为小模块，共 4 个，每个模块 2 分，学分 8 分。

三、选修课的开设在教学实施中并未找到具有自我特色的方式方法，导致选修课由"变味"而失当

目前的选修课一般有三种开法：要么通学通选，要么指定选修或公共选修，要么变成"放羊课""自读课"而缺乏有效指导。当然，目前开设的符合课标要求且有成效的选修课也有一些，但对于大部分学校来说，开设得太艰难了。此外，选修课在形式上也与必修课一样，并未体现出什么变化；在教学过程与方法上，选修课也与必修课大致一样，有的甚至为了赶任务，把选修课变成高考复习课，把选修课教材作为高考备考复习材料。一句话，选修选修，既没有学生的自选自修，也没有教师相应的怎样选和怎样修，结果是把选修课上得比必修课更粗放、更随意，因而也就更失效。这也直接导致当前整个高中语文教学状态显得杂乱，效益不高。为了解决这个问题，笔者有以下两个想法。

第一，开选修课，让学生选模块不如选教材版本。现实证明，选模块实在难以做到。因为按课标设置的模块，如果有漏选，对仍处于基础教育阶段的高中学生来说，难免造成课程内容上的缺失和断层，"基础性"难以体现，不利于学生的"全面"和"整体"发展。如果打通系列（模块）之间的界限，实行模块通选和教材任选，则可实现一定层面上和一定意义上的选修。"模块通选"，就是在所设置的选修课系列（模块）中，每位学生均可选修

（也应该选修，否则就有"课程缺陷"）。"教材任选"，是指在教材编写上，按各个"系列"（模块）的要求，编写出相应系列（模块）的不同内容容量、不同主题特色和不同风格特征与不同难易程度的若干教材版本，使其在内容、形式、时段、体系、功能等方面形成教材的各自风格，形成让学生任意"选修"的可能性和可取性，这样，学生可在以上若干不同品种、不同风格特征与不同内容难度和形式的教材板块与版本中选修，以满足不同层面、不同层次学生学习的需要，让学生实现能够真正自主选择学习目标。

第二，寻找和使用与选修课相匹配的教学方法，以实现教学方式方法的多元化、灵活性，尽可能体现选修课的特点和开设需要。比如：教师少讲学生多学；教师精讲学生通学；学生先读后请教教师，或者教师搞"专题导学"，先由教师安排自读提纲，再让学生带着提纲学习；也可以让学生完全自选自学，只在课后进行"自学检查"；还可以由教师提供选修模块书单及书目，然后由学生根据自己的需要或爱好，自由选择相关的图书或选修课本来学。当然，不管采用哪种方式方法，都要有教师指导，最终都要接受"选修课"模块的学分认定的评价（含考试与考查相结合、自评与他评相结合等），评价的内容、题目、形式及方法均应符合上级规定和课程标准。

四、选修课的评价缺乏课程自身特点而游离于"选考"和"必考"的形式主义之中，导致对选修课评价失真

作为一种独立而完整的课程形态的选修课，是否有相应的评价机制，包括评价标准、评价内容、方式、方法及手段？这个问题不解决，难以促进选修课的有效开设和长效开设。目前，在评价的具体操作上，除了由学校作出学分认定这种各校执行标准、方式及效果不一的形式主义评价以外，国家和各地教育部门不得不将选修课交给高考，由高考设置相应的评价。这种未能从新课程理念出发而实现相应评价的做法，本身就是一种"失真"而失效的评价，使选修课无所适从，开设质量不高。

以体现或突出"选择性能力"作为选修课评价标准，是否能全面体现培养人的语文能力和语文素养，揭示语文选修课的全部性质和开设意义？这个问题不解决，影响到选修课的科学发展与价值取向。《普通高中语文课程标准（实验）》指出："高中语文课程应遵循共同基础与多种选择相统一的原则……激发学生的兴趣和潜能，增强课程的选择性。""高中语文课程必须体现时代性、基础性和选择性。""选修课程也应该体现基础性，但更应致力于

让学生有选择地学习，促进学生有个性地发展"。[1]基于此，在课改实施中，许多专家解读课标或培训时都把高中语文课程改革与义务教育阶段语文课程改革的区别直接解释为"选择性"，还有些专家索性提出应将培养高中学生"选择性能力"作为选修课开设的重要目的和主要任务。笔者认为，培养学生的选择能力，并非只依靠开设选修课就能成功，它只能算是其中一条途径和一种形式而已。选择能力培养与评价的途径、方式、方法应该是多维的、多元的、适用的及可行的。另外，学生选择能力的培养，更重要的是培养学生正确的选择意识（选择观）、选择策略、选择方法及准确、快速的选择反应，还需要选择性思维过程的历练和选择性行为的辨识与取舍以及选择经验的积累等，这些都离不开长期、复杂、艰巨的自我修炼和科学指导。

新课程下的高考出现了"选考"的亮点，其实际的结果却是给现实中的高考以及学生备考带来了一些不利因素甚至负面导向。比如，据课标专家说，"选修"不等于"选考"，只作为一种课程形式存在；选修课程是为学生的语文学习而开设的，是为学生提高整体语文素养而开设的；不能用"选修"来对应高考的"选考"，只是为学生增加了一种新的学习方式即选择性学习，其出发点在于让学生自主地选择课程学习内容。但是，考纲专家说，要用"选考"的方式来体现新课标高考，才能叫落实新课标精神，促进新课程的实施。于是在高考中新增了"选考"的考试方式。的确，这在新课程实验之前的高考题中是没有的。但是考纲专家又说，"选考"不一定对准"选修"，选修课内容也可进入必考。于是，到底怎么教，怎么考，谁也拿不准。从近两年的高考题来看，语文考试的确是"大考无疆"，到底是考了"必修"还是"选修"，是难以区分清楚的。其中所设置的必考题、选考题，都是在对必修课和选修课内容的杂糅和"人为"的区分。由于选考题的设置并非对照"选修课"的五个系列来命题，却人为地冒出了现代文阅读的两类文本"选考"，即文学类与实用类。这样，只局限于现代文阅读的"选考"，无疑缺乏科学性、公正性和课程对应性。第一，内容片面，选修课的其他几个系列和类别未能进入"选考"，虽然说有整合，但也有欠科学性和完整性；第二，两类文本之间的命题也很难同质同值，给学生造成了新的不公平；第三，由于选考势必会让学生对两类文本都要读，读了后才能有选择，结果给考生增加了阅读量和思考的负担，因为谁都不敢轻意地放弃对全部两类文本的阅读。近两年广东高考语文的"选考"题也说明了这一点——不仅加大了学生的阅读量负担，使学生全卷作答速度放慢，导致答不完试卷，还造成了一定的语文能力评价缺陷：选考文学类作品阅读能力的就考不到实用类作品阅读能力，选考实用类作品阅读能力的则考不到文学类作品阅读能力，而这两种阅读能力对于即将毕业、走向高校或社会的高中学生来说，应该是同等重要，缺一不可的，都是语文课程标准所规定要求学生全面具有的基础性能力。这样，因"选考"而出现了语文能力的"考试缺陷"，就势必造成学生的语文能力缺失。

综上所述，作为仍处于基础教育阶段的高中语文，其课程开设还是以基础性为主，以可行性为主。不能让"选修课"流于形式，要尽力找到相应的良策。如：积极创造开设选修课的教学条件，不要盲从与滥开；保证必修课的时量与质量；对选修课开设的功能定位和方法、选修课教材编写与使用力求体现科学性与可操作性；积极总结与积累选修课开设的经验与教训；多开展对选修课的科研活动和成果交流；妥善处理选修课与高考的关系、与必修课的关系、与综合实践课的关系等。

参考文献：

[1]　中华人民共和国教育部．普通高中语文课程标准（实验）［S］．北京：人民教育出版社，2003．

注：本文发表在人民教育出版社《课程·教材·教法》2009年第2期（全国教育核心期刊，列为"封面要目"文章），被中国人民大学书报资料中心全文转载（《高中语文教与学》2009年第6期（"前沿视点"专栏）。

新课程实验带来新变化

——汕尾市义务教育阶段语文学科教学质量报告

我市义务教育阶段语文学科，分别于2002年、2003年投入新课程实验，至今已有七年。在这些年的课程改革实验中，语文学科也发生了显著变化，取得了一定的成绩，教学质量有了相应的提高，当然也存在某些不足或者困难。现在就义务教育语文学科教学质量做出如下报告。

一、新课程实施：改变了课程形态

（一）认真开展新课程的有关实施活动

1. 做好新课程实施的宣传发动工作。为顺利走进新课改，我们在市县统一召开的课改工作动员大会、学习领会有关课改精神以外，还通过各种新闻媒体和课堂学习，进行语文课改的宣传，营造浓厚的课改氛围，如利用黑板报、广播、召开学生家长座谈会等，从而使广大语文教师和学生及其家长充分认识语文课改的重要性和可行性。

2. 组织语文科课改培训工作。①组织语文教研员、各级语文骨干教师参加了省、市、县各级各类的通识培训、学科培训、专题培训等，如 2002—2004 年组织语文教研员、各中小学语文骨干教师近 850 人次参加广东省新课标、新教材培训，近几年利用人教版教材回访、教学研讨修订会等邀请全国、省的专家进行了 "20 余场次的专题培训。②组织教研员、语文骨干教师到外地及课改实验区学习新课程理论知识、参加课堂教学观摩活动等。③按照 "先培训后上岗" 的原则，对实验教师进行跟踪调查，经过了培训的才上岗，力求让所有实验教师都了解新课程和新教材的特点，以及对教学的要求。④抓好课改的后期培训，主要以反思与提升为主，以案例式培训为载体，通过教学研究课、观摩课、教学录像等专题研讨课等课例，对教师进行案例式研训，着重于学生学习方式的改革、教师的角色转变、新课程课堂教学评价、学生评价等教学操作层面的培训学习。

3. 在语文学科新课程实施中，着重抓了四个 "点"：①了解新课程的语文教科书编写特点（主题式单元化）；②明确语文新教材的新创点（"综合性学习" 以及五个学习版块的统一）；③突破语文新课程的难点：从 "教语文" 教学走向 "学语文" 教学；④抓住语文课改的关键点：即在教学方式和学习方式上重建以学为本、师生互动合作探究、教学相长的现代语文教学体系。

（二）新课程实施取得一定成效

1. 教师的思想观念发生了变化。即 "以人的发展为本" 的基本理念统帅着教师的思想，指导着教师的教学行为。教师的课堂教学有了较大的改观，能关注学生，关注学生的需求，关注学生情感、能力的发展，关注学生在学习过程中的体验、探索和情感、态度、价值观的形成；能尊重学生，承认学生的差异，教学过程成为师生交往、共同发展的过程，并创设有利于学生主动探究、合作学习的环境，倡导主动参与、乐于探索、勤于动手的学习方式；在教法选择上注重实践性、开放性、多样性和活动性，使学生的思维方式产生变化，不再只是满足一种答案，而是能从不同角度思考问题，敢于发表不同见解。

2. 教师明确了新课程标准的特点。即明确了《语文课程标准》是：以学生的发展为基本出发点，力求体现素质教育的思想，特别强调要关注每个学生的情感，激发他们的学习兴趣，帮助他们建立自信；语文教学的任务是全面提高学生的语文素养，培养学生的思想道德素质、科学文化素质，实现知识、能力、素质的和谐统一；语文课程的基本特点是工具性与人文性的统一。

3. 教师明确了新课程标准对语文教师提出的要求。新课程标准要求教师应具有良好的思想素质和高尚的职业道德，要充分认识语文学习对于学生个人发展所起的作用，充分认识教书育人的神圣职责。要求语文教师应具有深厚的文学积淀和专业素质。要善于通过一篇篇凝聚着作家灵感、激情和思想的文字，影响每一位学生对世界的感受、思考及表达方式，并最终积淀成为学生的精神世界中最深层、最基本的东西——价值观和人生观，最终造就学生的健康人生。教师要积极利用和开发多种教学资源，并能够掌握多种评价形式，正确地评价学生在学习活动中的表现，发现和发展他们的潜能，关注个别差异，帮助学生认识自我，建立自信，促进每个学生在已有水平上的发展。教师要具备对自己的教学行为进行及时的反思和改进的能力，不断研究、创造、发展、丰富语文教学方法。

4. 为保证新课程实施，各地还采取了相关有效的措施产生了许多成功的经验。如海丰县梅陇中学等学校为了及时做好课改工作，专门成立了教育教学简报编辑部，每月编发一期，主要为教师提供必需的科研理论和经验做法。在每期简报中，开辟了"课改日记"专栏，提倡教师们观察"课改"、实践"课改"、体会"课改"，并将"课改"中的感受、经验、教训，以日记的形式写成文字，达到互相交流、互相学习的目的。到现在已出版几十期，刊发教师、学生、家长的文章 500 多篇，在教师、家长、学生中架起一座课改的桥梁，营造出一个良好的课改环境。

（三）语文新课程实施存在的主要困难

1. 由于大班制和麻雀学校多，极大地制约着语文新课程实施或者是影响了语文学科的教学质量。

2. 由于学校经费的短缺，也极大地影响着新课程实施。现代化教学手段是新课程实施课堂教学的有力保证，而目前我市绝大部分学校仍无法满足教学的需求，教师仍只能凭借一块黑板和一张嘴。因此课堂教学费时低效。有的学校配套教材资源和教师参考用书缺乏，遇到问题无从找到答案，教师感到茫然。学生进行探究性学习，需要查阅各种信息资源，能提供图书资料以及网络设备的学校很少。另外新课改增加了教师的外出研讨培训机会，送教师外出培训需要经费，对于中小规模的学校来说，要负担这一笔费用亦属艰难。因此，许多必要的培训只好少派甚至不派老师参加。

二、课堂教学：促进了新课程先进理念的有效推广

（一）开展了基于"新课标"理念的教学

1. 根据新课标开展了丰富多彩的语文"达标"教学

既然已经有新课标，那么就应该有相应的"达标"教学。在"达标"教学中，我们始终把提高课堂效益放在首位，踏踏实实地开展不同层次、不同形式的教学活动，如：①语文"三维目标"整合的教学目标设计；②用新课标变"教教材"为"用教材教"；③对新教材研讨与交流等；④开展"一人一课"备课、赛课活动；⑤开展了单元达标、版块达标、学年达标的"三达标"教学。

2. 狠抓教学常规，开展了循序渐进的语文规范化教学

我们坚持一边是体现新课标的达标教学，一边是为适应学生实际需要的规范化教学。为此，我市语文教师基本上能按教学常规的要求，在制定教学计划，做好备课、上课、作业布置与批改、辅导、考试和教学总结等工作上，做到环环相扣，循序渐进。在教学规范中构建"经纬网络型"，即以内容为经，包括：学生基本情况分析；教材的重点、难点分析；完成三维教学目标的教学设想和措施；教学进度安排，提高教学质量的主要措施和意见（包括提优补差的内容、途径和方法落实）。以教程为纬，包括：①教学目标；②重点、难点分析；③课时安排；④主要教法、学法设计；⑤教学过程；⑥板书设计；⑦作业布置。这样，绝大多数语文教师均能做好教学常规工作，实现了语文教学规范化。

3. 组织课堂教学研讨，开展了扎实认真的语文发展教学

语文新课改，不仅"达标"，还要追求发展和改革。为此，我们特通过校

本教研，让广大教师在进行教学设计、教学反思、案例分析、教学创新等教学发展活动的开展中，将新课程、新理念、新方法渗透和影响到广大教师的教学之中，极大地调动广大教师实施新课程的积极性和创造性，提升他们的教学水平和适应新课程的能力。

（1）创立了"分块备课、集体评议、个人修改、注重反思"的"两级四步"型集体备课模式。具体操作流程：以年级组为单位，先分块备课，每人细致、深入地主备一至两个单元；然后在年级组内说课、集体研讨；在此基础上每位教师根据个人教学风格及本班学情，把集体教案再创造成适合个人特色和本班实际的个性化的教案；最后，课后反思，把课堂中的闪光点与失败处、学生的错例、二次教学建议等都记录下来。这种集体备课模式既能让每位教师集中精力备精一至两个单元的课，又减轻了教师的工作负担，同时加强了教师之间的学习交流，集思广益，"以思维碰撞思维，以智慧点燃智慧"，充分发挥教研组"群研智慧"，做到了资源共享。

（2）开展了"同而不同"的教学模式创新活动。

A. 同课异构：同一篇课文，基于对文本的多元解读，对文本侧重点的不同把握，对各班学生的不同学情，以及不同教师不同的教学风格，同一年级组的几位教师同时执教同一篇课文，教学理念、教学方法各不相同，但对促进学生发展这一宗旨的追求是一致的，从而达到教师之间思维碰撞、教学展示、提升业务水平的目的。

B. 同课多轮：这是为避免校本教研成为个别骨干教师或年轻教师的"专利"，更好促进交流互助而推行的，即年级组内每一位教师都上同一篇课文，依次先后执教，在个人备课的基础上，融合集体的力量进行再构思，紧紧围绕着预设——生成——实践——反思——研讨——再实践的螺旋式教学，真正形成教师之间的交往、互助、合作的文化氛围，不断提升教学智慧。

C. 同主题多课：即年级组先确定一个研究主题，然后每位教师根据这一主题自主选择不同的课文进行相关的学习与研究，再进行课堂教学展示，这样的方式最能体现教师们各自的个性特色和研究信息，各取所长。

4. 以课题研究为抓手，开展积极而有效的语文创新性教学

"科研促教，课题牵引"，是我们语文教学追求科学、创新的重要手段。为此，我市七年以来共开展了语文学科的课题研究达200余项。其中国家级1项、省级20余项、市级120余项，县级及学校课题则有一大批。这些课题研

究，有力地促进了课堂教学的改革与创新，促进了教师的专业成长和教学水平的提高。比如，全市性的课题研究在识字方面有《小学识字教学方法的科学分类与运用的研究》（林惠生同志负责的国家语委"十五"科研项目）；在阅读教学方面有《三点阅读法教学的研究》；在写作教学方面有《开放性作文的发展性研究》；在综合性学习方面有《新课程教学创新的"案例"研究》。各县（市、区）也涌现了一批较好的课题研究项目。如海丰县有海城三中卓海华老师主持的《初中语文阅读能力的培养》、梅陇中学陶波老师主持的《初三语文阅读、写作学习指导》、陶河中学刘弘老师主持的《语文"乐读教学法"的尝试》、鲘门第二小学陈银花老师主持的《小学语文自读感悟型阅读教学方法的研究》、公平中心小学江祥林老师主持的《农村乡镇小学作文"开放式教学，放胆式作文"研究》、赤石中学黄显军老师主持的《课改背景下构建"理想课堂""和谐课堂"的实践研究》等。市林伟华中学、市职院附中、市实验小学、陆河县实验小学、河口小学的课题实验效果很好，陆丰市新龙中学、东风小学、城区汕尾中学、田家炳中学、新城中学、新港街道中心小学的语文课题研究也取得显著成效。据统计，全市初中和小学语文教师在县级以上刊物发表的论文共 1200 多篇，每年获市以上奖励的论文750 多篇。

（二）仍存在不少问题或者困惑在影响着新课改

1. 由于大班额束缚了新的教学方式的实施，特别是以落实自主、合作和探究这新的语文学习方式时很困难。"关注每一位学生的课堂学习"的要求往往落空。尤其当学生面对开放性的文本、问题、质疑时，教师就很难有效地把握学生的个性化学习表现，难以透视其心理流向而发展有针对性的个性化教学。

2. 部分教师对课标的理念理解不透，角色的转变还不到位。我们发现，不少老师也注意用启发式、讨论式教学，然而学生还未受到启发或真正进入讨论，却急匆匆地把结果讲了出来，唯恐"浪费时间"，完不成预定的教学任务；或者是层层设问，把学生引进自己预先设好的圈套，部分教师还存在这样一个困惑：课改要搞，创新精神和能力要培养，课改还要不要抓基础、抓"双基"？其实让学生多读书多实践，在实践中训练学生扎实的基本功，这与课改并不矛盾。而且新课程标准要求我们要"全面提高学生的语文素养"，而语文素养是以语文能力为核心，是语文能力和语文知识、语言积累、思想感情、思维品质、审美情趣、学习方法、学习习惯的融合和整合。语文素养不仅表现为有较强的识字写字能力，而且表现为有较强的综合运用能力——在生活中运用语文的能力。因此，教学中要把"全面提高学生的语文素养"的总目标认真落实到识字写字、阅读、作文、口语交际、综合性学习五个方面的教学实践中，保证三个维度的目标整合得到真正的落实。但有老师认识不到这一点。

3. 有些教师的基本功不过关，调控课堂的能力不强。即对于学生提出的问题有时不能正确给予肯定或否定；对于课文中的重点、难点该讲清的而未能讲清；范读课文时未能起到示范的作用，甚至还不如大多数学生的朗读。有位老师安排练习时，只肯定了学生写在黑板上的答案，却漠示了台下几十个学生七嘴八舌的发言，这也反映出教师上课的调控能力不强，也没注意到每一个学生的发展，未能用课改理念去指导教学。

4. 部分教师的教案直接从网上下载或者从集体备课中"拿来"，未作任何个性化处理或"二次备课"。教学评价也仍然主观、单一、偏面化。

三、教学评价：适应改革，突出评价的过程性和多元化

（一）制订语文课堂教学评价表，以规范语文教学评价内容的完整性

汕尾市语文课堂教学评价表　　　　　　年　　月　　日

学校		班级		授课者		总分			
时间			课题			等级			
评价项目	评价指标					等级			
						A	B	C	D
教学目标	1. 目标明确，要求具体，符合课程标准、学生实际和教材的要求。								
	2. 激发学习兴趣，重视学习习惯的养成和自学能力的培养。								
	3. 培养学生综合运用语文知识的能力。								
	4. 充分挖掘教材中的思想教育因素，寓思想教育于语文教学之中。								

续表

评价项目		评价指标	等级			
			A	B	C	D
教师的指导过程	教学过程	1. 教学思路清晰，每个环节紧紧围绕既定的教学任务和目标。				
		2. 面向全体学生，兼顾个体差异。				
		3. 创造性地使用教材；教学重点突出，难点分散。				
		4. 知识的教学、技能的训练、能力的培养处理得当；重在把知识转化为能力；在具体情境中对学生进行语文能力的培养。				
		5. 注重主体参与，教学中互动模式多样，体现实践性和互动性。				
		6. 课堂训练的密度和难度符合学生实际。				
		7. 教学方法灵活得当，符合授课内容，能启发、诱导学生主动学习；符合学生的认知规律。				
		8. 合理运用多种教学媒体为学生创造良好的语文学习环境。				
		9. 课堂结构合理、层次清楚，主次分明，过渡自然，教学反馈和校正及时；体现循序渐进原则，符合语文教学规律。				
		10. 教学氛围宽松和谐，体现合作精神，体现教育性、科学性和趣味性的统一。				
	教师素质	1. 熟练用普通话组织教学，语音准确，语调规范；语言应用规范、得体。				
		2. 讲解清晰，示范准确；教师的讲授科学、正确、简明。				
		3. 板书工整，层次分明；掌握板图、简笔画等多种教学技能。				
		4. 课堂组织、调控能力强，对突发情况能予以及时、恰当的处理；能根据教学反馈信息，及时调整教学活动，顺利完成教学任务。教态亲切自然，有感染力，善于与学生沟通情感。				
		5. 教学技能娴熟，教法灵活多样。				
		6. 教案编写规范、具体、实用性强；教具、材料准备充分，易于操作。				

续表

评价项目		评价指标	等级			
			A	B	C	D
学生的学习过程	学生参与	1. 积极参与，思维活跃，兴趣浓厚。				
		2. 师生之间、生生之间交互训练活动充分；合作学习有实效。				
		3. 不同层次的学生都能参与教学活动。				
	自主学习	4. 学生有自主学习的时间，体现探究式的学习过程。				
		5. 学生能在具体的情境中运用所学知识，形成语文学习能力。				
		6. 在学习活动中能根据教学要求对自己的学习做出评价并能不断调控自己的学习。				
	创新意识	7. 学生有独立思考的能力，在回答问题、讨论、演示时，主动提出问题，有独到的见解。				
		8. 能运用学过的知识和掌握的技能解决新问题。				
		9. 在学习过程中学会合作，乐于帮助别人。				
教学效果		1. 时间利用有效，完成教学任务，达到预期目标。				
		2. 课堂气氛和谐，师生关系融洽，绝大多数学生情绪高涨，思维活跃，积极参与教学活动。				
		3. 不同层次的学生都学有所得。				
质性评价						

说明：总分≧90 为优秀，89—80 为优良，79—60 为合格，59 以下为不合格

评课人_____

（二）开展课堂教学评价方式的改革，实现语文教学评价多元化

1. 积极进行评价方式的改革，是促进学生全面发展的关键。我们提倡教学评价更多地关注学生的健康发展，突出评价的激励发展的功能，淡化选拔性评价。一方面，我们仍然重视必要的考试；另一方面，融入一些发展性评价方法，如日常课堂表现、实践活动、情感与态度、学生成长记录袋等。

为此，许多学校语文科组基本上能将终结性评价和过程性评价有机结合起来，有些学校语文科组还结合学校特点，制定了《课堂学习评价表》《学生自我评价表》《家长观察评价表》等，改变了教师单一评价学生的现状，使评价更加全面、客观，从而推动了课改的顺利进行，促进了学生的全面发展。

2. 讲求课堂教学评价用语，实现语文教学评价的人性化。我们关注在学生认知发展领域、学习活动内容、语言形式、思维品质以及非智力因素等诸多因子的综合。在评价中注重教学评价语言的改革，比如针对初中、小学的学生心理特点说："你的想法比老师的好！""老师没有想到你可以读得这么好，我还想听你再大声地读一次"。"不要急，慢慢来，老师相信你一定能说出来"。这样……真情夸长处，委婉指不足，宽容、鼓励，使课堂评价用语富有人性化。

3. 存在一些不足而值得整改的地方：

（1）语文学习过程性评价的确难以有效实施。从单一的终端评价转向兼顾终端评价和过程性评价，这是语文新课程评价观的一大进步。但从学校的实施情况看，过程性评价的操作尚存在如何细化、量化和科学化的难点，在没有提升过程性评价在学生总评价中的权重之前，在语文教师没有真正获得相对考试自主权、相对课程管理自主权之前，要将过程性评价的共识转化为可操作的评价实践，难度很大。

（2）一些评价方法和评价用语仍然陈旧、落套，甚至是伤害学生，有碍于教学发展。

（3）有些课堂评价的针对性、感染力与启发性还有待进一步提高。在有限的课堂教学时间内，教师对所有学生的表现评价缺乏针对性。教师的评价语言有待于进一步丰富与准确，尤其要注意对学生的赞美要发自内心，激励性语言不过于夸张，不给学生造成虚假的感觉。教师的评价绝不能仅限于简单的肯定与否定，应注重辩证性与启发性。评价不光是老师单方面对学生作出评定，给予赏识激励，更重要的是调动学生自主参与评价的积极性，让他们在参与评价中学会发现自我，提升自我，从而完成对自我的激励与超越。

四、学生学业水平与质量发展状况：越来越好

1. 学生学业水平得到了一定的提升

根据学生学业质量监测表明，学生在终结性测验笔试和抽测考试中语文合格率一般能达到70%或以上，比课改实验前提高3%以上，后进生转化率提高10%以上，近3年中考，全市语文人平分均接近于70分。学生积极参加各级学科竞赛，全市近几年来共有200余人次获得市级以上学科（作文）比赛名次，学生在市级以上报刊杂志发表文章数百篇。

2. 学生课外实践活动日渐丰富，语文实践能力有了一定的提高

为适应新课改要求，全面开展素质教育，我市语文课的课外实践活动开展也比较正常，并注意学生的基础性、趣味性和可能性，尽力调动学生参与，开阔学生视野，力争提高学生语文能力。据统计，大多数学校有学生文学社，开展了丰富多彩的文学活动，举办各种写作培训和写作比赛，已成为广大学生开展校园文学活动的中心和学生沟通交流的平台，也是联系学校与学生的良好纽带。

3. 学生的语文整体素质得到了发展

由于语文课程改革的不断深入，学生在语文学习上随着新的理念、新的学习方式、新的学习方法和实践活动的全面铺开，其新的语文意识、语文态度、语文积累、语文感悟、语文能力和语文习惯等方面都得到了较好的发展，即语文的听说读写技能和人文性、受教育性相统一的语文整体素养得到了发展。

但是，由于种种原因，学生的语文学业水平发展不平衡，也有为数不少的学生对语文厌学、辍学，其语文知识和听说读写能力以及语文的整体素养都还存在一些欠缺乃至问题，无法适应他们的成长。

总之，课程改革是一个渐变的过程，语文新课程改革是一项十分艰巨和长期的工作。我们发现，语文课改困难还不少，要学习的东西还很多，要转变观念的任务还很重，课堂教学的改革力度还要加大，教学研究还要更加深入。我们将本着务实求真，解放思想，勇于探索的科学态度和精神，不断总结，不断创新，不断超越，将我市义务教育阶段语文课改推向更高层次，使语文学科教学质量得到进一步提高。

（林惠生执笔）

2009 年 7 月

第七章　语文的课程发展"拓" 探

【引言】

"拓"，表"开辟，扩展"之意，如：拓界，拓造，拓宽，开拓使宽广，有新发展，拓展，开拓、扩展；也表"豪放，不受拘束"之意。这里的"拓"探，即为语文的课程发展而做开拓性、扩展性的探索。使语文的课程开设在内容上更丰富，结构上更完善，效果上更优质。

"拓"探，是人的一种不懈于探、趋善尽美的哲学态度。也就是说，不仅是探，而且是"拓"探，在不断追求进步、不受拘束、勇于开拓、科学发展的全过程中探索，只有这样的"拓"探，才具有教育哲学的意义，才产生有质量语文的课程建设，也才使课程改革最终走向理智与成熟。

本章的课程发展"拓"探，主要是承接第六章即有关"主干课程"或基础课程如何开设之上的"再拓性课程"的探索，目前已着重"拓"探的语文第二板块课程主要有：语文活动课、语文学科的"研究性学习"、语文 CCA 课程（辅助性）等。

语文活动课的"定位"论

九年义务教育课程计划把"活动"纳入课程体系，改变了以往单一学科体系的课程形态，从而产生了课程结构的两大类型：学科课与活动课。然而，随着活动课程建设的不断深入，又出现了一种新的课程类型——学科活动课，即以某门学科为主的活动课程，如"语文活动课"。前几年，广东省率先对语文活动课开始构建与实践，一边组织编写出版《初中语文活动课》指导书（实际上是一种教材），一边组织课题研究与实验，并已形成良好的开端。但在研究实践中我们发现，第一个亟待解决的问题，不只是教学操作问题，更重要的是要从理论上弄清对语文活动课这一类新概念课程的认识问题。本来大家对一般性活动课程这一概念至今还比较模糊，现在又出现了带学科性的语文活动课，使比较模糊的概念更加模糊不清了。"语文活动课"到底是什么？这一类介于现行学科课程与"活动课程"之间的"语文活动课"，很有可能成为即将出台的课程改革中关于"国家课程、地方课程、校本课程"中的"校本课程"的内容。那么，如何认识，如何把握，如何开设，才会使这类课程合理、恰当、有效地深入开展下去，就显得很有研究的必要了。

一、语文活动课的定位要妥善处理好两个关系

确定语文活动课定位的基本原则是要求准确、科学、合理。为此，首先要正确处理好以下两个关系。

第一，要明确语文活动课与活动课程的关系。根据国家教委关于实施活动课程计划的《指导纲要》中的有关规定，活动课是区别于学科课程而设立的，它并不依附于具体的哪门学科。所以，非学科性而又充满学科知识的综合性是活动课程的基本属性之一，它是脱胎于所有学科课程而又运用学科知识、培养动手能力于活动之中的且要求学生全员、全程参加的一门独立的必修课程。它有它的独特教育功能、培养目标和相应的教学任务以及操作体系，这是学科课程所不能代替也不能包含的。而语文活动课，其本身是"语文"学科前提下的而且是以"活动"形式出现的，并且也成为一类课程。从其功能来看，它兼有"学科"与"活动"二者的属性。但严格地说，它终究还不属于"活动课程"的范围，还是语文学科教学课程中的组成部分，因为它至少不符合国家教委目前对"活动课程"关于"非学科性是其主要特征"的界定。到底以后可否发展为"活动课程"的分支学科，有待于学术界的研讨和国家教委以后的规定。总之，它可以作为一种特殊课程，架在学科课程与活动课程之间，成为沟通关系、丰富各自课程教学内容与形式的创造性尝试。

第二，要明确语文活动课与语文课外活动的关系。语文活动课，正由于有一个"课"字，于是就自然产生也应该产生一种正式的课程形态，也随之产生课程标准与操作体系。因此与单纯的语文课外活动自然就有区别了。更何况语文活动课不完全也不一定都要通过"课外"的活动来实施，而课外活

动有一个重要前提就是在"课外",而且活动并非像活动课那样系统化、程序化和目标化。例如：文学社、课外写作兴趣小组、大地风光考察、社会生活作文、课外名著阅读等等。当然，这些课外活动，虽然没有活动课那样规范，但也仍然是实施语文学科课程教学、完成语文教学任务的重要途径之一，是课程的必要补充，是学科课程教学的必然延伸。而语文活动课就不是这样。它与语文学科课程中传统的必修课程相辅相成而构成了语文课程的两个方面，只是在内容形式上各有所别，在时间分量上有多少之分，当然功能上并无主次、轻重之分，也不能互相替代或包容。但是，由于受语文活动课"活动性"特征的制约，它与语文课外活动又有不可分割的联系，甚至在课外举行的语文活动课，更离不开课外活动来作为它的载体或者替代形式，但不管怎样，它们之间仍然还是两个截然不同的概念。

二、语文活动课的定位要坚持三条原则

为什么要研究这个问题，主要是我们在推行语文活动课教学时发现了不少阻碍因素：有的一直未被教育行政主管部门所重视，没有对此做专门的研究与指示，也从未对学校做过这方面的指导与检查；有的被学校领导认为是"耍花架子""影响升学率"；有的教师也由于缺乏这方面的业务素质和教学改革精神，怕加重工作负担，怕搞不好反而影响整个语文教学质量而顾虑重重等。由此看来，只有按照一定的标准原则把语文活动课的科学定位找准，并使教育部门的广大领导和教师都能认识与接受，语文活动课才会高效优质、深入持久地开展下去。根据我们的调查、实验与反复思考，我们认定语文活动课既是语文学科课程教学之内的一部分，又显示了其独特的"课程特色"。因此，语文活动课的科学定位在目前至少要坚持以下三条原则：

第一，现行的语文活动课内容，一般还仍然是按照国家教委颁布的语文教学大纲关于语文学科知识、语文技能的教学目标内容来确定，有的还应直接取材于国家教委批准使用的现行语文教材中有关练习内容（即语文活动内容）来确定。广东省所编《初中语文活动课》指导书就基本上取材于人教版语文课本。这种活动课实际上是对语文学科课程知识的一种巩固、消化和语文技能的延伸或者扩大。

第二，现行的语文活动课，尽管它也有一种能形成其必须具备的课程体系（如课程目标、课程形式及操作方法等），但仍在语文学科课程的教学大纲、教材、教学方式及教学方法的范围内开展"活动"。因此可以说语文活动

课是语文知识的再学习、语文技能的再培训的另一种类型的综合实践课，是运用语文知识的技能于一定的活动之中，然后又获得比原有语文知识更牢固、更丰富、更新颖的全方位的语文知识，获得比原有语文技能更强、更实，也更具有发展、创新的语文技能。近几年素质教育的实践也表明，这种"活动课"是以前受"应试教育"影响的课堂教学模式所无法比拟而显示出蓬勃生命力的。

第三，前面已经说及，目前的语文活动课是语文学科内的活动课，而国家教委现行的有关活动课程的界定是"非学科性"的，即为多学科性知识与技能的综合实践的活动课程，因而语文活动课也自然是属于语文学科课程教学的一部分。

三、语文活动课的定位要在"大语文教育"的四个层次中寻找自己的位置

根据以上论述，我们可以得知语文活动课的基本表现特征是：在教学思想上表现为"教学活动化"，在教学方法上表现为"活动式教学"。基于此，它在语文学科教学中的定位形式表现就既有它的独立性，又有其依赖性，与原有的学科课程课堂模式组合而构成一种"大语文教育课堂"。按一般习惯的称法，我们把原有的学科课堂模式称之为"第一课堂"，那么，把语文活动课则可称之为"第二课堂"（其实在不少地方早有这种称法，不过那是把区别于学科课堂教学以外的所有课外活动都称为"第二课堂"，这里我们要给以区别而赋予语文活动课以特定概念），把不能定为语文活动课（即第二课堂）的那些课外活动仍然还其本义，称之为"课外活动"，这样就不仅把语文活动课，也把包括语文学科的传统必修课堂教学和课外活动等在内的整个语文学科教学的体系都全方位地给予一个恰当而科学的"定位"了。现在特将这个"大语文教育"式的语文学科教学体系图示如下，由此也就可以明确语文活动课的科学定位了。

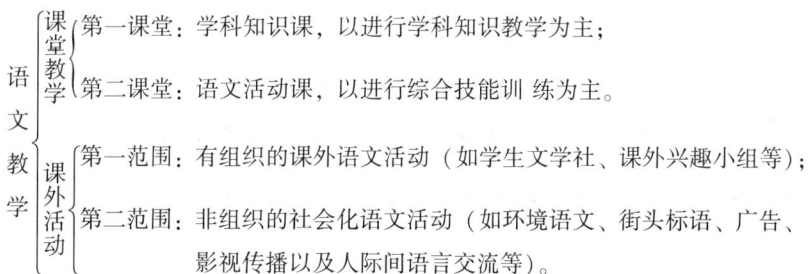

语文教学　｛　课堂教学　｛　第一课堂：学科知识课，以进行学科知识教学为主；
第二课堂：语文活动课，以进行综合技能训 练为主。

课外活动　｛　第一范围：有组织的课外语文活动（如学生文学社、课外兴趣小组等）；
第二范围：非组织的社会化语文活动（如环境语文、街头标语、广告、影视传播以及人际间语言交流等）。

（本文发表在陕西师大《中学语文教学参考》2000 年 8—9 期）

关于语文活动课寻求最优化形式的
"实验化" 实践的研究报告

活动课程，是国家教委于 1992 年 11 月设立，1993 年 9 月正式实施的。多年以来，我市初中语文教学中活动课的实践，可以说经历了两个阶段：一是宣传发动和局部活动的 "泛化" 实践阶段；二是从 1996 年开始至今所采取不同层次、不同形式与方法的 "实验化" 实践阶段，旨在寻求语文活动课的最优化形式。现在就 "实验化" 实践的有关情况和由此所得出的研究成果结论报告如下。

一、语文活动课 "实验化" 实践的由来

所谓语文活动课 "实验化" 实践，是区别于那些盲目化、随意化的实践而言。它可分两种：一种是有较严密操作机制和完整实施方案的 "实验"，是 "实验化" 实践的高级阶段；另一种是带尝试性的，有一定的尝试目的与方法，但往往缺乏一套严密的操作机制，我们把它暂且称为 "准实验"。这种 "准实验" 性的尝试行为，往往是一种研究的普遍现象，虽然实验机制欠严密与规范，但因其探索的问题专一、尝试的方法对头，操作简便而仍然可以获得相应的效果或者科学的结论。同时，它很适合为第一线的基层学校、教师所普遍接受与运用，比那种动不动都要搞一整套的选题、立项、论证等实验方案后的 "实验" 要来得快，操作也简便，效果也好。于是，我们就想到，我们现在的语文活动课是否可以运用这第二种方法进行呢？即把语文活动课的实践置于一种有目的，有计划，有一定操作要求、形式与方法的且带有一定预定性的 "尝试性实践" 之中，从而探索不同的实践效果和相应的理论意义。经过论证，我们认为是可行的，于是就采用了这种实践方式。

二、"实验化" 实践的设想（即目的与内容）

1. 用相同的实践目的和要求，而采用不同的操作形式、途径与方法，能否获得相同的或者各自怎样的效果；

2. 用相同的操作形式、途径与方法，而赋予不同的实践目的和要求，其效果又是如何；

通过对以上两方面的对照尝试，旨在最终真正进一步探明并获得结论：

①语文活动课的最优化形式是什么？"弹性型"可否成为语文活动课的最优化形式？；

②"实验化"实践作为一种研究活动的形式与方法这一概念的提出，是否妥当，在语文活动课的研究与实践中是否科学可行？

三、"实验化"实践的基本过程与步骤

我市初中语文活动课的"实验化"实践，从 1996 年开始，采用"大面积、小定点"的方法，分三个阶段进行实施。

第一步：一般情况调查分析（1996 年下半年）。即通过调查分析，发现我市语文活动课一般是"口号式"或者"泛化式"，还有 50% 左右的教师和 40% 左右的学校根本就不知道还有"活动课"这个名词（一般只知道"语文课外活动"），或者只知其名而不知其义，并不懂得其开设办法，去寻求语文活动课最优化形式的就更是寥寥无几了。

第二步：定点分类，比较尝试（1997—1999 年）。为了寻求最优化形式，我们特以验证"弹性型"是不是语文活动课的最优化形式为主，通过对全市采取相同的活动课教学目的和要求，但采用三种不同形式与方法的"实验化"实践方式，分别进行定点、分类、比较的尝试，来展开对上述实践目的的验证与探索。

1. 规程型。即根据国家教委课程计划的要求，把活动课纳入统一的教学管理范围。我们原定在市城区汕尾中学初中部和其他三所学校进行，均在 1—3 年级中每级选择一个班参加"规程实践"，即有统一教材，统一课程安排，统一教师，统一教学过程和组织教学形式。

2. 弹性型。所谓"弹性"，就是具有可伸缩性，在统一与灵活之间，既要根据国家教委课程计划的文件规定，统一教学目的要求，又在具体的活动教学内容、教学组织形式、教学时间安排、活动指导方法等方面均不做绝对统一的规定，允许各自有其灵活安排与优劣选择，体现各地活动课教学的自主性、灵活性和针对性，尽力创造出各自的特色。这种形式主要在海丰县全面实施。

3. 自由型。即只强调按照国家教委课程计划办事，提出活动课的开设目

的与要求，但不作任何开设内容、形式和方法上的指导与督查，均由各地学校自由发展。这主要在全市其他大部分学校进行。

第三步：总结交流与鉴别，再进行理论探讨（1999 年以后）。一是赴汕尾中学和全市各地其他学校了解、分析和总结有关语文活动课开展情况；二是以海丰县为重点，对"弹性型"活动课开设指导的成果进行全县性汇报交流和检测鉴定。同时，对这三种不同类型的活动课开设的结果分别给予总结分析后，着重在理论上进行鉴别与探讨。

四、"实验化" 实践的结果及其分析

（一）实践表明，这三种不同类型的活动课开展形式，其结果大不相同

1. 运用"规程型"的结果——一般失败。汕尾中学发了教材，也开展了一些活动，但因得不到有关支持与指导，于是开始热、中途松，到后来就"夭折"了。另外三所学校，一开始就被列入课表、怎样上课等问题难住而"昙花一现"了。（说明：由于是实验，我们为了取得真正的实验价值，也没有强加要求与指导而采取任何纠偏行为等。）

2. 运用"弹性型"的结果——普遍较好。据海丰县的全面测查与总结表明：这种形式的活动课，既能在各级各类学校开展，又能在各自层次上取得相应效果，让师生看到希望，树立信心，从而又反过来促进活动课呈良性循环状态而顺利发展，并且促进了语文整体教学质量的提高。

3. 运用"自由型"的结果——大多数不理想。80% 以上的学校均流于形式，只有为数不多的学校和教师因受特定条件的影响，取得了一些效果，但这种效果往往不稳定，不全面，或者是低层次的和短暂的。

（二）为什么用相同的活动课目的要求而在上述三种不同的活动课形式中却产生很不相同的结果呢？我们认为有如下一些基本原因

1. 第一种、第三种类型所产生结果的共同性原因有三个：一是活动课程的意识淡化，不懂得活动课也是整个学校教育教学课程中的重要组成部分，而且与"学科课程"共同组成整个课程体系的观念基本上没有树立起来。二是受"应试教育"的干扰，担心活动课开展多了影响学科教学时间、分散学生学习精力，使学科考试成绩降下来等。三是即使想开展活动课，也知道"活动课"的意义和作用，但就是缺乏科学的教学管理，缺乏科学有序的形式和操作方法，动不动就把它混同于以前的课外活动或者兴趣小组活动。也就是说，学校的管理水平和教师的教学素质跟不上去，自身还缺乏这种全方位、

高层次的"活动"能力。

2. 第一种类型的结果产生还有两个个体原因,一是缺少行政行为,管理不到位。即未能得到教育行政部门和学校领导的支持。虽然国家教委已明确规定将其纳入课程计划,但一查学校课程表,没有哪个学校把它正经列入进去,没有哪个学校把它像学科教学一样提供方便或给予指导,也没有哪一级教育行政部门对其像对待学科教学一样进行过检查、评估与督导,所以一开始它就成了一个"难产儿",成了一件不受欢迎的麻烦事。二是由于"规程型"使教材、教法统得太死、规矩太严,使师生一时难以适应,他们的个性特征、创造才能都难以表现,对一些并不喜欢的活动课也要硬着头皮开展下去,反而削弱了广大师生参与的积极性。

3. 第三种类型的结果产生还有一个个体原因,就是太"自由化"了,使活动课缺乏一定的框架和基本稳定的操作形式、方法,往往盲目性大,随意性大,使师生也无所适从,因太"活"而无法"动"了。

4. 第二种类型活动课之所以能产生较好的效果,主要是避开了上述的各种缺陷,既有明智、务实而统一的活动课目的与要求,又不同于死板的框框套套,充分展示其生动、活泼、有效、可操作的特点;既注意活动课的内容与形式多样化、系列化,又注意活动课中的"活动"也由单一化逐步综合化、系列化。这样一来,不仅提高了全体教师的教学水平,促进了语文教学质量的整体提高,还提高了学生学习语文的兴趣和能力,培养了他们良好的语文学习技能和学习习惯。据海丰县统计,全县初中学生在活动课中写出了数以万计的习作和演讲稿,仅 1996 年的初中语文系列活动课,学生就填写有关活动卡片 2.6 万多份。全县活动课开展得好的如彭湃中学、龙津中学、梅陇中学、莲花中学等四所中学,学生的语文素质整体上都远远高于其他学校,他们参加今年全省中考的语文人平成绩在 109 分左右,而且从试卷中发现,学生的理解、表达能力的提高更明显。这一成功尝试,被海丰县各级教育行政部门和学校领导给予了极高的评价,也深受师生欢迎。

(三) 从以上语文活动课"实验化"实践成果的分析中可以得出如下结论

1. 用"弹性型"为主开展语文活动课是行之有效的,而且只要注意科学把握"弹性"的有限度和可伸缩度,并注意吸收其他形式中有益的合理成份,以构成一种更加有理、有序、有效的弹性操作机制,那么,"弹性型"便可成为目前语文活动课的最优化形式(即基本形式之一)。这种"弹性型"的语文活动课之所以成为最优化形式，主要是它具有以下几个特征：①有活动课总体教学计划和基本操作步骤，但不一定要全盘照搬，具体情况具体对待；②有体现教学大纲精神的活动课的基本内容与形式，但可以灵活机动，让广大师生自由选择，为充分发挥学校特色、教师特点、学生特长而创造了宽松、活泼和富有实际意义的活动课情境。

"弹性型"的语文活动课要成为最优化形式，还要坚持弹性的有限度与可伸缩度相和谐的原则。这种原则的具体内涵是：

①语文活动课一定要成为语文教师的全部语文教学任务中"铁"的部分，不能成为可有可无的"软"任务；语文活动课一定要符合课程标准，有统一的教学目标、要求和相对统一的教学内容，目前我省以省编《初中语文活动课》指导书为最可取的课程内容；语文活动课要落实相对统一并富有实效的评价标准与方法，并逐步符合三个"二重性"特征；语文学科性与活动性相统一，语文教育性与生活性相统一，语文科学性与艺术性相统一。

②语文活动课应该也完全有自己的风格与特色，有务实、出新、求活的操作体系。即在语文教学总课时量不能增加的前提下，要把活动课巧妙地"挤"进语文课之中，并且像作文一样单列为一种语文教学活动，可在优化原有课堂教学的基础上，腾出必需的课时，采用灵活的方式，进行"活动课教学"；或者每两周一节列入课表，或者每个单元教完后进行一次，或者相对集中于一些节假日、纪念日和其他机动时间；一次活动课可以为一课时，也可以多课时；活动课可以是"短平快"的限时活动，也可以是马拉松式的"沙龙"活动；活动课可以在校内进行，也可以拉到校外进行；活动课可以是专项、专题单一式的，也可以是多项目、多主题、多层面的综合式；活动课可以是整班、整校以至一个整体地区的"大活动"，也可以是分组、分角色、分片断的局部活动；可以是一位教师独立指导进行，也可以是多位教师或邀请多学科教师共同参与进行等等。

2. "实验化"实践这个新概念的提出，并非是一种刻意求新和猎奇，其实它是对一种已经十分普遍的科研形式——尝试法所做出的恰当的总结与归纳。它既可帮助语文活动课通过研究找到其最优化形式——"弹性型"，又反过来通过对语文活动课最优化形式的研究来证明其自身也是一种科学可行的研究方式与方法，并且是早被第一线的实际工作者进入科研王国时所最常用的方式方法。当你碰到一个个难题、一种种新情况、一件件新事物或要解决或要明白或要认识时，你往往就会说："试一试吧!"这种理智的、科学的

"试一试"，就是 "实验化" 实践，从科学角度说不失为一种 "准实验"。它也是人们经常说的由 "勤奋型" 向 "科学型" 转轨的基本方法。可以说，"尝试" 是 "实验化" 实践的另一个名词，或者叫代名词，因为它已不是一种普通的实践活动，而是一种带一定的探索性、研究性、创造性的科学实验的行为，但它又往往因缺乏严密的科研机制而被视为科研行为的 "初级阶段"，所以它又被称为 "准实验"。现在，我们把它总结并公开提出，在理论上却又是必需的，也算作是一种捅破雾纱的发现。总之，尝试即 "实验化" 实践，作为一种重新明确而提出的研究方法，将会越来越发挥它应有的作用。

（本文系省立项课题成果，曾获全国一等奖。）

初探语文学科的 "研究性学习"

教育部在《全日制普通高中课程计划〈试验〉》中，提出并设置了 "综合实践活动" 课，其中包括社会实践、社区服务、劳动技术教育、研究性学习等。后来又有《综合实践活动指导纲要》和《中小学研究性学习指南》等重要文件相继出台。这表明：综合实践活动课特别是 "研究性学习"，为学校课程实施带来了许多革命性的变化。但是，近几年研究性学习课开设并不理想，效果不尽人意。通过反思，我们认为，像 "研究性学习" 这样的综合性实践活动课要实现常态化、实效化，就必须坚持 "两条腿" 走路，一条是单设综合课程，另一条是与学科课程教学相整合，实现 "研究性学习" 学科化。因此，开展 "学科类研究性学习" 则显得十分必要。为此，本人在语文学科教学中开展 "研究性学习" 做了一些研究。

一、在语文学科中开展 "研究性学习" 的课程意义及其实施价值

1. "研究性学习" 作为一门课程，它的意义在于研究

我国开设 "研究性学习"，旨在课程改革中推进素质教育，培养学生的创新精神和实践能力。为此，根据我国目前的教学实际及文化背景，并对国内外有关教改成果如 "茶馆式" 教学、"问题教学" "引探教学" 和上海育才中

学"八字"教学法等进行借鉴并经过扬弃、整合，然后确定为"研究性学习"（也称"探究性学习"）这样的综合实践活动课。

在这里值得指出的是，我们开设的"研究性学习"课程，并非指望学生能出一大批研究成果，而更重要的是通过组织学生接触和参加"研究性学习"，让学生树立研究意识，认识研究过程，获得研究体验，掌握研究方法，并不断积累一些成功的研究模式、手段与案例等，以致培养研究精神，最终真正造就为一个个富有研究能力和创新精神的"研究人"，而不仅仅是一个个"读书人"。因此，在"研究性学习"课程中，努力寻求一个个生动活泼且实效显著的活动模式，采用一个个新颖、科学、可操作性强的研究方法，将是研究"研究性学习"课程的关键。所以，"研究性学习"不在乎生产多少成果，而在于培养充满"研究精神"的"研究人"。

2. 在语文学科中开展"研究性学习"，为学生的综合实践活动课学科化进而常态化、实效化提供了重要平台

从国内目前开设情况来看，"研究性学习"不仅成为一门综合实践活动课的重要形式，还逐渐进入各学科教学之中，这已经成为学科教学改革的一大新拓点。语文学科也不例外。比如，对一般概念上的科学阐述，或者是从内容的角度上指出一些诸如"如何看待韩寒现象"的研究，"祥林嫂文学形象的塑造与意义"等之类的主题性研究，或者从科学研究的一般步骤来谈。诸如"选题→收集资料→小组讨论→个人撰写成果→展示成果"等的研究形式。这些渗透于学科中的研究性学习，看来为丰富学科中的综合实践，在学科教学中培养研究精神，出现了一些较好的研究性学习模式。这些，真正有利于课程改革，为推进素质教育、培养学生的创新精神和实践能力而开展的"研究性学习"，才是我们所需要的综合实践活动课。

二、在语文学科中开展"研究性学习"的主要优势及其特点

我们认为：语文课能够进行"研究性学习"，也能够创造许多"研究性学习"的生动模式与方法，以丰富和发展语文学科的学习，提高语文学科的教学质量。我们还要明确：语文研究性学习，不仅是研究语文的学习，也包括在语文课里进行研究性学习或者凭借语文而进行研究性学习。

语文学科之所以能成为开展综合性实践活动课的载体，主要是由于语文学科具有三大优势及其特点。

（一）让语文学科进一步具有了综合性特点

"科学发展观"告诉我们：语文教学是一项整体性极强的系统工程，我们所实施的一切语文教学活动，都是一种各个环节环环相扣，各个因素互载、互动、互为的"可持续发展行为"。比如，人们一评价语文能力，就往往说是听、说、读、写四大能力。其实这只是一种静态的单一化的外部表面评价。语文能力仅仅靠这"四大能力"且分项概括或者表述是远远不够的：其一，语文能力是一种整体综合性能力，当一个人被评价为语文能力强的时候往往难以分辨出到底是听的能力强，说的能力强，还是读的能力强，写的能力强，常常是将听说读写合在一起地呈现出来的，或者是因某一二项能力过于突出地强或突出地低而被得到整体评价了，而其他几项则被忽略不计了，这就叫审美观上的"一俊遮百丑"，也自然起到了综合性的整体效果的作用。由此可见，语文能力的表现一般是呈整体性的，所以我们在培养学生语文能力的时候，也不能违背这一规律，尽可能将听、说、读、写融为一体地作整体性培养。为此，我们提出了读写一体化、"一体化语文教育观"。特别值得一提的是，这一概念的提出，是在近几年我们组织学生开展"研究性学习"活动且效果显著的基础上所得到启发的。

（二）让语文学科进一步具有了实践性特点

大家知道，语文是一门母语学科，供人们进行思想表达与交流的工具性学科，所以其实践性很强。因此，向生活学语文，在生活中学语文，学语文为生活，在生动的活动情境与语境中学好语文，用好语文。这就是语文实践性特点的重要标志。如果脱离或者忽略实践的语文课，那是缺乏生命力和母语意义的短视语文或者"书院语文"，效果不会很好。

（三）让语文进一步具有了是语文学科的研究性特点

大家知道，语文学科的教材是"文选型"，靠一篇篇文章（含名著片段）来实现"字、词、句、篇、语、修、逻、文"等语文知识的教与学，并以课文为载体进行听说读写的能力培养和语文素养教育。所以，语文学科就存在很多非系统性的问题，不如数理化学科那样有其学科知识体系（尤其是学科知识的层次性），往往给教与学造成许多值得研究的新情况、新问题，也往往由于许多"只可意会而不可言传"的语文教学现象，引发需要探究的"研究性学习"，所以，研究性也就成为语文学科学习的另一重要特点。

三、语文"研究性学习"的教学实施

(一)内容：全面而适用

语文研究性学习的教学内容，按角度可以分为两大类："课题型"和"项目型"。

1. "课题型"，即以某个问题为主体而展开集中的专门的研究性学习

它突出探究性，以基于发现问题、分析问题和解决问题为主。如：汉字构造特征怎样，在识字方法中如何利用字理性特点进行有理性识字；在阅读学习中是满足于读懂这篇文章，还是通过读懂而掌握阅读方法、获得更多更高的阅读体验呢；写作中的立意和材料之间的关系如何，怎样才能使写作表达具有创意和个性化，等等。

2. "项目型"，即以一个个具体的活动形式来展开研究性学习，突出其活动性

它以设计情境、讲求流程、注重完成任务为主的项目型为特点的活动。如：新文学阅读活动、小记者采访活动、文学沙龙活动、天天读书活动、字谜长廊、广告语调查活动、走向大自然实践活动，等等。也可以将上述两种形式相结合。如：①对一本书、一篇文章乃至一个知识点的研究；②对一种语文现象（含学习现象）进行研究；③用语文的知识与观点来观察社会生活，作出关于"语文"的分析和认识；④以某种主题、某种文体、某种问题而进行关于语文学习的研究等等。

下面是一份我们已经开展或将要开展的"语文研究性学习"课题指南。

中学生语文研究性学习课题指南

1. 关于中学生语文学习情况的调查活动：

（1）中学生识字写字情况调查；（2）中学生阅读活动情况调查；（3）中学生作文情况调查；（4）中学生口语交际情况调查；（5）中学生语文基础知识掌握与运用的情况调查；（6）中学生文学作品（名著、名篇、名言）阅读情况调查；（7）中学生文学社情况调查；（8）中学生语文学习效率不高的问题调查；（9）中学生语文学习病态心理调查；（10）怎样解决中学生写作无材料可写的问题。

2. 关于中学生学习语文专题研究活动：

（1）语文课外实践活动（"生活与语文""在实践中学语文""在生活中学语文""在活动中学语文"）；（2）如何发现语文学习中的疑难与问题；

（3）如何解决语文学习兴趣的问题；（4）如何解决语文学习方法不当的问题；（5）如何解决语文学习效率不高的问题；（6）如何解决语文学习病态的问题；（7）如何解决作文中无材料可写的问题；（8）如何解决阅读中理解不到位的问题。

3. 关于中学语文专题学习研究活动：

（1）从《边城》看沈从文创作特色的研究；（2）《红岩》革命主题及革命英雄形象的表现方法的研究；（3）谈古典四大名著的共性与个性；（4）谈对《变色龙》讲解艺术的鉴赏；（5）如何处理文言文翻译中"信达雅"与"直译、意译"的关系；（6）高考作文怎样由"基础"走向"发展"的研究。

（二）课型：多样而实用

1. 鉴赏课

即对语文课中的文学作品及其他文化现象作出鉴赏性的学习与研究，指导学生学会鉴赏，并从鉴赏的学习中提高自己的审美素养，并用已提高的语文审美素质和审美能力来分析、鉴赏、评价其他文学作品和文化现象。比如，有教师组织学生开展对王绩《野望》一诗的鉴赏课是这样的。首先，让学生齐读，引起师生共鸣；然后，让学生回答以下问题：①将全诗诵读并翻译一遍；②指出并分析"树树皆秋色，山山唯落晖"用了什么样的修辞手法？③全词的"诗眼"在哪里？为什么能称得上"诗眼"？④谈谈读后的感悟与看法。

2. 探究课

即指对一个个的具体的问题进行探究性的学习，它突出对语文问题的探索和对语文问题的解决，尤其是在语文实践活动中，敢于质疑、敢于探秘，敢于提出不同的观点和看法等。它可以通过调查分析、考察、采访（访谈）、交流等方式进行。比如以"写作命题"为专题的探究性学习：

①什么叫"作文命题"？命题作文就是标题作文吗？②话题作文与标题作文以及材料作文到底有何区别？（用一份对照表作出回答）③怎样才能写好这三类题型的作文？（先用500字写出一篇短文，然后搜集整理写好这三类题型作文的资料及范文，并对这些范文作出类型分析）。

3. 辩论课

即指采用争辩的方式进行讨论、交流的学习方式。其形式有多种多样。主要有小组漫议式、正反方辩论式等。内容上有问题型辩论、感受型辩论、评述型辩论、综述型辩论、立论型辩论、驳论型辩论等。比如，我们组织开展了"影视辩论":《恰同学少年》中青年毛泽东的言行对当代青年读书、立志、笃行所起作用"大"与"不大",这场辩论让学生进一步认识了青年毛泽东的光辉形象和对现代青年的良好影响。后来还对以"读书"为题写一篇文章的"题"展开了辩论:到底是"标题"作文还是"话题"作文,通过辩论,让学生进一步明确了三种作文题型的不同特点以及具体写法。另外,还对高中语文《鸿门宴》一课进行了辩论,也很有成效。在辩论课中,教师把学生分成甲乙两方,一方站在项羽方,一方站在刘邦方,甲乙双方在辩论中,首先回顾课文内容,再谈各方观点,在充分肯定本方"人物"的前提下指出对方"人物"的不是,等等。这种辩论活动充分激活了学生的学习积极性,培养了对问题思辨、探究的研究精神,还锻炼了胆量和口语争辩能力,学会了立论、驳论等论证方法。(具体见《鸿门宴》辩论实录一文。)

4. 成果交流课

"成果交流型"在研究性学习的运用,是一种具有创新意义的形式。这种学习方式旨在通过学生把一个个成果项目如设计、论文、调查报告、实验报告、科学建议、活动总结等,在一定场合或形式中进行交流、介绍、评析、鉴赏等,再现其获得成果的过程、方法及背景,展示获得成果的经验、体会及感受,并分析其价值、影响等。这样,由结果推及过程,把对学习结果的评价引向对学习过程(研究过程)的评价与反思,让学生增加学习的轻松愉悦感和增强对学习的成功、成就与成才的信心。这样通过"成果交流"的形式来回述、追忆即展示其过程和方法,让学生在一种总结、交流的教学方式与学习方式中进行自主探究与反思学习,以提高其综合实践意识与综合实践能力。

它是一种既关注学习结果、又因结果而关注学习过程与方法的新课程教学理念的实施行为,让学生学习方式从预设走向生成,也是一种教学评价中对学生学业成长状态的直接描述与评鉴的有效方式与途径。比单纯的"成长记录表"和"教学记载表"要好得多,由学生将一定阶段内的学习结果(成果)在一定场合中进行交流、汇报与接受考核时,则是一种公平、公正、透明度高的教学评价形式与教学评价活动。在交流中又不断丰富与发展自己的成果,或者改进甚至否定自己的学习成果,这些过程本身就是一种研究。我们曾组织开展了一系列这样的活动。如《我的读书活动汇报》《我与日记》《我的作文目录汇编介绍》《汉字来历知多少》《学习方法总结与介绍》等,效果普遍较好。

这种研究性学习方式，还有如下意义：①可以促进教学改革深入发展。为改变过去“师讲生听”的灌输式教学模式，为学生创造一个分享成功、表现自我、体验自我和他人成功的喜悦价值的人文情境，以至让学生形成一种良好的学习品质和学习精神以及与人交际、合作、互动的团队精神。②可以有助于促进学生互相启发、激励、掌握一些探究方法，明确探究过程，从而提出新的问题，创造新的成果，让学生形成一种良好的反思与发展的探究精神。③可以构建出一门新的综合实践课程，即由结果认识过程、从对结果的认识中去获取知识、掌握方法、提高能力。

（三）实施过程：有形、有序、有效

在语文学科中开展研究性学习，为了确保常态化、实效化，还应该有一套相应的实施过程的办法，即包括总计划、课题与项目研究、评价等三部分。现示例如下：

[语文“研究性学习”记录表（示例1-5）]

表一：语文研究性学习总计划表

班级：高二（5）班；实施者：刘　琳；指导教师：陈建华。

研究的背景与意义：

根据语文课程标准和学校教学实际以及学生的语文学习现状来开展相关的研究性学习，提高学生的研究能力和有关实践能力。

研究内容及方法：

1. 语文新课标和教科书上关于研究性学习的要求和有关研究性学习的内容等。

2. 研究方法采用调查法、文献资料法、案例法等。

研究思路与活动时间：视其具体的课题或者项目的研究情况而定。

简单的可行性分析（包括自己的优势和可能遇到的困难）：

1. 有新课标理念的指导，有研究性学习纲要的规定，使研究性学习有了方向和基础；2. 学校有关于研究性学习的计划和安排，并给予一定的条件与资源；3. 老师的热心指导和家长的支持。困难有：研究经验不足，能力不够，有待于自身努力；可能受到社会和家长的不理解而受到干扰等等。

预期成果及其展示的形式：1. 调查报告；2. 小论文；3. 成果汇报与交流

活动安排：

1. 课题类：语文知识与能力的比较研究；课文阅读中文学类与实用类的比较研究；

写作中"有创意的个性化表达"的研究；写作中"基础"与"发展"的研究；

2. 项目类：中学生课外阅读情况调查；街头错别字、乱用字的情况调查；"生活与语文"关系的专项调查；

审批意见：同意。可以提供一定的指导。科任教师意见：（签名）陈建华学校审查意见：同意。学校盖章：（此处略）

表二：课题类研究性学习规划表

课题计划制订人：周长春　　　　　　　　制订时间：2007 年 9 月 10 日

课题名称：高考作文怎样由"基础"走向"发展"；

主持人：周长春；本组成员：6 人；指导教师：林昇

课题的设计背景说明（课题是如何提出的）：

高考作文评分标准中关于"基础"与"发展"等级的出现，是考试大纲的规定，而课标和教学大纲尚未这样提出，教科书也未有这种教学内容，故让学生认识模糊，操作难以自主，有专为研究的必要。

课题的目的与意义（假设）：

让学生明确"基础"与"发展"各自的内涵和标准，从而把握尺度和整合二者的关系，打好"基础"，积极"发展"，努力提高写作水平。

课题采用的主要研究方法：

1. 用文献资料法研究"基础"与"发展"各自概念的含义与要求；

2. 用比较分析法和案例法，明确二者的关系及其具体实施的措施等。

3. 效果评价法。

课题研究的详细计划：另见有关课题"开题方案"

优势与困难、需要解决的问题：

优势：已收集了一批资料，教师已开设了"考纲"学习的讲座；

问题：认识仍然模糊；操作还不明确，特别是如何"发展"还是难点。

课题研究预计最大困难是什么？打算如何克服？

预计可能没有很大的困难，因为有老师指导。

课题研究的预期成果及其表现形式：

1. 撰写一份研究性论文：关于作文高考中的"基础"与"发展"；2. 整理一份高考作文"基础"与"发展"各自的评价标准和操作内容表；3. 争取写出一批"基础"好，"发展"有特色的优秀习作。

其他需要说明的问题：无。

课题审批情况：同意按计划开展研究

签名：林昇　2007 年 9 月 12 日

表三：课题研究性学习情况记载表

主题：作文"基础"与"发展"的比较研究；　学习课程类别：探究类；

班级：高三年级（8）班；　　活动时间：2007 年 9 月 10 日——10 月 20 日

组长：周长春；　　课题组成员：王、陈、黄等；

（一）简要背景说明（课题是如何提出来的）：

由于对二者的认识模糊和实践经验不丰富，有可能不利于写好高考作文。

研究的具体内容：

1. 高考作文评分标准中关于"基础"与"发展"的具体内容；

2. 分析比较二者之间的区别和相互关系等以及怎样有"发展"的作文。

（二）活动组织：

1.①由周长春带队向参加过高考评卷的教师请教，了解有关评卷情况；②四人分别查阅有关报刊对此问题分析的文章；③合作写出一份专题分析报告。

2.①9 月 10 日-9 月 18 日，学习"考纲"相关内容，调查、查阅、搜集有关作文评卷资料等。

②9 月 19 日-9 月 30 日，请教评卷教师；召开研讨会，探讨"基础"和"发展"内涵及相关关系，写出学习体会和研究小论文。

③10 月 1 日-10 月 20 日，总结成果资料，分别撰写研究报告；并积极尝试写作新的作文。

（三）课题研究所需的条件：

图书资料：考纲、历年高考试题、评分资料、各类习作选等。实验室（设备）：不需要；

交通工具：待定；其他（如计算机上网等）：待用

（四）课题成果（论文、调研报告、制作模型、实验报告等）：（1）小论文；（2）调研报告；（3）优秀习作选。

（五）表达形式（文字、图片、实物、音像资料等）：以文字为主。

表四：项目类研究性学习规划表

项目名称：语文课外阅读情况调查；活动形式：项目调查；组长：周长春

小组成员：陶、王、林、陈等5人；活动地点：校内外

活动时间：2007年7月1日-8月20日；

活动计划（要详细填写）：

1. 本次活动共5人。主要分成两个阶段。第一阶段（7月1日-30日），开展调查，搜集资料；第二阶段（8月1日-20日），分析整理，形成调查报告。

2. 本次调查以了解中学生语文课外阅读情况，为语文教师进行课外阅读指导提供情况和采取相应对策与建议。形式分别为：①召开座谈会；②发放问卷调查；③去图书馆、阅览室查阅学生借书的读书情况；④走访学生及其家长，进一步了解学生读书情况以及对课外阅读的看法等。

3. 措施与准备：①掌握调查项目的基本程序；②设计与印刷有关调查提纲和表格；③确定调查对象；④做好统计分析等。

其他需要说明的问题：1. 调查对象要有代表性；2. 不能带着任何预定性结论。

指导教师意见（或审批情况）：规划恰当、合理，有可操作性。请严格按计划开展活动。

签名：陈建华 2007年7月1日

表五：项目类研究性学习情况记录表

项目名称：语文课外阅读情况调查

活动时间：2007年7月1日-8月20日； 活动地点：校内外

活动准备：

1. 制订调查活动方案，编制有关调查提纲与表格等；

2. 联系被调查对象（学生、教师、家长、图书馆人员），确定有关调查事项和具体时间等。

活动情况：

1. 目的和内容（解决什么问题）：

通过调查，了解学生课外阅读的情况（包括读什么书，怎样读，有些什么经验和问题；尤其是对新课标规定的课外阅读书目的阅读执行情况，即读了没有，读得如何等等），以便进一步正确指导学生的课外阅读，全面提高学生的阅读能力和阅读水平。

2. 方法与形式（小组讨论、访问专家、实验、查阅资料、调查、实地测量等）：

主要采取座谈会、问卷调查、查阅资料和现场走访、视察等方式方法。

3. 过程与步骤：

（1）印发调查提纲和问卷调查，以初步地全面了解学生的阅读概况（阅读量、阅读面、阅读方法与习惯、阅读经验与问题等）；（2）通过分析整理进行专题调查（开座谈会，走访学生、家长和教师等）；（3）提出问题与分析原因，研讨对策。（4）写出调查报告。

4. 结果与总结（得到什么结论、即解决了哪些问题，是否完成了预定的目标和计划，还出现了什么新情况或问题等）：

发现学生课外阅读问题较多：①大多数学生（60%以上）阅读面不广、阅读量不大；②不少学生（30%）不读书或只读课本+影视和上网等；③50%学生不会阅读（不会选书，不会记笔记，不会读出书中的要点和主要意思；④60%学生不写读书笔记或读后感；⑤45%学生还看了低俗、凶杀等不健康的书，使他们身心受到程度不一的伤害。为此，针对上述问题特提出对策：①建议各级领导重视学生阅读的管理和指导，加强课外阅读的依法规范管理；②建议教师和家长加强阅读内容与方法的指导，提高阅读能力，培养良好阅读习惯；③加强学生阅读的检查和质量监控，引入竞争机制和评价机制，让学生好读书，读好书，读出效果和读出意义来，让阅读成为学生的终生伴侣与生活必需品。

表六：研究性学习课程实施过程监控表

监控项目：课外阅读活动调查：

		出勤率	操作正常	材料真实
7月1日	开会	100%	A	A
7月2日-5日	制订调查方案	100%	A	B
7月5日-8日	印发调查提纲	100%	A	A
7月8日-22日	问卷调查等	100%	A	A
7月22日-30日	开座谈会、走访	100%	B	A
8月1日-10日	整理调查资料	100%	A	A
8月10日-20日	分析研讨问题与对策	100%	A	A
8月20日-28日	撰写调查报告	100%	A	A
8月30日	总结、汇报	100%	A	A

自我评价：A； 导师评价：A

教师（签名）：___陈异___

表七：研究性学习活动评价反思表

评估要素	自我评价	他人评价	反思意见
启始阶段：选题的科学性与可行性	A	A	
资料和人员的准备情况	B	A	待补充
选题申请报告的设计与内容	B+	A	待完善
活动的计划性	A	A	
开题报告的陈述情况	B	B	要整改
实施阶段：参与热情与出勤率	A	A	
小组成员出勤率	B	A	要整改
活动记录的完整、及时性	B	A	要纠正
活动记录的真实性	B	A	补充
小组的团队合作精神	A	A	
活动预期目标达成度	B	A	整改
材料的规范与完整性	B	B	更完整，整改
课题（或项目）导师的指导效果	A	A	
针对研究的一些规定和要求	A	A	
总结阶段：成果的表述形式与内容	B	A	整改
成果的可信度	B+	B	缺实证，整改
成果中的科技人文含量	B	B	整改
成果展示的新颖性	B	B	整改
答辩中的语言表述、仪表仪态等	A	A	
答辩中的机智和应对能力	B	A	待提高
成果的创新水平或社会效应	A	A	
成员的收获和体会	A	A	

综合评估（集体意见、导师意见等）：选题恰当，过程开展正常，效果好。建议：

①转化成果，在今后的学习实践中发挥作用；

②可以进一步开展滚动式研究，力求取得更好更新的效果。

表八："研究性学习"成果鉴定意见表

成果名称：作文"基础"与"发展"的比较研究；成果类型：课题（√）

主持者：周长春；合作者：王、陈、黄等；鉴定日期：10 月 22 日成果内容简介：

1. 学习与掌握了高考作文评分标准中关于"基础"与"发展"的内容；

2. 分析比较了二者之间的区别和相互关系等；

3. 在实践中将"基础"与"发展"有了较好的统一，写出了优秀习作。

对成果质量的评价（根据其所研究的课题与计划要求）：

1. 问题是否与研究的课题相一致：（√）

2. 研究过程与方法是否符合科学性：（√）

3. 研究问题是否抓住了课题的关键：（√）

4. 成果是否具有创新价值和所学的学科价值：（√）

综合评价：

1. 学生对研究性学习的认识、态度和水平等能力：（A）

2. 课题的进展及成果的推广应用：（是否按计划进行、达到阶段性目标，前面的问题是否已解决，课题是否继续下去等）：（是）

3. 结论：同意通过鉴定。

专家鉴定组（或指导教师）（签名）：___林 昇___

由此可见，在具体的学科里与学科教学结合起来开展"研究性学习"，使综合实践活动课走向常态化以形成长效机制。语文学科开展"研究性学习"，既是语文教学改革和发展的重要形式，也是落实综合实践活动课中"研究性学习"的重要途径。综合实践活动课要实现常态化，除了它的综合形式之外，更要与学科课程相结合，即将综合实践活动课（在这里着重指"研究性学习"）引入各学科教学之中，将每门学科课程成为综合实践活动课的载体之一，不至于使综合实践活动课被"驾空"或者流于形式，形同虚设。在这里，关键是如何找到综合实践活动课的着力点、研究的重点和发展方向。

（本文发表在华南师大《语文月刊》2009年第9期，曾多次荣获全国和省市一等奖。）

浅议开设以学科素养培育为指向的语文 CCA 课程

一、语文 CCA 课程的概念及其产生背景

(一) 什么是 CCA 课程和语文 CCA 课程

CCA 课程，是英语 Co-Curricular Activities 的缩写，翻译成中文就是"辅助课程"。它是国外最具有先进理念即以实践活动为主要特征、以促进学生个性化成长和特长发展提升为主要目的辅助性课程。这里的辅助性是相对于前半天的主修课程而言。国外尤以新加坡的 CCA 课程最普遍、最成熟，也最有成效，新加坡的课程辅助活动 CCA 已列为全面教育的一部分，中小学基本上都是半天上课学习学科知识，半天开展各项 CCA 课程，它与我国目前学校的课外活动是有本质区别的，已形成为课外活动课程化。我们认为，CCA 课程是以学科素养培育为指向的特色人才培养最有效的重要途径之一。

语文 CCA 课程，是我们借鉴以新加坡的 CCA 课程为主的国内外先进课程理念和课程形式，结合我国已有的语文活动课等，进行以语文为主体内容和教学功能而重新构建的一种新课程形式。用中文明白地说，就是语文"辅助课程"。它既有借助于英语 Co-Curricular Activities 的缩写且翻译而形成的一种课程门类即"课程辅助性"，又基于学科素养培育为指向的全新语文课程形态，即以国家统一规定开设的语文基本课程为主修课程、以过去常见的语文课外实践活动加以课程化，从而促进学生个性化成长和语文特长发展为主要功能的语文辅助性课程。

它与目前常见的国内外所开设的综合性 CCA 课程，也是有所不同的。其主要区别点在于：语文 CCA 课程强调了其学科性特征，即成为某一门学科内（这里是指语文）的"辅助课程"。

(二) 语文 CCA 课程的构建背景

它的构建，一是基于我国基础教育改革课程深入发展的需要和语文学科素养培育的态势，按照"课外活动课程化、学校课程全构化"的理念，即将原有的语文课外活动和有关"综合实践活动课"、语文"综合性学习"及社

团活动等一并加以整合与改造，将其重建为与语文主修课程相并存的辅助性课程即语文 CCA 课程；二是以国外尤以新加坡的 CCA 课程为借鉴而受其启发。

在这里要特别提及，近十余年来的课程改革无疑取得了成绩，但其中过于理想化、难以与实践操作相对接的尴尬现象时有发生。比如："综合实践活动课"、语文"综合性学习"及社团活动等之间的关系在操作上就很难厘清，乃至弄到"综合实践活动课"目前在大多数学校有始无终，流于形式，或者张冠李戴，将"综合性学习"及社团活动与"综合实践活动课"相混淆甚至替代、等同起来，说这就往这里总结，说那就往那里挂，等等。究其原因之一，要真正完整地开好这一门规范、专业和有质量的"综合实践活动课"的"全科教师"或"通材老师"，目前还少得可怜。更何况目前国家也没有开设这种课程专业师资教育和职称系列以及教师岗位资格的命名等，基本上都由某些班主任、业务领导挂任或由有兴趣、专业相近的其他学科教师兼任，于是就难免把这类课上得不伦不类、纷呈"异"彩。对此，我们曾多次参与讨论，提出并尝试过"综合实践活动课的学科化、项目化"（比如《初探语文学科的"研究性学习"》，见华南师大《语文月刊》）2009 年第 9 期）；同时，我们在借鉴国内外先进经验和研究成果的基础上，大胆提出并运用"课程就是学校，学校就是课程""课程改革的真功夫，不在于创造课程而是改造课程"的理念，对目前在学校发生的所有课程行为及其现象，进行反思并通过"改造"而进行新型学校课程形态即"学校全构课程体系"的重建。

我们认为，语文 CCA 课程是当今基于以语文学科素养培育最有特色的重要项目之一。

二、语文 CCA 课程研发的主要观点及理论依据

（一）语文 CCA 课程研发的主要观点

1. 语文 CCA 课程针对新课改的理念，用创新的、先进的、有意义的教育理念指导教学实践，以减少教育的随意性、盲目性、粗放性和功利性，让我们在走出充斥"应试教育""形式教育"和"伪劣教育"的当今尴尬中努力寻找"真实语文"教育。

2. 语文 CCA 课程植入学科建设与发展，将语文的国家基本课程和校本自立课程结合起来，形成一种从学校语文课程转变为学生语文课程，这种全构性课程的结构特点之一就是"一路双轨"：第一轨道，主修型语文基本课程；

第二轨道，辅修型语文 CCA 课程。虽然二者在形式上有主辅之分，但在地位、功能和结果上都是同等和一致的。这样，便在更全面、更科学、更准确的层面上，实现多元的"全语文"教育目标。

3. 语文 CCA 课程直抵学生的生活和真实情境，将提升基于校本化课程的语文活动的质量，为学生创设各种有效活动机会，优化活动条件，形成"活语文"教学机制，促进学生主动自觉地参与，进而不断发展其创造力，使其获得全面、和谐、活泼、主动的个性化发展。这样，挖掘新的课程资源，探寻课外活动校本课程化之路，为学生提供更规范、更有实效的行之有效的语文学习途径，为学生树立"大语文"观而产生更为广阔的影响和引导作用。

（二）支撑语文 CCA 课程设计与实施的理论依据

1. 《全日制义务教育语文课程标准》

《语文课程标准》指出："语文教师应高度重视课程资源的开发与利用，创造性地开展各类活动，增强学生在各种场合学语文、用语文的意识，多方面提高学生的语文能力。""开展丰富多彩的语文实践活动，拓宽语文学习的内容、形式与渠道，使学生在广阔的空间里学语文、用语文，丰富知识，提高能力。要努力构建课内外联系、校内外沟通、学科间融合的语文教育体系"。"努力建设开放而有活力的语文课程"。

2. 活动教学理论

活动教学理论认为，教学认识过程是强调学生主动探索发现的过程，是一个从感性到理性不断发展的过程，是个体探索与社会交流相结合的过程，是认识、改造客观世界与形成、改造主观世界相统一的过程。具体来说，CCA 课程学科化，既有实践活动性，又有学科教学性，则可以基于活动教学理论，教师引导学生，开展经常性、学习型、交流型活动，让青少年在发表自己的探索成果和方法、倾听他人活动经验过程中进行客观的比较和鉴别，从不同角度改进自己的经验和认识，克服原先独立探索中的片面性和局限性，使自己的认识和行为上升到一个新的高度。

3. 现代教育技术理论

现代教育技术强调的是"学习过程"，是对学习资源的设计、开发、利用和管理，这对我们实施"基于特色人才培养的语文 CCA 课程开发与实践的研究"的教学研究提供了强有力的专业理论支撑。

三、语文 CCA 课程呈现的特色与创新之处

(一) 语文 CCA 课程呈现的特色

1. 教学观念先进，开创了全新的课程概念即语文 CCA 课程。本课程本着理论够用、实践加强的原则，尝试将原有的语文课外活动进行改革或者改造，按照课外活动课程化，课外活动课内化的理念，将其重建为与语文主修课程相并列的语文辅助性课程即 CCA 课程，并且与主修课程发生既相对独立又相辅相成的整合作用。使原有的课程体系更加完善，使学科教学以外的活动更加有保证。

目前，学科教学，从单一的知识传授走向学生素养及其学科核心素养的培育，又将成为我国新一轮课改走进深水区的重要命题。为了让学科素养培育找到一些合适的有效途径，为基于"学生发展"而真正克服目前还普遍存在的"学科教学以为就是一种以传授学科知识（含技能）为主要内容的教学活动"的观点，从而树立以学科素养培育为价值指向，重建新型现代基础教育课程体系为行为理念，则是当下我国基础教育改革课程深入发展的需要和必然态势。为此，笔者以语文学科为对象，着力于积极探索一种包含语文 CCA 课程在内的全纳型语文课程新体系，让语文 CCA 课程成为学科素养的重要内容及新途径，成为一种面向人的（成长和发展）最有用、最适合的学科素养培育课程。

2. 突出实践能力的培养，促进学生的个性化发展。CCA 课程从学生的生活经验出发设计课程，强调活动内容生动性、主体性、综合性、开放性、系统性、趣味性，真正贯彻在实践中学。让学生在实践活动中，感受情感上的愉悦，调动各种感官协调活动，动手、动眼、动口、动脑，学生在做中学、学中做，拓展知识视野，活跃思维深广度，促使学生的全面发展、自主发展和个性发展。

3. 充分展示和发挥 CCA 课程在学校办学中的特殊地位作用及其课程特色。CCA 课程是反映学校办学特色的课程类型，是学校自行设计、"量身定做"的个性化课程。因此，本课题研究将拓展校本课程开发与管理的新模式，促进学校和教师多维、多元开发校本课程意识和能力的提高，有助于深化多元智能个性化教育研究，加大教师专业发展研究的力度，强化学校办学特色；同时，研究结果将对初中阶段如何进行 CCA 课程的开发、管理与评价提供有价值的借鉴。

（二）语文 CCA 课程的创新点

1. 语文 CCA 课程：是为基础教育改革深入推进、促进校本课程建设提供了新的思路

我国《语文课程标准》明确提出："开展丰富多彩的语文实践活动，拓宽语文学习的内容、形式与渠道，使学生在广阔的空间里学语文、用语文，丰富知识，提高能力。要努力构建课内外联系、校内外沟通、学科间融合的语文教育体系。""努力建设开放而有活力的语文课程"。

这些语文课程标准提出的新理念，一是基于个性化人才培养而倡导以学生发展为本，主张学生在参与语文学习中重过程，重体验，重探究，着眼于学生的全面、全体、主动、个性和终身五个方面的发展；二是追求更加广阔、更为多元、更有活动特色的语文课程体系，随着新课标的实施、素质教育的不断推进，纯课堂教育已不能全面适应时代发展的要求，这就迫切要求学校教育不断孕育而生新的语文课程形式及其教学方式，于是各种辅助性、拓展性课程便应运而生。

为此，我们在深刻总结已有语文课外活动（如社团活动等）的基础上，提出了一个问题：这些语文课外活动能否成为一门门课程，让它们在培养个性化特色人才上更大地发挥作用？于是，我们找到了国外一种先进的课程概念与形态——新加坡的 CCA 课程，将它引进语文教学之中，重构一种具有中国语文教育特色的语文 CCA 课程，实现"开放而有活力的语文课程"，最终形成"课内外联系、校内外沟通、学科间融合的语文教育体系"，以切实改革目前我国语文课程僵化、窄化和异化的现象。

2. 语文 CCA 课程：对国内外同类研究成果的再拓展

首先，国外学者有"活动课程"概念的研究并使用。始于 19 世纪末 20 世纪初。美国教育家杜威强烈反对传统教育所使用的以既有知识为中心的教材和由这种教材所组成的学科课程，提出"活动课程"概念，认为"学校科目相互联系的真正中心"应是儿童本身的"活动"，只有通过活动课程获得经验，才能克服学科课程的分科教学弊端，使儿童获得认识世界的完整图像，更好地适应社会生活。这是新教育思想在课程方面的具体体现，其立足于以人为中心的本体论哲学思想，它强调将准备接受课程设计的学生作为课程设计的中心，在设计时充分考虑学生的兴趣、需要以及发展水平。

后来，新加坡有了更新的发展研究，提出了课外辅助课程（简称 CCA 课程）。这种 CCA 课程被提出以来，已在世界范围内引起普遍关注，从 20 世纪

90 年代初至今，很多国家都进行 CCA 课程开发，并开展了广泛研究和实践。

我国教育界对活动课程的理解，远在古代，"活动"在教育中的作用就引起了广泛的关注和重视。两千多年前，我国《学记》就明确提出学习要"藏焉、息焉、游焉"。孔子主张知行统一，学、思、行结合。近现代许多教育家对活动课均用自己的实践进行了大胆的探索。教育家蔡元培"五育并举"的主张，陶行知先生的"生活教育论"等都从不同角度和不同层面对"活动课程"进行了实践和探讨。本世纪初我国开展课程改革以来，也开始试行国家、地方、学校三级课程管理制度，在校本课程开发的研究与实践上进行改革，不少学校也对此作了一些探索，但是因起步太晚、缺乏课程资源和前沿理念，而使目前校本课程的开设难以产生突破性成效。这些内容可以为我们所借鉴，但并不是真正意义上实施的 CCA 课程。

3. 语文 CCA 课程：在课程设计与实施上具有开创性，有较大的探索空间和研究前景，具有现实意义和指导意义

我们积极引进这一先进课程概念和形态，主要在于使语文这一最为基础的且实践性很强的母语学科，通过增设并开展 CCA 课程及其活动而进行一种开创性的研究，其意义是：

（1）有助于开展更为规范、更有效益的课程化语文实践活动。

让已有的一些语文课外活动不再受主客观条件因素制约而变得时有时无、时强时弱。比如说，目前中学生文学社团大部分还停留在感性阶段，即满足于办报办刊阶段（也有部分出书），而从理性上来把它作为从课程化角度来探索研究的则很少。如果尝试把课外活动与校本课程开发相结合而形成一种 CCA 课程，将是一件很有开创性意义的改革，即在新的 CCA 课程理念的指导下，探索课外活动课程化，能为学生提供更多的实践平台，产生更多形式新颖、互动性与社会实践性强的开放而有活力的课程。

（2）有助于完善语文课程体系，推进现代课程改革。

在进一步开好开足主修课程的前提下增设 CCA 课程，使语文辅助性课程（CCA）与"学科"主修课程共同纳入语文课程，以形成具有现代课程改革意义的完善语文课程体系。以学科课程为主，活动课程为辅，两者相辅相成，浑然一体而各得益彰。这样，将课外活动课程化，课外活动课内化，使学科教学以外的活动更加有保证。为学生的能力培养与个性发展提供了更全面、更有效的机会，让学生真正地参与进来，进行探究，搜集和处理有关的信息，从而实现"语文的外延与生活的外延相等"这一目标。

（3）有利于学校第一课堂和第二课堂的有机统一

在相关理论知识及新的 CCA 课程理念的指导下，进行充分实践与总结、提炼，把语文课外活动改造并建构为第二课堂，与语文学科主修的第一课堂形成有机统一体，最终形成一种"语文大课堂"。这样能为学生提供更为广阔而完整的语文学习平台，产生更多形式新颖、互动性与社会实践性强的且开放而有活力的课程，将为学生提供很好的展示自我的舞台，满足学生的多样化需要，有利于增强学生综合能力，有助于深化多元智能个性化教育研究，满足学生个性化和全面、持续性发展需求。

（4）有助于实现语文的素质教育，促进学生思维的多样化

实施语文 CCA 课程是对学生进行素质教育的一条有效的途径，一堂好的语文活动课，最终实现的教学目标不是单一，往往是多种语文能力尤其是语文学习力、语文实践力的锻炼，甚至是对多学科的综合运用。比如在实施的过程中，教学目标和内容更具有开放性和多元性，决不是仅限于语文学科内。有助于促进语文知识技能的形成和系统化，如一次课本剧的表演过程，不仅需要学生对课本知识的掌握，在改编的过程中学生要充分发挥想象力，表演中更要求学生的语言表达和一定形体表现能力。

（5）有助于学生个性化发展和多元化发展

"充分发展学生个性"是新课程的一个重要的理念，"面向全体"就是要尊重每一个个体。语文 CCA 课程课注重从差异入手，通过因材施教，完善学生个体素质基础之长，弥补和限制素质基础之短；还能与课堂教学进行的社会化教育联系起来，从差异和趋同两方面同时让每一个学生作为一个独立的主体，朝着社会化和个性化共同进步的方向发展，促进学生的知识、能力、态度倾向整体化发展，形成健康个性与特长。

（6）有助于加大教师专业发展研究的力度，强化学校办学特色和语文课程特色及教学特色；同时填补初中（尤其是农村初中）阶段活动类校本课程极少的空缺，对同类中学也将起到积极的借鉴、指导作用

总之，语文 CCA 课程的实施与研究，具有较好的实践性、操作性和创造性，能对语文学科的素质教育，特别是个性化特色人才培养起到积极的推进作用，对学校教育的特色发展、资源优化、课程的丰富和人才培养都有重要价值，将会产生重要的现实意义和课程建设价值。

（本文由林惠生、陈丽华合作完成，林惠生主笔；曾获全国二等奖，入选全国有关学术会议《论文集》）

语文 CCA 课程：助推学生语文素养的"整"发展

——兼论学校"双轨制 1+X"全纳型语文课程体系的创建

摘要：语文 CCA 课程即指与国家统一规定开设的主修型语文基础课程相照应的语文辅助性课程。在如何实现学科素养培育的实施过程中，我们必须走出目前还普遍存在的"学科教学以为就是一种以传授学科知识（含技能）为主要内容的教学活动"的狭窄思维，要用课程重建理念，敢于并善于将目前学校课程乱象经过改造、调整，再构建出符合"学生发展"与"学科素养"相结合、融"学生发展"于"学科素养"培育之中的全构型语文课程体系，即包含语文 CCA 课程在内的新型语文课程，这样便有效地促进学生语文素养的"整"发展。

关键词：语文素养；"整"发展；语文 CCA 课程；全纳型语文课程体系。

语文 CCA 课程的提法，目前在国内尚属少见，关于语文 CCA 课程的实施与研究更是处于开创性阶段，具有较大的探索空间和广阔的研究前景，无疑是基于课程改革理念下的一次课程改造与更新。现结合广州市花都区花山中学等有关学校的有效尝试，作出以下几点探索。

一、从课程创新上构建与完善"全语文教育"的全纳型语文课程体系，推进学生语文素养的"整"发展

近十余年来，课程改革无疑取得了成绩，但其中过于理想化、难以与实践操作相对接的尴尬现象时有发生。比如："综合实践活动课"、语文"综合性学习"及社团活动等之间的关系在操作上就很难厘清，乃至弄到"综合实践活动课"目前在大多数学校有始无终，流于形式，或者张冠李戴，将"综合性学习"及社团活动与"综合实践活动课"相混淆甚至替代、等同起来，说这就往这里总结，说那就往那里挂靠，等等。对此，我们曾多次参与讨论，先是提出"综合实践活动课的学科化、项目化"（比如《初探语文学科的

"研究性学习"》，见华南师大《语文月刊》）2009年第9期），现在又提出：语文课程的改革，就在于为学生语文素养的"整"发展而改造课程、创造课程。

我们认为，语文课程改革不只是一种口号，还得要有相应的具体课程理念和教学主张、相应的实施平台和途径。经过研究，我们特提出基于学生语文素养培育的"整"发展理念，构建"双轨制1+X"全纳型语文课程体系及其语文CCA课程开设方案等。

什么是学生语文素养的"整"发展理念？首先看看《现代汉语词典》中关于"整"的含义，其义项主要有：（1）有秩序、不乱：~齐，~洁，~然有序；（2）治理：~治，~改（a.使有条理，整顿；b.整齐，有条理）；（3）修理、修饰：~形，~旧如新；（4）完全无缺：~体，完~。从以上"整"的含义不难看出，学生语文素养的"整"发展，就是指追求学生语文素养的整体发展、有序发展和不断发展。

为什么要提出学生语文素养培育的"整"发展理念？因为从过去到现在的"文选型"语文教材、非确指性的知识内容，导致语文教学往往陷入碎片化、随意性和感性化，使学生的语文能力和语文素养也随之产生要么断层、要么缺失、要么重复的非完整性、非系统性现象。为了解决这种语文教学的非完整性、非系统性现象，必须从基于学生语文素养培育的"整"发展理念入手，先从语文课程改造和语文内容整合作为突破口，努力构建"全语文"化的语文教育体系，克服语文教学的感性化、随意性、碎片化的"散"现象，让语文教学再生系统性、发展性、全纳型的"整"状态，这是语文课改的新思路。

于是，我们通过校本课程开发这个平台，对发生在学校的一切语文课程活动加以整合，即一边继续进一步开好开足国家规定的主修基本课程，一边将学校自行开展的语文课外活动赋予课程的意义及功能，进行调整、变通、融合和重构，以形成一种全新的辅助性课程即CCA课程。这样，即在进一步开好开足主修课程的前提下增设CCA课程，使语文辅助性课程（CCA）与"学科"主修课程共同纳入语文课程，以形成具有现代课程改革意义的更为完善的语文课程体系。我们称之为全构性的语文课程的"双轨制1+X"全纳型语文课程体系，即"全语文课程"体系（详见示意图）。

全语文"双轨制 1+X 课程体系"结构示意图

名称	项目	内容与形式
全语文课程体系	第一轨道： 国家统一规定的主修型语文基本课程 （系国标统一课程，称为"1"）	内容：语文学科课，以进行学科知识教学为主，目前以语文教科书为主（如初中语文即 7-9 年级语文教材共 6 册等）； 形式：第一课堂（基础型、主修型、必修型）。
	第二轨道： 校本开发的辅修型语文 CCA 课程 （系非确指的变量课程，称为"X"）	内容：语文项目课，以进行综合技能训练和语文素养教育为主，形成"辅助性语文"课程的若干语文学习项目（如广州市花都区花山中学的"两社三会"系列课程：文学社、新闻社、演讲会、汉字会、成语会等）； 形式：第二课堂（拓展型、辅修型、选修型）。

这种"全语文课程"体系，以学科课程为主，活动课程为辅，两者相辅相成，浑然一体而各得益彰。这样，将课外活动课程化，课外活动课内化，使学科教学以外的活动更加有保证。为学生的能力培养与个性发展提供了更全面、更有效的机会，让学生真正地参与进来，进行探究，搜集和处理有关的信息，从而实现"语文的外延与生活的外延相等"这一目标。

二、基于学生语文素养"整"发展的"双轨制 1+X"全纳型语文课程体系而构建语文 CCA 课程

为什么在语文课程设计中把这种"X"课程称之为语文 CCA 课程？这主要是借鉴国外新加坡的 CCA 课程和国内的一些学校所开设的 CCA 课程，从中受到关于"辅助性课程"开设的启发，而重新赋予它与现有具体学科课——语文结合起来而形成新的含义：语文辅助性课程即 CCA 课程，是相对于主修课程即国家基本课程而言的校本自立课程，并且与语文主修课程发生既相对独立又相辅相成的整合作用，重在构建一种新型的"学校语文课程"形态即"双轨制 1+X"全纳型语文课程体系之中的第二轨道，从而与语文主修课程（第一轨道）一起构建"开放而有活力的语文课程"。

CCA 课程，是英语 Co-Curricular Activities 的缩写，翻译成中文就是"辅助课程"（也叫"课程辅助活动"）。它较为广泛地出现在新加坡。从 1998 年起，新加坡政府开始实行将课外活动纳入初级学院（高中）及理工学院升

学的入学加分优待项目，2000 年后，正式将课外活动更名为课外辅助课程（简称 CCA 课程），系统地、可量化地和可操作地将课外辅助课程纳入中学教育重要组成部分。全国非常重视 CCA 课程，他们有专门的管理机构，有专门的经费，有明确的培养目的，学生强制参加，教师全员参与，并实行学分管理。新加坡的课程辅助活动 CCA 是全面教育的一部分，也是学生福利的一个方面。中学阶段的文体等课外活动（CCA）是必须参加的，而且在中学毕业后报考上一级学校，可以加分。他们在中小学基本上都是半天上课学习各门学科知识，半天开展各项 CCA（Co-Curricular Activities）活动，即课外辅助课程。

怎样建构基于学生语文素养"整"发展的"双轨制 1+X"全纳型语文课程体系中的语文 CCA 课程呢？

1. 形成课程定位

即让最具有先进理念即以实践活动为主要特征、以促进学生个性化成长和特长发展为主要目的、进而提升学生语文素养的语文辅助性课程（CCA）。

这种开发以"学生发展"与"学科素养"相结合为指向的学科素养培育型的语文 CCA 课程，是随着我国新一轮课程改革走向深水区的具体活动，即由先进教育理念转化为一种自觉教学行为。语文 CCA 课程即指与国家统一规定开设的主修型语文基础课程相照应的语文辅助性课程活动。

2. 加强课程改造

对目前在学校发生的所有课程行为及其现象进行反思，并通过"改造"而进行新型语文课程形态即"语文全构课程体系"的重建。

"改造"的含义是指"改变、打造"，即"修改或变更原事物，使适合需要""从根本上改变旧的，建立新的，使改造适合新的形势和需要"。课程改造，一是用反思观统览审视现有课程，二是用全纳全构法统整翻新课程。"全构法"就是"一线串珍珠"，这里的"一线"就是一条主线式的理念，这里的"珍珠"就是一门门更趋向合理、可行的课程，这里的"串"就是方法，即"挪、减、借、变"等。

具体地说，挪——就是将国家课程中的"选修课"部分和"综合实践活动课"中的一些相关课程和课时以及地方课程的大部分挪出来，减——就是把现行语文课程中的"综合性学习"减出来，借——就是把常用的"社团活动"和校本课程项目借过来，变——就是将各种课程因素组合而变化为一种新的语文 CCA 课程元素。这样，经过整合与改造，便组建为第二轨道的课程，构成一种新的"学校语文课程"形态，即"双轨制1+X"全纳型语文课程体系，也就是一种"开放而有活力的语文课程"（"课标语"）。

现在，我们从语文学科开始，通过"挪、减、借、变"，从而孵化、构建一种新型的"学校语文课程"形态即"双轨制1+X"全纳型语文课程体系。"双轨制"，即"主修课程+辅助课程"的双轨并行，俗称学校课程的"两条腿走路"机制。第一轨道，是指将国家统一规定开设的语文课程即为语文主修课程；第二轨道，是指由学校自主开发的辅助性课程即语文CCA课程。"1+X"，"1"是指把国家统一规定开设的基本语文主修课程称为"1"（取"统一"之义），由学校自主开发可供学生自由选择的非确指性的可变量的语文辅助课程即CCA课程称为"X"。

3. 全力开发语文CCA课程

广州市花都区花山中学根据以上课程理念和课程改造的要求与方法，结合学校现有条件和学生需要，积极探索和开发语文CCA课程，从而研发与实施了一系列的语文CCA课程门类及项目，其中有五门是较为成型的，简称为语文CCA课程的"两社三会"：文学社、新闻社、演讲会、汉字会、成语会。

这五门语文CCA课程开发的基本思路：一是"本土化"思路，以体现"校本"的个性特点；二是"系列化"思路，以体现"课程"的规范性；三是突出实践活动指导的思路，以体现课程的实效性。学校通过CCA课程的开设，进一步明确CCA课程的目标、内容、流程、方式方法，做到有计划，有序列，使之形成系列，致力于打造为学校的精品校本课程。

三、用语文CCA课程的实施，让学生的语文素养得到"整"发展

现在，以广州市花都区花山中学为此进行的"演讲会"CCA课程的操作为案例，特予以展示与介绍如下。

"演讲会"CCA课程操作示例

1. 课程目的：

学生的口头表达能力与书面表现力是相辅相成的，而且总是在掌握了口头语言的基础上掌握书面语的。开设"我们的演讲会"CCA课程要达到以下三个目的：

（1）培养学生说一口流利的普通话和日常口语交际的能力，学会倾听、

准确表达和交流以及搜集和处理信息的整体实践能力。

（2）激发学习语文的兴趣，增强学习语文的自觉性和积极性，提高学生口头和书面的综合表达能力。

（3）扩大语文学习资源，加强语文和其它方方面面生活的联系，使学生在不同的内容和方法的相互交叉、渗透和整合中，促进学生听说读写等语文能力的整体推进和协调发展。

2. 课程要求：

"不以规矩，不成方圆"。为了使"演讲会"活动活而不乱，动而有序，且做到目标明确，要求具体，梯度合理，设定如下要求：

（1）定时间，定期举行演讲会。

（2）定方式，演讲不得带稿，必须记住，要面对听众，落落大方，声音洪亮，并配适当的手势。

（3）定主题，要求一轮一个主题，尽量不重复。

（4）定人选，要求人人参与，不能遗漏，前一天没有准备充分的，第二天继续演讲。

3. 课程内容系列：

指导思想：配合现行大纲对学生听说读写要求的重点及学生的年龄特点、身心发展规律、认知水平的经验世界和想象世界安排演讲系列，遵循由简到繁、从低到高的原则，按年级分阶段循序渐进地科学安排训练内容。

（1）初一年级（起始阶段）：调动兴趣，实现"敢"说。初一学生，对上台讲话普遍存在畏惧心理。本阶段目的在于锻炼胆量，丰富词汇量，养成良好的习惯，从而训练学生说话的准确度、简洁度和合理性。具体内容如下：日常对话；简要复述（课内外均可）、讲故事；自我介绍；习成语说典故；词语接龙；日记大家听；置疑解惑；一周新闻发布；自由辩论；我与广告词；自由演讲；专题演讲；即兴演讲。

（2）初二年级（提高阶段）：闪现智慧，激励"愿说"。经过一个学年的锻炼，讲台不再陌生，害怕心理已消除，这应让每个学生充分表现个性，并尽可能激发学生的创新意识，训练学生说话的巧妙度、有效度和生动性。具体内容为：自由交流；描述性复述、讲故事；自我推荐；语文开心辞典；句子接龙（语句接龙）；好书大家谈；有问必答；焦点再谈虎色变；专题辩论；我为……解说（解说词）；自由演讲；专题演讲；即兴演讲。

（3）初三年级（创造阶段）：展示个性，培养"会说"。这一阶段，除了一般的分析、综合、表达外，还必须清楚的阐明自己的观点、立场，并对之进行证明，从而训练学生说话的敏捷度、中肯度和技巧性，成为"会说"者。具体内容为：情境对话；创造性的复述；讲故事；自我欣赏；文学作品赏析；话题（文段接龙）；名牌大家评；巧问妙答；一日要闻采播；正反辩论；我为……献词（元旦、国庆、教师节……）；自由演讲；专题演讲；即兴演讲。

以上内容可具体到每周，也可以在周内交替进行，只是老师在选定"专题演讲""即兴演讲""专题辩论"等具体内容时，要富有开放性和弹性，要为学生留出选择和扩展的空间。

4. **课程评价：**

（1）使演讲活动实现了由课外活动向校本课程的转型：由传授课变成了活动课，由以讲授知识为主，转变为以学生的认知为主；老师由主讲转变为学生学习活动的组织者为主，学生由被动、接受型为主，向主动、创造型转变为主。

（2）让学生系统而规范地接受了关于演讲的课程教育：从以课本为主扭转为以学生为主的教学大思路；从以老师授课为主扭转为以学生活动为主的教学大思路。实现了两个面向：面向学生，面向学生的生活。有利于学生自我教育、自主发展和自我完善，充分展现自己的个性。达到锻炼胆魄，增长知识，发展健康个性，形成健全人格的目的。

总之，在如何实现学科素养培育的实施过程中，我们必须走出目前还普遍存在的"学科教学以为就是一种以传授学科知识（含技能）为主要内容的教学活动"的狭窄思维，要用课程重建理念，敢于并善于将目前学校课程乱象经过改造、调整，再构建出符合"学生发展"与"学科素养"相结合、融"学生发展"于"学科素养"培育之中的全构型语文课程体系，即包含语文CCA课程在内的新型语文课程，这样便有效地促进学生语文素养的"整"发展。

（本文由林惠生、陈丽华合作完成。）

注：本文原载吉林《现代教育科学·普教研究》2015年第3期，并被中国人民大学书报资料中心全文转载（《初中语文教与学》2015年第10期）。

基于学科素养培育而开设语文 CCA 课程

——广州市花都区花山中学的语文 CCA 课程案例展示

语文 CCA 课程，即语文"辅助课程"，它是基于学科素养培育为指向的全新语文课程形态，即以国家统一规定开设的语文基本课程为主修课程的前提下、以过去常见的语文课外实践活动加以课程化，从而促进学生个性化成长和语文特长发展为主要功能目的语文辅助性课程。现以广州市花都区花山中学开设的四个语文"辅助课程"项目为例，来展示语文 CCA 课程的课程形态及其操作，说明它与过去那种语文课外实践活动的区别。

一、"绿叶"文学社——CCA 课程操作示例

●课程目的：

以"培养兴趣、吸取知识、开阔视野、交流心声、发挥才能"为宗旨。激发学生文学阅读、文学创作的热情；全面提高学生素质，培养学生能力，丰富学生的课余文化生活；增强学生的思维能力、审美能力、创造能力，积累写作素材，提高语文爱好者的写作水平，培养一批有文学爱好与特长的语文特色人才。

●课程内容：

"绿叶"文学社 CCA 课程目录示例如下：

第一课：文学与语文

第二课：什么叫文学及文学社

第三课：什么叫文学社团及文学社团活动（活动管理、内容与形式等）

第四课：文学社团活动与语文学习

第五课：怎样开展文学社活动——策略

第六课：怎样开展文学社活动——途径

第七课：怎样开展文学社活动——方法

第八课：文学社活动的总结与成果展示

第九课：文学社活动实践——小说欣赏与创作

第十课：文学社活动实践——诗歌欣赏与创作

第十一课：文学社活动实践——散文欣赏与创作

第十二课：文学社活动实践——剧本欣赏与创作

第十三课：文学社活动实践——影视欣赏与评论

●课程安排：

（1）每二周一次，聘请语文老师举行讲座，讲授文学知识、文学创作方法，可以举行文学沙龙，也可以阅读文学名著，观看有关电影、电视片段，丰富学生的文化底蕴，汲取创作源泉。

（2）每学期社员尽可能进行一些参观、考察、采访等外出活动，开阔眼界，积累素材，提高能力。

●课程评价：

（1）课程学习评价

①对学生的学习情况和成绩将以问卷形式进行考查并分别作出评价。

②对学生参加文学社活动所写出的作品及其他作业给予评价。

③让学生写一份自我总结与评价，并对每位参与本项目的学生学习态度、学习积极性、学业水平等均作出综合评价，然后再反馈给学生以便反思、整改。

（2）课程开设效益评估

①文学社活动 CCA 课程化，可以改变以往文学社活动随意化、粗放化的现状，提升学校文学社的活动质量和规范化水平，且拓宽语文教学渠道，丰富语文课程资源，以形成新的语文课程结构机制，这为校本课程学科化、活动化、常态化而找到了新的载体。

②学生通过这种"新型文学社活动 CCA 课程"学习，有助于培养健康积极的语文学习兴趣、爱好，发挥自己的潜力，从而不断成长；有助于培养学生的能力素质，锻炼学生的管理能力，提高学生的实践能力与社会适应能力；有助于让学生找到归属感，体验成功，增强自信。

同时，学校语文科组把文学社办的刊物也列为一种 CCA 课程来操作，从而使"绿叶"校刊成为"新型文学社活动 CCA 课程"的子课程或叫语文"微课程"。

附："绿叶"校刊：CCA 课程操作示例

●课程目的：

（1）通过将《绿叶》校刊转型为 CCA 课程，全面推进素质教育，激发学生自主学习的积极性，进一步提高学生的办刊实践能力，培养个性化特色发展人才；

（2）通过将《绿叶》校刊转型为 CCA 课程，加强校园文化建设，展示我校新貌，宣传我校办学成绩，促进对外交流和沟通，提升办学品位，打造学校精典品牌；

（3）搭建师生展现才能的舞台，让校刊成为凝聚全校师生智慧和力量的中心园地，成为社会、教师、学生、家长相互联系的交流平台，促进学校教育教学发展。

●**具体实施**

①组织机构。作为课程导师安排——顾问：刘永健；主编：余静；编委：黄小丹、陈丽华、黄常娥；封面设计：欧阳绍柠；作为课程参修学生安排——学生编委、编辑、记者、通讯员、组稿员、发行员等（视其情况应保持不少于 20 人选报本项目）。

●**栏目及内容要求：**

卷首寄语：办学理念，成长感悟，对孩子们的希望等，要求短小精悍，文质兼美，富有教育性、吸引力和启迪意义。

德育天地：围绕"主题活动、班级文化、家校互动"等涉及学生思想教育方面的内容，撰写教育案例、管理心得、经验论文。

校园风采：以照片、文字等形式展示学校典型人物（包括优秀教师、优秀学生）、活动写真、特色班集体、师生成果等。

优秀作文（占主要篇幅）：学生的常规作文、假期作文、主题作文中的优秀作品。

读书心得：学生日常读书的优秀心得笔记。

我来推荐：经典书籍的推荐。

开心宝贝：学生自创笑话、漫画等。

副　　刊：可设"闲情偶寄""亲情驿站""文学接力""异域奇葩""校园幽默""健康环保"等栏目。

●**组稿措施：**

（1）全员参与，每人自主选定一个栏目投稿，稿件由责任编辑择优录用，每人每期只用一篇，定时截稿。

（2）所有稿件要求原创，杜绝网络下载。稿件字数最多不能超过 1500 字，统一按照学校文件格式要求排版，书画作品的照片要求像素质量高。作者本人必须保证文稿的质量，杜绝错别字病句。

（3）稿件审阅采用三级校对机制：备课组长进行第一次审阅校对，上传教研组长；教研组长进行第二次审阅校对，并结合实际评审稿件质量，向责任编辑提出用稿意见；责任编辑综合各教研组长推荐的优质稿件，进行第三次审阅校对，确定最后所用稿件。

●课程评价：

（1）对每位参与本项目的学生工作态度、工作积极性、工作水平均作出评价。

（2）对校刊上刊登的文章也分别作出评价。

（3）对每次办刊活动均作出一份总结与评价，以便反思、整改。

二、"新闻社" CCA 课程操作示例

●课程目的：

为了挖掘学生潜在的创造性，培养学生的创新精神和创造能力，给学生搭建一个展示自我、发展自我的舞台，把学生培养成为自主、自强、自立的人，爱好多、兴趣广、有特长的人，我校开设新闻 CCA 课程操，旨在激发学生关注新闻的兴趣，培养学生撰写新闻的能力，引领学生个性化全面发展，培养特色人才。

●课程内容：

开设培训课程，以语言沟通技巧训练、作文辅导讲座等丰富多样的活动形式，提高小记者的语言表达能力、作文、特别是新闻写作能力。主要采用一种与初中学生相适应的教学策略：讲方法、抓关键、触旁通。

①讲方法，引导学生掌握新闻的文体结构，让学生明确"什么是新闻"。

②抓关键，引导学生掌握新闻的写作常识，让学生懂得"新闻是怎样写的"。

③触旁通，引导学生走出课本享受新闻"记者"采写活动的乐趣，让学生从活动体验中进一步学好新闻。

再加上摄影、文学写作、新闻采编、语言表达等方面的训练。

●课程安排：

总体原则：策划主题活动，组织开展采访、采风、征文和各类自主性活动。

①关注学校的系列活动，如体育周活动、文化艺术节、主题班会、校动

动会、元旦晚会、各级各类竞赛等，及时写好通讯报道。

②深入学生群体，关注学生动态，挖掘学生身边的新鲜事，宣传报道优秀学生的典型事迹，介绍优秀学生的学习方法。

③体验、参与、感受、展现社会生活，如传统节日民俗文化、采访身边的人和事、当地历史文化的传承与保护等。

●课程评价：

①本课程引领学生参加社会实践和新闻采访活动，拓展学生的活动领域，改变了原来"三点一线"的封闭式生活方式，开阔了视野，提升社会交往和新闻写作能力。

②本课程引导学生关注社会热点、关注新闻、关注人生，并进行大量的阅读和写作，这样，不仅可以增加作文素材，提高写作能力，提高学生对社会现象的鉴别能力和评判力，还能激发学生的写作兴趣，深入生活，并能有效观察生活，促进思维，提升学生的创新力。改变学生以往作文兴趣缺乏以及内容的胡编乱造和脱离生活实际的状况，走出应试教育的屏障，为扩宽学生写作视野和养成良好的写作习惯打下坚实的基础。

三、"汉字听写大会" CCA 课程操作示例

●课程目的：

汉字是中华民族文化之根，是我们民族祖先智慧的结晶，是中华文明最灿烂的瑰宝之一。正确书写与运用汉字是初中生学习和成长的基本功。但是，由于网络和外来文化等因素的影响，初中生正确书写汉字的能力逐渐下降，基本功并不扎实。为了引导语文教师在教学中更加重视学生规范书写与运用汉字，进一步强化我校学生这一基本功，提高学生的人文素养和审美情趣，弘扬民族优秀文化，并为选拔学生参加花都区、广州市"初中学生汉字书写与运用大赛"，特开设听写大会 CCA 课程。

●课程内容：

①汉字书写：以各年级语文课本为主，一类字要求人人过关，二类字要求掌握 80%以上，课外增加的内容要求各班选拔出来的学生认真学习并掌握。

注：增加内容以 2011 版《义务教育语文课程标准》附录 5 "常用字表一、表二"和"人教版"（1—8 年级）语文教材为依据，要求学生重点掌握日常生活中的常见字、词、成语、熟语。如：7—9 年级常见的易错字集锦，容易读错的字词，容易写错的词语，较生僻的词语等。

②汉字运用：掌握中国文化中文字的有趣现象及知识，如笔画、笔顺、字音、字形、字谜、造字法、对联、汉字训诂、汉字趣解、字义变化、繁简体字推断、与汉字相关的常用熟语、图说汉字、网络新词等。

●**课程进程：**

①准备阶段（1-2周），做好宣传与动员，制定活动方案，布置活动内容与方法。

②实施阶段（3-10周），各年级组为单位，各班语文教师负责，以课本上的一、二类字为主要内容（尖子生适当增加课外内容），每周进行不少于一次的听写检测。每月以年级组为单位，上报检测成绩。

③提高阶段（11-13周），各年级在本学期所学课本的基础上，扩展到上学期所学生字词语及课外词语中，进行提高训练。

④选拔阶段（14—15周），每班选拔出6名学生准备参加学校系统训练。

⑤比赛阶段（16周）学校组织比赛，在选手中选拔优秀选手并组建成学校汉字听写书写队，积极准备参加区、市级的听写大赛。

●**课程评价：**

①通过听写活动，引导掌握汉字词的识记方法，从而正确识记汉字，掌握汉字的音形义，能规范地书写汉字，学会必会字词，培养学习能力。

②通过比赛活动，使学生体会学习所带来的快乐，提高学生学习语文的积极性，让学生从我做起，从一点一滴做起，增加知识储备，努力提高自己的文化修养。

③效果显著，今年2月16日（开学第一天），我校代表队在2014年"中国汉字听写大会"花都区选拔赛中荣获团体总分第一名，并代表花都区参加广州市比赛。其中张丹、刘紫莹分别获个人第一、二名。

四、"成语会" CCA课程操作示例

●**课程目的：**

引导同学自觉主动地学习、积累、运用成语，体会成语的魅力，锻炼同学的思维能力，激发同学们学习语文的兴趣，提高自身的文化素养；培养同学们积极的竞争意识与合作能力。

●**课程具体要求：**

提前积累、搜集成语，准备参加比赛；适当准备活动道具；比赛时要语言清楚，说话流畅，声音响亮，注重借助眼神、手势、面部表情把故事讲得

有声有色。

●课程活动内容：

①成语热身——知根知底

具体做法：上网查资料，弄清什么叫成语，了解成语的来源及表达效果，准备抢答。

所谓成语是语言中经过长期使用、锤炼而形成的固定短语。它是比词大而语法功能又相当于词的语言单位。主要有以下几个来源：历史事实，前人故事，寓言传说，古人原句，截用或改易古人语句，人民群众用过的精炼词组，谚语俗语，外来的成语，改造的成语，新生成语。

②"成语接龙"——积累词汇

活动的具体做法如下：首先，在活动的前一周提前布置学生去接一条不低于30个的成语接龙；然后，在第二周的语文课利用课前三分钟左右，让学生做主持人，第一轮：学生按基础好到弱的顺序，指名3—4个来背诵自己写的一条龙，要求最少背出25个的一条龙（三天后提高到背诵40个的一条龙）；第二轮：请两个小组"开火车"式说出成语，两组的排头同学剪刀石头布，赢的先说，若在10秒内接不下去就输。最后，老师在活动结束后，及时对学生的表现进行点评。点评以肯定与表扬为主，适当指出不足，以便后面的同学直接借鉴。

③"讲成语或名人故事"——积累素材

活动的具体做法：老师在活动前一周提前布置，给学生界定讲故事的内容范围，仅限成语故事与有关名人、伟人的故事范畴。如：破釜沉舟——项羽、刮目相看——吕蒙、闻鸡起舞——祖逖、凿壁借光——匡衡、望梅止渴——曹操、精忠报国——岳飞、不耻下问、悬梁刺股、囊萤映雪……

●课程评价：

①通过活动，学生对成语与名人事例，有更深入的了解，也为以后写作中能灵活运用这些成语与典故打下良好的基础，积累写作的"有机营养"素材，长此以往，日积月累，最终达到"厚积薄发"的成效。

②活动中，学生人人积极参与，动手、动口、动耳、动脑，轻松愉快、生动活泼，发展个性，展示自我，培养听说读写的能力。

（本文为林惠生、陈丽华合作，由陈丽华主笔，林惠生指导并修订，本文已发表并获奖。）

一种新课型："语文 CCA 课程"的案例展示与点评

执教者：陈丽华　　点评者：林惠生

摘要：学校课程创新，其路径很多，目前较为普遍的是课程"整合"与"构建"。在"整合"与"构建"之前及其后，还有一条重要的路径要走：课程的"改造"与"治理"。语文 CCA 课程，作为一种新课型，就是课程"改造"与"治理"的产物。其先进的教学理念和做法，在实验学校一开始就产生成效，获得欢迎。如何实现课程"创新+精品"，将成为更加深入研究、提高水平的努力方向。花山中学新课型实验成果展示以下三例——文学社：教师节祝福语创作及贺卡制作；新闻社："换种方式做军训"消息、通讯写作指导；汉字会、成语会："迎中秋，庆国庆"猜灯谜。

关键词：课型；语文 CCA 课程；案例；点评。

语文 CCA 课程，作为一种新课型，其实施与研究目前仍处于初创性阶段。其先进的教学理念和做法，在我们实验学校一开始就产生成效，获得欢迎，去年将其申报广东省教育科研"十二五"规划课题获得立项批准（课题名为"以学科素养培育为指向的语文 CCA 课程开发与实践研究"，项目号为2014YQJK037）；去年 10 月，有幸参加全国"第四届基础教育改革与发展论坛"交流并荣获"二等奖"（论文题为《论以学科素养培育为指向的语文 CCA 课程——兼论学校全构课程的"双板块 1+X 课程体系"》；今年，其成果论文《语文 CCA 课程：助推学生语文素养的"整"发展》，发表于吉林省《现代教育科学·普教研究》2015 年第三期，论文《新闻教学：新闻教学：讲方法、抓关键、触旁通》在《学校教育研究》（国内统一刊号：CN13-1351/TN）上发表；还有《基于学科素养培育而开发语文 CCA 课程 ——以广州市花都区花山中学语文 CCA 课程案为例》一文，也已被北京某刊物通知"通过初审"将被刊发。

本学期，课题研究已进入全面实施阶段：一是巩固已开设的语文辅助性课程，二是进一步优化语文 CCA 课程具体方案，开展实践活动，展现活动成果，以形成具有"花山"特色的一批精品课程。如何实现课程"创新+精品"，将成为我们更深入研究、提高水平的努力方向。现在，我校目前又取得了一些新成果，特将一批语文 CCA 课程新案例展示如下，恳请专家、同行赐教。

案例一：

课题	文学社：教师节祝福语创作及贺卡制作 执教时间：2015.9.7		
教学目标	知识与技能	过程与方法	情感态度与价值观
	让学生知道贺卡的作用、特征和设计的一般方法，学习小诗创作。	掌握贺卡的设计与制作方法，了解小诗的特点，培养学生丰富的想象力，初步掌握祝福语（小诗）的创作方法。	培养学生设计情趣，通过教师节贺卡的制作，表达对老师的爱，懂得感恩。
教学重点	掌握设计要素，设计贺卡，初步掌握祝福语（小诗）的创作方法，培养学生设计情趣，提高贺卡设计与制作能力。		
教学难点	祝福语（小诗）的创作，教师节贺卡的设计与创新。		
教辅用具	PPT、硬纸板、彩笔、剪刀等		
课前准备	1. 发动学生搜集反应师生情的有关资料（特别收集感谢老师的小诗）——让学生了解老师为自己所付出的心血，激发学生感恩之心。 2. 回顾一些与老师相处的最难忘的片断。 3. 准备好制作贺卡的材料：硬纸板、彩笔、剪刀等		
教学过程			
教学环节	学生活动	教师活动	备注
导入	自主回忆，进入创设情境。	由教师节即将来临，引入制作贺卡。	教师创设情境，导入新课。
学程推进	一、掌握贺卡制作要领		
	根据生活经验回答提问，了解贺卡制作要领	点拨、引导、归纳： 1. 贺卡的构成要素：文字＋图片 2. 贺卡的制作材料：一般以纸质为基本材料，但同时也采用干花、木片金属等适当用料 3. 贺卡的形式：单页、双页、平面、立体、折叠式、悬挂式；外形也有规则与不规则等（PPT展示）。 4. 贺卡的技法：描绘、剪贴、印刷、立体折剪等，在制作过程中可以单独运用，也可以混合运用，但一定要构图美观。	了解贺卡制作要领

续表

教学过程			
教学环节	学生活动	教师活动	备注
学程推进	二、学习祝福语（小诗）写作		
	倾听、跟唱，深深地感受到老师对我们那份无私的付出，对我们那份沉甸甸的爱。	播放宋祖英演唱的歌曲《长大后我就成了你》，创设情境。	创设情境
	深情朗诵汪国真致老师《感谢》，感受诗和一般文章在朗读和写的形式上有什么不一样，归纳总结小诗的特点。	指导朗诵汪国真致老师《感谢》，引导归纳总结小诗的特点（边归纳边板书）： （1）诗是分行写的，每行很短。 （2）经常运用比喻、排比、拟人、对比的手法。 （3）诗读起来常常琅琅上口，有时押韵。 （4）诗要有意象与意境，必须有丰富的想象。 （5）诗能把平凡的事物变得活泼、有趣、动人。	口头表达 朗诵能力、归结能力训练
	小组合作，尝试创作，步入佳境	引导想象训练，循序渐进 示例1：打开窗，让鲜艳的花瓣吹进来；让淘气的星星跑进来…… 示例2：叫我如何感谢您？老师，我当初轻轻地走向您，本想学习点滴的知识，您却给了我整个海洋……	口头表达 想象能力训练
	自主创作	巡视指导	写作能力
	边创作，边展示，边交流。	点评	写作能力、表达能力训练
本课小结	整理思维	引导小结	
布置作业	完成贺卡制作		

续表

教学后记	这节课，同学们详细地了解了贺卡的设计与制作，学习了小诗的创作，在训练中，教师教法灵活，有效地调动了学生的积极性，同学进一步懂得了感恩老师，训练了想象、思维、表达、交流能力，学会了运用细节，化抽象为具体地表达自己的情感，创作热情都很高。同时，小诗写作增加了不少的情趣，似乎有了点小小的"文艺范"，写出了表达自己真情实感、富有个性的诗句，有的同学甚至写出了多节长诗，给了老师不少惊喜！有小学老师收到贺卡后，感动不已：没想到某学生上初中几天后却有如此的进步，居然会写诗了！感动，感动！……

案例二：

课题	新闻社："换种方式做军训"消息、通讯写作指导 执教时间：2015.9.25		
教学目标	知识目标	能力目标	情感目标
	理解新闻的相关常识，贯穿于新闻写作中。	练习写作新闻（消息、通讯）。	体会到写作的成功与快乐。
教学重点	练习写作新闻（消息、通讯）。		
教学难点	练习写作新闻（消息、通讯）。		
教学过程			
教学环节	学生活动	教师活动	备注
导入新课	回忆自己印象最深的记忆	由电视新闻记者的风采导入，激发兴趣。	谈话激趣
复习知识	回答问题，唤起记忆。	提问：新闻的要素有哪些？特点是什么？	温故知新
学程推进	指导写作新闻消息技巧 结合老师归纳技巧，做好笔记。	指导写作新闻消息技巧（《以人民解放军百万大军横渡长江》为例，辅其他典型示范）（一）制作醒目的标题（二）提炼精彩的导语（三）展开丰实的主体（先后顺序、逻辑顺序）	注意细节突破难点

续表

教学过程			
教学环节	学生活动	教师活动	备注
学程推进	通讯写作技巧点评（以《谁是最可爱的人》为例）；教师指导学生列写作提纲。		注意细节突破难点
	写作实践：观察、采访、构思、写作	技法点评，特别提醒，构思示例	
总结	整理思维	巡视指导	及时指导
评奖	每班先评选出 6 篇优秀稿件（一等奖 1 名，二等奖 2 名，三等奖三名），推荐给学校，学校评出一等奖 3 名，二等奖 10 名，三等奖 20 名，优秀奖若干。		精神享受物质奖励
教学后记	消息、通讯的写作不同于其他文体的写作，学生应该有足够的时间去占有材料，也就是说，他们必须亲身经历，或者像作家、记者一样去进行真实的采访调查。没有这个环节，这种写作就是架空的，就是虚拟的，不仅写不出好文章，而且会让学生以为新闻作品也可以像写文学作品一样面壁虚构。因此，有军训这样的实践经历，可以让每个学生得到很好的锻炼。 　　千万要好好珍惜，不容错过。 　　本次活动的设计亮点在于体现了三个结合：教材内外结合，实践与写作结合，个体的创造与团体合作结合。教材内外结合使得写作指导既有学生的已知做基础，又有更广阔的视野。实践与写作结合，符合新闻体裁的写作训练要求。个体的创造性与团体合作结合，有利于采访工作的展开，有利于团结合作，有助于同题作文的相互比较。 　　总之，让学生了解了消息和通讯的基本知识，初步掌握消息和通讯的写作规律，体会到写作的成功与快乐。		

案例三：

课题	汉字会、成语会："迎中秋，庆国庆"猜灯谜 执教时间：2015.9.25		
教学目标	知识与技能	过程与方法	情感态度与价值观
	基本掌握猜灯谜、制灯谜的方法。	师生互动、生生互动，拓展学生的思维，初步掌握猜灯谜中的技巧。	引导学生认识中华文化的丰厚博大，吸收民族文化的智慧，激发学生热爱祖国语言文字的思想感情，培养学生学习灯谜的兴趣以及团结协作的精神。

续表

教学重点	让学生掌握利用适当的方法猜灯谜。		
教学难点	灵活利用适当的方法猜灯谜的同时，利用所学学会制谜。		
教具准备	课件、板书、音乐、视频、谜条。		
学具准备	笔、白纸。		
教学过程			
教学环节	学生活动	教师活动	备注
导入新课	回答提问，进入情境	由介绍我国猜灯谜的传统习俗引入	谈话激趣，导入新课。
学程推进	学以致用：猜谜，悟出谜语的结构	老师出示两个较为简单的字谜，引导学生明白谜语的结构：谜面、谜目、谜底。	做好铺垫
	学以致用：猜谜、悟法理解、记忆	出示几个有明确方法（代表性）的谜语，并引导学生顺势悟出猜谜语的基本方法 （一）会意法： 1. 会意法看时圆，写时方，夏天长，冬天短。（日） 2. 一边绿，一边红，一边喜雨，一边喜风，一边怕水，一边怕虫。（秋） （二）象形法： 1. 人人都在横道线上。（丛） 2. 远看象头牛，近看没有头。（午） （四）方位法： 1. 岸上。（山） 2. 开头。（一） （五）排除法： 1. 金银铜铁。（打一地名）（无锡） 2. 哥哥一半大，莫作可字猜。（奇） （六）离合法： 1. 接一半，断一半，接起来，还是断。（折） 2. 功过各一半。（边）	磨刀不误砍柴功

续表

教学过程			
教学环节	学生活动	教师活动	备注
学程推进	学以致用： 猜谜（可合作讨论）	用PPT出示一组（需用不同方法猜的）灯谜，看看谁猜得又快又准且能说出猜谜所有的方法	热闹非凡
	学以致用： 讨论，编谜 自主制谜，互动猜谜	（一）故事编谜： 1. 独在异乡为异客。（打一成语）（举目无亲） 2. 白日依山尽。（打一字）（岁） （二）自主制谜，互动猜谜	增加难度，挑战自我
	师生互动，玩灯谜游戏		其乐融融
课堂小结	整理思维，发言，谈感受、收获	引导学生，小结课堂	
教学后记	我国《语文课程标准》明确提出："开展丰富多彩的语文实践活动，拓宽语文学习的内容、形式与渠道，使学生在广阔的空间里学语文、用语文，丰富知识，提高能力。要努力构建课内外联系、校内外沟通、学科间融合的语文教育体系。""努力建设开放而有活力的语文课程"。 　　此次猜灯谜活动，把"迎中秋"与"庆国庆"两个庆祝活动很好地结合在一起，使得传统的节日更增加了丰富的人文寓意与节日的喜气。让全校师生感受到中华传统文化的（谜语）的魅力，锻炼了思维的灵活性、敏捷性，以及周密的观察、思考、记忆能力，锻炼了学生对文字的组织能力。同学们喜欢上灯谜，课后感受良多："我认为学习猜灯谜很有趣。""我认为学习猜灯谜可以增长自己的知识""我认为学习猜灯谜可以丰富自身的内涵"。"我认为学习猜灯谜可以学到很多课本中学习不到的内容"。 　　确实，灯谜给学生不仅带来了欢乐，还让他们增长了知识，丰富了课余生活。		

【点评】

在"课程治理"中让学校课程创新

林　惠　生

学校课程创新，其路径很多，目前较为普遍的是课程"整合"与"构建"。我们认为，在"整合"与"构建"之前及其后，还有一条重要的路径要走：课程的"改造"与"治理"。"改造"即指"改变；打造"；"修改或变更原事物，使适合需要"；"从根本上改变旧的，建立新的，使改造适合新的形势和需要"。"治理"也有以下含义："整治，调理；管理；改造；处理；整修"。语文CCA课程，作为一种新课型，就是课程"改造"与"治理"的产物。

陈丽华老师在所在的学校（广州市花都区花山中学），积极尝试语文CCA课程，一开始就产生成效，获得欢迎。现在，他们为实现 语文CCA课程的"创新+精品"，又进行了更加深入的研究。在这里所展示的这种新课型及其成果案例，不仅创造了一种新课型，而且是通过新课型来体现或者诠释了许多课程改革与创新的思想和主张。

第一，新在概念，创造了一门语文CCA课程。

这种语文CCA课程，既借鉴又区别于国内外有关的"CCA"概念或者做法（新加坡有"课外辅助性活动"，简称CCA；我国有广东顺德德胜学校超越学科的第二板块即校本课程CCA），以形成了自己的创新特色课程概念。即指一种与国家统一规定开设的主修型语文基础课程相照应的语文辅助性课程，简称"语文CCA课程"。它是基于一门学科（这里是语文学科），成为语文课程的一体两翼中的一翼，为适应我国基础教育改革课程深入发展的需要和语文学科素养培育的态势，按照"课外活动课程化、学校课程全构化"的理念，将原有的语文课外活动和有关"综合实践活动课"、语文"综合性学习"及社团活动等之中的相关部分一并加以改造和治理，以形成既促进语文主修课程又有其独立的个性化课程形态的新型课程，这样，既保留维护了国家统一规定开设主修型语文基础课程的权威性和稳定性，又改变了过去只重学术而不重实践活动、只重正课而不重课外体验的一头重却另一头轻甚至无的"跛子课程"现象，从而为重建既有语文主修课程又有与语文主修课程相并存的辅助性课程即语文CCA课程在内的"全"语文课程体系。

第二，新在做法，把所谓的"课外"活动改造成了语文课程。

陈丽华老师所开发的语文CCA课程，最大的特点是，把文学社、新闻社做成了既像文学社、新闻社，又不完全像文学社、新闻社，也就是给这些社团活动赋予了正式课程的意义和功能，经过改造而成为与一般意义上的文学社、新闻社等社团活动有了本质的区别，即把所谓的"课外"兴趣活动改造成了具有语文学科素养培育与手工制作、新闻采访、社会调查等融为一体的有助于学生语文素养的拓展开发的辅助性课程。这样的课程，变一般的社团活动而成为一门门育人课程，再没有原来那种只搞一些单一的诗歌、散文之类的文学创作，只写一篇单一的新闻稿，而是以语文学科素养培育和学生兴趣爱好的多元开拓与组合，着重打造既有社团活动又有课程教育的"特别社团"载体，即仍然以社团为平台，但注入了有主题、有学程、有相应作业要求和学习评价的课程元素。陈老师的这个课例就是这样：主题就是"教师节祝福语创作及贺卡制作"；学程就是"掌握贺卡制作要领，学习祝福语（小诗）写作，自主创作与交流，整理思维，完成卡片制作"等五步一贯制。

第三，新在过程，突出了一种"学程推进"和"整理思维"的教学新思路。

陈老师所展示的三个案例，还有一个创新特色，就是"教学过程"有了显著变化。一是在横向栏目区分了"学生活动"和"教师活动"，还加上"备注"，以供做有关说明、自评之类内容的表述。二是在纵向栏目推出了"学程推进"这一概念及其做法，表明了这是以基于"学"的理念为出发点、以"学习过程的推进"为平台、以"思维"的生发与整理为核心，进而形成一种学、思、做相统一的"学习型课程"及"学习型课堂"。

在这里特别值得一提的是，把"整理思维"作为一个教学点颇有创意，不仅教了知识和开展活动，而且使随之而相关的"思维"教学得以显性化与清晰化。陈老师深深知道了思维的特性和作用，才会这样做。因为思维是"人脑借助于语言对客观事物的概括和间接的反应过程"，往往是"以感知为基础又超越感知的界限，探索与发现事物的内部本质联系和规律性"，又是"认识过程的高级阶段，借助于已有的知识和经验，已知的条件推测未知的事物。思维的概括性表现在它对一类事物非本质属性的摒弃和对其共同本质特征的反映"，所以，思维也需要整理，即"主体对信息进行的能动操作，如采集、传递、存储、提取、删除、对比、筛选、判别、排列、分类、变相、转形、整合、表达等"。

总之，陈老师在这里所展示的三个语文 CCA 课程的案例，呈现的不仅是一种课型的改变，更有意义的是通过语文 CCA 课程的探究与实践，表明学校课程改革与创新的路径，是无比宽阔的，是谁都可以大有作为的。

（本文为林惠生、陈丽华合作，实录稿由陈丽华提供，林惠生指导并修订，本文已发表并获奖。）

第八章 语文的教学行为"辩"识

【引言】

"辩"识，即辩证之识，是指辩证地思考、分析和认识。对语文的教学行为进行"辩"识，就是因为目前在语文教学行为中出现了这样那样的看法及做法，或多或少地影响了它的正常发展，缺少了客观规律，缺少了健康生态，缺少了本来面目。为此，开展有关辩证之识，以求得语文教学理念建设迈向更正确的方向发展，更能有效指导语文教学的实践，以至产生更具有创造性和可操作性的教学理念。

这里的"辩"识，其核心是"辩"，既是辩证，又是"思辩"。思辩，指"辩证性思考"和"思考的辩证性"。它主要包括目前已被广泛运用的"思辩""辩思""反思"等。思辩，哲学术语。哲学上指运用逻辑推导而进行纯理论、纯概念的思考。后来一般释义为"思考辨析"。

思辩，力求成为思想界和知识界关于"元科学"研究的一种理念与方法。现在，移植于教育教学，便产生了"教育思辩""教学思辩"和"思辩性教育""思辩性教学"。于是，在教学中，不仅有"教学思辩"，还有了"思辩性教学"。这是思辩的发展与进步，也是教育哲学的科学应用。对教学思辩，既是一种教学理念，也是一种教学方法和教研形式。

所以，关于语文的教学行为"辩"识，既成为了语文哲学的重要内容之一，也就成为一种语文哲学的方式。

语文教学需要"辩"

一、语文教学：有"辩"才有教

语文教学，从内容意义上说，有一主务是"传承和发展一种优秀文化"，那么，汉语文教学则是中国优秀文化的传承和发展最重要的基本平台。在中国优秀文化中，我们发现有一重要现象就是"辩"。无论是高耸中国文化之巅的"四书五经""二十四史"，还是"先秦诸子百家""道德经""孙子兵法""中医学"及历法、神话故事、寓言等，抑或代表中国文化亮点的汉赋、唐诗、宋词、元曲、明清小说等，都无不充满着哲理，尤其呈现了"辩"的哲学色彩。

"辩"即指"辩是非，别真伪"。我国古代有一种以"辩"作为文体的，其特点是批驳一个错误论点，或辨析某些事实。如韩愈的《讳辩》、柳宗元的《桐叶封弟辩》等。后来也作为一个中国古代逻辑学术语，则指对一个命题或论点的是非展开争论，亦泛指逻辑学。

《墨经·经上》说："辩，争彼也。辩胜，当也。"在战国时期的百家争鸣中，各家都力图通过辩论，战胜论敌。辩论多了，逐渐摸索到一些应当遵循的法则，积累起一套辩论的方法。《墨经》还对辩的法则作了这样的说明："夫辩者，将以明是非之分，审治乱之纪，明同异之处，察名实之理，处利害，决嫌疑焉。摹略万物之然，论求群言之比；以名举实，以辞抒意，以说出故；以类取，以类予；有诸己不非诸人，无诸己不求诸人。"

以上概括了当时辩的两大基本内容义项。在这里特别值得指出的是，"辩"已称得上是一种专门学问，即辩学。它相当于近代的逻辑学，所以后世有人将逻辑学称"辩学"。世上任何事情都具有"辩"学，都需要"辩"论。语文教学也是如此，是一门充满哲学思想和逻辑思维的学科，既充满逻辑学，又需要以"辩学"为主要特征的"辩"之学理和行为，就理所当然地成了我们语文教学的一大发展和改革之举。

语文教学，从其功能意义上说，是在为人准备或发展一种语言交流的本事或能力，而这种语言交流的本事或能力，又因"语言是思维的外壳"而最终在"思辩"中见分晓。事实表明，凡汉语文能力强的都是思维能力强的，尤以"思辩"之"辩"为甚，那些"口若悬河""出口成章""妙笔生花"的能说会道者，与其说语言功夫好，不如说"思辩"能力强。当今语文教学之所以高耗低效，原因之一就是只关注"语言这个壳"，而忽略了"思维这个核"，都在语言的运用技巧上努力，违背了学生关于语文学科素养发展最不能违背的规律。

现在，我们发现学生花了那么多课时学语文，也读了不少书，刷了不少题，但最终还被说成是"语文差""没学到语文"，于是也就对语文渐行渐远，甚至失趣、生厌、发懵。这到底是为什么？可能与蹲在"语言这个壳"里而忽略了"思维这个核"有关，与缺乏构建由字面意义走向内涵含义的过程推进学习体系有关，与"只可意会而不可言传"中的"意会"不够而"言传"太多有关，与"开卷有益"而未"收卷在悟"有关，与"知其然而未知其所以然"有关，与缺乏深度学习、有层次的思辩性学习有关，等等。如果用教而不导、读而不思、刷题而不总结与反思或独辩、浅尝而不深究、求同而非求异与创意缺失，那将是什么样的语文学习与教学呢？

为此，想为语文教学开展一些讨论，那就先从语文教学之"辩"开始吧。

二、语文教学："辩"哪

(一) 语文教学：不能只有功利，更在于追求价值

功利，一指功名利禄；二指功业所带来的利益；三指眼前物质上的功效和利益。人生在世，每个人具有功利心是一种本能，但也都具有进取心，期望体现自己的社会价值，这就是人的双重性特征。语文教学也是如此：如何将二者有机统一，实现语文教学的双重性效益，既有功利，也实现"教书育人"价值，这才是当今语文教学的"辩"：树立"辩"证之思、寻求"辩"证之法、实现"辩"证之效。目前，语文教学的功利，目前最为突出的就是学生的"考试分数"和"竞赛名次"；语文教学的价值，目前提倡最多的就是学生的"语文核心素养"和"综合能力"。我们并不一味反对学生的"考试分数"和"竞赛名次"，而是反对一味以追求学生的"考试分数"和"竞赛名次"为唯一目的实惠型教育和短视性教学；我们也认为：脱离现实的纯理想型的"语文核心素养"教育和"综合能力"培养，既不能被大众所接受，也无从有效地下手实施。我们需要的是，将二者整合，融为一体，构建

一种有"辩"之语文教学的新理念和新机制。

有"辩"之语文教学，即遵守"人在做人做事时不可能没有功利驱动但更多的应该在于价值的追求"，让学生在学语文时，既学知识，追求分数，又透过"知识、分数"而领悟语文的美妙、优秀文化的价值，学会读写听说的本领，形成语文素养。当有"辩"之语文教学实现之时，那么，超越功利驱动而更有其价值体现的语文教学，才能更显得有意义。也就是说，既要以道义和社会价值制约人在语文上产生功利心的一面，又要以积极有为的态度和行为来主动追求语文教学的育人价值，当然也会在主动追求语文教学育人价值的过程中一并获得恰当的功利（如考试分数等）。其实，真正有效的有"辩"之语文教学，是既有素养也有分数的。事实也表明，对功利没有太多顾及，或者一概不管也无妨，因为价值中自然也有关于功利的附加存在。我们之所以强调价值，主要是因为中国几千年传统文化中十分注重"实用（实惠）"，而十分缺乏理性、远见，总是强调"教这个有用么""学这些干吗"等。也就是做什么、说什么，都得先要问一个"有什么用"，可见功利主义已经让整个教育失去了初心，缺少了本来的纯真度。

目前，语文教学几乎陷入了"分数至上"和"纯技术主义"的"实惠型+实务型"状态，形成了一种典型的功利驱动性教学，甚至是一种忘乎所有的急功近利的短视、短效、短命的三短教学。短视，即眼光短浅，看不长远；短效，即只关注近期效果，比如"考试分数、名次排列"等；短命，即缺乏生命力，缺乏价值，缺乏文化沉淀，缺乏创新的重复劳动。这样的"三短"教学，如果还一味地延续下去，最终扼杀的是语文教学之"辩"：缺"辩"之思、少"辩"之法、无"辩"之效。

为此，本人一再表明，要有序建立语文教育的价值体系与面向学生的学习和发展的长效机制。首先，坚持和明确语文学科知识的边界，从而确定学生语文学习的效用边际，并据此建立完善的语文教学管理控制手段及操作策略。然后，建议有关语文教育者多学一点哲学，树立语文教学有"辩"之理念，一定要懂得辩证性教学，要认识事物的相对性，不搞绝对化教学，不走极端化训练，努力实现高水平的学与教的统一、理与实的统一、近期功利与远大目标的统一。

（二）课文：应成为一种教学样例，而不只是范例

1. 彰显丰富多彩的语文教材"选文"观

什么是教材？是指"根据各科教学的要求而编写或选定的教科书、讲义、讲授提纲、参考资料等的统称"，"凡是有利于学习者增长知识或发展技能的材料都可称之为教材"。教材又称课本，也叫文本，其实说到底就是一种读物，只是进入了课程教科书才称为课文。既然是读物，那么就是"供阅读的东西，包括书籍、杂志、报纸等"。由此可见，课文应该是更广泛的适应语文课程所需的读物。那么，只有坚持"教材即一种高级特殊的读物"观，语文教科书才会丰富多彩起来。语文教材一丰富多彩就无疑改变现有教材结构，让教材朝着多元化、辩证化方向发展。

基于此，作为教材的内容性质，难免就会出现两种情况：一是积极、阳光、引人向上的内容，俗称"正面教材"；二是颓废、阴暗、让人引以为戒的内容或事例，俗称"反面教材"。

现在，语文教科书中的所有课文，据有关专家说都是"典范文"，于是要求学与教的人都得从正面、从示范性、可效仿性等方面，来认知、理解、赏析和运用，结果教出来的是千篇一律，学出来的是千人一得。这种走"以标准文求标准答案"标准演绎式教学之路，是最典型的求同性、工具化教学。这种教科书一般只充当了"正面教材"角色，只选了所谓"典范文"，只发挥了"正向单导"的思维定势作用。

如果树立教材多元化、辩证化发展观，就无疑让人看到与之相反的"反面教材"，以发挥"反面教材"的应有作用。有了"反面教材"，就让学生可以直接获得体验和认知："反面"到底是怎样的，又将如何认识和防患等，同时也让学生在课堂上对本是丰富多彩的语文得到全面了解，特别是对有问题的语文得到认知和解决，让学生未能从反面教材中获得借鉴吸取失败教训，使本是一种多样性、多元化、多角度的语文教育而凸显魅力。我认为：反面教材反面学，反过来学，也完全可以发挥比既有正面教材更大的作用。这就是一种语文哲学观的使然。

2. 树立辩证的课文样例观

凡用来教学的文本都只是一个例子，也就是说，语文教科书中的课文，不能都是"范文"，最多只是颇具典型代表性的"范例"。按照语文大师叶圣陶先生所说：课文无非是个例子。这里的"范例"，实际上是一种教学样例，就像数学中的例题一样，也像备考教学中的例题一样。目前，各科教科书编写和教学大都采用的是"样例学习"法，即为教与学均运用恰当的样例，不过这些样例都应具有各种特色，讲究不同类型、不同层次、不同角度。比如：既有常见的一般题、传统题，也有创新题、经典题、冲刺题，还有难题、怪题，甚至还有做反面教材之用的错题、劣质题，等等。

为此，确立课文的"大选文"原则，辩证地选择因不同需要而形成不同角度、不同层面和不同水平的例文，形成新的语文"样例学习观"。

一般意义上的"样例学习"，是指"学习者从例示了一般概念、原理、程序的例子中习得解决问题方法的一种学习方式"。又俗称"例中学"，即从例示及例析中了解原理、获得体验、掌握方法等。样例学习，不仅费时少、迁移效果好，还可减轻学生学习时的认知负荷。

与样例相类似的还有"样本"。样本，只是用来研究的一些个体物，并无首先规定的优劣之分，只为了求得观测、调研、学习之用，以更好地获得完整的、正确的结论或答案。语文教科书中的选文，又何尝不是这样的一种样例或样本，并不只因"范"文而欣赏、效仿、接受？

所以，坚持有"辩"之语文教学，以改变"唯典范文是选"的现行教科书选文偏象，让语文教材的课文由"范例"走向"样例"，彰显语文教材"选文"的多样、多维、多角度，为学生学到本就是丰富多彩的语文，得到多样性、多元化、多角度的语文教育而创造条件。这样也才有可能发挥教材的全面教育作用。改变课文的选文理念和选文标准。要树立辩证的课文选择观。

什么是典范文，即"为教学中作为模范的经典文章"，"范"常指模板，模子，榜样。典范，被认为是值得仿效的人或物，由于在某方面的表现和基本特征是最正规，合乎规范的行为，而被人们视为榜样。目前，国内没有公布一个真正公认的典范文标准，也没看到一个关于语文教科书选择用于教学的典范文标准，更何况现行教科书上的那一篇篇课文，常常被人提出批评或指出瑕疵，其实也未必都是普遍认可的典范文，当然也担当不起这份责任：本来进入教科书的也并不都需要是典范文，能为教学起到"样例"的作用就可以了。

既有传统的经典范文，出自名家的名著、名文；也要有一些时文和为解决某个问题而特定需要的非经典范文，甚至即席撰写的文章。

（三）语文教学：得有高水平的布局，而非胡乱的敷衍

有人说：人生就是一场布局。其实世间万事万物都无不如此：充满着布局。因为布局本就是指"对事物的全面规划和安排"，也指"设置，设计"等。试问：如果缺乏布局，还成其为事、成其为物吗？

不过，在这场布局中，倒是可以看出人的思想、智慧和品质。因为布局的长与短、远与近、乱与整，决定了其价值的高低及其价值取向。没有高水平的布局，即使有再精致的实操行为和细节，对于成功是没有意义的，或者只是短暂的，更没有具备前推力、再生力和附加值。语文教学也是如此。在这里，本人认为：语文教学的科学、大气的布局，是治理当前布局缺失而造成敷衍、杂乱、低效教学的关键。

1. 将语文教学布局为"是在给教育未来的人上课"

谁都知道，目前的学生是未来人，教育是为孩子准备未来。如果教育只为了近期的作业、中考高考分数，那是短命的行为。要让语文教学走出当下，面向未来、走向未来、成为未来，就要首先研究和布局未来，对学生的未来进行发现、思考、设计，然后让学生为这种理想追求而学，教师就会立足眼前，教在未来，教出一个个未来的学生。

现在的教育有一种表象，学生天天忙于学习、阅读、写作、做作业，但又说什么能力差、素质低？这里就有一个缺乏基于"给教育未来的人上课"布局的严重问题。学生忙的是一种应付性的盲从性的假性学习，得到的是一种阅读、写作、作业上的表面化数量，是应试教育下的阅读和写作，或是形式上的或偏面性的文本"解"读和一味的诗词鉴赏，更是一些应试的题型训练，比如写作套路、方法和押题、猜题的训练，等等。

我们认为：真正的关于阅读、写作的教学，不是"读课文""写作文"的简单劳动的教学，更不是做题、押题的题海训练的近视教学，而是一种以"学会阅读""学会写作"为终极目标的面向未来之人的教学。有人说：语文是多读多写的功夫。但是，多而不会，多而不精，多了也就成了白忙；所以目前学生很累、厌学，与这个一味盲目地多、缺乏未来价值意义的多不无关系。这种对未来教育"缺乏"理解的问题，实际上已经成了一种"教育价值"的缺失。只有站在未来看眼前，才会对教育有一种超然的、完整的、大度的理解，才会让教育既有知识的、学能的，更有思想的、道德和素质的，甚至有更宽广、更深层次的教育含义与功能。

2. 语文布局：要基于"学科"的语文教学，让语文教学真正专业化

不可否认的是，国家在教育活动中为学生进行的教学内容，都是以"育人"为目的的，所设置的学校、课程、课堂，都具有一定的价值取向和特定的专业倾向及知识载体，都以一门门具体内涵特征的课程推行至课堂教学，所以它们都以一种学科作为对象，再形成为学生整体成长与发展的"学科课程群"。但是，到了具体的课程科目中又无不体现着各自学科的知识特点和育人功能，并以一个个知识点作为教学的对象，形成一个个概念、道理或经验

以作为教学的着力点。比如：语文用语言及文章，数学用定理及题目，历史用史实（事件），政治用观点，物理用物质原理，化学用质素变化现象，体育用形体及动作，艺术用歌声和图画，等等，便形成并决定了课堂上各自所具有相应的专业化行为，给学生从生命成长与发展的整体上分别有所收获或感悟，以至成为德才兼备、品学皆优的高素质人才。为此，我们的学科教学，也必然引发课堂教学专业化的必然选择。

那么，基于"学科"的专业化的标志是什么，专业化的任务特色是什么，这就要根据学科特点，以形成学科性的课堂教学专业化倾向，拟设以下六个关注点：（1）学科知识特点；（2）学科思维特点；（3）学科语言特点；（4）学科问题特点；（5）学科作业特点；（6）学科评价特点。

语文教学同样如此。让语文基于其"学科"背景及内涵品质，抓住其"语言"和"文章"，进行有"读写听说"、能"思辩"、善"表达"的语文教学，方可实现其真正的专业化。这里的"读写听说"只是一种专业性活动，而"思辩"与"表达"，都是因"语言"和"文章"而产生的特别专业化行为，是对"语言"和"文章"的深加工，这才是语文上的深层次的专业化能力。这样，有了专业支撑的语文才是语文，也才有语文。用分数值拼凑的基于"分数"的语文，绝不是语文；只有用专业建构的基于"学科"的语文，才有正确的语文。于是，语文教学就有了两条走法不同的路，我赞同后者。

那么，基于"学科"的语文教学，能真正体现其专业化的标志又是什么，并不是目前有人说的"读书"，或者叫"多读多写"，这怎么看上去都不像专业化，或者不属于专业化的科学表述。大家凭心而论：当一个学生走进课堂而要学的语文到底是什么，是那些微言大义、肢解文义的"文本解读"吗？是那些"题海训练"中的答题技巧吗？应该不是，而是通过识字而学会语文，通过"文本"而学会表达，不只是懂课文意思，而借此阅读而"学会阅读"，再不需要教师讲解文本，因为教师是永远教不完世上已有文本以及还正在诞生的文本，所以语文教师的根本任务是教学生"会认、会读、会写、会说、会听"，"教学生会表达、会思辩"，而不只是要求学生听懂、记牢、做对题。这些事情有多少语文专业化色彩？弄一个机器人传输程序口令不也就可以了，或者让一个并未专业的人来教也行。而真正需要专业化的是如何教会学生未来阅读、写作及思考的本领等，还有让学生养成爱语文、爱读书、爱写作等良好的语文兴趣、习惯，并由此获得整体上的语文素养（语言建构与运用、思维发展与提升、审美鉴赏与创造、文化传承与理解等）。而这些，发生在真实的课堂上是很难靠一般的"讲""练""考"等模式、程序和做法就可以完成的，它的专业化水平，就在于教师在课堂上的专业扎实、专业热情、专业责任与专业敏感，就在于教师在课堂上把知识教活、教精、教实，教出规律和新颖，当然也就把人教得有知识、有悟性、有文化、有格局。

当然，这样的语文教学的专业化，不止于"传道、授业、解惑"，更不可割裂它们三者各自的含义及其关系。当初，韩愈《师说》之"传道授业解惑"，本是指教育的综合的过程：传道，授业，解惑，三个并列而行。

传道，即"传授、教育道德观念"，但如果把"道"理解为思想道德的道是有失偏颇的，也包含道德经中所指"道"的含义即"事物的规律"等；授业，即"传授以学业"；解惑，即"运用自身的知识、技能为学生解开困顿、迷惑"。以上三者缺一不可，既有独立的意义，但更需要其整体的育人功能。

3. 语文教学的布局：还依靠教师完整而创新的"专业化理论"

即除了学科专业知识以外，还要有教育教学的专业知识、专业化经验、专业化思想，还要有创新、发展研究能力和不断总结反思的行为。只有这样，才会具有高超的语文教学的布局能力、布局水平及布局效果。须知，无科学布局的教学，会导致出一种浮标性教学，想当然的教学，凭自我经验教学，跟着人家走的教学，是一种以自我利益驱动教学但最终缺乏持效的教学。

另外，语文教学在布局中，还要关注语文文化的普质和特质。世上任何事物都有其普质和特质之分。语文教学，既要从文化中找到共性的普质，让学生获得"求同"内容的认知与理解，直至积累、掌握与运用，如：语音、文字、词汇、语法、句式、修辞格、标点符号等；又要从文化中找到个性化的特质，让学生获得"求异"元素的认知与体验，直至感悟、发展与提升，如：研究性阅读、创意写作、个性化体验、综合性学习等。

4. 语文教学的布局：还需要语文教学的"无为"与"有为"

语文教学的布局，不能不顾及语文教学的功能诉求，其最基本的功能诉求是为未来的人培养高尚语文素养及言语能力，而决不只应付眼前的"考试分数"，以实现一种对人类实践与发展做出有用、有为的语文教育。为此，要站在母语教育的高度，使语文教育活动"大有可为"。这就需要一种"无为"与"有为"的辩证化。为眼前的"考试分数"而教，看去是很"有为"，实则为短视与低效；而开展着眼于未来发展的语文素质教育，看去于当前"无为"，但实则远视与大效。

老子的"无为"论，用以阐释人与自然之辩证关系，即顺其自然，效法大道，不随意妄为，反之则是"有为"。本文所指的"有为与否"主要是以活动本身能否发挥预期的功用或价值为评判标准。当前的教育无奈之举，就是使教学成果的急功近利，导致教学上的灌输性、碎片性、封闭性和简单重复性，直至产生教师费力不讨好的一厢情愿。这是一种缺乏布局所带来的天然缺陷，让教学的结论往往成了管窥之见，根本无法在整体性、客观性上为教育实践提供富有成效或可靠的真实效果，使教育失去了关照学生成长与发展的应有力量。

语文教育的"有为"，通过"人"这个中介发挥对教育与社会的"有为"之用，用教育的价值逻辑和人类最显著的特质即具有的觉解能力，让所有的教学活动更加符合、贴近和满足人的需要，再不对"拼分"的关注远远超过了对"育人"的关注，为指导和引领教育实践活动走向"人学"层面的自由和谐，使教育在"对人类生存和社会发展"必将大有可为。

5. 语文教学的布局：还需讲求实践与理论的结合

实践是理论的基础，即实践对理论具有决定作用；但理论对实践有反作用，科学的理论对实践具有积极的指导作用，错误的理论则有阻碍作用。因此，在语文教学的布局中，理论和实践的相辅相成显得十分重要，切忌任意割裂两者的辩证关系，孤立地强调一个方面。

在布局中，如果透过事物的现象，抓住事物的本质和事物内在的必然联系，反映事物发展规律，能让我们综观全局，高瞻远瞩，预见事物发展的趋势，确定事物前进的方向，从而指导我们语文教学的实践；同时能提供科学的方法，提高我们对语文教学的认识能力，获得探求真理的科学的认识工具。所以，坚持科学的理论指导实践，使实践不再是盲目的实践。

首先，必须掌握理论。没有理论，就谈不上什么联系实际。因此，我们努力学习古今中外一切有价值的科学理论。那种轻视理论，特别是轻视教育科学理论的态度是错误的。

然后，学会实践与理论的结合。要有一些具有给合特色的"结合方式"，本人多年倡导并运用的"思辩+实证"则是最佳方式之一。以下是几种"结合方式"：(1) 从实践走向理论，即经验理性化，实践行为理智化；(2) 因实践的不断科学推进与合理总结而产生了新的实践型理论，我们称之为亚理论、次理论或二级理论；(3) 在实践中运用某种理论而得出的拓展性知识与体会等；(4) 对实践及其经验的再认识，从而获得一种更深广的新认识，也可称之为亚理论。让实践与理论的结合，在语文教学布局中先形成一种感觉，再产生结合的做法，并呈现出一个看得见摸得着的结合体，即布局出来的"教学成果"。如：以实践为主结合理论的优秀案例、课例（含教案）、实录、故事、体会、研究报告（偏实类）等；以理论为主而结合实践的是述理型，如优秀经验、论文、时评、文献综述、观点综述、研究报告（偏理类）等。

在此特对语文教学的三项主要内容即教学理念（价值观）、教材（选文）、教学设计（布局）等做了有"辩"之讨论。事实一再表明，语文教学越"辩"越清晰，越"辩"越有新思路、新方法、新效果；而失"辩"的语文教学将越来越没有出路。实践也告诉我们：语文教学需要"辩"的东西还很多，有"辩"的语文教学，应该越来越成为一种理性的、科学的语文改革创新之举。

（本文初稿于 2010 年 3 月，修改于 2015 年 8 月）

从"人为的"语文教学到"为人的"语文教学

——对我市语文教学反思所获得的启发

一、"理想"与"有效"的语文教育到底是什么

（一）任何有"理想"和"有效"的语文教育都是以人为本的

目前，大家都在关注和讨论：理想的、有效的语文教育到底是什么？虽然没有定论（当然也不可能有定论），但是我们在各自的岗位和角度都已做出各自的理解及其有所作为，也形成有各自特色的语文教改的成果和经验。由此，我感觉，对语文再好的"理想"与"有效"，也只是在一定领域和一定阶段内的产物，都只是一种在语文发展过程中所形成的特定的"发展型"的语文教学。是不是"发展型"的语文教学，有一个重要区分点，就是你搞的到底"为人"的语文，还是"人为"的语文。

我认为，任何有"理想"和"有效"的语文教育，其核心因素都应该是

以人为本的语文教育，就是指从学生出发，向学生出发，站在学生的立场和角度来实施语文教育。也就是现代语文教学理念的核心到底是什么？我们会毫不犹豫地回答道：以人为本。但是目前那种为考而教、不考不教的现象太严重了，这完全是一种"人为"的教育，而不是"为人"的教育。"为人"的教育，应该是从学生成长出发，从语文学习能力培养和语文素养的形成着想，凡是对学生的成长与发展有利的就要教，而不管它考不考都要让学生学习，不能只从考分出发，只从教师的意愿出发。这才叫以人为本的语文教育即"为人"的语文教学。在此本人郑重呼吁：要从"人为的语文"教学走向"为人的语文"教学。当然，这种语文教育，实施起来有人说难，其实并不难，难的是我们有的教师缺乏这种理念，缺乏这种责任，也缺乏一种能力来进行职业追求。

为此，本人呼吁：多搞"为人"的语文，少搞"人为"的语文。

(二) 什么才是"为人的"语文教学

"为人的"语文教学，其中一个具体理念，就是从"教语文"教学走向"学语文"教学。这样，可以改变过去由"教师讲，学生听"的一言堂教学现象，还课堂自主学习的权利给学生，让学生在教师指导下实验师生互动，教学共进，合作探究，自主、自能、自然地学习。

"为人的"语文教学，是以人为本的语文教育，符合学生学习与发展需要的教学，是整体的有意义的发展型语文教学。它不是那种被人折腾、算计后的"人为"后所产生的变味语文、变态语文。比如：不考不教，凡考才教，对提高学生考分有利的就猛教。而"为人的"教学，不从考分出发，而是从学生成长和语文素养着想，当然，在"为人的"语文教学中，进行的是语文的整体性教育，以语文核心素养为重心的全语文教学，充分开展读写听说能力的综合培养，这自然也就带动了"分数"的提高。能力有了，素养高了，还愁没有分数吗？除非它的考试命题不是考能力和素养的，而现在的考试不也在改革、发展吗？不早就提出了从"知识立意"走向"能力立意"吗？我们怎么还用"为考分而教"的老办法来应对已越来越走向"能力立意"的考试命题呢？

(三) 开展"为人的"语文教学是教师最基本的职责

这种"为人的"语文教学，关键还在于最后如何落实，产生实效。而目前总是推不开，实施起来很难。为什么？我想：难就难在教师自身的态度和认识没跟上，"为人的"教学素养和能力没跟上，"为人的"自觉性不高，还沉浸在那一套"人为的"分数教学之中，因为那一套用得太熟练、太有经验、太方便，也太有立竿见影的实效了，要是搞一套自己并不太熟悉而且还冒风险的新做法。如果缺乏胆量和行动，干什么事都难，何况这种与"应试教育"相决裂的"为人的"语文教学呢？

我们既然选择了这个以面对"人"为主的且富有创造性的教师职业，在语文教育上何不勇敢一搏，一改面对"分"为面对"人"的现状，积极走进"为人的"语文教学？

俗话说：万事开头难。其实一旦实施起来也并不那么难，只要我们教师把缺乏的理念、素养和能力补上来，再加上这种职业责任和专业追求，那么新的教学能力和经验也就又会产生了。那么再难的事也不难了，只要将这道坎越过去，那么你将获得更多、更好、更新的语文教育成果及其经验，更能获得一种"阵痛"后的幸福感。

这里，首要的任务是，彻底反思与整改过去与这种"为人的"语文教育不相符合的东西，然后走出去，寻找"为人的"语文教学之路，重构以学生为本的语文教育新理念、新策略与新方法。现在，以我市语文教学的情况作为对象，从"反思"与"出路"两部分来做深入探讨。

二、反思：目前语文教学"人为"的多于"为人"的状况堪忧

对我市语文教学现状的基本结论，就是说，由落后走向了进步，但也从进步中还感到了恐惧与紧张。这种进步会是自己与自己的过去比，但与兄弟地市相比，与全省、全国教育改革与发展的形势和要求相比，差距仍然很大，还有许多不容乐观的问题与困难。语文教学的进步，主要是绝大多数语文教师的教学理念有了一定的改变，语文的常规教学能基本得到落实，还出现一批有理想、有责任心、有教改热情的教师，这就为促进学生语文素质的提高，我市语文教学质量的提高发挥了作用。

但是，无可置疑的是，我市语文教学的问题仍然不少，整体水平在全省还处于中等偏下的位置，而且担心如果不努力还会使这种差距越拉越大，所以，这已经引起了我们一切有责任感的语文教师增加紧迫感，加大了奋发努力的进度。问题在哪里？主要是高要求、高规格的语文素质教育与还未完全具备素质教育要求的教师与教学状况之间的矛盾。

（一）思想道德素质方面

1. 由于教育理想不高，缺乏信心、缺乏创新，缺乏责任感，因而看不到

语文教育三大关键，是语文知识、语文技能、语文素养；语文教育的三大基础：兴趣、习惯、语感。

2. 由于缺乏良好的师法，缺乏爱心，缺乏对语文教育事业的激情，缺乏爱每一个学生包括差生的思想，因而经常自觉不自觉的扼杀了儿童的天性和求知欲望和创造火花。

3. 由于缺乏对生活充满乐观，充满希望，也就自然缺乏对"生活即语文"的"新语文观"的改革与发展的思想，所以教学中一味守旧、盲目、随意，得过且过地教语文，错误认为，语文是谁都能教的，但也是谁都教不好的。

（二）教学业务素质方面

当前，我国语文教师在教学中，无疑接受了许多新理念，移植了许多新模式，也总结了许多新成果，创造了许多新经验，但仔细一看就不免发现仍然存在"三多三少"的问题：口号多而行动少；碎片多而整合少；水分多而沉淀少。概言之，往往涉及执教者的业务素质的问题。

1. 教育观念问题：

主要是陈旧、保守，缺乏创新。

①仍然是传统的只教书而不教人。为数不少的教师仍然不是以人为本，以学生的发展为本，以学生的学习为本，而仅仅只是满足于把一本语文书教完，把一节语文课教完就万事大吉，扬长而去。怎么他不去想一想：我应该是教学生学语文，而不是为教语文而教语文。怎么他不去想一想：学生在这一堂课到底要学什么，到底怎样指导他们去学，学了后他们会有收获，等等。这样一想，你的语文教学又何尝教不出水平呢？

②"三主非主"现象仍然严重（对此我已在前年写了一篇《"三主非主"现象》在《汕尾教育》刊物上发表，曾引起较大的反响），即以教师为主导、学生为主体、训练为主线的"三主"教学思想，仍然只为人们口头所接受和在文件论文中堂而皇之，而真正体现在教学行为中的却寥寥无几。

③害怕教改，不愿教改，别人的成功经验和教改成果不虚心学习和推广，还津津乐道自己的某个短期行为而产生的效果，井底之蛙，固步自封。不看书读报，不更新知识，有些人连全国有几本语文教学名刊都不知道，全国各地有多少成功的教改经验和优秀教师也不知道。比如：现在已是单元教学、目标教学、读写结合教学，从知识点转化为能力点教学了也不知道，尤其是现行的人教版教材是单元型的，如果你不接受这种新"单元教学法"，还一篇

篇地独立地教，还在把"讲读、自读、课外自读"等三类不同教读要求的文章平分秋色地"单"教下去，更没有把作文教学也纳入到单元教学之中去，是多么可怕的事啊！

2. 教学目标与计划问题：

有的是目标不明，计划不清；有的没有目标，只有一个应付检查的计划，教到哪就算哪，教了什么就算什么。

有的是目标定得欠妥，或者过高，或者过低，或者过偏，或者过杂。

有的是在教学中未能完全实施目标，而仅仅把目标作为摆设品或者不会想怎么样实施教学目标，结果教学目标和教学过程、方法之间成为"两张皮"，或者教学目标未能落实。

3. 教学内容问题：

一是对教材的钻研只满足于"教材是什么""教什么"的低层次，而没有认真深入地钻研教材"为什么"是这样，怎么样写成这样等等，也就是说此次全教会所说的只注重与教授知识（教学内容）的结论，而不去钻究与教学"为什么""怎么样"等之类的知识发生的过程与方法。

二是抓不住语文教学内容的特点和重点，教学失误。如语文应该是读和写作是两头重点，将两者如何结合，提高语文能力，就是特点。但是许多教师看不到，将读写脱节，各自为教。

三是在处理教材时往往受课本现成的说法和"教参"的干预、影响太大，不敢对它们说半个"不"字，没有属于自己对教学内容的理解和对教学内容选择的特色。例：市一中在教师招聘考核时曾让三名教师都上《海燕》一课，结果三人上出了三种不同的教学效果。

四是课堂教学的内容密度不高，教学课时却安排过多；同时，教学内容没有优化，缺乏选择，未能落实课标要求和体现新理念。

五是对教学内容的含义偏颇，总以为课堂执教才是教学内容，而课外的一切语文学习内容如书籍、影视、文学社、读书会以及社会调查、社会实践等，都没有被看成是语文教学内容，因此也就无暇顾及教学或指导。因此导致学生的语文知识面不宽，语文视野不开阔，语文实际能力不强。古今中外无数语文名家、文学大师，恐怕都不会只是靠一本"语文"课本就学好语文而成功了的。

4. 教学方法问题：

一是方法陈旧，满堂灌，很少启发式；

二是方法单调，一法到底，由过去的满堂灌变为满堂问，教师问得面面俱到，学生答得热热闹闹，可就是教师教不到位，学生学不到手；

三是方法繁杂，在眼花缭乱的各种方法面前盲从了，不会精心选择符合自己教学实际和适合学生需要的最佳教学方法；

四是错误地认为没有教学方法也会教好语文，说"你讲这法那法，我没你说的法还不是照样教语文"，这就更不对了；

五是不勤于和善于总结自己的教学方法，使一些成功的教学经验因为没有作出教学方法的理论概括和总结而失去了生命力或者被自我毁灭了（也就是外地人所评价广东教师"只会生孩子，而不会起名字"）；

六是只注重教的方法，而忽视学生的学习方法和对学生学法的指导，导致学生不会学习或学得很累，很苦反而效果欠佳。最近我有篇《试析教学方法的"三大误区"》在《汕尾教育》发表，可供参阅。（例：全市语文阅读教学、作文教学的实例）。

5. 教学评价问题：

主要是应试教育的评价，既不公正、全面，又不科学、恰当。尤其是语文的主观题评分，往往打印象分，打感情分。还有一种现象，就是只对学习结果打分（即只对答案作绝对的静态评分），而没有对学生的学习过程以及获得答案的思路作评价。比如作文，学生交了没交，也不去管，也不采取措施督促学生交。教师只对学生已成的习作评改，而未对学生作文的全过程作出评改，未对学生的发展进步作出评价。

6. 教学基本功问题：

一是在教态上缺乏精神，缺乏一种气质和亲切自然感，如手势语和眼神语没有把握好。

二是在教学语言上缺乏准确、清晰、简练，缺乏生动和形象，缺乏幽默感和鼓动性，要知道，那些词汇贫乏、句式单一、语调呆板、述说啰嗦、缺乏文采、缺乏磁性及感情的课堂教学语言，学生是不会欢迎的。

三是教学板书设计：欠科学简洁，欠工整美观，信息含量少，思路单调，尤其是缺乏创意和艺术感。

四是实用多媒体电化教学手段的技能也很差，不能很好地为语文教学服务。

五是教案设计和书写不规范，缺乏对教学的实际指导意义。

三、出路：关键在于多搞"为人"语文，少搞"人为"语文

总体来说，有针对性地集中气力解决以上两个素质方面所表现的问题，要从宏观上建立一套教改策略和操作机制，另外还要从微观上看重解决一个个具体的实际问题。

(一) 构建语文教学的三个层次，实现人本型语文教育的最佳境界

1. 培育有完整的三个层次语文素养的语文人

(1) 强化积累，掌握语文，让学生先做一名有"语文知识"之人。

通过对语文学科知识的字、词、句、篇、语、修、逻、文等方面的认知、理解、积累等达到全面掌握、完整把握的要求，形成良好的语文基础和完整的语文知识结构。在"掌握"二字上下功夫。

(2) 指导内化，运用语文，让学生做一名有"语文能力"之人。

通过听说读写的学习途径与训练方式等，使学生对语文知识掌握后进行自我内化，将所学的知识转化为语文能力，尤其转化为语文学习能力和语文学科"基于解决问题"的一切创造能力、发展能力等。这一切都要在"运用"二字上下功夫。

(3) 促进发展，提升语文，让学生还做一名有"语文智慧"之人。

通过学生对语文的再认识、再实践，并通过总结、反思、拓展，使语文素养得到综合提升，使语文能力得到完整形成并能初步发挥作用，产生效益，尤其在以下五项能力方面产生由量到质的提高与发展，以至创新语文。这一切要在"创新"上下功夫。

创新语文的能力，主要是由以下五种构建而成：①语文新词汇（语汇）、语文新现象（问题）的发现能力；②语文技能迁移能力（举一反三，触类旁通的"变通"能力）；③语文作品的新体会、新分析、新评价、新鉴赏的能力（即新见解、新视角）；④语文的综合和概括能力；⑤专项特长与创造能力。

2. 要实现以人为本的语文教育的教学意义和真正魅力

以人为本的语文教育，表面上是人本型，实际是"学本型"，要求教师再不能是说"教语文"，而应该说是"教人学语文"，教学生学语文。因为学生听、说、读、写的语文能力，是通过学生学出来的，而不是教师"教"出来的，教师的"教"只能起助产士的作用，呈现一种外因的作用。语文表面上是教师天天在教，实际上是在教学生——即"语文书"的读书者和语文教育的受教者。到最终所形成的语文能力，不只是听说读写的单项能力的呈现，

而已经是一种综合性的语言表达能力和语文运用技能的整体表现，是一种人的心灵反映和气质的表现，是综合语文能力即语文素质的能力。人们说的"出口成章，下笔成文"，其实这已经是形成一种综合性的并非能分辨出读、写、听、说的各自分项能力的表现及其组成，那全是因为以人为本的语文教育最终作用于一个"人"身上的综合性语文素质的完整表现。

这就是以人为本的语文教育的教学意义和真正魅力。要实现这一境界，就要在以下五个方面作出努力：

①要有高尚的语文学习理想（动机、目标、愿望）；

②要有浓厚的语文学习兴趣（情趣、乐趣、意趣）；

③要有扎实的语文学科知识（认识、常识、见识）；

④要有良好的语文学习习惯（会学不随，好学不俗，乐学不疲，勤学不懈，苦学不息，治学不苟）；

⑤要有较好的语文学习智能（心智、智慧、智力）。

（二）要进行有哲学支撑的有意义的有效教学

1. 要问有效教学的"教"与"效"到底是什么联系

有效教学，目前的通用解释，是指"在符合时代和个体积极价值建构的前提下其效率在一定时空内不低于平均水准的教学"。它已经成为当下最流行的课堂教学用语，但是，有效教学的"教"到底是什么，有效之"效"怎样呈现，程度如何，有效之"有"的措施、办法及途径如何，等等，这又有多少人在意它，研究它？目前好像大都只在"有效果、有效率、有效益"这三个词上，要么用来玩概念游戏，要么拿来贴标签。

我认为，教学本来是有效的，正如古人说"开卷有益"一样。我常说，没有哪位傻教师走上讲台去教无效的课，进行"非有效"教学，只是在教学后发现与原设目标有差距，让听课者感到与他心目中自己的愿景不一致，或者就拿到的一份评价表作对照，而仍然是听课者的内心感觉：合则称有效，不合则称无效，并不是那份评价表的"仪器"评价而仍是"人的"感觉性评价。所以，课的有效与否，不是上出来的，而是"被评"出来的，或者是"被感觉"出来的，其客观真实性和公正性则是无法肯定的。当然，现实中的确有把一堂本该有效的课上得很糟的情况，那叫教学"失效"，失去了该有的效果，即"教学效果流失"，但不能称之为"无效"，因为"无效"是一种主观感受而被评判，"失效"是一种客观存在而被描述。

教学是一种创造性活动，最具有挑战性和个性化，也最忌讳简单再现的重复劳动，所以，用"有效""无效"来对教学做非"此"即"彼"的感觉式评估，无疑是对教学价值取向的不屑，对教学的老师不敬和对学生的不知。

我们常常发现：在对一堂具体的课进行评课时，有时争得面红耳赤，各执一词，竟出现截然相反的结论：有的说是"有效"课，有的说是"无效"课，还有的说是"高效"课。为什么一样的课却是不一样的结果，这值得深思。

无论是教师还是专家，都带着各自心目中的那杆秤，称出各自不同的份量，有时候如果教学真的出现与"有效"不一样的结果，那就叫教学的"非有效"，而不可以随便地判为"无效""低效"等，因为目前社会上还没有一个被公认的、统一的"有效"之标准，只是出于对与无效、低效、无意义的教学相对立的教学而提出一些观感、看法，乃至一些"人为的"主观结论或"专家"评估。有效教学，那就应该是定位为"教"的策略、措施和方法的改进，无所谓再标新立异地制造一些新理念、新口号，更不要就势还升级加码，又变成了"高效"教学、"高效课堂"。

如果是因 20 世纪上半叶西方教学科学化运动的"有效教学"（effective teaching）的理念，那又将是另外一种有效教学的操作行为了。则要充分理解那场运动的背景、那种"有效教学"的特定原理及其要求等，不能既打他们的旗号，又不按他们的套路出牌，搞一个自吹的"有效课堂""高效课堂"。要知道，"课堂"是无所谓有"无效、低效"和"有效、高效"之分的，而在课堂上的教学是可以分出"无效、低效"和"有效、高效"的，但是也必须具有一个前后一致的公认的评价标准及相统一的操作过程与方法，否则谁也无法相信谁是真的。所以，我多次说过：搞"高效课堂"是个伪命题，是一场闹剧。

2. 西方教学科学化运动的"有效教学"，源自美国实用主义哲学和行为主义心理学影响的教学效能

20 世纪上半叶西方教学科学化运动的"有效教学"则不同，它源在美国实用主义哲学和行为主义心理学影响的教学效能核定运动后，引起了世界各国教育学者的关注。20 世纪以前在西方教育理论中占主导地位的教学观是"教学是艺术"。但随着 20 世纪以来科学思潮的影响，以及心理学特别是行为科学的发展，人们意识到，教学也是科学。即教学不仅有科学的基础，而且还可以用科学的方法来研究。而这种有效性，是专指"完成策划的活动和达到策划结果的程度"和"有效性指试图要测量的事物实际上是真正要测量

的"。于是，人们开始关注教学的哲学、心理学、社会学的理论基础，以及如何用观察、实验等科学的方法来研究教学问题。有效教学就是在这一背景下提出来的。

本人现在倡导的语文哲学，将上面两种情况综合起来，参照其理论影响并结合我国语文教育实际而创立。

（三）要进行促进人的发展的有效性教学，让有效教学走向"正"道

前段，大家都在喊有效教学和高效课堂，这无可厚非。有效果、有效率、有效应的教学，与无效、低效、无意义的教学相对立。有效教学，最基本的问题，就是必须坚持促进人的发展而开展正能量的有效教学，努力解决目前语文教学中的无人、无物、无理、无序、无效的"五无"问题。有效教学的正道，最基本的就是追求教学的"有效性"，而不是有效的"课堂"，必须坚持从"人"出发来看"教"的是否真正有效。

1. 要改革目前学生中普遍存在的表面学习、被动学习的现状，提倡学生的自主、自动、深层次学习，也适用有意义学习。（根据下堂构想发现学生表面、被动学习达70%以上）。

2. 要走出目前所谓运用启发式教学法的误区（即边讲边问，一问到底等）。最好的启发式教学法，就是将感知教材作为教学出发点改变为把提出问题作为教学出发点，让学生内心体验与创造去学习；就是要教师带着情感的方法，去引导学生对学习的积极参与；就是要把课堂也建设成为一个良好的生态环境，让学生自主地和谐地发展。

3. 要完善教师的知识结构，提高知识"合理性"和"适用性"，使其学科知识尽量转化为教学的知识（就像医师一样要具有以下三种知识）：①关于原理和规划的知识（即语文学科知识和教育理论，就像医生的人体结构知识一样）；②关于特殊案例的知识（即语文教案、教例，就像医生的医案、治病实例一样）；③把原理、规则运用于案例的知识（即教学主张、教学技能方法、教学手段等，就像医生开处方一样）。

4. 要千方百计激发学生的学习语文的兴趣，要随时从学生的表情行为中发现学生是否充满兴趣地学习，要考察学生的兴趣是什么，有哪些表现，贯彻适应他们的兴趣，调动他们的兴趣来投入语文的学习，如果他去玩，我们就设计在玩中学语文，他想听故事，讲笑话来激起他学语文；他想要提问题，我们就为他设置安排提问的方式学语文，总之，要调动他的兴趣才能学语文。

5. 要切实抓好与语文有关的学习习惯的培养：做实事、做小事、常做事。

如：①所有学生每天写一分钟日记（练笔）；②所有学生回家每天做一分钟家务（生活体验）；③所有学生每天唱一首军歌（陶冶情感）；④所有学生每天坚持一分钟踏步走（训练意志）；⑤所有学生每天坚持一分钟语文词汇的记忆力竞赛，等等。

6. 要建立规范的课堂有效教学机制和教学模式。

（1）一堂课要制订有三类不同的教学目标（优生、中等生、学困生），进行分类指导，分层推进；

（2）在一堂课里，学生真的是不是在听课，发言人数多不多，提的问题有没有价值；

（3）学生在课堂上动笔的时间和写作的时间有没有，哪怕是阅读课也要让学生口动（读书）、手动（记笔记和写作）、心动（思考）；

（4）教师课堂上处理偶发事件的时间（即非教学时间每次不得超过30秒钟）；

（5）教师讲授不在时间多少，而在于精不精当，有没有对学生起指导、点拨、小结归纳和拓展的作用。但是讲得不能太多，哪怕是讲得再好，还是你在讲，学生再怎么听得入神、入味，但还只在听，不思不动，主体内化难以得到保障；

（6）要求学生做课堂学习总结和反思；

（7）要求设计有别于不同层次学生的提问和留三类不同类型的作业；

（8）课间10分钟，教师最好不离开学生（和学生交朋友的95%会教好，板着面孔疏远学生的95%教不好）；

（9）下课后，教师要做教学反思与总结，能在教案中敢于写上："这一堂课我成功了"。还要善于发问：这一堂课我还有哪些遗憾与问题？怎样才能更成功？

7. 要尽快地进入有意义的学习。要随时反馈，从学生的面部表情，作业答题中反馈，感受教学的成功与失败，感受到学生是否有意义地学习，而及时作出调整教学计划。

8. 要用心教好"只可意会不可言传"的知识。语文的东西有很多是"只可意会不可言传"的，我们不仅要教能"言传"的，也要教"只可意会"的。怎样教？①有感情地投入阅读；②加强语感训练；③精彩之处美读；④只提供现象和过程后尽力留下空间，不作结论；⑤多用比较；⑥多设置"事况"（事情发生的情况，如过程、环节等，让学生获得感受、经验直至感悟）；

⑦经常运用。

总之，以人为本的语文教育，表面上是人本型，实际是"学本型"，要求教师再不能是说"教语文"，而应该说是"教人学语文"，教学生学语文。因为学生听、说、读、写的语文能力，是通过学生学出来的，而不是教师"教"出来的，教师的"教"只能起助产士的作用，呈现一种外因的作用。语文表面上是教师天天在教，实际上是在教学生——即"语文书"的读书者和语文教育的受教者。到最终所形成的语文能力，不只是听说读写的单项能力的呈现，而已经是一种综合性的语言表达能力和语文运用技能的整体表现，是一种人的心灵反映和气质的表现，是综合语文能力即语文素质的能力。

将非系统语文教出系统性

——语文的"有系统性教学"研究

系统，是指按一定关系组成的同类事物的整体。世间万物皆因如此，当具有系统性的时候，才能整体地、有条理地发展与完善，也才能成为一种意义性活动。所以系统性是体现一种有意义行为的规律，其"整体性、结构性、有序性和最优化"理论则是适应于世间事物与行为的科学原理。

语文教学当然也不例外。但是，由于语文学科自身特点而形成的非系统现象，给学生学语文和教师教语文带来了困难与低效。但是，由于系统科学理论的普及，也给语文这种非系统学科带来了"发展"和"质变"的机会，如何让学生在非系统语文中实现学习语文的系统性，让教师将非系统语文教出有系统性，这也许成为当今语文教学改革与发展的重要途径之一。

让学生将非系统语文学得更有系统性，变"非系统"为"有系统"，从而构建一种语文的"有系统性教学"，使语文教学的研究，朝着更"有意义"的方向发展。

一、一个不争的基本事实：语文是缺乏系统性的

语文的非系统性特点，主要是体现在语文知识未能在教材中呈有机、有

序、有形、有神的螺旋式向上或向前发展的情况。对于这一点，国内有许多研究成果都对此有过阐述，这已经成为一个不争的事实。现在从以下两方面来再展开讨论。

（一）从语文的诞生历史告诉我们：它是非系统性的

大家知道，我国1903年才开始设立语文，之前的几千年连"语文"这一门学科都没有，关于"语文"的学习，则全靠散落在其他的政治、经济、史地、文学作品之中的有关语言和文学知识的学习。无疑这些关于"语文"的学习是无法形成"语文"学科自身的理论体系。无论是1903年前后的"语文"，实际上都是借一篇篇文章或一本本书来作为语文的教材，致使"语文"自身的确难以形成一门有体系的学科。古代语文大多以一些经典名著作为教材，如：汉代以"五经"为语文课本，后来增加了《论语》；明代又将"五经"增至"七经""九经"；明清时期也十分注重《论语》等。由此可见，我国语文课本的"文选""书选"型决定了其学科难以形成理论体系，自然给教语文和学语文带来非系统性的麻烦。因为那些关于语文知识的字、词、句、篇、语、修、逻、文等在被选的文本中是无意识地存在的，并非具有系统性，每篇文章或每本书都是一个个语文的独立体，彼此并无纵向或横向的联系。比如《背影》《落花生》《海燕》《红楼梦》《三国演义》……谁和谁能构成一种怎样的联系呢？更不能彼此构成一定体系的系统性。而且，这些篇目在小学语文中有，在中学、大学语文中也有，这就更无体系而言了。另外，连语文学科还没有一个让人公认的科学概念含义的解释。如解释为"语言文字""语言文学"和"语言文化"等，叶圣陶先生也作出另外一种解释：语文，口头为语，书面为文，即口头语言和书面语言，等等。由此可知，一门连学科概念含义却至今未能确定的语文，能有其内在联系并形成一定的系统性吗？答案肯定是否定的。

（二）从现行的语文课程和教材来看：它的确也难以形成系统性的

我们打开所有的现行语文教科书，都不难发现一个共同特点：不仅是"文选型"的，还因几个版本编者的意图不一样而"选文"不同或者安排不一，这也就更加暴露了语文难以系统性这一弊端。

大家知道，这种文选本用的一篇篇课文，并非专为编者们编写语文教材而写的，尽管可以从某个角度、某种主题出发，在社会大千文章中"海选"，但毕竟这些散落于世的文章之间是很难形成一种语文学科知识的层次性和完整的语文教学系统性，它不象数理化等自然学科教材那样均以知识的层次性与逻辑的严密性推进而编成的。故有人说：数理化一天两天不学就跟不上，而语文十天八天甚至一期两期不学也照样能跟上班（更何况社会上还有未进学校接受语文教育而自学成才者也比比皆是）。

因此，这种语文受"文选性"影响而形成的非系统性，已沿袭几千年，目前看来还没有什么好的办法改变它。这与中小学语文课程目标与教学要求也有关系。中小学语文不同于大学语文，也不同于专家语文，大学语文一般都由一些本已形成知识体系的分类学科组成，如"语言学""文字学""语法学""训诂学""修辞学""逻辑学"以及"阅读学""写作学""文章学"，等等。而中小学学生正在长身体学知识的初期阶段，有其感性、直观、分解型学习的特点，因而不能照搬大学已成体系的各类语文课本，却只能从中摘取符合中小学生身心特点、适合中小学生学习规律的语文基础知识和经典文章等，也就是人们常说的"大众化语文""基础性语文"，其主要表现为字、词、句、篇、语、修、逻、文和听、说、读、写等，所以，这些语文学习内容自然就显得零散而无法形成体系。这也就说明中小学语文的非系统性，是一个不争的基本事实。

二、语文的非系统性：给师生的教与学带来了问题与思考

（一）语文的非系统性给教学带来了非系统性的问题

1. 近利性与零散型

课文既是例子，也是教学活动的蓝本，一般是有其文则教其文，由于这些文章相互缺乏系列性，这样教学也就不可能有系统性。由此所采取的教法当然也只能是以功利为主，而且是急功近利性的快餐式和加工型的教学，这些近利性的快餐式和加工型的教学，其方法往往是以一些较低层次的解题方法和解题技巧为主，显得十分单一、零散和碎片化。

2. 局部性与经验型

语文的非系统性，也导致教师自己的个性发展及个体特长得不到正常发挥，其教学的创造性与积极性大大减弱，一味凭经验凭感觉地教语文，重复地教语文，甚至把许多真正的语文知识与能力给忽略或遗弃了。

3. 随意性与盲目型

语文的非系统性，使教师对学生的语文学习也无法指导到位或指导有效，因为教师心中对语文无法有一个完整的认识和系统教学计划与措施，只能盲

目照搬教学参考书或其相关资料，即使有些钻研也是浅尝辄止，很难有自己完整的教学设想和周密系统的教学方法。所以这种随意与盲目的教学无疑也变成非系统性的。当然，为了克服语文的这种非系统性，国家教育部门和有识之士也曾做出过一些关于"有系统性"方面的努力，如制订语文教学大纲（现在为"语文课程标准"），编写"文体或主题型的单元式组元、螺旋型发展"的语文教材，开展具有能体现系统性特点的教学活动，如"单元教学""模块教学""目标教学"等，这些都力求使语文从非系统性变为有系统性。但是，这些努力其效果并不太理想，也就是说，非系统问题仍然严重地存在着，并已经困忧与影响着我国语文教学的质量。

（二）语文的非系统性，既然给语文教与学带来如此许多问题和难以解决的困惑，我们应该如何解决这一问题呢？

我们认为，可以在以下两方面寻找一些对策：

一是继续进一步改变教材的设计及编写方法。比如，提高编写水平，尽力使教材变得多一点系统性，即尽力淡化"文选型"在语文课本中的决定性地位，以及通过学生主体对语文的认知规律再结合学情特点、语文知识特点、听说读写能力形成的特点等，重新设计一种"经纬网络型"的语文教材体系，以有利于师生的教与学。建议重构"三级学习"型语文教材：（1）"基础性学习"：即以"典范文学习"为主：每学年1本，重在精读（文本）、详解（内容）、细析（章法），为学生学好语文打基础，做示范，起抛砖引玉，举一反三，触类旁通的作用；（2）"项目性学习"：以目前大家公认的"阅读"、"写作"两大板块分成学习项目，以分别体现"阅读主务""写作主务"的教学特色，重在延伸、拓展、专业化，每学年各1本；（3）"综合性学习"，以活动主题的方式，以读写听说一体化教学为手段，形成以具有一定"深度、广度、密度、梯度"的"四度型"综合性学习的语文活动机制。

二是改变教学方式与方法。比如：重新调整教与学的关系，实现从"教语文教学"走向"学语文教学"的教学转型；实施读写说一体化教学，科学把握阅读中的写作、写作中的阅读、读写中的说、说中的读与写等各种关系及其操作方法；

也就是说，从学生学语文的角度来找到学语文的系统性，如将散布在各文本中的字、词、句、篇、语、修、逻、文等整合成一定的学习系统，并通过有系统性的学习来使非系统的语文能变得有系统性。那么，创造一些以体现系统性特点的学习方法和教学方式，使之具有系统性，这是完全必要的，也是完全可行的。目前国内许多语文教改经验也证明了这一点。所以，我们要学会运用辩证的观点与方法，分析和把握语文学科的非系统性现象与现在语文教学的系统性追求之间的关系，让学生进一步明确怎样对待语文和学习语文，让教师进一步认识语文和教好语文。

（三）构建语文教学有系统性的理念及其操作体系，必须运用系统科学理论来指导

这主要因为：系统性是一种推动事物走向进步与成功而体现科学发展观的有意义的重要方法，而且又是人类追求且获得一种高效优质的和谐状态的结果。实践证明，凡事都有一定的结构和发展秩序，并形成有意义的系统性。有了系统性，体系完整，操作简便，效益良好，这种系统性也才有意义。系统科学四个基本理论观点为：整体论、结构论、有序论、最优化论。

这些理论是对一切客观事物发展的科学概括。语文教学完全可以运用这些理论。做到既有整体上的目标与内容，也有形式上的结构和操作上的有序，即使知识散乱与交叉，也还可以通过排列组合来体现系统性。

（四）现代教育心理学关于知识的研究成果告诉我们：知识是可以且本来就是系统性的。所以教学也应具有系统性

人们常把人类知识分为两大类：一类是陈述性知识；一类是程序性知识。而程序性知识是指用程序表达的知识，其中包括关于策略和方法的知识。如果说知识是可以教的，那么这一类关于程序（包括策略、方法等）的知识也当然是可以教的。"程序"所表现的有系统性，那么教与学也不可回避地要具有系统性。而且程序性知识本身就有系统性能力与方法。

前苏联教育家加里宁说过："教育是对于受教育者心理上所施行的一种确定的、有目的的和有系统的感化作用，以使在受教育者的身心上，养成教育者所希望的品质"（见《论共产主义教育和教学》，人民教育出版社 1979 年版，第 56 页）。这段话也表明了教学的有系统性既是教育的一种含义，也是一种教学的方法和要求。

（五）现代教育心理学关于"发现学习""掌握学习"和"建构主义学习"理论等，也为有系统性学习提供了理论基础

"发现论"强调学科的基本结构即认为"知识是有结构的"，主张教师并不是知识的传授者，而是引导学生发现知识的内在结构，这种内在结构就是

一种系统性的表现。对于这种学习的系统性，要求引导学生通过"发现"去体验，并利用这种体验去主动学习，用原来的经验创造新的知识，用新的知识拉动已有的体验和感知，这就是系统性学习的成功。这时让学习者通过发现"系统"，感受"系统"，又在系统中享受到一种学习的乐趣。"掌握学习论"特别强调"有意义的学习"，强调新的知识之间的联系和"知识过程同化"的学习等。而建构主义理论认为，教师所看重的"学习成果，不单是考虑学习的内容、输入和输出，更重要的是学习过程（知识之建构过程及方法）"。

所以，学习的系统性也就充分体验着"有意义"的联系和"过程同化"以及"建构"等，由此可见，我们所提出的构建语文教学有系统性的观点是科学的，也是有意义的。

三、有意义语文教学：让非系统语文变为有系统性

为了改变当前因非系统语文给学生带来学习上的困惑与厌倦以及效果欠佳的状况，我们认为，必须推行"有意义语文教学"。

（一）什么叫"有意义语文教学"

这首先要从目前语文教育及至整个当代国民教育的功能谈起。王长乐先生在《教育理论与实践》2007年第2期撰文指出，教育是培养人的事业，且不能只为了培养"有用之材"和进行对人"有用"的教育，而更重要的是要从有用走向有意义，进行有意义的教育教学活动，使我们的教育变得更有意义。

语文教学也是如此，不能只满足于一般的语文知识、技能和听说读写等之类所谓"有用"层面的教学，如果这样，随便拿几本书，几篇文章就可以教认字、写字和读书，那么，就显得太"实用性"（即工具性）了，还要重视表面看去似乎"无用"却很有意义即更高层次的教学，如感悟、鉴赏、评价与探究等系统的、多元的综合性语文教育等。

因此，推行"有意义语文教学"，是为使语文教学既成为推进素质教育，培养学生创新精神和实践能力的有效形式之一，又遵循学习科学规律，提升其学习语文活动的科学性和实效性，所以，通过"系统性"以后的语文教学是从"实用"走向了"有意义"，即运用辩证法、整体论为非系统语文找到有系统地学习语文的对策、思路与方法。树立将非系统语文学得有系统性的

意识，这就以学科知识发生过程和学生学习时的认知规律、方法等构建出一种较为科学的"有意义语文教学"系统，最终呈现一种学生主体发展型语文学习意义系统。这种教学特别强调学生这一主体在学语文教学中科学的认知规律、主观能动性原则和活动性实践方法等，当然也离不开以语文学科特点及其知识结构为载体，来展示学语文教学的系统过程。

（二）怎样推行"有意义语文教学"

具体地说，它可以从三个层面的系统整合来实现：

1. 通过学习主体的主观能动性与学科知识的网络性的有机整合，达到学语文教学的内容系统化。

2. 通过学习活动的课题项目性与学习方法的操作性的有机整合，达到学语文教学的过程系统化。

3. 通过学习方法的一般性和特殊性的有机整合（即从大到小，从宏观到微观，从整体到局部，从基础到提高与发展等），达到学语文教学的形式与手段的系统化。因此，将教学理念→学习内容→教学指导等构成为系统性、系统型、系统化的"有意义语文教学"的新模式，是完全可行的。

（三）推行"有意义语文教学"的初步效果

近几年，我们在以下三个方面作出了探究，取得了一定的成果。

1. 在课程设计上提出一种有意义语文教学的理念。即用系统论整合现行的非系统语文，构建以学为本的有系统地学习语文的有意义语文教学体系。如何使失去系统即非系统的语文能在教学中让学生学得有系统性，这将是课改所普遍面临的新问题。所以树立以"让学生将非系统语文学得有系统性"为核心的有意义语文教学，这对现在已经淡化体系的其他学科课程也不免有所启发与借鉴。

2. 在课程实施即教学活动过程方面，我们构建了在系统科学理论指导下具有系统性的有意义语文教学体系。如"四大系统"：

（1）以"语文学习学"为统摄的"三观学习方法"指导；

（2）以语文学科内涵型为特征的"语文学习系统"的学习方法指导；

（3）以语文学科外延型为特征的"学习语文系统"的学习方法指导；

（4）以能力层级型为载体的"语文学习能力系统"的学习方法指导等。

3. 在课程资源上，我们成功开发而编写了一本为学生进行系统性学习的《初中语文学习方法系统指导》，并列入全国教育科学"九五"规划课题成果出版（吉林教育出版社 2000 年 9 月）。

这本教辅资料，当时已被实验学校作为实验教材使用，也作为其他中学推广应用时对学生进行有系统地学习语文的参考书。可以说，这本书是国内迄今为止最能充分体现语文学习系统性的研究成果，深受专家好评，也深受师生欢迎。它创造了系统性语文学法指导的"双四"系统学习模式。

（1）先将语文整合为"语言积累（基础知识）→阅读→写作→听说（口语交际）"等四大学习语文系统；

（2）再在每个学习系统里又按"导语→知识与方法指导→方法与实践训练→系统活动"等四环节系统形式进行操作。

总之，针对语文学科的非系统性而让学生学得零散、厌倦、效果不好的问题如何解决而展开研究，即在如何用系统论构建语文学习方法系统性指导体系，让学生带着非系统语文在有系统学习中常学常新，不断发展；让教师在非系统语文中找出有系统的模式、机制与效益，常教常新，不断创新，这是我们本课题研究成果的重要突破，实践证明已取得了明显的成效。让学生在非系统语文中做到有系统地学习语文，将语文教学变成有系统的高效优质的教学方式，这就是我们对"有意义语文教学"所作出的探究与尝试。

（本文写于2002年8月，系参与王光龙主持全国"九五"课题"语文学习方法的理论研究与实践指导"的子课题《初中语文学习方法系统指导》（即"经纬网络型"学习方法指导）的结题成果，并通过鉴定。）

关于"种树型"大语文教育的回顾

一、我对大语文教育的理解与做法

"大语文教育"，在我国语文界是从20世纪八九十年代开始，均有不同的研究和实践成果，当时影响最大的是河北省邢台八中张孝纯老师的"一体两翼"和"三个课堂"型的大语文教育。后来又有一大批更加丰富多彩的大语文教育。当时，我也在探索"大语文教育"，面对当时的大语文教育提出一个问题：比大语文教育"大"的到底是什么样的语文教育？于是，经过探索，终于形成了一种完全区别于当时的"大语文教育"的独特成果，即基于"大语文教育观"的种树式的"生长型"的"使之大"的语文教育。

由于当时处于默默的探索阶段，我本人没有急于总结发表（曝光），而只有到了 1989 年下半年，西安市窦光宇老师受《语文教学通讯》杂志社委托为我采写"封面人物"通讯稿作采访时才了解到，我也已经持续了多年"大语文教育"的情况，他说很感动，一定要将此作为重点内容报道，告诉世人：还有别样的"大语文教育"。于是，他在长达 3600 字的通讯《词源倒倾三江水，笔阵独扫千人军——记湖南省优秀教师林惠生》一文中，详细介绍了我所探索的"大语文教育"。（详见山西师大《语文教学通讯》1990 年第 10 期）。现将原文摘录如下：

从 1980 年开始，林惠生面壁十年，既读书千卷，更致力于教改科研，并由开始的"游击战"转为多角度、全方位的语文教改"阵地战"；从"大语文教育观"出发，主张充分发挥学生的主观能动性，从整体上改变旧的教学思想和教学方法。他认为，教学的过程就是一个寓知识于幽默和风趣的过程，就是理解学习过程，掌握学习方法的过程，就是德育和美育一齐升华的过程，所以他的学生学得轻松、愉快、主动。学生公认"林老师上的课一辈子受用，因为他教给人的不仅是知识，更是一整套能力与学习方法"。

他把"大语文教育"比作一棵树，实行"三步尝试法"。首先，开辟土壤，种植树苗——即从整体上搭成"大语文教育"的框架，把"大语文教育"的性质、任务、内容、要求、方法等等都一一明确并告诉学生。接着，灌水浇肥，剪枝定形——即将"大语文教育"的各个部分予以充实、发展，例如他从 1979 年开始就率先在全国把"预习"作了全方位的充实：既有课外预习，又有课堂预习；既预习知识，又学会预习方法；后来还创造了富有成效的"课堂预习法"。第三，开花结果，造福后人——即创造性地运用"大语文教育"的各种手段，使语文教学全面产生效果。例如，从教师素养角度，他致力研究"大语文教育"中的"教学语言"要有规范性、知识性、思想性、形象性，由此写成的文章在《美育》发表后，于教育界引起广泛重视，并被《国内外教育文摘》和《语文报》予以摘登。另外，他还把于漪老师的"情感教学"移植到"大语文教育"中也获得了成绩。高考科研，是一个新兴的尖端领域，他毫不畏惧地将它引进"大语文教育"之中，他的论文《从高考作文题型的发展看今后作文教学改革的趋势》被评为全国中学语文测试研讨会优秀论文，于 1988 年 11 月接到国家教委考试中心通知将被收入全国第三届高考改革研讨会论文集（附录），1989 年 10 月广西人民出版社出版的

《全国十年中学语文教学论文选》也收选了此文。后来，他还把"语文教学法""写作学"等研究通通融进了"大语文教育"之中。

"大语文教育"终于使他屡获战果：他所教班语文成绩多年名列前茅，及格率均在90%以上；他亲自组织和指导过的三个文学社和五个课外兴趣小组，都涌现了一批"特色人才"。例如，所办手抄报《晨曲》在全国第三届中学生手抄评比中获奖，文学社有林永红等十多名社员在《湖南文学》《小溪流》《鸭绿江诗刊》等报刊发表作品，有经指导过的刘友雄等十二名学生的习作被选作《作文同步指导》等书的例文，还有刘奇叶等在全国性作文比赛中获奖。林老师的经验文章《第一课堂与第二课堂的同步系列化》在《邵阳日报》发表后，也被《国内外教育文摘》转载。

由此可见，我对"大语文教育"比较早的探索也有，而且具有明显不同于当时其他的"大语文教育"，显示了其独特之处，能早期形成一种特别的"大语文教育观"及其做法，而且是抓住了"大"的动态意义，建构了一种完全是同名不同质的"大语文教育"，与当时及以后在国内报道或宣传的其他的"大语文教育"有着明显的区别，既没有受别人的辐射影响，也没有模仿或抄袭，完全是一种对"大语文教育"形成独特认识而产生的研究成果。这种"大语文教育"的一个基本特点，就是建立了"使之大"的"一种树型"的语文教育新生态，也叫基于大语文教育观的"种树式""生长型"语文教育。

二、基于大语文教育观的"种树式"生长型语文教育的产生背景

大家知道，1979年以后，教育也和全国各项事业一样进入了改革开放的历史时期，语文教育也由于当时的"少、慢、差、费"而面临改革开放：到底要进行怎样的"语文教育"和怎样进行"语文教育"，已经成为当时有志之士们一个热烈的话题。于是大家都针对当时学生语文知识单薄、语文视野狭窄、语文能力低劣、更缺乏关于语文的学习资源、学习手段及其方法而使语文越教越窄，越教越呆等实际情况，开展了许多有益的探索。

那么，如何给学生以更完整、更全面、更广阔、更有用的语文教育，让学生尽可能走出课堂，在更广阔和丰富多彩的实践活动中学习语文，用更多样的学习途径与方法来学好语文，便成为所处新时期语文教学改革发展面临的严重问题，需要我们从符合语文教育的规律出发，从理论上，实践上作出

探究。于是就有了用"大语文教育"来对付"小而窄语文"教育的尝试和总结，当初以河北省邢台八中张孝纯老师的成果最为著名。

当时，我也在思考和探索，也相继产生许多"再"认识，其中之一就是"种树型"的"大语文教育"。大语文教育就是两种情况：一是将比原来被人为缩小、变窄的语文教育，再恢复到常态，再生为"完整而和谐"的常态化语文教育；二是运用发展的观点让语文拓展与整合，成为更为理想和先进的语文教育，即抓住"使之大"这一"大"的使动意义，而创造并形成一种"使语文大"的"种树型"的生长型语文教育。

这种再生性的"大语文教育"，充分体现语文学科教学与现代教育发展理论有机结合，将"学术型教育"和"人文型教育"的互动融合，形成一种虽大却不空、虽宽而不虚的教学生态。所以，我就由"教学生态"突然想到农民种树：语文教育不也像农民种树一样来教学生学语文吗？而且大语文教育也不必要固守一个绝对标准和既已模式，应以赋予更新、更多的意义，产生更新、更多、更好的"大语文教育"。于是，一种种树式的"生长型"的"使之大"的语文教育便应运而生，充分显示了一种同名不同质的"大语文教育"新特点：倡导和进行一种"使之大"的种树式的"生长型"语文教育，以体现自我再生性的语文"教学生态"，像农民种树一样来教学生学语文。

这主要是取"使语文大"之义而形成一种"种树式"的生长型语文教育。比如：抓住"使语文大"这一"大"的使动意义，而创造并形成"种树式"的生长型语文教育，即"使语文大"的生长型语文教育。

三、基于大语文教育观的"种树式"生长型语文教育的独特意义

1. 这种"大语文教育"，首先要坚持大语文教育观，即在教学中始终树立大语文教育意识，用大语文教育贯穿并统率语文教学全过程，包括对语文教学内容的安排、教学过程设计、教学方法运用、教学效果评价与总结等，都充分地有机地全面实施并体现着大语文教育，而不仅仅限于在某些部位或方面、或者用一两个模式与方法来进行大语文教育。这比当时以及至今国内其他的"大语文教育"更具有其个性特色，具有更科学的学术价值和实践应用价值。即以"大语文教育观"来指导自己不断创造与运用具有"大语文教育"特征或功能的方式方法等，并开展一系列具有"大语文教育"意义的教学活动，进行符合具有"大语文教育"意义的教学评价及其成果总结，成为

关于教学设计和教学活动中全面的完整的"大语文教育"。

2. 这种"大语文教育"有鲜明的改革与创新的教育主张，即教学要从学生学语文的立场出发，以"从整体上改变旧的教学思想和教学方法"为手段，让教学的过程成为学生"理解学习过程，掌握学习方法的过程"，成为"德育和美育一齐升华的过程"，让"学生学得轻松、愉快、主动"。

3. 构建基于"大语文教育观"且具有起点高、系统性强、发展型的"大语文教育"实践体系。这种"大语文教育"实践体系，充分体现着一种全新的"语文哲学"特点，把语文教学看成是动态发展的、多元联系的、辩证统一的和整体推进的，也就是生命的语文、生长的语文。为此，既作出了许多"上位"思考与探究，也有在操作技术层面上所作的"下位"探索，即关于是某种方法、某些模式或策略的做法的探索。比如，把"预习"作了全方位的充实：既有课外预习，又有课堂预习；既预习知识，又学会预习方法；创造了富有成效的"课堂预习法"。

4. 将"大语文教育"作为一种生长型的"生态语文教育"，即"种树型使之大的语文教育"。这种"大语文教育"的构建，最具特色的就是把"大语文教育"比作一棵树，实行"三步尝试法"。首先，开辟土壤，种植树苗——即从整体上搭成"大语文教育"的框架，把"大语文教育"的性质、任务、内容、要求、方法等都一一明确并告诉学生。接着，灌水浇肥，剪枝定形——即将"大语文教育"的各个部分予以充实、发展，例如他从1979年开始就率先在全国把"预习"作了全方位的充实：既有课外预习，又有课堂预习；既预习知识，又学会预习方法；后来还创造了富有成效的"课堂预习法"。第三，开花结果，造福后人——即创造性地运用"大语文教育"的各种手段，使语文教学全面产生效果。

5. 充分体现着一种全新的"语文哲学"特点，把语文教学看成是动态发展的、多元联系的、辩证统一的和整体推进的，也就是生命的语文、生长的语文。为此，既作出了许多"上位"思考与探究，也有在操作技术层面上所作的"下位"探索，即关于是某种方法、某些模式或策略的做法的探索。比如，把"预习"作了全方位的充实：既有课外预习，又有课堂预习；既预习知识，又学会预习方法；创造了富有成效的"课堂预习法"。

总之，大语文教育，当初逢于我国语文教学改革而产生，又因发展而进步。探索"大语文教育"，常常让我们自我追问：语文本来就是语文，还有"大""小"之分么？无非是在不断追求一种更新、更好的语文教育。于是便有了"种树型"教育，即"使语文大"的生长型语文教育。这确是一些语文教育新型态。实践证明这是对的。看来探索"大语文教育"，还应该树立"再"认识，即基于"大语文教育观"，创造更多的再生型的"大语文教育"模式及方法，这也许将成为今后语文教育必然发展的一种好路子。

（本文初稿于 1990 年 6 月，曾在湖南省武冈七中教学研讨会交流；修订于 2000 年 6 月，后来曾在汕尾市及省内外多次语文教学研讨会上发言。）

对"大语文教育"的再认识

一、大语文教育：我国语文教学改革发展的历史产物

在我国语文界，20 世纪 80 年代初，河北省邢台八中张孝纯老师创立了以"一体两翼"为主要内容的"大语文教育"。后来又有上海市中山小学"大语文"教育的整体试验和河南新乡市姚竹青老师的"大语文教学法"等。

大家知道，当初，教育也和全国各项事业一样进入了改革开放的鼎盛时期，语文教育也走向了改革开放，但到底要进行怎样的"语文教育"和怎样进行"语文教育"，已经成为当时的有志之士们不可回避的课题。

我认为，当初的大语文教育，本是冲着"大"而生的。既然是"大语文教育"，那就应该将它放在一个更为广阔的背景中去确定它的概念、性质、内容及其实施方法等。如果说，"大语文教育"这一提法作为在特定时期的特定产物或特定说法，不能说不是一种语文教育规律的发现和对当时教学问题解决的有效方法之一，而且作为教学改革中的一种教育理念及操作方式发展到现在，已经有了各自的不同含义、不同做法和不同模式，也产生了各自不同的效果。从发展论而言，"大语文教育"有了新的含义和做法，是正常的，也是值得深思的；为什么会"大"起来呢？于是便有了我对"大语文教育"的一系列再认识。

对于"大语文教育"，我常常在思考一些挥之不去的问题：到底语文有多

大？到底语文要多大？是语文大还是语文的教育大？要实施"大语文教育"，那"语文教育"又是什么，比"语文教育"更"大"的又是什么样的语文教育？等等，这些问题又在催发我们展开不懈的探索。

二、对"大语文教育"的自我追问

（一）语文教育：到底有"大"与"小"之分吗

当初我探索"大语文教育"，是出于对"大语文教育"的自我追问：语文本来就是语文，应该无"大""小"之分，为什么要有"大语文教育"？如果有，那么除了现有的成果以外，还应该比目前现有的大语文教育更为科学、恰当的"大"语文教育吗？

这无不说明，大家对"小语文"教学的现状渴望得到改革，对语文教学的"大"发展渴望有新的突破。

为什么要这样说呢？因为，语文本来就应该有它的相应之"大"，该有多大就有多大，既不能人为地缩"小"，也不能任意变"大"。之所以大家提"大语文"教育，其主要原因是因为当时乃至目前仍存在着有"小语文""窄语文"的教学现象。为了有效从事大语文教育，首先必须明确什么是"小语文教育""窄语文教育"或者"无语文教育"。否则就失去了"大语文教育"的相对参照性和针对性，使"大语文"无法"大"起来或"大"到无边，也不知"大"到哪里去，何处该"大"，何处该"不大"等。当初，国内宣传较多的几种"大语文教育"，不知有否针对什么样的"小语文"或者其他语文。我的"大语文教育"，主要是针对当时的"应试语文"和"工具语文"教学盛行以及语文学习资源匮乏、语文学习方法失当等而使语文越来越"窄化、矮化"的问题（也就是"少、慢、差、费"），这种"工具语文"或者"应试语文"的教学，缺乏整体的语文素质和语文能力，缺乏语文的人文性，也不符合语文教育的多源性与综合性特点。

（二）当前的"大语文教育"真"大"了吗

当初，我对普遍流行的"大语文教育"认真做了观察和反思：既不能只搞一招一式的方法手段型的"大语文教育"，也不能让它"无穷大"而"任意延伸"，否则就变成"泛语文教育"，最终成为"非语文教育"。我们要在"本色语文"教学中开展一些与"大语文教育"相关的活动：不要因"大语文教育"而产生不应该有的教学偏差，使本是具有良好初衷的"大语文教育"却被歪曲或者弱化而变味、变态。当前出现异常"大语文教育"的现象，归纳起来有以下几种：

1. 自以为"大"。主要表现为自定义的大，本该还是语文的内容，只是以前被人为地把语文"缩水"了，教"小"了，教"窄"了，而现在又把它教回原处，便自以为教"大"了，做大了，则自称为"大语文教育"。其实，这是对《语文课程标准》及教科书的内容还没有完全领会，把一些仍处于本位的、本来的、本色的语文内容及教学活动，也用一个"大"字来冠名。当然，这能让语文回归本真，也值得表扬和认可，但名实不符，失于学术求真的精神。

2. 无的"放"大。主要表现在对语文教育的无目的的扩大和拓展以及在语文阅读上对文本的解读越位、对学习内容的过度理解。我们发现，不少语文课，本已透彻到位，但又马上出现许多所谓"拓展""延伸""提升""拔高"的学习，甚至动不动还往新课本做拓展、延伸。有的出示其他课外文章等所谓的拓展性练习或拓展性阅读，有的还硬要往课外学习活动联系，甚至对文本非要生出许多"新感悟""新体会"不可，有的还来一两个"开放性问题及其开放性答案"来"探究"一番，等等。其实，这大多是节外生枝，搞牵强附会的教育，或者是对文本搞"微言大义"。我们认为，在课堂上，对本节课内容学习还没有完成，还没有学习到位，却马上增添其他内容，增加别的学习环节，这不是真正意义上的"大语文教育"。

3. "多"即为大。主要表现为用"多"来表示大，越多就越大。现在，随着跨学科整合、多媒体教学技术手段的推广，语文课堂的内容和教学形式，的确有了很大的改变，既有教学内容和教学形式上的"扩大"，也有语文空间之"增大"，但这种"大"其实是因为"多"了，并非语文自身真正大了，只不过用很多的超出本堂课需要的所谓多媒体教学技术或手段，甚至还有滥用多媒体而让整个课堂既变化多端，又热热闹闹，反给语文教育以喧宾夺主的副作用。或者通过过分的跨学科整合而让语文"大"得不伦不类，把语文课变成了"政治课""历史课""地理课"，等等。

4. 以外"补"大。即通过开展一些课外活动来表明这是"大语文教育"。当然，必要的课外活动无疑是"大语文教学"，但泛化、俗化和虚化的课外活动，也同样是曲解了或弄歪了"大语文教育"。

"大语文教育"，曾经作为一种纠正语文"小而窄"教学弊病的教学思想与行为，的确发挥了重要作用，完全应该得到肯定。但是，任何事物的发展都有个"度"，都不能"矫枉过正"。语文教育本该是什么，本该怎样进行，那么就该是什么，就该怎样进行，为什么非要去"大"不可呢？现在，语文就已经够"大"了，包罗万象，内容容量之大，教法之杂，课业之重，考试之多，反而把学生自主、多元、正常学语文的空间变"小"了，也使教师的语文教学在如此之"大"的路上越走越累，越走越无所适从，分不清"大"与"小"了。

（三）由对当前"大语文教育"追问的所得

1. "大语文教育"应该是"大"的语文教育，既包括语文之大，也包括教育之大。否则就不是整体意义上的"大语文教育"，就显得不完整、不成熟。而且，这样的"大"，不但不大，反而会变"小"。因为不是整体意义上的"大语文教育"，就会导致因强化了某方面而忽视或遗弃了其他的甚至大部头的语文教育，这样从整体意义上来看语文教育的效果反而变小了。

2. "大语文教育"如果只有"大语文"而没有"大教育"也不行。大家知道，"大语文"是就内容而言，"大教育"是就手段和载体而言，如果只在语文内容的"量"上大起来，而没有使语文的教育平台、载体、途径、渠道及教学模式、方法等也相应"大"起来，势必会发生"道路阻塞"，形成教育"瓶颈"甚至"脑血栓"。所以，"大语文教育"还得"语文大教育"。

3. "大语文教育"如果没有"大语文学习"也不行。现在，学生假如缺乏学习积极性，没有创造一种相应的"大语文学习"的情境和条件，并使其介入"大语文教育"之中，光有教师的一厢情愿，也同样会穿新鞋走老路，费力不得好。

所以，"大语文教育"只是众多语文教学理念，众多的语文教学方式、方法中的一种而已，千万不要"一叶障目"。但是，针对目前语文教学中的问题，强化和深化"大语文教育"仍显得十分必要。尤其在完整地全面地科学地理解和实施"大语文教育"，开展对"大语文教育"的研究。实验及其成果的总结、推广与应用，倒是成了不可忽略的当务之急。如果真像一些人所总结的那些"一体两翼"或"三个课堂"等，则是无法体现语文之"大"和实现"大语文教育"的目的。

三、"大语文教育"：如何让它真正地"大"起来

我所追求和实施的"大语文教育"与别人有明显的不同之处，主要体现在"三大元素"即三"大"之"大"上：大语文的教育、语文的大教育和大语文学习，这确是一种立体的语文教育新型态。前者是就语文内容而言——语文之大，中者是就语文教育而言——教育之大，后者是就语文学习而言——学习过程与方法之大。这"三大之大"，即整合为一个"大"局，最终成为完整的、和谐的、有意义的和实效的"大语文教育场"。这里的"大"，既是形容词，也是动词——使之大，让语文教育变得强大起来。可以说，这才是真正的"大语文教育"，而不是片面的、跛脚的"大语文教育"。

（一）"大语文教育"的"大语文"内容

用一句话概括就是：将涵盖和体现语文学科内容的字、词、句、篇、语、修、逻、文等八大类融进结构完整、层次分明、切实有用的书本知识和丰富新鲜全面的各类实践活动。具体说来，要学好"四书五经"——"四书"：书的书、书上书、书中书、书外书；"五经"：听、说、读、写、书（书写）。

"书的书"，就是指学好语文和其他学科的工具书籍，例如字典、词典、手册，这是解决"学习钥匙"的问题。"大语文教育"必须重视工具书的教学，让学生身边永远有一位及时可以结交与指导的良师益友。

"书上书"，就是指教学大纲和课程标准等、语文教科书以及教师的教学计划等等。这些让学生事先掌握，完全符合"让学生知道学习目的、学习过程和学习结果"的教学原则。在新学段和每个新学期之初，要求学生集中学习大纲（或课标）、教材目录和教学计划，实为一种"大语文教育"的良策。

"书中书"，就是那些有益于语文学习的经典文献，包括文摘性报刊和资料卡片或报刊中的"文摘""集锦""补白"，等等。这些"书中书"，可由教师有组织推荐或收集后荐发，也可由学生自行采集和学习。要知道，这些"书中书"是知识的高度浓缩，是知识的"窗口"，可以从知识的"一叶"而"博览群书"。目前尽管还未规范和推出适合学生语文学习的"书中书"，而如果真正实施大语文教育，则应由国家教育部门在"大纲"上作出相应的规定，让学生能读到有一定数量和质量的"书中书"，甚至可以编印一些有关语

文文摘或"语文读本"，"语文经典赏析"等之类的作为"大语文教育"的课本。

"书外书"，自然就是人们所知道的课外书，但一定是健康的直接与语文学科有联系的诸如文学杂志、图书、电视、电影、广播等。它可包括两方面：一方面，直接为教学服务的语文课外补充读物；另一方面，开拓语文知识面和人生视野的其他人生、科技、政治理论等著作。

"五经"是作为语文实践而获得知识和技能的主要渠道，它包括"五经"如下：听、说、读、写、书（书写）。它有单独的实践内容项目和方法，也可与"四书"为纬结合起来，而形成"经纬网络型"读书教育活动。

可以说，"大语文教育"的"语文之大"，主要在于全面实现语文教学任务、语文知识教学、语文能力培养、语文文化熏陶与传承等。语文教学，如果只对上面其中一项或两项进行实施，都不算全面语文即"大语文教育"。

（二）"大语文教育"中的"大教育"是什么

在内容上可以由以下三个层次组成：①文化基础知识教育；②语文智能素质教育；③语文功能应用教育。在结构上也分三个层次，图示如下：

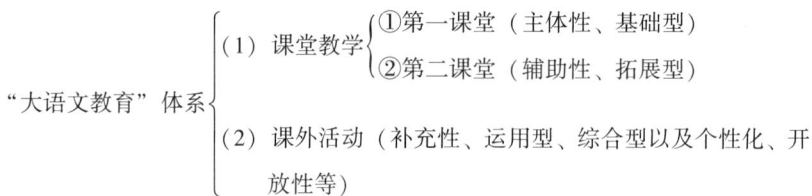

$$
\text{"大语文教育"体系}\begin{cases}
\text{（1）课堂教学}\begin{cases}
\text{①第一课堂（主体性、基础型）}\\
\text{②第二课堂（辅助性、拓展型）}
\end{cases}\\
\text{（2）课外活动（补充性、运用型、综合型以及个性化、开放性等）}
\end{cases}
$$

在这里，有必要对上述几个概念作一些说明。

1. 大语文教育的课堂教学是什么？是多维度、多元化的立体型教学形式，也是"在教师的指导下，采取适当的方法，有目的、有计划地进行教学的一种教学制度"。所以它有整体性、系统性，但缺陷基本上就是带有封闭式。大家都明白，教学任务的形成，主要是通过课堂教学来实现的。换言之，课堂就是情境，课堂包括情境，一个个情境的有机组合便成了"课堂"，现在的"情境教学"，说到底就是一种"课堂教学"。"情境"有多种多样，如"认知情境""问题情境""审美情境"，等等。"程序教学法""单元教学法"等实际上就是一种"认知情境"。"认知情境"又可分为"预习情境""听练情境""复习情境""考试情境"，等等。"问题情境"就是"设题→质疑→释疑→专题→又有疑"这样一个循环往复的过程。

课堂教学，根据其教学内容和形式，又可分为第一课堂与第二课堂两类，第一课堂是主体，在教师的指导下进行教材的学习和听说读写训练，也就是人们所说抓得很紧的"常规教学"，即指一些主流教育的常见常用的教学活动；第二课堂，对于"大语文教育"来说，则是一个不可缺少的辅助部分，它是对第一课堂的延伸、辐射和发展。同样是和"第一课堂"一起来完成课堂教学任务的。它比"常规性教学"的第一课堂要显得生动、活泼、有趣些，如"某项知识专题讲座""作业评优""学科竞赛即包括朗读竞赛、作文竞赛、读书沙龙、作文夏令营、故事会、座谈会、请校外辅导员作报告"，等等。

2. 什么又是"大语文教育"中的课外活动呢？它是相对"课堂教学"而言的。这种"课外活动"，不同于"第二课堂"，第二课堂属于"课堂教学"的一部分，且受"第一课堂"的直接影响，包括拓展、补充或者延伸与辐射等。而"课外活动"是指语文课以外而进行的一切与语文有关或者涵盖语文内容、语文功能的实践活动（也有理论学习与培训等）。不一定与教材挂钩，与课程挂钩。比如，"作文"，作为第二课堂的作文常常指那些与教材同步训练的作文教学，而作为课外活动的作文，则指作文竞赛、小记者活动、作文夏令营等。这种以在社会上为主的各种"作文"活动，学生可以参加，也可以不参加，在微观上没有规定的教学任务、教学要求，也没有需求什么教学形式或教学计划。它的目的在于：以充分发挥个人某些兴趣、爱好为主，它的特点是"活动"，形式基本上是个体、分散、开放，主要是用"活动"来完成语文知识的深化、视野的开拓，语文能力的发展和语文知识的巩固、传递，增强聪明才智，提高认识分析能力和实践运用能力，促进语文教育任务的顺利完成。这种"课外活动"，教师可以指导，可以直接参与。也可以不参加和不指导，但一定要有规划和检查、评价等。

目前，一些没兴趣或思想保守、图省事的教师对其往往忽视甚至不屑一顾，总以为那是"不务正业"，与他直接追求的"考什么就教什么"的单纯升学考试没关系……其实不是这样，学好语文的功夫往往在课外，课内只是打好基础，架设桥梁，提出学习的范本与案例，以供学生课外操练，等等。"课外活动"一般包括各种课外学习活动，如：组织文学社、小记者、征文投稿、摄影、办手抄报、出黑板报、听广播、看电视电影、社会调查、参观访问、野营等，甚至包括含有语文知识学习的各种活动，如歌咏队、舞蹈队、体操活动、探险，等等。总之，这些课外活动的产生和开展，总是以客观条件的给予和个体的积极参与而自觉或不自觉地服务于语文学习和语文教育。

（三）"大语文教育"中的"大学习"是什么

其基本过程如下：①学情指导→②学量指导→③学风指导→④学法指导→⑤学能指导（包括心理、生理能力）→⑥学效指导。

学情指导，即包括学习目标、任务、要求的交代；

学量指导，即传授知识，包括学习内容的分量、容量及它与前后知识的联系和在整体语文教育中的地位；

学能指导，即如何化知识为能力，包括各种训练；

学法指导，即掌握或总结一套如何学习的规律、方法、要求、技巧，以提高学习效率；

学风指导，主要指学习的态度及学习后的良好品法、客观风尚和审美情操的形成的指导。

这些基本过程，并不概括"大语文教育"的全部过程，也并不是说每堂课、每项语文教育活动都要应用上述过程中的所有环节，它们之间可以交叉实施。

以上"大语文教育"中的"三大"认识，如果不清晰，实施也就不能到位，更谈不上完善与发展。要知道，只有将大语文教育的"大语文"、"大教育"和"大学习"三管齐下，形成一个科学的"三大"体系与操作机制，那么，才能使大语文教育追求目标与内容上的完整，方式与方法上的系统，对学生来说，"大"语文教育应该是更好学、更愿学、更有用地学的语文即"全语文"，而不是当下人云亦云的"大"语文，这样才能回归语文教育的真面目，让广大师生走进本该"是语文"的教与学之中。

总之，大语文教育，当初逢于我国语文教学改革而产生，又因发展而进步。探索"大语文教育"，常常让我们自我追问：语文本来就是语文，还有"大""小"之分么？无非是在不断追求一种更新、更好的语文教育。诚然，那么，大语文教育就不必要固守一个绝对标准和既已模式，以赋予其新的意义。比如：抓住"使语文大"这一"大"的使动意义，而创造并形成"种树型"的生长型语文教育，即"使语文大"的生长型语文教育。实践证明这是对的。看来探索"大语文教育"，还应该树立"再"认识，即基于"大语文教育观"，创造更多的再生型的"大语文教育"模式及方法，这也许将成为今后语文教育必然发展的一种好路子。

（本文写于 2008 年 4 月，在有关学术会议上交流。）

第九章　语文的教学艺术 "新" 得

【引言】

本章呈现的一组系列化文章，系参与中美合作《心智美育》国际课题研究而承担的子课题研究的成果。该子课题为"心智美育型"语文教学的研究(即"语文教学艺术的科学性研究")。

该课题，主要就以下有关问题进行了研究。

1. 关于"心智美育型"语文教学的概念探讨

这是由语文教学艺术研究而引发并获得的一些新见解，简称"新"得。新就新在提出了一个新概念，即"心智美育型"语文教学，也是基于语文哲学下将语文教学的科学、技术、艺术相统一的一种创想。

心智，是指"心思智慧"，一个人的"心智"指的是他各项思维能力的总和，用以感受、观察、理解、判断、选择、记忆、想像、假设、推理，而后根据指导其行为。乔治·博瑞（C. George Boeree）博士的认为：心智主要包括以下三个方面的能力：（1）获得知识，（2）应用知识，（3）抽象推理。

心智美育，是指将"心思智慧"与美育相结合而成为一个新的教育方式。也就是将"心思智慧"的教育与审美教育或美感教育结合起来，形成一种主旨更高、内涵更大、教化更深、科学性与艺术性更融恰的语文教育。

2. 关于语文是"科学+艺术"的综合体的研究

著名学者吕型伟说过："教育是一门科学，科学的价值在于求真；教育是一门艺术，艺术的生命在于创新。"

其实吕老用的是修辞学中的"互文"用法（即上下两句或一句话中的两个部分，看似各说两件事，实则是互相呼应，互相阐发，互相补充，说的是一件事。由上下文义互相交错，互相渗透，互相补充来表达一个完整句子意思的修辞方法）。

事实也证明：教育是一个"科学+艺术"的综合体。即科学的艺术，艺术的科学，你中有我，我中有你。科学、技术、艺术虽然是三个不同的概念，但仍然有相辅相成的联系，尤其是共同作用于一个事物——语文教学时更是如此。这属于"科艺整合型"研究，主要探索教育应该是"科学+艺术"的综合体，语文教育本是一种"心智美育型"的特质。

在社会常理下科学、技术、艺术是三个不同的概念，在语文教学中的"科学、技术、艺术"也同样如此。如何用语文哲学来统一语文教学中的科学、技术、艺术，让各自都发挥作用，切不可相互替代或者抵消。

语文教学，当然首先是一门科学，但也少不了技术和艺术。缺了科学，就少了语文的科学含量，就等于看不到"语文"了；少了技术和艺术，就少了精彩，就等于看不到魅力的"语文"。这是凡从事语文教育工作的所有教师的共识。

3. 关于目前影响"心智美育型"语文教学的误区及其纠正的探索

目前，"心智美育型"语文教学，还并没引起广泛关注，在许多教师乃至专家那里还存在一些误区：要么受"语文工具论"影响而把语文教成纯技术主义，忽视了教学的艺术性；要么只有一般层次上的教学技巧上的艺术性，而无更高层面上的"心智美育型"；要么理解偏颇，难以将科学、技术、艺术三者统一，或只注重其中之一二而忽略其三，或将三者简单相加而硬性结合，结果貌合神离，等等。

我们认为，走出以上误区是前提，科学处理三者关系是关键。"心智美育型"本身就是科学处理三者关系的一大产物。科学、技术、艺术三者，应该皆有而不可偏废，而要做到三者的有机统一与互动运用，则才有真正的超越意义。怎样使这三者融为一体呢？首先在理念上用语文哲学来统一语文教学中的科学、技术、艺术，以形成为语文教学共同体，然后让这个共同体发挥系统性作用，而不仅是某些方面在起作用。

现在，特呈现其主要研究成果《让语文教学充满艺术》等系列论文（5篇），曾在湖北大学《中学语文》2005年第2—6期发表，并获省中语会一等奖。

让语文教学充满艺术

——心智美育型语文教学初探（一）

摘要：教育不仅具有科学性，也具有艺术性。因此语文教学不可忽视教育（教学）艺术的应用。教育创新需要教学艺术，教学艺术也确实蕴存于语文教学之中，因此构建一种"心智美育型语文教学"新理念及新教法，将是新时期特别是课程改革中的一大基本课题。为此提出让语文教学充满艺术，这是目前教学改革（课改）与教育创新的需要，也是促进教师专业成长和发展的重要内容与途径。

关键词：语文教学；教育创新；教学艺术；心智美育。

随着人们对教育教学规律认识的不断正确与全面，如何对教育教学实践及教育教学效益在不断深化与优化中有所发展与创新，这是语文教学目前所面临的不仅仅是用科学的理念与方法所能解释或解决的，因此增加用"知识+艺术"为核心而构成的一种更全面、完整也更和谐的创新型教育，即"心智美育"，它是一种较为理想的教学类型。目前，教学艺术又将成为心智美育的一个重要内容和主要形式。随着教学创新的日益凸现，以"语文教学艺术"为核心的心智美育型语文教学，已经不可回避地成为现在乃至今后语文教学研究的一个重要课题。

一、教学创新——深情呼唤教学艺术得以回归于它应有的地位。

众所周知，教育界一直流行着这样一句名言："教育是一门科学，科学的意义在于求真；教育是一门艺术，艺术的意义在于创新。"这句名言道出了教学艺术对于教育乃至教育创新的重要。为什么教育创新竟如此有缘于甚至有赖于教学艺术？答案很简单。教育创新实质上就是对保守的否定，对传统的扬弃，对未来的关注，对理想的追求……而这些要靠活力，靠激情，靠智慧，靠变术，靠激活思维与生发灵感，……而这些往往都较多地存在或依赖于教学艺术，揭示了教学艺术促进教育创新的一种本质意义。综观古今中外，许多科学家又同时是才华横益的艺术家或者艺术爱好者，许多伟大的科学发现和科学研究成果往往来自于这些发明者和科学家的艺术思维及奇特幻想等。既然创造离不开艺术，艺术能使创新成为现实或者具有永不干涸的生命力，那么作为培养创新人才和培养学生创新精神与创新能力的重要学科之一的语文教学，则理所当然地希望与欢迎教学艺术回归语文课程，回归语文课堂！

科学家爱因斯坦曾在谈到教师的修养时，提出了三条基本要求：一是"德"，即崇高的思想品德；二是"才"，即知识渊博；三是"术"，即高超的教学艺术。他认为教师的创造性活动同尊重学生的独立性结合起来，才可能掌握真正的教学艺术。苏霍姆林斯基也认为："教学和教育过程有三个源泉；科学、技巧和艺术。"

从人类进步和科技发展的历史与现状来看，也均无不说明了艺术与创造、艺术对于创新的何等重要的关系！而且从古今中外的教育教学历史长河中也可以得知，教学艺术对于培养人才、培养人的高尚情操都起到了无可替代的作用。我国千百年来的诸多语文教学大师，之所以成其为名师大家，都无不与他们所形成的教学风格和特色有关，而这些教学风格和特色中都无不饱含着教学艺术。他们中的大多数本来就以教学艺术见长而感动于人、传颂于世的。因此，凡欲有所造诣和发展的语文教师，不可忽视也不能放弃去努力追求优秀与创造教学品牌的真功夫，而这真功夫最后还取决于语文教学艺术。

所以，我们从当语文教师的第一天起，就在自觉不自觉地接受语文教学艺术。因此，树立语文教学艺术意识，自我修炼与努力提高语文艺术欣赏素养和语文教学艺术素养，并且勇于进行教学艺术实践，在体验与感悟中积累教学艺术经验，从总结与反思中捕捉新的教学艺术因子，开发新的教学艺术资源，探究新的教学艺术问题，创造新的教学艺术方法，是当今教师专业发展的重要内容和必经之路。

我常把语文教师分成三个层次或者说是一个语文教师成长的三个阶段：第一，基础型，为站住讲台而练好教学基本功，其特点是"按程序教学"；第二，发展型，为站稳讲台而讲求教学策略与方法，其特点是"按规律教学"；第三，创新型，为站好讲台（即站出成效、特色和风格）而追求教学艺术或者将教学艺术与科学二者统一，其特点是"有艺术地教学"（或叫"有创意地教学"）。第一类合格型，第二类优秀型，第三类专家型。这三类也为三步，是教师成长之路，也是成名之术。当然，在成长之路上，我们可以用很快的速度缩短三步之间的距离，可以实现"跨越式"发展而早成名师。实践证明，大凡有艺术的品质和艺术思维的语文教师，往往都是应用语文教学艺术的大师，也才能是驾驭教育科学方面的规律、原则、策略和技能的名师。因为这样的人才能既理智地用科学执教，又浪漫地用艺术施教。

另外，我们也可以从当代的教育研究成果来看。作为教育科学权威教材之一的《现代教育理论》也一针见血地指出："教育除了具有规律性和原则性外，还具有很强的艺术性，而教育的这一重要特性长期以来为教育科学所忽视了。"（高等教育出版社 2000 年 8 月出版，扈中平主编，第 134 页）。由此可知，教学艺术本身就是教育所具有的基本的重要特性的一部分（或者一个要素），只是后来被忽略了，或者说被"科学"挤掉了。它应该成为也完全可以成为促进教学成功，完善教学实践经验的法宝，同时也可以直接推动教育科学的研究与发展。由此可见，教育创新在呼唤教学艺术的回归与发展！教育创新已经向它发出了热情的呼喊与邀请：让教学艺术充满课堂！

二、教学艺术——确实蕴含在语文教学之中

语文，作为一门负载文化、表达真善美、陶冶情操与渲泄人性及自由等人文精神功能最强的学科之一，是已经为大家所公认，也是《语文课程标准》所赋予它的。这其中就饱含着艺术要素的存在。所以，语文既是一门学科课程，也是一种艺术载体。语文是充满艺术的课程，语文教学是一种艺术事业，是一种被艺术化了的实践活动。不错，语文教学改革，是应该有所指向与追求的。那么其一就应该是追求卓越，追求更好，而不能丢掉语文学科中一些带根带本的东西，丢掉语文教学规律中带"质"的东西，倘如此，那就不是改革，而是摧残、破坏。因此，语文教学艺术，应该在语文教学改革中不断得到呵护与发展，而不应该被削弱或者忽略。语文有艺术，语文需要艺术！语文教学本来就是艺术。为此，我曾多次倡导：让语文多点艺术，让语文教学存在艺术和充满艺术。

事实确是如此。语文课本是艺术的。打开一本本语文书，编排是那样的匠心独运，选文是那样的文质兼美：朱自清《春》的生气与闹意，老舍《济南的秋天》的深遂与异趣，马克·吐温《竞选州长》的辛辣与幽默，关汉卿《窦娥冤》的悲壮与冤声……谁读了谁会受到艺术的感染和心灵的冲动，而这些正是创造的灵感与创意的生发，这不正是教育创新所梦寐以求的吗？语文，从来就无不浸染着艺术的乳汁与芬芳，埋藏着艺术的魅力与智慧。如果在教

学中让学生从语文中获得艺术的享受与启迪，就可以增加除了科学之外还有的关于艺术的教育和收获。这不是在让学生接受一种最完整的语文教育吗？那又怎么好意思把教学艺术拒之语文教学大门之外呢？说穿了，无非就是这些东西不考！或者不好考！须知，学生往往是以一个无知者对未知充满神秘和充满探究的有志者，怀着越来越多的收获之梦才走进校门的，而语文和语文教学艺术能给予他们这些，何乐而不为呢？语文是艺术的，则需要我们的语文教学也是艺术的。只有当语文教学艺术去展示有艺术的语文时，那才是一种妙趣横生的完整的和谐的语文教学艺术！

语文教学是艺术的。由于语文是艺术的，就需要语文教学具有艺术性，即具有情感性、创造性、互动性、审美性和个性化等鲜明特点，而更加可以让学语文者——学生所接受。特别是情感性和创造性则更能产生教学艺术。有人说："情感是一切艺术之母。"这句话把艺术的本质即以情感人揭示出来。情感的丰富与生动，是语文教学艺术的灵魂。因此，我经常对人说：语文教师应当是有激情的，应当是有生活的，应当是浪漫的，应当是有创意的，也应当是有个性的，这是语文教学艺术的需要。

有人说："艺术的生命在于创造。"这句话把艺术与活生生的人，把人的灵性、悟性和个性相结合的又一本质揭示出来。因此，语文教学艺术十分强调课堂教学的生动性即学生学习的灵活性和教师教学的机智性。人们在评价语文教学艺术的创造功能时说：小学要教得形象，初中要教得生动，高中要教得深刻。还说：教记叙文时要像动情的散文家，教说明文时要像严谨的科学家，教议论文时要像善辩的演说家。等等，这也许就是教学艺术的灵活与机智相结合的创造性特征的体现吧！

另外，语文教学艺术的存在，还依赖于其整体的艺术活动的全部到位，其整体的艺术功能作用的协调发挥。比如，语文的课本是艺术的，其课堂也是艺术的，一切教学资源也必须有艺术的资源或者艺术成份，如图片、音乐、影视乃至美的课室布置及语文教师和学生等人的因素等。只有多元的、多层次的艺术因素整合起来，才能称其为"语文教学艺术"的天地，也才能让教学艺术在语文教学中发挥作用，取得成效。如果只是一味地靠一些抽象的科学原则与程序，则难以实现教学的高效优质。无数实践证明也已经告诉了我们：缺了艺术的教学，其效果不理想！现在许多教师在教学实践中之所以陷入迷茫、困惑，发出"越教越难、越教越累、越教越不会教"的慨叹，这也许是对教学艺术被缺欠与旁落而导致教学效果不佳的一种忏思与悲叹吧！为此，我曾经说过：讲求程序和规则的人是在"教语文"，而讲求艺术或者与科学统一的人是在"用语文教"。"教语文"者是奉行科学主义，唯书（语文）为大，满口概念、规则、结构，等等；"用语文教"者是奉行人文主义，唯人（学生）为本，满眼是学生，满堂是艺术，是生态，是情感，是创意，等等。

三、语文教学艺术——实现语文教学创新的主要途径

语文教学艺术，这个于人们并不陌生的教学概念，近年来随着教学改革的步伐而似乎变得有些陌生起来。难道真是语文教学艺术落伍了吗？不是！究其原因，尽管众说不一，但有一点不可忽视，即越来越发达的教育信息技术的现代化和日益深入开展的教育科学研究与实验，使人们对教学艺术渐渐忽略、曲解或者顾不上，而最终使教学艺术在当今教学中缺失与旁落。当前教师在教学实践中大谈科学者居多，而探讨艺术者却少之又少。这主要是由于"科技是第一生产力"的论断，使人们对教育是科学的认识和实践越来越深入和直接。特别是近20年来，科学主义统治着语文学科及其教材、教法和考试，结果把教学艺术挤得要么没有地位，要么被视之为高不可攀的东西。只是那些优秀教师和具有风格和特色的专家型教师为了追求最佳教学水平才提及它，才去冒险应用它，许多一般的平凡教师竟见艺发抖，谈艺生畏，自愧叹曰："不是那块料。"有些人甚至认为教学艺术是花拳绣腿，搞花架子，与教育科学相违背，在干扰着教育科学。其实，这是对教学艺术的曲解！教学艺术没有落伍，是人们的认识落伍，跟不上要求更高、作用更大的教学艺术的发展，并非一般教师所不能拥有，而是缺乏一种教学热情，缺乏一种教育创新的志气，因为教学改革才需要教学艺术，教育创新才越来越需要教学艺术。

现在，当我们认识到语文教学艺术的重要意义的时候，语文教学改革就必然出现一种新的高潮和发展趋势，即寻求如何练就教学艺术的本领，如何发挥教学艺术的作用，如何将教学艺术与教育科学等有机地结合起来。一句话，当教育创新真正启动之时，就是教学艺术蓬勃发展之际。在这里，我们特别崇尚一种体现二者整合作用的创新型"心智美育"教学的理念及模式。所谓"心智美育"，就是指心与智的统一，文与道的统一，心育与智育的有机结合，艺术与科学的和谐发展。这里主要由于：一是借鉴我国古代"文以载道，文道统一"的文学理论，二是以古今中外的一些教育学、心理学理论为基础。我国近代著名学者王国维说过"美育者，一面使人之感情发达，以达

完美之域；一面又为德育与智育之手段。"近代教育家蔡元培说过"美育者，与智育相辅而行，以图德育之完成者也"。苏联教育家赞可夫也说过"艺术不仅作用于学生的理智，而且影响到他的情感，因此，艺术有助于培养信念……越是依靠情感为基础，信念就越是坚定。所以，艺术在道德教育中才起着这么巨大的作用"。所以，心智美育在语文教学中是可为的，构建心智美育型语文教学新模式是可行的。

这种心智美育型语文教学，可以说是语文教学艺术的科学性、人文性、教育性相结合的完整而和谐的现代创新教学的模式。它倡导"文道统一、术（艺术）学（学识）和谐"的教学理念；构建"育人、育文、育美"的三育施教新模式；实施的是学生自主体验的"实例化、情景化、项目化、问题化"的综合型心智美育教学艺术活动。对这种将教学科学与艺术相统一的创新型教学又何乐不为呢？

当前，由于教育科学研究的盛行，人们对于语文是"关于科学的"研究的确方兴未艾，而关于语文是教学艺术的的研究与实践，已被冷落与忽略。现在，一个有责任有激情的语文教学者，必须站在语文教学改革的前列，像重视"科学"一样重视语文教学艺术。因此，现在开展反思与检讨很有必要。笔者在此就如何看待语文教学艺术，如何发挥语文教学艺术的应有作用等问题做出了一些思考。

让语文教学在科学中走向艺术

——心智美育型语文教学再探（二）

对于教学的研究，人们一直热衷于对其"科学性"的探究，却很少对关于教学"艺术性"的探索。教育是科学的，也是艺术的。因此，教学艺术与教学科学应该成为语文教学的一体两翼，相辅相成，使之整合成一种新的教学模式。这种模式为让语文教学在科学中走向艺术而设计为"知识+艺术"的心智美育型语文教学。这种教学模式，较为恰当地处理好了语文教学中"科学与艺术"的问题。概括起来有以下三个方面。

一、从语文教学的科学活动中认识与把握教学艺术

我们可以经常发现许多教师在语文教学中十分认真，首先拿着一篇文章备课，按"教学目标、教学重点难点、教学设备、教学过程、教学方法……"一步步备得很扎实，上课时也"先导入、后展开、再过渡、最后巩固与总结"等，一步步地上得很有条理或者拿着一篇课文总是先解题、后释词、再分段……一段段、一句句，有条不紊地分析下去。可以说，这些都是一种规范的按程序办事的"程序教学"，算作"科学型"。但是长此以往，学生每天都在这样一个刻板的套式中所谓循序渐进地学语文，该是一种怎样难受的苦活？试想用这样的方法可以学好语文吗？学生能不累、不厌吗？

我们经常在想：为什么不可以改改这种状况，想想别的办法？也就是说在不违背其基本程序的前提下灵活地变换程序，增点法子，用点文彩与情感，用点妙语和丽词，用点修辞的方式和幽默的话语……让学生感到比以前轻松、愉快，在不知不觉中掌握知识，培养能力，增加收获，还时而因产生灵感、创意而发展和运用知识……你说，这样做又怎么不可以呢？这就是"按程序地教学"和"有艺术地教学"的鲜明对比！前者充其量被认为科学、严谨，"教学基本功扎实"，而后者则被认为既科学又艺术，"有风格有特色"，深受学生欢迎。因此，语文教学艺术，需要教育者在长期艰苦的教育实践中，既遵循教学规律，又综合地灵活巧妙地运用教育原则、教学策略和教学方式与方法所形成一种具有创造性和感染力的独特个性和美感的教学。还必须明确：在教学上表现于科学的是方法、技能，表现于艺术的是手法、技艺。对教学科学的追求主要是实验，而对教学艺术的追求主要是体验。因此，只有在不断的教学体验中积极感悟、反思、积累、鉴赏与创造，我们才会不断地占有教学艺术，创造教学艺术，我们的语文教学也才会充满艺术，在艺术中提高语文教学的科学性和教学水平。

我国近代学者俞子夷先生，在其《教学法的科学观和艺术观》中指出："我们教学生，如果没有科学的根据，好比盲人骑瞎马，实在危险。但只知道科学的根据而没有艺术的手腕处理一切，却又不能对付千态万状、千变万化的学生。所以，教学法一方面要把科学做基础，一方面又不能不用艺术做方法。"由此可见，语文教学首先是一项严谨而有条理的科学性极强的教学活动，但同时又是一项富有情感渗透、人文熏陶与艺术感染地施展于课堂教学全过程的生命活动。所以，在科学施教的前提下如何用有艺术的手法使学生

学得轻松、愉快与更有效益，的确已成为现代教学观的多元化、高效化、优质化的重要条件。所以，在语文教学的科学施教过程中，如何用一双聪慧的眼光去认识教学艺术，用科学的思维去把握教学艺术，然后将"科学知识+艺术教学"紧密结合，这将是每个有志于成为优秀的语文教师和有特色风格的语文教师应具备的专业素质，也才能让新课程实验中的语文教学真正脱胎于过去被"单纯科学主义"统治多年而高耗低效、教累学厌的语文教学。

二、在语文教学的科学过程中发现与运用教学艺术

在这里值得一说，语文教学是一个系统工程，它首先是以一门学科呈现于学生面前的，因此，其科学性当然不可轻视。关键的是，如何将艺术置身于科学之中，将教学艺术与教学科学整合起来。具体地说，语文教学艺术要与语文教学的规律、语文教学的策略、语文教学的原则、语文教学的方法、语文教学的模式（含程序）等有机地结合起来。另外，语文教学艺术也要跳出自身独特的局限，寻求规律，既要讲究如何有艺术地遵循和实施语文教学中的规律、原则、方法、模式，也要使语文教学艺术的运用时间、地点、对象、方法、程度以及与科学有机结合的方法等，做到最佳性、尽量性和科学性，形成一种复合型教学。这种探究，所形成的教学水平是一种教学智慧，而教学艺术完全可以成为教学智慧的重要一翼。

记得 1985 年的新学期，我去上开学初的第一堂课。课是这样导入的：我说，"同学们，现在是新学期第一节课，学什么好？"有学生在下面小声地接上来："《一件小事》。"我马上接着说："不！来学目录。学语文课本的《目录》。"一下子把同学们弄笑了。于是同学们既惊喜又质疑：目录也能学么？看你怎么样教我们学呢？……这时候，教师就随机和学生一起打开书本，师生共读目录；教师紧接着引导学生一边看目录一边浏览相应单元的课文（仅仅让学生大致翻翻，产生浓厚的新奇感）；再次，教师便抓住目录讲述读目录的意义（书的眼睛、窗口），进一步明确目录的重要性；又接着，教师结合目录简述全书的内容和本学期的教学设想和活动安排，并让学生讨论这一教学计划，以补充完善；最后，教师也让学生结合目录和教师的教学计划，制订各自的学习计划（写好一份学习计划和学目录的体会）。这样，一堂课刚好完成上述教学内容。下课后，学生们纷纷议论：又有收获，又开心极了。他们说："老师，开始我还真担心你！看你怎么上呢？""老师，我们还以为你在耍花架子，弄弄笑料而已，其实不是！我们太想上这样的课了！"还有人说：

"听林老师上课，解渴、有味!"（"解渴"，即有收获;有味，即轻松，在享受）。这堂课一下子就把师生拉近了，也由于教与学的内容计划"一期早知道"，也让师生既互动又互促，在互相监促中各自完成其教与学的任务。同时还让学生通过教学计划与设想了解了教师的教学意图、风格、特点等。这就是当时震动国内的"教目录"和后来总结的"目录教学法"。后来，1992年广西人民出版社出版的《当代教法学法辞典》以《目录教学法》收入其中时，是作为教学方法而入选的，但是，现在从教学艺术角度来说，我把它称为一种教学艺术"教目录"，后来还不断发展成为教学艺术的一个品牌，像其他文学艺术作品中的一个优秀节目一样，成为语文教学艺术的一个优秀案例（课例）。

之所以"目录教学"能成为一个语文教学艺术的经典案例，它至少告诉了我们以下几点：第一，它出人意料地打破一般人只教课文而没教目录的常规程序，形成强烈反差的教法，这是教学组织和教学方法上的艺术性，既体现了创造性也体现了个性化;第二，整堂课师生互动，借目录而了解课本内容，从而从整体上把握本期学习任务，有了心理准备和学习基础，降低了课业负担压力和学习畏难情绪，使师生关系拉近，形成一个和谐的课堂生命体，教学状态好，教学效果也自然好。这是教学目标、策略上的艺术和学法指导上关于"如何制订学习计划"和"如何读目录"（如何读书）的教学艺术;第三，教师在学生说"一件小事"的"庄"声后突如其来意外的"谐"声："不! 来学目录"，这种意外则构成了语言上的幽默感、唐突感和庄谐相宜，让学生不经意地笑了，既引起了疑问，又提高了兴趣，激活了思维，这就是语言艺术的成功。诚然，当时操作的时候，它确是一种教学艺术，但后来经反复使用与完善后所写出来的文章，却成为一种"科学+艺术"的成果，从"教目录"变成"目录教学法"，这个"法"字便说明它成了教学方法中的一种。可以说，教学艺术是用一个个富有创造性的巧妙的活动项目（珍品）而形成的，它一般不能复制（即重复性差），但可以欣赏、模仿与借鉴，可以从中受到启发而创造。现在有人感叹曰：教学成果转化者少。其原因也可能与此有关。只要有教学艺术渗透其中的教学成果（不全是科学因素了），确实因为难以复制而不可能全盘推广，但仍可从中学习其基本观点、基本精神和基本方法等。

三、在语文教学的科学研究中探索与发展教学艺术

能否让语文教学在科学中真正走向艺术，其中一个重要转变点就是摆正科学与艺术不平的问题。目前越来越盛行的科学研究中不仅只研究教学的科学性问题，也要研究教学的艺术性问题，更要研究科学与艺术二者之间的关系和整合后而发挥整体功能作用的问题。

首先，科学不等于艺术，艺术不同于科学。

在语文教学中目前有一个误区，就是把教学中的"方法、技术、技能、技巧"与艺术混为一谈，甚至等同起来。在不少专家学者的著作、论文中也是如此。许多教师在教学实践中也是这样认为与运用的。本来用的是一种教学方法、一种教学技能，却也自喻为教学艺术。最近读了一本《新课程教学艺术指导》（中央民族大学出版社出版）。其中就把"目光注视法、表情感染法、趣味激发法、目标指导法、设疑法、停顿吸引法、激励法、粕溶法、语言表达法、暗示法、竞赛法等通通归纳为"课堂组织艺术的技巧"名下，这不明摆着是把"课堂组织教学法"与"课堂组织教学艺术"混为一谈吗？其误因还是这些人对"艺术"缺乏真正的了解。与"方法、技巧"相比，教学艺术的最大特点就在于它把方法、技巧进行了创造性、娴熟性和个性化的艺术处理，不再是原来意义上的"方法、技巧"了，另外，还从某种意义上说，教学艺术是不可"复制"的方式方法（而科学成果意义上的方式方法恰恰与其不同，是具有可重复性的，即可"批量生产"而推广的）。因此，教学艺术往往具有较强的主观性和灵活性，常常给人以不知不觉却又出神入化的感觉和享受。比如，有老师上课说："同学们，现在已学完了第一段，下面再来读第二段。"这就是"按程序教学"。而另一位教师说："同学们，第一段这么美，第二段会不会更美呢？好，那请同学们去读读吧！"这显然就是教学艺术的应用。同样是"教学过渡"的教法，前者科学型，后者艺术型，而后者就能激发学生读的兴趣，前者往往会让学生学得感到有些累和苦。

其次，语文教学艺术也不能泛滥、庸俗化，而应该有其特定而创新的内涵，有其一般与重点的应用。

语文教学艺术，除了渗透在整个教学活动过程中所形成的"教学准备艺术、教学组织艺术、教学方法艺术"等以外，还有一个重要的特点就是表现在教学言语上的艺术。可以说，这是语文学科得天独厚的优势艺术（或叫基本艺术）。之所以语文教学艺术比其他学科显得更加重要也正是因为：语文学

科是一门以言语性为主的学科，是培养学生言语形式和言语技能为主要立足点的学科，而具有"言语性"特征的语文教学不能不因言语艺术而真正艺术起来。因此，语文教学没有理由不艺术起来。如果我们都能以艺术化的教学言语充满课堂，激活学生之耳，试想，那将是一个怎样的艺术境界和教学效果。教学的言语艺术指些什么？它可以包括口头语言艺术、书面语言艺术和体态语言艺术。如果这多种语言艺术的综合运用，再加上让人益智明理、聪颖、愉悦的幽默语的巧妙穿插，那么，我们可以非常自信地说：语文教学艺术也同样成为一种"教学生产力"。

再次，语文教学艺术的科学性、欣赏性和实用性，已经成为与教学科学的研究同等重要的主题。对语文教学艺术的研究，不仅包括对语文学科自身所含有的教学艺术问题，也包括如何有艺术地进行科学施教的问题，比如有艺术地贯彻教学目标和教学原则，有艺术地讲究教学策略，有艺术地进行组织教学，有艺术地使用教学手段和方法等等。为此，本人曾以"问题"的研究方式，组织了"语文教学艺术五十题"的探究。例如：①关于语文内容的教学艺术研究。包括按阅读、写作、口语交际、识字写字、综合实践等若干板块展开了约20个问题的研究；②关于语文教学活动模式等约20个问题的研究；③关于语文教学效果如教学状态、教学评价、教学总结与反思等方面约10个问题的研究。这些将在以后的专栏中一一展开。

我相信，当语文教学能够教得生动、形象而富有内涵，学生学得轻松、愉快而富有效果的时候，那就是语文教学艺术被你所掌握和所创造的时候，也就是语文教学艺术与教学科学走到了一起的时候，那就为语文教学艺术迎来了百花齐放、硕果累累的前景！

让语文教学在实践中成为艺术

——心智美育型语文教学续探（三）

语文教学艺术，作为一种心智美育型语文教学，除了它有将育智与育德、育美、育心融于一体的全新理念以外，还与它具有广泛而深刻的实践性特点分不开。实践，是形成与发展语文教学艺术的基本途径。从实践的体验、欣赏和研究中所得来的语文教学艺术，才最有生命力，才最有教学价值。实践使教学艺术更精彩，教学艺术使实践也更丰富。众所周知，语文教学本身就是一门实践性极强的课程，又加上具有丰富而饱满的人文性特点，这样便导致它必然要在实践中渲泄人性与情感。因此，语文教学艺术，原本就是通过一系列情景、意像和状况的生动、形象与富有情趣的反映（或者刻画），且通过相应积极、活跃而富有创意的情感渲泄和智慧展示等整合性教学实践活动来产生教学艺术。有人说得好：只有通过"激情燃烧和智慧展示"，才能使语文教学真正成为一门艺术。由此可见，语文教学艺术必须寻求在实践中的体验、欣赏和研究的有机实施，以不断获取对教学艺术的感知、感悟和感创能力，那么，"情丰则艺生，感富而术出"。

一、在实践中体验教学艺术，提高对教学艺术的感知力

前几年，本人曾对十位语文教学改革新秀进行专访，询问他们教学的成功经验。其间还着重进行了一项专题调查，提了三个问题：你的教学是科学性还是艺术性？或者是二者的结合？这些科学与艺术你是如何获得的？结果答案有几类：一类干脆地说："不知道。"二类说有科学与艺术，获得的渠道主要是看书和听别人的课；三类说吸取别人的经验和结合自己的教学实践而不断探究与体验。第三类显然是正确的，但只占20%。我们认为，一类说不知道者，是盲目性教学的表现，缺乏理想和目标，缺乏理性的思考和理论的指导；二类说虽然知道一些，但不完整或者忽略了自己实践体验的作用，这种缺乏自我体验而照搬与模仿会导致有时成功，有时失败，或者成效不大。我们应该懂得：实践才是教师教学艺术赖以产生和成功的重要途径。即使从听课和看书中也能获得教学艺术，那也是别人的一种实践体验所得。当然，我们这里所说的"实践"主要指教师自己的教学"体验与探究"，而听课和看书，只是一种间接的学习与吸收，因此它不是实践的主要方式。在这里，我们特别强调的是教师个体在实践中的自主体验与探究、自主总结与反思、自主借鉴与创造，最终积累和形成一套特具个性风格与特色的教学艺术体系，并产生相应的教学艺术效果。

另外，一些教师回答"不知道"，也可以理解为"说不清楚""辨不明白"之意。诚如此，则反映了语文教学"只可意会而不可言传"的模糊性这一特点。语文教学的模糊性，在很大意义上是它的艺术性，是语文教学艺术

的和谐性和陶醉感的表现。也可以说这是教学艺术实践中所出现的必然现象。实践证明，凡到了教学成功最高境界的教学，确是分不清哪是科学的，哪是艺术的，哪是科学与艺术相结合的，等等，这是科学与艺术的融为一体，这是一种出人意外而又值得深思的独特见解！我们认为，最好的课应该确实既是科学的又是艺术的，而且是让人难以"知道"的科学性和艺术性的高度统一与整体和谐。不过，这只就一种教学艺术的结果而言，就一种对教学艺术状态和境界的感觉而言，如果真不知道实现这一结果或境界的具体过程与原因，那么这个教师也未必是一个清醒而聪明的优秀教师。这种教师缺乏研究精神、缺乏追求与创新的风格，无法使自己的教学经验成为新的思想和理论。须知，这种个体的成功经验和高超的教学艺术，最终因为自己"不知道"而被埋没、冷落，得不到传播与推广，最终未能产生更大的艺术影响。其实，那些特别优秀的专家型教师，既有丰富的成功经验，更有让人深受启发的独特思想见解与全新理念。他们才是最富有创新精神的智慧型教师，这种智慧全在于他们创造性地运用科学和艺术这把"双刃剑"，把一个个课堂潇洒自如地打磨得如此高效优质，让人流连忘返。这样的优质课，是科学＋艺术的结晶，即科学中渗透艺术，艺术中饱含科学，使语文教学已经成为一门艺术。特别是在以科技进步为标志的今天，人们十分注重科学是一种不断实现追求真理的过程的时候，千万不可忘记，艺术是一种教师自我体验与修炼，最终使教学成功的重要因素。

二、在实践中欣赏教学艺术，提高对教学艺术的感悟力

我们认为，教育是有理想的，也需要理想的。当教育有了理想即在一定的理想指导下，教育者才会对教育产生科学上与艺术上的追求，也才会产生把教育做大做强的欲望。在实践中追求教学艺术，获得对教学艺术的感悟力，就必须全方位、多角度地认识与欣赏教学艺术，这样才能对教学艺术有独特的感动与陶冶。语文教学艺术的欣赏可以分成两大块。第一，以"语文教学"为载体，从不同的横断面来多维欣赏。第二，以人们"认知"规律与层次为线索，呈螺旋式层进型发展。

（一）语文教学艺术的欣赏，一般要从以下"学科类→技能类→言语类"等三个方面来整体把握与感悟

1. 学科（语文）类教学艺术

即根据语文学科特点而形成的教学艺术（如母语性、言语形式、综合性、

交际工具性与人文性统一等特点）。目前有两种学科形式的教学艺术被广泛应用。一是根据语文课程五个板块而形成的教学艺术：（1）识字写字教学艺术；（2）阅读教学艺术；（3）写作教学艺术；（4）口语交际教学艺术；（5）综合性学习的教学艺术。二是根据文学作品体裁而形成的教学艺术：（1）诗歌教学艺术；（2）散文教学艺术（含杂文、报告文学等）；（3）小说教学艺术；（4）戏剧教学艺术（含影视作品等）。

2. 技能类教学艺术

即根据教师教学技能操作并娴熟地创造性地运用后所形成的语文教学艺术。也叫教学技艺。它可以分为教学设计艺术（教学策划艺术）、教学过程艺术、教学状态艺术、教学方法艺术和教学形式等。如：

（1）教学策划艺术（规划、设计、策略、资源使用等）；

（2）教学过程艺术（即结构、板块、流程等，含导入、展开、高潮、过渡以及开头结尾等）；

（3）教学行为艺术（准备、调控、节奏、组织、管理、指导等）；

（4）教学方法艺术（谈话、演示、板书、讨论、激励、多媒体手段以及教学方法上的整合、多维、多元等）；

（5）教学形式艺术（单元、合作、互动、对话、探究等）。

3. 言语类教学艺术

即指在教学活动中所发生的一切教学语言的艺术性和有艺术地使用教学语言。如教学语言的艺术性：开场白、导入语、煽情语、提问语、概括语、对话、辩语、述语、反语、曲语、趣语、隐语以及说话中的语速、语调、音高等。又如有艺术的教学语言。一是指语言生动、形象、新颖、简练、幽默、有趣、诚恳、和谐、文雅、纯真；二是指新鲜语、生活语、流行（时尚）语、多义语、修辞语、反差语、高低语、长短语、引用语、名言、名句等。

（二）语文教学艺术的欣赏，还可以通过艺例、从以下三个环节呈螺旋式层进型地发展而获得教学艺术

1. 艺例展示：即对具有教学艺术或运用了艺术的教学方式、技巧而展示出来的艺术化了的教学项目或活动，如图象、情景、课例（实录），并通过案例报告、教学体会、教案（或课案）等，以形成一件件教学艺术品或者叫艺术项目、实例，简称"艺例"。从艺例展示中获得艺术的感受与感悟，这是一种初级欣赏。

2. 艺术赏析：即对一个个经过检验有助于教学而确有艺术效果的教学艺

例，包括对一个个环节、一个个片断、一个个情景以及一件件事、一堂堂课、一项项活动等进行赏析评价，即从是否具有艺术理念、艺术效果和艺术行为及方法等方面，用艺术的眼光和方法进行观赏、品味、揣摩、评价、反思，以及用科学的思想与方法进行分析与感悟，最终获取一种教学艺术的"再认识"，不断地透过艺例找到教学艺术规律、找到教学艺术方法及途径。这是中级欣赏。

3. 艺例迁创：即通过对现有的教学艺术成果或经验，进行鉴赏获取艺术素养和艺术方法以后，联系自己的教学和所教学科的最高理想而进行反思、整改与创造。在其艺术精华的熏陶下，经过自我内化与迁创，构建属于自己个性化的教学艺术的意识和行为，并通过其产生新的教学的艺术项目及课例等，或者是形成"有艺术地教学"的行为或境界。这是高级欣赏。

关于"教学艺术欣赏"概念的提出，是本人对教学艺术研究的一种新看法。这是出于针对当前人们一般只谈教学艺术的理论与运用，很少甚至没有人去谈对教学艺术的鉴赏这一现象而提出的。对教学艺术，我们不能只是接受或者应用，更应该是欣赏，就像我们对"人生认识的三大境界"一样来欣赏语文教学艺术。语文教学艺术的欣赏就如同以下的"三看山水"：①看山是山，看水是水（即艺术反映真实）；②看山不是山，看水不是水（即艺术高于现实，审视其现象看其本质，获取经验及相应过程与方法等）；③看山还是山，看水还是水（即回归自然，艺术超越现实，揭示规律，并能迁移、内化，进行艺术再创造）。

三、在实践中"科研"教学艺术，提高对语文教学艺术的感创力

在教学艺术"科研"的进程中，我们力求用"理想·科学·智慧"这样一种规范，来寻找与追求语文教学艺术的科学性。从而在研究教学艺术的科学过程中不断获取语文教学艺术的感创力，并运用已日益提高的语文教学艺术的感创力去认真认识与掌握语文教学艺术，从而在语文教学中不断地发现教学艺术，不断地表现教学艺术。

1. 语文教学艺术必须充满理想

无数实践证明，教育是有理想的，同样，教学艺术也不无理想。有了教育的理想，人们才会产生对教学艺术追求的欲望与行动。人们有了对教育崇高的理想，才会通过对教学艺术的科学研究，旨在进一步提高教学艺术在教

学改革与发展尤其在目前新课程实施中的地位与作用，让教师在反复实践与自我修炼中掌握教学艺术，提高其运用教学艺术的实践能力，锻炼其欣赏与评价教学艺术的能力，培养其研究与创造教学艺术的综合能力，最终促进其语文教学艺术素养在"理想"的轨道上全面形成。

2. 语文教学艺术必须充满科学

语文教学艺术"科研"的重点，我们认为，主要在于它的内涵与应用。既要研究什么是教学艺术的，又要研究哪些不是教学艺术的，还要研究怎样才能艺术化。首先，要对教学艺术通过"再认识"，即教学艺术到底"是什么""为什么"，特别是如何获取教学艺术的经验、方法和途径，要进行科学分析、感悟，推动教学艺术的自身发展与进步，凸现教学艺术的各种规律，提升教学艺术的品位，丰富和拓展教学艺术的内涵与外延；并积极与教育科学紧密联姻，努力使教学艺术不断趋向创新性、科学性和实效性，并形成若干切实可用的教学艺术珍品，如案例、项目、模式、方法等以及操作体系等，最终成为一门教育艺术学，或叫"教育科学艺术论"，从而为推进素质教育，促进学生的发展与成长，为培养出"科学+艺术"的聪慧、活泼、健全、创新的人而实现语文教学艺术的科学性。

3. 语文教学艺术必须充满智慧

智慧，指对事物能迅速地、灵活地、正确地理解和解决的能力。这里的智慧即体现在教学艺术上的"怎么做"，为此，我特提出了一种全新的研究视角，即"五感"智慧型教学艺术研究法。

（1）概念感。积累和掌握一定的教学艺术概念是研究的基础，也是提高艺术修养和人格品位的需要。因此树立教学艺术的概念意识，将是一位名师走进教学艺术殿堂的必备条件。

（2）实例感。教学艺术，都是靠一项项艺术活动、一个个艺术项目等形成活生生的实例。如果不具备艺术实例（也叫艺术节目）或不加以实例应用，即不去好好地科学总结、收集整理一个个艺例，你也难以获得对艺术真谛的感悟和认可，它也无法成为帮助你教学成功的因素，当然你也就成不了教学艺术的占有者和研究者。

（3）遗憾感。"教育是一门永远遗憾的艺术"。这说明教育者对教学有所总结与反思，有智慧地发现问题与缺陷，进而产生遗憾，于是在遗憾中又产生整改和进步的激情，绽放创新的思维之火花与智慧之灵光。

（4）问题感。即一定要联系或针对教学艺术中的问题来研究。没有问题，就无所谓研究。任何创新，往往就是从发现和提出问题开始的。教学艺术也无可例外。因此，树立问题意识是教学艺术科研的前提。

（5）创造感。教学艺术的自身发展本来就意味着一种创造。一个缺乏创造意识的人，往往灵气不够，思维枯燥，也往往是缺乏艺术品质和艺术思想的人。因此，学会反思，学会自我创造与修炼，在创造中掌握和发展教学艺术，是教学艺术科学性的重要途径。

总之，从实践中走来的语文教学艺术，才最富有生命力。要想语文教学真正通过实践成为一门艺术，那就必须做到：在实践中不断通过对教学艺例的鉴赏与应用，以获取对教学艺术的体验与感悟；通过对教学经验的总结与反思，以获取对教学艺术的灵感与创意；通过对教学问题的研究与解决，以获取对教学艺术的发现和表现，最终使语文教学艺术成为一种智慧之物。

让语文教学因创新而艺术

——心智美育型语文教学（四）

对于教学艺术的探讨，人们最近又有新论："教育是一门艺术，艺术的生命在于创新。"这一下将其中的"意义"改为"生命"。这一改竟改出了教学艺术的更深含义，也改出了它与教育创新的必然联系。我为此也有了一种心灵冲动：是的，语文教学因艺术而精彩，语文教学也因创新而艺术！创新是艺术之魂，是艺术之命！让创新使语文教学更有艺术，更有效果。这样就要求语文教师积极构建艺术人生，努力发挥艺术智慧，充分讲究艺术手法。

一、在教学中构建有志于创新的"艺术人生"

我国古代教育家王筠说过："人皆寻乐，谁肯寻苦？读书虽不如嬉戏乐，然书中得有乐趣，亦相从矣。"（见《教童子法》·《丛书集成初编》，商务印书馆1973年版，第1页）这些话告诉我们：人生是欢乐的，学习也是欢乐的，我们的教学也同样应该是欢乐的，是一种欢乐的人生及欢乐的教育。其欢乐性既是人生的本质也是教育的本质。我们经常在说：劳动是艰苦的，劳动太累了。但恰恰是劳动创造了人类，劳动给人类带来了欢乐，带来了艺术，现在世间最美好的音乐不都首先来源于原始人类的"劳动号子"吗？这些"劳动号子"就成为人类生活的重要组成部分，也说明了人生本来就是快乐的、愉悦的、享受式的，也表明了人生是充满着直接或间接的艺术般的享受。语文，也是一种折射人生的真善美的艺术型课程之一，既充满科学也充满艺术。作为从事语文教学工作的语文教师，如果不感受到这一点，那么其人生则不"艺术"，而语文教学也难以"艺术"起来。因此，我们追求语文教学的创新，其首要条件就要构建有志于创新的"艺术人生"。

构建语文教师在语文教学中的"艺术人生"，一是为了遵循人类生活特征和语文学科特点等客观规律；二是为了落实科学发展观，推进教育创新。那么，语文教学的"艺术人生"怎样构建呢？

第一，要牢固树立"使教育过程成为一种艺术的事业"的艺术理念。这句话是艾德勒在其《为教育哲学辩护》一文中的经典名言，从某种意义上阐明了教育的本质和教育的特点。既然如此，则每位从事教育工作尤其是语文学科教育的教师，又怎么可以让其所从事的教育拒绝于"艺术"之外呢？因此，"教育是一门艺术事业"的教学意识是每位教师所时时牢固树立而不能忘记或者忽略的。既然如此，我们每个教师在人生中何不"艺术"一点？在教学中何不"艺术"一点？

第二，要积极形成"教育的艺术是使学生喜欢你所教的东西"的艺术情感。"艺术情感"，集中体现在你喜欢（爱）学生，学生喜欢你和喜欢你的教学。培养艺术情感，就要在不断接触真善美的事物时多体验，多思考，多享受，然后作出"艺术性"的感受和艺术化的处理，既用艺术的眼光和艺术的手法来看语文教学的内容，又使语文教学内容和教学形式都充满艺术或形成艺术性。有人说："语文教师是富有激情的。"的确如此，倘若让一个既无表情、也无热情且语言平淡寡味的教师上语文课，就是再具有"科学性"，恐怕也难以让学生动容、动情、动心，学生的这种"无情"接受和"无心"学习，无疑是十分痛苦的、很累的，其学习效果无疑也是很差的。所以，培养激情，抒发激情，是教学艺术之灵魂，也是语文教师"艺术人生"构建之关键。

第三，要在积累和创新教学艺术的具体实践中有所"艺术作为"。这也是构建语文教师"艺术人生"的重要内容之一。因为语文要靠一堂堂课教学的具体操作而最后形成语文能力。这种过程，完全靠教学方法与教学艺术相统一的全程实施，所以将艺术贯穿于教学全过程，力求"艺术全程化"，这是教育创新的需要！这也决定于教学艺术在每个环节、每个步骤和项目上都有艺术性的成分或者艺术性效果，这就是语文教师教学的"艺术作为"。试想，这种教学过程缺乏恰当和新颖而别致的教学内容、教学形式、教学手段与方法，也缺乏形象生动、妙趣无穷即艺术享受般的教学语言，等等。你能让学生学得轻松、愉快，产生学习兴趣吗？能让学生感悟到生活的美好、学习的美好从而产生做人的高尚、生活的美丽及信心的激情吗？这些都来自于具备艺术作为的艺术人生。

由此可见，一个语文教师，其人生不乐，缺少艺术，也就是说，其生理上少有艺术细胞，其心理上少有艺术灵感，这样教出的"语文"是不健全或者说是"不完整、不和谐"的，因为"语文"本身是有艺术的，"语文教学"是靠"科学+艺术"而支撑并成功的。所以说，这种缺少艺术的语文教师，将难以成为优秀的颇具风格与特色的专家型语文教师。

二、在教学中发挥能善于创新的"艺术智慧"

有一名著名的教育家叫贝斯特，在其《教育的荒地》一文中说："真正的教育就是智慧的训练。……经过训练的智慧乃是力量的源泉"，他又说道："严格的智慧训练有赖于优良的教学。"（见《现代西方资产阶级教育思想流派论著选》，人民教育出版社 1980 年版，第 172 页，第 180 页）笔者认为，这些话说明了两点意思：一是"智慧训练"在教学中的地位与作用，二是这种"智慧训练"也需要"有智慧的教学"（即"优良的教学"），这两点同时也就自然形成了语文教学中的"艺术智慧"的创新点与丰富内涵。

语文教学的"艺术智慧"，既是指一种教学艺术所达到的较高水平的娴熟程度，又是指在教学艺术运用时的一些策略、技巧和方法以及艺术词汇等。比如"直观性"，从教育学来说，它是指一种教学原则，从教学论和方法论来说，它是指一种教学方法，但是如何娴熟地、巧妙地或创造性地使用直观性，使教学产生奇特的效果，那就是教学艺术的作用及其有智慧地运用教学艺术的问题了。教育家乌申斯基说过："儿童的天性明显地要求直观性。教儿童五个他所不认识的字，他将会长久地、徒劳地受这几个字的折磨；但是，如果你把二十个这一类的字和图画联系起来，儿童就会飞快地掌握它们。"这段话就充分证明了"直观性"这一教学原则与方法，如何被艺术地运用而形成的"教学艺术智慧"。这因为：①它已经突破了"直观性"的一般教学原则，用了增加十五个同类字进行比较的教学方法；②用五个字与图画联系，改为用二十个同类字与图画联系，这样以增强学生的区分力、选择力的培养；③用"图画"这一直观的艺术形式形成用二十个同类字的归类、辨析识字的艺术方法，可以说这是一种教学艺术智慧的多元体现。实践还证明，运用富有活力、生动和幽默的精彩词汇来教学，实际上是一种教学艺术智慧的高度表现。人们说：太会说话了！这就是艺术智慧的精彩词汇的丰富积累与艺术运用的结晶。

教学艺术智慧，在语文教学艺术中可以通过以下方式或途径得以实现：

1. 用"真善美"来教。即指用体现真、善、美的美好事物和道理来教学。如一个美丽的童话、一段动人的故事、一句充满哲理的名言或诗句等等，这样教能让学生在"真、善、美"的艺术智慧中获得启迪或者享受愉快。

2. 用"精彩"来教。即指用精彩的情景、精彩的活动项目或精彩的文段以及精彩的词汇来教学，让学生因"精彩"而兴奋，因精彩而感动，在精彩的学习状态或氛围中学到知识，也获得轻松而愉快的艺术体验。

3. 用"包袱"来教。即指用说相声、演小品中的"抖包袱""解疙瘩""消误会""剥笋皮"等方式方法来教学。这样往往悬念叠起，高潮叠起，一波三折，大起大落，反差性强烈，给学生以艺术上的智慧和智慧的启示。

4. 用"另类"来教。即指换一类方式，用另一个、另一种、另一样、另一项等等"另类"的方式来教学，以换换方式、变变胃口而产生教学变化，让学生常学常新，常学常乐，易于接受，乐于接受。如教师的课堂教学语言，由指令性变为建议性，由强迫性变为商讨性，由生硬变为生动，由直白变为委婉，由抽象变为具像（形象），由呆板变为活跃，由干瘪变为幽默，由冗长、繁琐变为简约、明快等。这样一变，教师的语言不仅具有教学艺术，更产生一种语言智慧，让学生学得愉快，学得高尚，也学得聪慧。

5. 用"灵感"来教。即指用随堂而即兴产生的"灵感"来解决偶然爆发的教学问题。俗话叫"急中生智"，教育科学称之为"教学机智"，教学艺术则称之为"教学灵感"。比如，有一位教师上课，在黑板上板书将本是"辩"字写成了"辨"字，一下子学生便轰动起来，纷纷指出教师的错误，这时候，教师马上笑眯眯地说："到底还是我的学生聪明，我是故意写错来考考你们的……"这时候学生们又哗然起来：既崇拜教师的"机智"的教学艺术，又为自己能被老师考上而兴奋与激动。于是学生的学习积极性更高，有的学生还成了专挑教师"教学毛病"的特别爱好者。

三、在教学中讲究会巧于创新的"艺术手法"

在教学中，我曾经接触到一位号称"严格之师"的教师上课，一走上讲台便满脸阴沉地说："喂，打开课本第一页，今天我讲的是第一课……"；过几天，他又一上讲台便板着脸说："喂，打开课本第六页，今天我讲第二课……"过几天，又是"讲第三课"……长此以往，凡每上一篇新课文，便是这种刻板的腔调、一种公式化的开头语。这样导入新课，这样的开头语，不是说不可以，从"科学"的角度来说也无可厚非与挑剔，看上去也是一种教学程序、一种教学方法，还可命之为"单刀切入，直奔课题"，但反过来一看一想：这样刻板、枯燥且千篇一律的导入，学生听得多了能不厌倦吗？有人说：第一个把姑娘比作花的是天才，第二个把姑娘比作花的是庸才，第三个把姑娘比作花的是蠢才。这里说明了：第一个是创造，具有艺术性；第二个是模仿，人云亦云，属简单再现性；第三个是说废话，大家都知道"姑娘是花"了还这样说，不蠢也是神经错乱！教学艺术与教育科学的区别的一大重要标志就是：艺术的成果是典型化的"这一个"，有各自独特的体验和个性化的认识，有言道："一千个人看哈姆雷特则有一千个哈姆雷特。"这在教学上应该是：一篇篇不同的课文，则有一个个不同的导入和教学过程，应该体现教师对每篇课文不同的体验与艺术处理。教学艺术不同于科学技术，只有科学技术的产品才是"批量生产"的，具有"可重复性"特点，才将一个个方法或一种种形式像"技术专利"一样来维护，并且加以推广与普及。如果教学（包括导入和展开、结尾等）也是"批量生产"的重复性，无疑使学生学得苦，学得累，学得厌倦，直至产生逆反心理，纷纷逃学、辍学，这种无变化、无趣味、无欢乐的教学程序和方法（尽管也是"科学"的），却给学生带来的是心灵伤害与人生阴影，因此，这样的"批量生产"的车间式教育，最终扼杀了学生的天性、灵性和创造才华。

如果我们在教学中，既注意其科学性，也注意其艺术性，在科学性的基础上变变形式，换换手法，使教学过程与环节变得新颖独特，使教学态度和语言显得亲切、和蔼和生动、幽默以及富有魅力等，那么，试问这样的教学还会不受学生欢迎吗？这样的教学效果还值得怀疑吗？一位颇具创造性和艺术性的教师，肯定会这样上他的导入课：第一天，他走上讲台会说："同学们，你有这样的感觉吗？'第一真好'。我也是，那么我们今天一起来学第一课……过几天，上第二课时却改说：同学们，第一课的感觉真好，你知道吗？

其实第二课更精彩。要不，让我们先来读一读吧！再过几天，上第三课时却又变成这样说：同学们，今天来学第三课，当你学完它的时候，简直就会发现——你对全世界进行了一次免费旅游，那么就让我们走进课文去旅游吧！

看上去，教师开头的话似乎多了些，但也并不太长，也并不做作，完全符合"科学"的开头教学法以及教学程序中的第一个环节（"导入"）的要求，然而通过形式上的丰富多彩、方法上的灵活多样以及语言表达上的亲切、调侃和有文彩等全面的"艺术处理"，便成了"教学创新"，让学生如沐春风，愉悦无比，兴趣大增，思维活跃。这样学生们便会带着一连串"啊啊啊，真好吗?"等既惊喜又疑惑走进课文，进入他们无比兴奋、活跃的求知若渴的学习状态。由此可见，这种经过艺术手法处理的教学，事半而功倍，比起缺少艺术的教学方法无疑要好得多，因为那"可悲的教学法必然会使孩子们的头脑无法接受平易、朴实和合理的教育。"（见欧文《新社会观，或论人类性格的形成·欧文文集》上卷，商务印书馆1965年版，第53页）

语文教学艺术的"艺术手法"，概括起来有"招·式·术"三种。"招"，即"招数"，本指下棋的步子、武术的动作，比喻手段、计策。"式"，即"样式、格式"或"式样"，这里指艺术形式或艺术模式。"术"，即"技艺、技术"，俗称"点金术""金点子"，这里指一个个颇具创造性和技艺性强的巧妙的艺术手法。"手法"不同于"方法"。"方法"是门路、程序，在教学上偏重于科学的操作程序与途径等；而"手法"则指（艺术品或文学作品的）技巧与手段等（手段一般为达到某种目的的具体方法或本领、能耐），在教学上偏重于艺术的处理与运用。可以说，方法是科学的代名词，手法是艺术的代名词。

语文教学艺术的"艺术手法"，主要表现为"艺术施教"。"艺术施教"的基本模式可以概括为：①事项→②创意→③作为→④状态。"事项"，这里指进行教学艺术处理的对象（在教学上往往指学科内容、问题、疑惑、情景、项目等）；"创意"，这里指艺术方案的设计与创造；"作为"，即艺术的具体动作、行为；"状态"，这里指艺术行为之后所出现的学习情况及效果。

语文教学艺术施教的三项支撑要素为：教学内容（载体）→教学方法（求真）→教学艺术（创新）。

语言教学艺术的"艺术施教"手法的呈现方式有许多。这里略述如下：①诗教（诗情、诗意）；②乐教（音乐、歌诀、快乐）；③图教（图画、形象、美术）；④情教（情感、情景、情境）；⑤趣教（趣味、风趣、兴趣）；

⑥智教（机智、聪明，急中生智）；⑦言教（睿语、名言、哲理等）；⑧术教（变术、魔术、妙术等）。

以上有关语文教学艺术的艺术手法及施教艺术，都有其显著特点和功能，都有其丰富多彩的内容与形式，也都已经被一批批生动、有效的实践案例和精彩词汇所证明，也更会引起我们对它们的欣赏、借鉴、思考与运用。

让语文教学因精彩而艺术

——心智美育型语文教学（五）

精彩是一种功夫，精彩是一种手法，精彩是一种状态，精彩也是一种效果。让教师在语文教学的精彩上做出个性化的努力，让学生在语文教学的精彩上享受教学艺术，感受精彩，从而使语文教学艺术在学生身上产生作用，成为学生学好语文的一种重要因素，这就是语文教学艺术的出发点与归宿。因此，学生是语文教学艺术最终的赢家与受体。所以，创造和运用以学生乃至学生的发展为本的语文教学艺术，将是我们每个语文教师为之奋斗的主要方向。那么，精彩由何而来，怎样铸造精彩？本文认为可以从以下几个方面来实现。

一、在"爱"的理念下培育艺术共鸣之情，形成教学精彩

现在，随着人类人文精神和"人本主义"的不断张扬，以人为本的教育理念已深入到教育的方方面面，因此，以"爱"为核心理念的教育观，已被越来越多的教师所认可与实践。实践证明："凡是教师缺乏爱的地方，无论品格还是智慧都不能充分地或自由地发展。"（罗素：《教育与美好生活》，见《现代西文资产阶级教育思想流派论著选》，人民教育出版社1980年版，第104页）所以，热爱生活、关爱学生、痴爱事业，是每个教师实施"爱的教育"的基本条件和必备内容。也就是说，你的教学智慧再好，教学艺术再高，也必须植根于对学生的"爱"和学生对你及你的教学的"爱"。有人说："教学艺术来自对学生的理解和尊重"，这显然是一种成功的经验之谈。为什么？

因为这种"理解"和"尊重",实际上就是一种对学生"爱"的体现。所以,从某种意义上说,语文教学艺术则是一种"爱"的艺术,是一种爱的事业。世界著名教育家马卡连柯说过:"孩子是活生生的生命,美好的生命,因此对待他们就该像对待同志和公民一样,必须了解和尊重他们的权利和义务,享受快乐的权利,担当责任的义务。"(《马卡连柯全集》第3卷,人民教育出版社1957年版,第173页)由此可见,语文教学艺术这种"爱"的艺术,既有教师热爱学生(理解与尊重)的美好心灵与神圣责任;也有学生对教师教学艺术的认同即共鸣之情,以及对教学艺术效果的尽情享受。这是一种互爱、互动、互为的即共同创造、共同完成的教学艺术。这里,最为关键的是如何培育学生的艺术共鸣之情、之为。因为"教育的艺术是使学生喜欢你所教的东西。"(见卢梭《爱弥儿》,商务印书馆1978年版,第349页)

首先,科学而用心地把握教材,充分挖掘与展示教材之美,唤起艺术共鸣。这步工作换种说法叫教材处理艺术,主要解决学生"学什么"的问题。把学生学什么的问题进行科学而艺术的处理,让学生从中感受学习内容(主要指课文)的真善美,感受到教师为了他们而对教材所作的独具匠心与巧妙设计(如对教材的钻研、开掘与教学安排等)。这样的教学怎不会引起学生的心灵感动即共鸣之情呢?比如:高中语文《琵琶行》(白居易)"大弦嘈嘈如急雨,小弦切切如私语。嘈嘈切切错杂弹,大珠小珠落玉盘。间关莺语花底滑,幽咽泉流冰下难。冰泉冷涩弦凝绝,凝绝不通声暂歇。别有幽愁暗恨生,此时无声胜有声。银瓶乍破水浆迸,铁骑突出刀枪鸣。曲终收拨当心画,四弦一声如裂帛"。诗人在诗中连用十个比喻来形容琵琶乐声,使人耳目一新,美不胜收。这种审美效应就是艺术感受。其间,声中有形,声中有情,声声都有贴切的形态摹拟;声声都似看得见,摸得着:声粗如"急雨",写出浊重深沉之美;声细如"私语",写出轻柔绵缠之美;声多如"珠落",写出错落分明之美;声美如"莺语",写出婉转动听之美;声疾如"泉流",写出欢快流畅之美;声低如"冷涩",写出突兀惊奇之怪美;声杂如"刀枪"写出奔腾壮烈之雄美;声强如"裂帛",写出霹雳震撼之壮美。总之,此诗把琵琶声的音调、音色、音质及其节奏、旋律的本真之美写绝了。教师把这些教材中的艺术成份挖掘出来,并通过精彩的契机感染给学生,让学生感动,为之共鸣,这就是教师教学艺术中的教材"把握"之功。

其次,科学而机智地创设教学情境,充分展现学习过程的"轻松、愉悦"之美,从而激起学生的艺术共鸣。我们经常看到这样的课,由于教师巧妙设计了某个教学情境，竟然引起学生热情参与，积极思维，结果所回答问题的准确、新颖、流畅等竟出乎意外，这种课堂上的精彩状态时而被一阵阵掌声所打断。由于这一阵阵称赞的掌声，更加激活了学生后来创造性思维的发挥和教师的教学智慧的进一步展示。试想，这样的课堂越来越和谐，其精彩的高潮不断掀起，能不是教学艺术的互爱、互动、互为特征的具体表现吗？这就是学生在享受教学艺术所赋予的"学习之美"时的精彩结果，其学习过程的轻松和愉悦与教学艺术设计及展现的精彩昭然若揭。可以说，这是在解决另一个重要的即学生"怎么样学"的问题。

由此可见，语文教学艺术，因精彩而存在，而这种精彩，既表现在"教什么"上（学习内容的适当性和审美性），又表现在"怎么样教"上且与"教什么"二者的有机统一上（学习过程的愉悦性与和谐性）；既表现为对学生"尊重与理解"的爱的艺术，也表现为师生在教学中共同成长、共同享受的人的艺术，还表现为教师——由为教而教走向为学而教的"学语文教育"的教学改革与创新的艺术。

二、在把握特点、注重个性化上培育艺术特色，生长教学精彩

教学有特点，才能教出特色，教出精彩。因此，教学艺术的精彩，与教学特点紧密相关。教学有特点，一是指能发现与把握教材的特点，在教学中淋漓尽致地体现其特点，有效落实其特点；二是指充分展现自己教学上的个性特长与风格（如在朗诵、演讲、思辨、分析、鉴赏、品评、概括、联系、想像以及写作等方面有擅长或者独特研究）；三是指对学生十分了解，知其水平，晓其爱好，个别对待。特别是"个别对待"，指的是"要研究和估计到每一个学生的特点，以达到成功地教学的目的。……不仅要考虑到学生的注意、思维的特点及其他心理特点，而且教师要下功夫发展这个或那个学生的特点"。（见赞可夫：《和教师的谈话》，教育科学出版社 1980 年版，第 32 页）因此，如何把握特点，教出特色，将是教学艺术精彩中的"点睛"之术和功夫之笔。

这里着重谈谈语文教材特点的把握。

第一，要把握语文教材组编上"文选型"的特点。大家知道，当今我国语文教材均是靠一篇篇文质兼美、适合学生阅读的文章选编而成，其中绝大多数堪称古今中外文学艺术的名篇佳作，具有鲜明的艺术特点和极高的学习价值。因此，把握其中每篇课文的艺术成就或者特点，并把它适当地精彩地

展现给学生，这就是一种语文教学艺术上的处理。

第二，要把握语文教材的文体差异特点。由于文章体裁的差异性特点，教材中的不同文章便显示了不同文体风格的特点，那么，我们就应该根据不同文体特点而教出其不同特色。有人曾有这样的概括：作为一个语文教师，教记叙文，就要像一个动情的散文家；教说明文，就要像一个严谨的科学家；教议论文，就要像一个善辩的演说家。教诗歌，则要激情与浪漫，把意象和意境教出来；教小说，则要形象与理性，把环境、情节和人物形象等三要素和艺术手法教出来；教戏剧，则要把情境（舞台）、情节（剧情、结构）与人物等如何有机融入而又如何分别突现的复合型艺术特点教出来；教文言文，则要把握其古今变化而传承的特点，以诵读和译解为手段，进行理解与鉴赏的教学。哪怕是应用文，也可以根据其行款格式的规则教出规律，教出其格式美（即结构艺术）。上海特级教师钱梦龙在《捕蛇者说》施教时，便紧紧把握其中"立意非奇、奇于蓄势"这一特点。"蓄势"，即指事物发展的现状或趋势不断积蓄和储藏。钱老师抓住课文"永州之野产异蛇"的"异"字而引出"色""毒""用"三字，而后终于推出并定格在"毒"字上："蛇毒→赋敛之毒→有甚是蛇"，这样便把课文内容的"蓄势"之妙（层层推进）和教师教学的"蓄势之术"（层层诱导）高度统一地展现出来，这就是教学艺术的精彩之所在。

另外，还谈谈对学生"个性化"特点的把握。

现在，由于"学生主体性"教学理念的倡行，很多关于研究学生、尊重学生个体差异、为学生个性发展而教的说法及其经验不断出现。但是如果一旦处理不好，即并未正确认识和整体把握学生的特点，往往被学生的一些与其说差异实则怪异、与其说神奇不如说荒诞、与其说有个性不如说有怪癖等方面的"假个性化"所迷惑，那么就会使教师无法科学地有针对性地实施真正的"个性化"教学艺术。从教学艺术角度来说，怎样才算把握住了学生的个性特点呢？一是要整体地看学生的个性特点。要看学生的过去、现在和将来，看学生的平时表现与关键行动，看学生的全部言行所呈现出来的个性特点，千万不能被学生的一时冲动或故意伪装所迷惑和所误认。二是要科学地研究学生的个性特点。这里指对学生所作所为要用科学的方法进行观察、分析、评价、反思、概括等，然后去伪存真、去粗取精，获得能真正反映学生个性特点的结论，再在这种结论指导下施以教学艺术，从而让学生的"真个性"得到张扬，"伪个性"得到抑制或者改造。这才是语文教学艺术"个性化"的精彩之笔。

比如，有一位学生在连续三次写作练习中所写的三篇作文，都是诗歌，且都自称个性化习作，但均为思想消极、格调低沉之作。这真是这位学生张扬个性的个性化习作和个性化学习特点吗？经过调查分析以后，才发现这不但并非该生真实的个性所为，还是当时受流行影响的仿造之作，只不过是他为了盲目追风而故弄玄虚罢了。后来我们又发现，这种"伪个性化"的学习风气还较为普遍与严重，真值得我们特别注意，要透过现象看其本质，把教学艺术的精彩瞄准学生的"真个性"，让个体感动，让个性发展，让每一个学生真正在张扬个性中正确地学好语文，用好语文，从而用符合各自个性发展的语文教学艺术来产生教学精彩。

上海特级教师陈钟梁先生说过：让教学艺术长出来，而不要想出来、仿出来。这不无道理。这里的"长"出来，就包含自然性、个体性和创造性，就包含用特点教特点，用特点教出特色，教出精彩。只有这样，教学艺术也才有可能成长于精彩之中，成功于精彩之中。

三、在"问题纽带"的碰撞效果中培育艺术火花，促进教学精彩

问题即矛盾，有问题就有碰撞，有碰撞才有教学艺术的火花，然后产生效果。这种"碰撞"实际上就是一种联系方式。进而说成是"问题纽带式"语文教学。为什么要以"问题纽带"作为教学艺术精彩的构造要素呢？因为"问题"既是指一种矛盾和疑难，也是指事情的症结等。它往往会引起人们去思考，去琢磨，去努力解决，这样就自然会与其他事物产生联系（这种联系或因果、或条件、或前后、或主客观等）。而且，人们往往认为：发现和提出问题是一种创造精神，分析问题是一种思维练习，解决问题是一种实践能力，等等。

我们提出"问题纽带"也并非猎奇与求异，国内外早就有类似经验和理论。山东师大曹明海教授在《语文教育智慧论》一书中写道："21世纪是信息世纪，21世纪需要的人才是具有创新能力的人才，要培养这样的人才，传统的'以教师为中心''以书本为中心'的教育方式显然是不适应的，现在及未来社会的教育应是'以问题为中心'。以问题为出发点去引导学生探索、发现，在探索中让学生体味到追寻之乐，激发学习兴趣。"（见《语文教育智慧论》，第355页，青岛海洋大学出版社，2001年12月版。）东北师大朱绍禹

教授也极力倡导"以问题为纽带的语文教学",他认为要加强问题意识,以问题为出发点,以问题为核心、为纲、为本,还要学会如何发现问题,提出问题,分析问题,解决问题,等等。(见朱先生在广西师大举行的全国语文学习科学研讨会上的学术报告,2003年10月)。另外,全国各地也相继出现"问题教学法"等一批新的教学实验及其成果。本人曾于1995年提出并实施过"题导法教学",即以问题为引导,用提出、分析与解决问题的全过程来推导出学习方法的教学模式。这种模式的核心是突出"问题联系",如何将知识与方法联系起来,以发挥问题在教学中的联系作用。这当然也就成为我们现在所提倡的问题纽带式语文教学的真正内涵。在这里必须明确:它既不是把问题作为中心(或者核心),也不是以问题为本、为纲领、为出发点,而是把问题作为事物间或活动中起联系作用的导体或者桥梁(或者叫诱发素)。换句话说,即在教学中把发现或提出的问题进行整理分析后,作为联系学生学习语文、联系教师实施语文教学的一条纽带即"联系体"(《现代汉语词典》关于"纽带"的释义为:"指能够起联系作用的人或事物")。

"问题纽带式"(也叫"问题联系式")的教学实施,有一个突出特色,"就是追求一种'有问题'的教学:'问题起,问题结,问题结后又打结(问题)'。"(见林惠生论文《语文课出现"学习病态"怎么办》,山西师大《语文教学通讯》1995年第7期,第12-13页。)

"问题纽带式"用于语文教学艺术的研究与运用,其主要形式有:①"题导法教学"(有上述)。②用一组自然问题将所学教材内容进行联系,在教材处理上形成"整体把握与分题突破"的教学艺术。③用一串相关问题将课堂教学过程中的各个环节、各个板块、各个要素等有机地连缀起来,以使教学过程形成"有问题"的特殊效果的精彩教学。④用一类关键问题或积极问题与学生的学习态度、学习兴趣、学习方式和学习状态等联系起来,以形成相应的教学艺术效果。⑤由一个主流问题引发出对教学艺术中某个案例或某个项目及专题的讨论与探究,以形成关于语文教学艺术的新的理念或者新的操作方法与本领。

"问题纽带式"教学艺术的精彩效果,还有五大特征和四大特色。五大特征:①娴熟性;②独创性;③审美性;④情趣性(感染);⑤生动性。四大特色:①深入浅出(而不是深入深出、浅入浅出、浅入深出);②化难为易(即释稀难点、消解疑点,趋向简单、容易);③举一反三(即在一点上突破,带动多项成功);④破旧立新(反对保守、反对粗放、反对枯燥、反对呆板等)。

关于"问题纽带式"教学艺术的运用，这里仍以钱梦龙老师执教的《死海不死》为例来说明。

首先，导入新课，他力避一般常规的首先解释题义的做法，开头便抛出两个问题：①为什么叫死海？②为什么又说"死海不死"？这时候，犹如一石激起千层浪，引起学生产生疑惑和兴趣以及学习愿望——要去读课文，要去思考问题，要去为解决问题而找到答案。这就是一种经过艺术化了的"问题联系"：既将课文题目与课文内容产生联系，又把问题与学生学习活动形成联系等。用这样精彩的第一个"问题纽带式"教学板块导入课堂效果很好。

再经过一段学习，使问题有了结论（也就是学习有了效果）以后，钱老师为了关注一下差生，又设计了一组较为容易而且较为深入、具体的问题抛出来："死海为什么没有鱼虾？人为什么不会沉下去，铁为什么会沉下去？"从阅读角度说，这是由整体阅读（通读）过渡到局部阅读（精读）而发生联系；从教学过程来说，这是从课堂导入到课文深入的两个教学环节的过渡与联系；从教学艺术来说，这是掀起另一个小高潮，进一步激发学生学习兴趣、激活学生思维的营造"问题氛围"的精彩。

最后，又以一串问题组织了另一个教学板块，形成了更新的教学高潮，即根据课文末段"由于死海蒸发量大于约旦河输入的水量，造成水面日趋下降。……数百年后也可能干涸，那时，死海真的死了"。而又抛出了如下问题："按作者思路，几百年后死海真的干涸掉吗？对不对？"让学生思考与讨论。这两个问题再一次让学生回头看课文，对全文大意及其内涵作出因果关系上的归纳整理与理性判断。另外，这堂课的结束也很有意思，又抛出一个问题：即"以死海不能死"或"救救死海"为题，展开探究，并写出一篇文章。这既是这一堂课（或一篇课文）教学的结尾，也是进行读写一体化的迁移拓展的作业布置；这里既有读与写的学习方式的联系，又有课内巩固与课外拓展的学习内容与学习载体的联系。由此可见，以问题作为纽带而进行"联系式教学"，实为发展教学艺术精彩从而产生艺术火花的重要因素和科学方法。

总之，语文教学需要精彩，因为精彩中渗透着艺术，精彩来自艺术。语文教学需要效果，因为效果中饱含着艺术，呈现着精彩，由效果而知晓艺术，因精彩而懂得艺术，同样也让学生在精彩中享受艺术，并且因享受而感动，因艺术而获得学习效果。叶圣陶先生说过：教是为了不教。这是因为学生学会了，不需要教。这是就语文教学的方法而言，属于科学的范畴。而语文教学艺术的精彩，就在于教是为了让学生更好地学。因为艺术所给予他的不仅是方法，更是智慧与精彩。

(以上文章均发表在湖北《中学语文》2005 年 2—6 期)

让语文课的结尾也结出"味"来

（一）

任何一件事物，有头便有尾。课堂教学也是如此。它不仅有很漂亮的头，也应该有很绚丽的"尾"。但现在往往研究如何开头的多，一讲起开头的方法与技巧来，就有点眉飞色舞，津津乐道，什么"情感导入""故事导入""复习导入""提问导入""名人名言导入"，还有"唱歌导入""气功导入"，等等。差不多每一个稍微成熟的教师，都会对如何开头露出那么一两手。语文课堂教学更是如此。因为它是语言交流的工具，也是人文教育和情感抒发的载体。许多教师对语文课的"开头"教学技巧有特别讲究的功夫，十分注重开头的艺术与方法，而且效果很好。这当然无可非议，但结尾有没有技巧，要不要技巧，怎样去掌握结尾技巧，虽然也有讲究，但又有多少人像讲究开头那样去很投入地研究结尾教学呢？现实告诉我们：很少！

语文课的结尾教学，之所以会产生许多问题，也应归咎于以前对它只有一种笼统而朦胧的认识，缺乏对结尾课的全面、深层次的研究与探索，局限性很大。我们现在必须引起足够的认识，从思想上、方法上来重视关于语文课的"结尾"教学，使它象"开头"一样发挥重要作用。

为什么人们教学只注重有头而无尾呢？看来这首先还要归咎于中国人的一种固有心态与习惯：做任何事总喜欢"龙头起，蛇尾收"，开头轰轰烈烈，最后无声无息，未能善始善终。可见这种讲究"始终如一"，既要"善始"，又要"善终"的思想观念的树立，是解决语文课重视"结尾"教学的基本前提。我们应该这样认为：不懂得结尾，不追求好的结尾的语文课，是并非很成功的课，是效果并不可能很好的课。语文课重头轻尾的问题，虽然从表面上看去是个艺术与方法的技巧问题，但从实质上看，首先还是个思想观念问题，所以，首先要改变观念，矫正心态，然后，再像讲究开头一样去研究、寻求相应的结尾艺术与方法，那么，语文课的结尾也同样能像开头一样出现"灿烂的春天"，百"法"齐放。

（二）

诚然不可否认，在我们广大语文教师中间，确实能潜心于对语文课结尾教学认真负责地探索与实践的还真不少，并且取得良好效果的也很多。但是也不可否认，目前仍有相当一部分教师对结尾教学存在严重的思想问题，主要有以下三种不同类型：一是不负责任，二是责任不负，三是太负责任（即负责过分）。

第一，不负责任的结尾——"烂尾"。这种不负责任的"烂尾楼"式的结尾，是随随便便地结尾，或者是有心想要结一个好尾，但由于缺乏精心准备，"临时抱佛脚"，虽然结了尾，而这种结尾却是不痒不痛，不伦不类的。这主要是他们思想认识不到位。如果有人提出结尾也是一门艺术，要讲究其技巧、方法的时候，他还会疑惑不解：结尾嘛，完了就完了，人都讲得精疲力竭了，学生也学得不耐烦了，还哪能产生激情去搞什么结尾？还哪里像开头课那样教得有味道呢？这就怪了！正因为如此，对于教师来说，就更要讲究艺术与方法，以激起情趣，给学生以美好的回味，让学生感到"课教完，学犹在"，"结而不尾，尾有余味"。这样不是一种用讲究结尾教学的方法来更好地促进教学效果提高的好办法吗？

第二，责任不负的结尾——"无尾"。这种没有结尾的结尾，确是一种不负责任的教学。那些明明知道有这种需要与讲究的课堂结尾方法是提高教学效果的行为，但就是不愿意负此责任地去做。可以说，这种人的教学没有好的结尾，也许连开头也是草率的，反正他是持一种无所谓的教学态度，又何谈其结尾教学呢？我们听说有个这样的人，他课堂上一听到下课铃声响，就连那句话才讲到一半，在黑板上写的那个字还有一笔没写完，就马上停下来，大喊一声"下课"，便扬长而去。他还自诩为这是一种干脆利落的教学风格。如果有人对此异议，他还振振有词地反驳说："怎么？还要讲究结尾？下课的铃声不就是结尾吗？"诚然，下课铃声确是一种结尾的信号标志，学生们也能感觉得到，不会产生歧义。但是，作为一门带有艺术性与科学性相结合的语文课堂教学来说，讲求结尾，并把结尾也当成是教学过程中的一个重要环节，当成是使学生同样获得教育与提高学习效果的重要手段，那么也就不会视结尾而不管、视责任而不负了，也就会精心思考与设计一下结尾教学问题，肯定会在下课铃声前的几分钟里有一个结尾性的教学环节，哪里还会出现半句话没说完、半个字没写完而下课的情形呢？当然，如果偶尔用上一二次作为"留下问题让学生课后思考"的悬念结尾法也未尝不可，但必须有交代，千万不要因此而产生负作用。

第三，"太"负责任的结尾——"拖尾"。这种人只是对这一堂课负责，对他的教学任务负责，并不是对学生身心健康负责，也就是说仅仅是对他未讲完的内容负责——上"拖堂"课。试问：连课堂内容都上不完的人，又哪里还顾得上结尾呢？这种人视下课铃声于不顾，也不看看学生那副愁眉苦脸的样子和噘起的嘴巴，还在一个劲滔滔不绝着他那没完没了的"字词句篇，语修逻文"。这种连教学内容都无法科学处理和按时完成的教师，又哪能还有机会和有条件去讲究结尾的形式、方法与技巧呢？这种只顾教"书"和讲"课"而不见"人"和不思效果的教学，无异于那些"只管耕耘而不管收获"的农民种田和"只顾埋头拉车，不顾抬头看路"的车夫行为。这些教师也许懂得不少好的结尾方法，但终因形式要为"内容"服务而被割爱了。对这种人必须"绳"之以三条：1. 坚决改革"一讲到底、面面俱到、生怕学生听不懂"的确乎很负责的旧教育观与习惯；2. 合理规划好教学内容与时间的分配；3. 增加对课堂结尾效果的情趣体验，以此来增强对结尾艺术与方法的探讨或运用的成功感和主动性，自觉抵制"拖堂"现象。

由此可见，上述语文课结尾方面的三种弊端，都是有害无益的，所以，对此必须有一个清醒的认识，并要坚决加以改正。我们认为：不负责任的是因为负不了责任，有结尾但质量不高、能力不强，因此提高能力是首要的问题；责任不负的是因为不愿负责任，在心目中缺乏结尾教学的理念意识，因此端正态度是首要的问题；太负责任的是因为忘记了自己真正的责任，由于"拖堂"而无暇顾及讲究一个好的结尾，总是依依难结，匆匆而去，因此掌握方法又成为首要的问题。态度上的问题可以通过劝导、内省、自律来解决，而能力上的提高，也要建筑在"端正态度""掌握方法"的基础上，所以，在这一点上三者又是一致的。

（三）

语文课的结尾教学，已经成为一个既是教学方法与艺术、也是教学观念与态度的多元化问题，所以我们要从多元、多维的角度来解决它。可以说，讲究结尾的教学才是一种成熟的教学的表现，是一种追求善始善终的工作态度的标志，也是一种认真执着、到点到位、注重过程与结果完美统一的教学品格的体现。因此，我们要像重视开头那样重视结尾的教学。为了真正解决这个问题，我们认为要从以下几方面入手。

1. 转变教学观念，使结尾教学真正成为课堂教学改革的一个创新点

随着教学实践的不断深化和教材改革的不断进步，我们的语文课的结尾教学，也有了新的内涵和发展。过去对某一堂课的结尾，固然要研究，但这还远远不够，而且那种与一篇课文、一个单元，甚至一册课文相脱离的，且一味为结尾而结尾的结尾教学，则不免有点形式化了，其效果一定不很理想。另外，由于有结尾就有开头，因此我们讲究结尾，也要想到开头，想到与开头相呼应、相和谐，这样首尾呼应中的结尾才是科学恰当的。由此，我们认为应该注重课堂结尾的四个要素：

①在思想上有一个结意（结尾意识）；

②在时空上有一个结点（结尾形式）；

③在内容上有一段结语（结尾的话）；

④在形式上有一个结法（结尾方法）。

2. 讲究教学策略，力求使结尾教学做到尾而不"尾"、尾而有"味"

①关于一堂课的结尾教学，这里要特别研究的是，不管一篇课文要用几课时进行教学，都要认真注意到其中的每一不同要求与教学任务的课时的结尾教学，即处在不同位置、发生不同作用的每一堂课都要有其不同形式的特殊的结尾教学。

②关于一篇课文结束时的结尾教学，即一篇课文教完后，如何结尾……

③关于一个单元教完时的结尾教学……

④关于一个知识点、一类课文、一种知识体系的语文教学以及一项语文技能培养（听、说、读、写）后的如何结尾的教学……

⑤关于一本书或一个学期语文课结束时，如何进行结尾教学（如用目录式进行结尾教学，即让学生看目录，进行知识归纳、总结，形成网络）。

⑥关于一种不同课型的结尾教学，如启始课、讲读课、练习课、复习课、讲评课等，它们由于课型不同，其结尾也就不同，那么其结尾的教学方式、方法也就不同。

3. 优化教学方法，使结尾教学真正成为学生的一种艺术享受

下面就"语文课到底如何结尾"的问题，从方法与技巧的角度来加以讨论。现在，大家在课堂教学的结尾上已创造了不少好的方式、方法，如"总结式、悬念式、问题式、迁移式、延伸式、号召式、探求式、自然式、呼应式、发散式"，等等。但不管哪种方式、方法，应该说，它是与相应的教学内容、教学方法和师生实际相结合的，要与当时的教学环境相协调，不能故意做作、弄巧成拙，也不能只局限于某一招一式，而要从系统论的高度出发作综合的特殊运用。下面特介绍几种已经结合教学内容和方法，且融多种结尾方式于一体的结尾方法。

①打圆场法。这是一种可以常用的最基本的结尾方法。运用"目标教学法"和"程序教学法"的人常采用这种方式。所谓"打圆场"，就是给学生一种完美的境界，留下没有缺陷的印象。一般作法是由教师对本课堂所学的内容进行画龙点睛式的总结，归纳出值得学生记忆、巩固或运用的知识点，有的还对本堂课知识的重点难点进行精当的重复性强调，从而增深学生的印象，让学生带着一种满足感来结束本堂课的学习。有的还对本堂课所获取知识的过程、思路与方法等加以点拨性小结与指导，让学生既学得知识又获取相应的学习方法与技能。

②存疑留问法。这是运用"题导法教学"或"问题教学法"等教学方法的课堂教学中常用的方式。就是指在本来已经基本结束的教学内容的基础上，又有意地设计一些新问题，或布置一些与所学内容有关但又超出难度的作业题，知道一种"质疑问难的情境"，让学生在对"问题"的思考、讨论与练习中度过课堂的结尾时间。这种"本来无疑又现疑"的结尾法，能让学生的课堂学习从内涵与外延上得到扩展，又同时产生着一种"常学须常疑，常疑需常学"的永不满足的求知欲，这又叫"常教常新法"。

③通感法。这是"情感教学法""愉快教学法""活动式教学法"等常用的课堂教学结尾的方式。它一般是紧紧抓住所学教材的"余热"，由教师精选一些与教学内容相关的文字、图画、实物、录音录相片等，让学生阅读、观赏，沟通课堂中每一项知识学习后的感受，连缀其审美情趣，在一种愉悦的气氛中，使学生轻松愉快地消化本课堂所学的全部知识，又不知不觉地获得

一种"不可言传而只可意会"的感受。有经验的教师还往往会安排学生将这种"通感"后的感受写成文章（即"学后感"），来达到更高质量、更高层次地完成教学任务的目的。

④扬新法。这种结尾方法，常常是被"课堂预习法"和"导读教学法"所采用。其基本作法是利用总结本课堂所学知识中的一个相关方面或者一个相关"点"，作为联系的"引爆体"，和盘托出下一堂课或下一篇新课文以及课外其他学习内容，布置预习题，让学生带着一种永不厌倦，"求新求趣""越学越有味"的新鲜感来度过课堂的结尾阶段。笔者曾教《白杨礼赞》，总结其写作艺术特点时，首先从"象征"法入手，并将"象征"的意义作用归纳赏析一番以后，就顺便地说了起来："同学们，不仅仅本文有这个特点，还有很多很多的优美文章都成功运用了这种象征的手法，例如我们下一堂课就要学的《松树的风格》也是这样的……"然后，就以《白杨礼赞》为"摹本"，组织学生展开了对《松树的风格》的预习。这样的结尾独辟蹊径，一举两得。

由此可见，语文阅读课的结尾，只要认真对待和用心研究与科学运用，是完全能够像开头那样富有趣味性、精彩性和有效性。当然，我们认为，教学结尾，不仅是表现在课堂结束时的一种形式或一种环节，还要扩大其外延至教学的总结反思，如找出经验教训、教学生写好"读后感"等。这样使语文课的结尾教学更加富有意义，更加富有味道。

（注：本文发表在山西《语文教学通讯·C版》2007年第11期·全国核心期刊）

主要参考书目

1. 顾树森编著，《中国古代教育家语录类编》，上海教育出版社，1998年版。

2. 孔子著、陈国庆注译，《论语》，陕西人民出版社，1996年2月版。

3. 庞朴，《一分为三论》，上海古籍出版社，2003年1月。

4. 庞朴，《浅说一分为三》新华出版社，2004年4月。

5. 周德义，《我在何方："一分为三"论》，湖南人民出版社，2003年12月版。

6. 雷正良、杨远富，《方法论新探：一分为二、一分为三、一分为多》，广西师范大学出版社，1995年4月版。

7. 巴拉诺夫、沃莉科娃、斯拉斯捷宁等编，李子卓、赵玮、韩玉梅、吴式颖等译，《教育学》，人民教育出版社，1979年7月版。

8. 联合国教科文组织、国际教育发展委员会编著，《学会生存——教育世界的今天和明天》，教育科学出版社，1996年6月版。

9. 〔美〕杜威，《杜威教育论著选》，华东师大出版社，1981年版。

10. 〔美〕肯·古得曼著，李连珠译，《全语言的全　全在哪里》，南京师大出版社，2005年8月版。

11. 中华人民共和国教育部制订，《普通高中课程方案（实验）》，人民教育出版社，2003年9月版。

12. 中华人民共和国教育部制订，《全日制义务教育语文课程标准（实验稿）》，北京师范大学出版社，2001年7月版。

13. 中华人民共和国教育部制订，《普通高中语文课程标准（实验）》，人民教育出版社，2003年4月版。

14. 叶圣陶，《叶圣陶语文教育论集（上下）》，教育科学出版社，1980年8月版。

15. 吕叔湘，《吕叔湘语文论集》，商务印书馆，1983 年 7 月版。

16. 朱绍禹，《朱绍禹文存》，吉林人民出版社，2002 年 10 月版。

17. 张隆华主编，《语文教育学》，重庆出版社，1987 年 8 月版。

18. 周庆元著，《语文教育研究概论》，湖南人民出版社，2005 年 8 月版。

19. 倪文锦主编，《高中语文新课程教学法》，高等教育出版社，2004 年 11 月版。

20. 刘国正、毕美赛主编，《叶圣陶语文教育思想研究》，江苏教育出版社，1990 年 2 月版。

21. 全国中语会编，《叶圣陶、吕叔湘、张志公、语文教育论文选》，开明出版社，1995 年 9 月版。

22. 王尚文著，《走进语文教学之门》，上海世纪出版股份有限公司上海教育出版社，2007 年 5 月版。

23. 卫灿金著，《语文思维培育学》，语文出版社，1994 年 5 月版。

24. 王光龙主编，《语文学习方法学》，山西高校联合出版社，1993 年 6 月版。

25. 佟士凡著，《语文学习论》，广西教育出版社，1996 年 12 月版。

26. 赵福祺、刘冈编，《当代中国语文教育改革名家评介》，成都出版社，1993 年 11 月版。

27. 吴发珩主编，《当代语文教法学法辞典》，广西教育出版社，1993 年版，第 83—84 页。

28. 张孝纯，《大语文教育刍议》，《河北师院学报》1996 年第 1 期。

29. 姚竹青，《姚竹青大语文教学法（修订版）》，中国社会科学出版社，2001 年 4 月版。

30. 孙春成著，《语文反思性教学策略》，广西教育出版社，2004 年 5 月版。

31. （美）肯·古德曼著，李连珠译，《全语言的"全"全在哪里》，南京师范大学出版社，2005 年 8 月版。

32. 王本陆，《教育崇善论》，广东教育出版社，2001 年 4 月版。

33. 潘新和等，《新课程语文教学论》，人民教育出版社，2005 年 9 月版。

34. 曾祥芹，《文章学与语文教育》，上海教育出版社，1995 年 4 月版。

35. 潘庆玉，《语文教育发展论》，青岛海洋大学出版社，2001 年 12 月版。

36. 中国社会科学院文学研究所文艺理论研究室，《美学论丛》，湖南人民出版社，1983 年 1 月版。

37. 高文等编著，《学习科学的关键词》，华东师范大学出版社，2009 年 3 月版。

38.（美）Eric Jensen 主编，温暖译，《深度学习的 7 种有力策略》，华东师范大学出版社，2010 年 5 月版。

39.（丹）伊例雷斯著，孙玫璐译，《我们如何学习：全视角学习理论》，教育科学出版社，2010 年 6 月版。

40.（美）B. R. 赫根汉，（美）马修·奥尔森著，离本禹著，崔光辉等译，《学习理论导论（第七版）》上海教育出版社，2011 年 1 月版。

41.《从教学创新看研究性学习》，阎立钦，《科学咨询（教育科研）》，2003 年 3 期。

42. 郑桂华著，《探究性学习教学示例》，浙江教育出版社，2004 年 4 月版。

43. 黄志成文，《全纳教育：建设和谐社会的教育之路》，《中国教育报》2005 年 3 月 4 日。

44. 王波，《关于语文校本课程的开发和利用》，《基础教育参考》，2004.12。

45. 杨小村，《开发校本课程 办出学校特色》，《中国教育学刊》2002 年第 6 期。

46. 徐玉珍，《校本课程开发与校本化课程实施行动研究》，首都师范大学出版社，2006 年 3 月版。

47. 车臣，《活动课程研究》，教育科学出版社，2002 年 6 月版。

48. 李杏保、陈钟梁，《纵论语文教育观》，社会科学文献出版社，2001 年 9 月版。

49. 曹明海，《语文教育智慧论》，青岛海洋大学出版社，2001 年 12 月版。

50. 李海林，《言语教学论》，上海教育出版社，2000 年 7 月版。

51. 施良方，《课程理论——课程的基础、原理与问题》，教育科学出版社，1996 年 8 月版。

52. 杜时忠，《人文教育论》，江苏教育出版社，1999 年 6 月版。

53. 刘彦，《教与学潜论》，内蒙古教育出版社，1988 年 9 月版。

54. 马伯准主编，《中学生学习法》，湖南教育出版社，1990 年 4 月版。

55. 董远骞等，《教学火花集——十二年来创造的教例 400 例》，人民教育出版社，1993 年 4 月版。

56. 邵瑞珍主编，《学与教的心理学》，华东师范大学出版社，1990 年 10 月版。

57. 乔炳臣、白应东编著，《学习的科学与科学的学习》，黑龙江教育出版社，1990 年 11 月版。

58. ［美］奥兹门·克莱威尔著，石中英等译，《教育的哲学基础》，中国轻工业出版社，2006 年 9 月版。

59. 林明榕主编，《中外最佳学习方法》，中国广播电视出版社，1991 年 3 月版。

60. 崔允漷，《校本课程开发：理论与实践》，教育科学出版社，2000 年 9 月版。

61. 张棣华编著，《陶行知教育名著选讲》，广东高等教育出版社，1991 年 4 月版。

62. 谢德民编，《论学习》，人民教育出版社，1992 年 6 月版。

63. 王松泉主编，《语文教学探步》，辽宁大学出版社出版，1991 年 5 月版。

64. 张庆林主编，《当代认知心理学在教学中的应用——如何教学生学会学习和思维》，西南师范大学出版社，1995 年 12 月版。

65. 喻云涛等著，《心智美育理论与实践》，云南民族出版社，2001 年 5 月版。

66. ［美］Davidlazear 著，吕良环译，《多元智能教学艺术》，中国轻工业出版社，2004 年版。

67. 陈嘉映，《语言哲学》，北京大学出版社，2003 年 5 月版。

68. 叶瑞祥，《学习学概论》，广东高等教育出版社，1996 年 12 月版。

69. 王文彦，蔡明，《语文课程与教学论》，高等教育出版社，2006 年 6 月版。

70. 潘庆玉，《语文教育哲学导论》，教育科学出版社，2009 年 1 月版。

71. 《学习科学大辞典》编委会编，《学习科学大辞典》，新华出版社，1998 年 6 月版。

72. 燕国材，《学习心理学》，警官教育出版社，1998 年 8 月版。

73. 蒯超英，《学习策略》，湖北教育出版社，1999 年 1 月版。

74. 张奇，《学习理论》，湖北教育出版社，1999 年 1 月版。

75. 王光龙等，《语文学习素质培养探索》，群言出版社，2005 年 4 月版。

76. 朱永新，《朱永新教育作品》，中国人民大学出版社，2011 年 7 月版。

77. 刘铁芳，《教育如何走向哲学》，《教育研究》2005 年第 4 期。

78. ［德］叔本华著，张宁译，《要么孤独，要么庸俗》，江苏文艺出版社，2013 年 4 月版。

79. 毛泽东，《毛泽东的五篇哲学著作》，人民出版社，2008 年 1 月版。

80. ［英］罗素著，何兆武、李约瑟译，《西方哲学史》，商务印书馆，1977 年版。

81. ［英］罗素著，《哲学问题》，商务印书馆，1986 年 6 月版。

82. ［法］笛卡儿著，庞景仁译，《第一哲学沉思集》，商务印书馆，1986 年 6 月版。

83. ［美］罗伯特·所罗门，《大问题·简明哲学导论》，广西师范大学出版社，2004 年 5 月版。

84. 王德峰，《哲学导论 》上海人民出版社，2000 年 6 月版。

85. 周国平，《思想的星空》，人民文学出版社，2009 年 5 月版。

86. 中国社会科学院语言研究所词典编辑室编，《现代汉语词典》，商务印书馆，1978 年 12 月版。

87. 袁振国，《教育新理念》，教育科学出版社，2002 年 3 月版。

88. 朱慕菊主编，《走进新课程——与课程实施者对话》，北京师范大学出版社，2003 年 6 月版。

89. 林焕章等，《教学方法与技巧》，北京教育出版社，1996 年 10 月版。

90. 钟志贤、范才生，《素质教育——中国基础教育的使命》，福建教育出版社，1998 年 9 月版。

91. 张静，《关于现代化的概念》，《社会学研究》1990 年第 5 期。

92. 杨国枢，《现代化的心理适应》，台北巨流图书公司，1987 年版。

93. 刘微，《国际社会对 21 世纪教育的思考——访中央教科所副所长周南照博士》，《中国教育报》1996 年 4 月 18 日。

94. 柳斌，《关于素质教育的思考》（之一、之二、之三），见《人民教育》。

95. （美）戴维·温伯格（David Weinberger）著，译者：胡泳、高美，《知识的边界》，山西人民出版社，2014 年 12 月版。

96. 谭安奎，《公共理性》，浙江大学出版社，2011 年版。

97. 郭思乐，《教育走向生本》，人民教育出版社，2001 年 6 月版。

98. 王宏甲，《中国新教育风暴》，北京出版社，2004 年 8 月版。

99. 宁新昌， 《本体与境界——论新儒学的精神》，陕西人民出版社，

1999 年 5 月版。

100. 崔允漷，《课程·良方》，华东师范大学出版社，2007 年 9 月版。

101. 王开东，《非常语文课堂》，华东师范大学出版社，2006 年 12 月版。

102. 阎承利，《教学最优化艺术》，教育科学出版社，1995 年 10 月版。

103. 崔含鼎、梁仕云，《现代教学艺术论》，广西教育出版社，1992 年 2 月版。

104. 张德琇，《创造性思维的发展与教学》，湖南师范大学出版社，1990 年 2 月版。

105. 窦光宇，《词源倒倾三江水　笔阵独扫千人军——记湖南省优秀教师林惠生》，山西师大《语文教学通讯》1990 年第 10 期（"封面人物"专栏通讯）；

106. 刘铁芳，《追寻有意义的教育》，湖南师范大学出版社，2006 年 8 月版。

107. 肖川，《教育的理想与信念》，岳麓书社，2002 年 6 月版。

108. 何丹，《陶行知的教育思想》，吉林文史出版社，2014 年 1 月版。

109. 艾思奇，《辩证唯物主义讲课提纲》，人民出版社，1957 年 6 月版。

110. 魏书生，《教学工作漫谈》，漓仁出版社，2005 年 3 月版。

111. 严长寿，《教育应该不一样》，华东师范大学出版社，2014 年 4 月版。

112. 王爱娣，《美国语文教育》，广西师范大学出版社，2007 年 11 月版。

113. 教育部基础教育司，《素质教育案例精选·教学类》，中华工商联合出版社，2002 年 11 月版。

114. 陈琦、刘儒德，《当代教育心理学》，北京师范大学出版社，1997 年 4 月版。

115. 张安玲，徐胤聪，《中医基础理论》，同济大学出版社，2009 年 7 月版。

116. 中国社会科学院语言研究所词典编辑室，《现代汉语词典》，商务印书馆，2002 年增补版。

117. 阳作华，《哲理与情趣》，湖北人民出版社，1983 年版。

118. 胡克英，《教学论研究》，教育科学出版社，1982 年版。

119. 百度搜索：有关文献及词条等（散见于有关文章之中）。

120. 人民教育出版社，人教版《语文》教科书（含小学、初中、高中及"义教版"等各册教科书）。

后 记

（一）

我这些"语文哲学"的研究，涉及本人所作的有关专题讲座、课题研究报告及论文等，曾被人称之为有"古董"，但又有不少"新货"和"干货"。我想，无论其中那些不老的观点和鲜活的事例，还是一己之见，都是本人的心血之作，如果还确有不少言论和见解至今还"活"着，则说明是哲学的力量，是一种"语文哲学"的生命力。

其实，"语文哲学"这一命题本来就一直处于如此前卫、独见和新颖，估计越到未来更会显得越有价值，越有意义，越不会过时或落后。这就是我一直不离不弃"语文哲学"的真实感觉。因此，曾经的那份苦、那种累，一下子就被释稀了，研究中的那种寂寞也因此而没了。书中如果被人认为还是有用的或那些不朽的理念、观点与思想，那就是我人生的最好的朋友和陪伴者，让我这个"独行者"永不孤独。

随着我几十年研究的深入，我一直在想一个问题：我们发表的文章、提出的观点，如果只是应景的、附和的、炒作性的，那无疑只是一种"季节菜""大路货"，因为它缺乏求真、务实、触本的研究，缺乏一种"为未来"的研究，这肯定会从人们视野中和记忆中很快离去，这也许就是"昙花一现"吧！又哪里还会成为"古董"？须知，光耀于眼前而照射不了未来的东西，与"古董"无缘。本人越来越不认可、不掺和的，就是那些不属于原创性、独创性、规律性和方向性的研究，不会产生经久不衰的研究成果的观点或做法。我那些文章中的观点或做法，之所以至今还像新人新语，还有不少话至今仍然能让人产生许多新的启发，引发更新更好的探索，主要是见人之未见，言人之未言，有了思想，有了形成理论与实践相结合的系统性的自圆其说。

也有人不太理解我这些"古董"般的成果，不免发出一些异声。但我认为：何谓"古董"，虽然过去了还仍有价值，形古而神新，还继续发挥作用，过去了而并未"完了"，像"潜力股"在升值，仍被敬重与采用。事实表明：一些有价值的研究为什么能历久弥新，时代越久远越有价值，主要是因为当时对未来（今天和明天）发展方向及其规律看得清楚，把脉正确，也就是在研究中脱离了近期功利性和低级趣味性，绕开了当时人的世俗眼光和从众心理，减少了那些缺乏整体视角与建构的碎片化研究和经验感觉型研究的泛化现象，敢于进行一些超越现状、打破同声传译的"颠覆性研究"或者"破坏性研究"，这才有可能创造经典，为后人留下古董。

现在，在教育教学中，我们常常看到一些关于解读、解题、猜题、押题、技巧的研究，而且还热络于此，到了"分分计较"的地步。我认为：这些研究未必不可以，但如果只沉迷于这些可以说是近乎雕虫小技的研究，也不是很正常的事情。这种研究，我不反对，以前我也做过，但是千万不可过分与痴迷，更不能自以为"是"，自吹其"效"，自得其"乐"，因"术"而废"道"。这是用所谓"实惠教育"而否定或不接受"语文哲学"，甚至视"语文哲学"为"没用"的高谈阔论，"远水解不了近渴"。这是一种"鼠目寸光"，只对"教"之差使负责，而不顾学生的长远发展的"短命"的研究。须知，语文教育的研究远远不止于这些。稍有良心、良知的语文教师，一定还有更大、更远的追求：不止于"术"，而不懈于"道"；更不屑于急功近利，应在于学生的语文素养和伴随终生的读书与写作的兴趣、习惯及修养等。而这些，只有"语文哲学"方可为之。现在，我难免有些担忧，担忧的是这种短视型研究和纯"技术"行为的研究，竟愈演愈烈，还被当成了"真"研究，变为研究的正道；而搞关于发展方向及其规律研究的，反而被认为是不切合实际的理论，被说成是一些战略思维上的高大上，是"虚"的研究、是"灰色"理论。但是，我们深深体会到：关于战略思维、哲学思辩的前瞻性研究，好像从表面上看去是远水解不了"近渴"，但是这种"远水"却是源头之水，永远不枯之水，能解"大渴"，"长渴"，能为学生挣得一辈子的'分数'。"目前，本人的研究的确显得有些入不了流，合不了群，往往会遭遇一种"鸡同鸭讲"的尴尬局面。有人以为我清高，其实这不是清高，而是清醒，让我更加按捺不住对教育事业的激情，保住一份坚持之心，再为教育事业干一件更有意义的研究的事情，现在的《林惠生教育文选》也就是出于此种心态而成的。

（二）

其实，我对"语文哲学"的探索，从我一从事语文教学工作的 20 世纪 70 年代后期就已经开始。最初尝试是运用毛泽东主席的五篇哲学著作中的一些哲学观点，来开展对当时语文问题及教学现象的分析，如"实践论""矛盾论""人的正确思想是从哪里来的"，等等。后来，我对"语文哲学"的探索更加深入，发展到一边有计划有目的地研读了一大批古今中外的哲学著作和刊物论文，一边对语文展开了全面深入的哲学分析，形成了许多具有哲学味或有哲理特色的语文改革理念及科研项目，使我当时的教学能力和教研水平有了明显提高，其业绩成果也在当地遥遥领先。

本书虽然是一本论文汇集，但已完整地围绕"语文哲学"的学理规律和研究思路，形成了从理论到实践相结合的学科体系及其成果体系。概括起来，本书有以下几个特点。

1. 研究内容上的"君论""臣言""佐语"与"使行"有机结合，组成一种自己的独特学术体系。

也就是说，我将 30 余年以来所研究的成果，均置于"语文哲学"的研究与应用这一体系之中，既有关于"语文哲学"的研究，又有基于"语文哲学"的使用，且突出了从"理"及"道"、由"道"及"势"的渐行渐进的学术追求风格，既立于语文哲学的思考性，又发于语文哲学的应用性。思考性，就是不断地对"语文哲学"产生思考，为"哲学"与"语文"的一种结缘而研究，形成"君论""臣言""佐语"的研究成果，为发展新的语文教学理论，加强语文学科体系建设而做了不懈的探索；应用性，即为"语文哲学"实践而开展了有关语文活动课、反思性教学、心智美育型语文教育等近 10 个项目的具体应用型探索，总结了一批观点与做法，创造了一批真有生命力、有真价值的学术成果，越发显示了"语文哲学"的生命力。

2. 研究方法上的"思辨+实证"的教育研究风格，已越来越成为一种自己娴熟的特色。

也就是说，我将坚持理论与实践相连贯，形成了本书置于一个研究主题的成果特色，即关于"语文哲学"的理论思考及其实践运用，最终形成了"思辨+实证"的教育科学研究特色和风格。从编排上看，前者是以思辨为主，后者是以实证为主；从内容上看，全书以思辨主之，以实证佐之。这其实是理论与实践相连贯的体现，即"从实践走向理论，用理论指导实践，在实践中产生理论，又在理论指导下科学地实践"。

对此，我认定：走"思辩+实证"的教育研究之路，从实战走向理性思维是完全可以做得到的，边做边思，亦思亦研，不能只有单纯的思辩，不能只有单一的实践。而且，要将思辩变成思辩，将实践变成实证，然后"思辩+实证"，构成一种复合型研究之法。用"思辩+实证"这样的复合型研究之法，便可创造出另一种"理论"，即比经验高一点、比理论低一点的"中间性"理论，我把它称之为"亚理论"（准理论），有时候叫"再认识"。现在我总是坚持自立于既有经验的支撑，又勤于往理性思辩、艺术境界、道术势相融和体系成果理论等更深远的路途上走，从学术的视角出发，提炼出具有自己独特个性表述，且有原创风格特征的一家之言。这些一家之言，如果称为理论的话，那就是一种"思辩+实证"后的亚理论、再认识。这些亚理论、再认识，曾被人誉为"特具个性"，被评价为"前瞻性、前沿性、前置性"，颇有一种"林氏说法"的味道，我自己也常常笑称为"孤独者"的理论。

3. 在学术发展上，为语文教学的改革寻找一个新的角度：基于"哲学"的语文学科建设及其语文教学发展和改革，在一定程度上形成了许多重建性的"再认识"或"新认识"，即哲理、学理、常理。它既扩大了学术视野和领域，又促进了学术发展与进步，以至使教育教学研究成为我的一项"人生"事业，走向了自由王国。

综上所述，可见本书成果独具特色，可以说，是本人用几十年的时间和精力去打拼而成，才终于有了"语文哲学"这样既新颖大气又有学术意义的学术成果。为了让这一成果能进一步链接历史与未来，我认为有必要把它奉献给读者，奉献给所有关注和有志于"语文哲学"研究及其应用的同仁。

当然，本书对基于"哲学"的语文教学研究，尽管还很"初步"，特别是"语文哲学"这棵新苗才刚刚出土成长，以后到底要长成个什么东西，对社会有多大作用，在人们对语文的认识和应用上有怎样的变化，等等。还有很长的路要走，还有很多的事要做。

语文哲学的提出，其生命意义和学术价值已超出其一篇篇论文、课例及研究报告等。有人说：爱因斯坦是个百年的科学家，千年的思想家。这句话告诉我们，科研成果的价值与意义，不仅在于成果本身，而且在于它所形成的思想和所给予人的思想比成果走得更远，影响更深。所以，"语文哲学"如果也能如此，那让我倍感欣慰，也就更加理解与认同了这句话的深刻含义。

（三）

总之，我这本书，是在社会不断发展、教育改革和科研不断进步的大背景下问世的。如果有幸进入各位的视野，成为各位工作的伙伴，则是我莫大的荣幸。如果还能给各位有所帮助，哪怕是一点点参考或借鉴，也算是我没有白忙活过，将鞭策我更有信心地继续书写"语文哲学"的新篇章。

在这里还要特别反复强调的一点是，本卷叫《"语文哲学"的思考与应用》，再加上第一卷《"语文学习学"的研究与实践》、第三卷《语文教学的"理"性研究》，共作为"语学学科"的研究成果"三部曲"，以作为我这一辈子是以从事语文这个专业而不离不弃的见证，以及再现我这个"语文人"曾为语文学科建设和语文教改及科研所作过努力的真实轨迹。

在本书即将出版之际，我难免产生许多感激之情。许多值得感谢的人也一一呈现于眼前。我感谢所有给予指导与教诲的诸位先生，是您们给了我知识和力量，为我铺平了道路；感谢曾参与本人相关课题研究和实验的老师，是你们才让我的研究成果更具有血肉；感谢曾被我所学习借鉴吸收或引用过的相关研究成果的诸位同仁，是你们才让我真正明白"学术共同体"的价值；感谢我的家人和亲友及所在单位同事，是你们对我的莫大支持与帮助，为我研究保驾护航筑起了另一道风景；感谢北京人文在线将本书列为优秀学术著作资助出版，感谢吉林文史出版社编辑们的辛勤劳动，感谢朱耀杰等老师继续为我校对书稿所做出的努力。更为感谢的是为本书写序的兄长黄沧海先生。他是我20多年前来汕尾工作所认识的第一位专家型校长（时任汕尾师范学校长、高级讲师），他在语文、家庭教育诸方面都是专家，成果丰硕，曾先后担任全国语文学习科学研究会第一、二届副理事长，国家教育行政学院家庭教育研究中心兼职教授，现已八十多岁高龄，还坚持看书，做研究，写东西，最近为本书写序，既回顾我俩交情，又给予我鼓励，还发表了高见，在此特致敬意。

有人说，孤独是一种高境界。与其说孤独是一种高境界，不如说是因为哲学才成为一种高境界。哲学是一种孤独，是孤独者享受孤独而又不愿意孤独下去的事业。所以，孤独者最终是在享受哲学，发展哲学，以至成为哲学人。本人关于"语文哲学"探索的经历正是如此，热情虽然很高，但不免孤独，在面对来自丰富多彩的生活的时候，因孤独而享受哲学便又产生了如此独特的研究项目，十分荣幸。然而常常因孤独而确感能力有限，成果也难免有欠妥之处，在此除了谨向读者表示歉意，还有一个愿望：向各位行家讨教。诚如此，我则荣幸之至。

林惠生

2016 年 8 月